BADEN-WÜRTTEMBERG

Natur
und
Technik

Biologie 7–9

Cornelsen

NATUR UND TECHNIK
Biologie 7–9 Baden-Württemberg

Didaktischer Berater: Norbert Schröder (Koblenz)

Autorinnen und Autoren: Ulrike Austenfeld (Münster), Steven Bauer (Limburg), Anja Faehndrich (Baden-Baden), Julia Feltes (Mainz), Jörn Geistl (Sandhausen), Oliver Hintzen (Baden-Baden), Sandra Krechel (Bassenheim), Dr. Erich Kretzschmar (Dortmund), Carsten Kuck (Rheinfelden), Ralf Kühl (Schöneiche), Aïnoa Malcotti (Berlin), Sabine Ohliger (Landau i.d. Pfalz), Cornelia Pätzelt (Borgholzhausen), Judith Röder (Mayen), Silvia Roth (Balingen), Reinhard Sinterhauf (Hof), Ingmar Stelzig (Trebur), Dr. Matthias Stoll (Tübingen), Franz Walz (Billigheim), Ribana Weickenmeier (Speyer), Anne Weiler (Deidesheim), Dr. Gottfried Wiedenmann (Berlin)

Redaktion: Christine Amling, Sonja Halboth, Juliane Maaß, Stefanie Roth, Florian Schäfer, Julia Stengel, Martin Vatter

Grafik und Illustration: diGraph; Rainer Götze; Esther Gollan; Karin Mall; Tom Menzel; Matthias Pflügner; Detlef Seidensticker; newVISION! GmbH, Berhard A. Peter, Pattensen

Umschlaggestaltung: SOFAROBOTNIK GbR, Augsburg & München

Layout und technische Umsetzung: Typo Concept GmbH, Hannover

Begleitmaterialien zum Lehrwerk:
ISBN 978-3-06-015371-8   Handreichungen
ISBN 978-3-06-015462-3   Kopiervorlagen
ISBN 978-3-06-015548-4   Begleitmaterial auf USB-Stick
ISBN 978-3-06-015381-7   E-Book

www.cornelsen.de

Dieses Werk enthält Vorschläge und Anleitungen für Untersuchungen und Experimente.
Vor jedem Experiment sind mögliche Gefahrenquellen zu besprechen.
Beim Experimentieren sind die Richtlinien zur Sicherheit im Unterricht einzuhalten.

1. Auflage, 1. Druck 2017

Alle Drucke dieser Auflage sind inhaltlich unverändert und können im Unterricht nebeneinander verwendet werden.

© 2017 Cornelsen Verlag GmbH, Berlin

Druck: Mohn Media Mohndruck, Gütersloh

ISBN 978-3-06-015370-1

PEFC zertifiziert
Dieses Produkt stammt aus nachhaltig bewirtschafteten Wäldern und kontrollierten Quellen.
www.pefc.de

PEFC
PEFC/04-31-1033

Inhaltsverzeichnis

Zelle und Stoffwechsel   10

Körperbau und Bewegung   34

Ernährung und Verdauung 62

Atmung, Blut und Kreislaufsystem 110

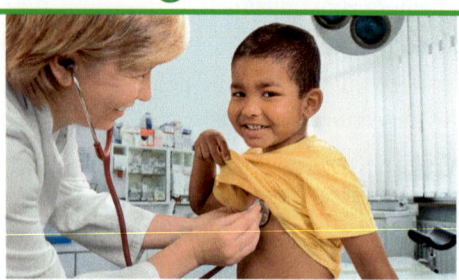

Fortpflanzung und Entwicklung 138

Informationssysteme 170

Immunbiologie

Ökologie – der Wald

Ökologie – die Gewässer 294

Anhang 320

Liebe Schülerin, lieber Schüler, dieses Buch ist ganz einfach aufgebaut:

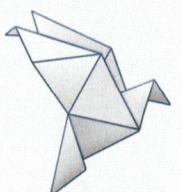

■ **Basisseiten**

… zum Verstehen

Nachhaltigkeit

1 Müll

In Deutschland hat die Mülltrennung einen hohen Stellenwert in der Bevölkerung. Das soll die Natur und Rohstoffe schonen. Was steckt dahinter?

Nachhaltigkeit · Alle Stoffe, die wirtschaftlich genutzt werden, bezeichnet man als Ressourcen. Ein gutes Beispiel dafür ist Holz. Während des Mittelalters wurden in Europa zahlreiche Wälder abgeholzt. Zum einen wurden so Flächen für Viehweiden und Felder gewonnen, zum anderen diente das Holz als Bau- und Brennmaterial. Zu Beginn des 19. Jahrhunderts waren nur noch Waldreste in Europa übrig und man musste erkennen: Soll auch in Zukunft Holz verfügbar sein, dann kann nur so viel abgeholzt werden, wie auch wieder nachwächst. Diese achtsame wirtschaftliche Nutzung einer Ressource auf lange Sicht bezeichnet man als Nachhaltigkeit.

Kunststoffmüll · Kunststoffe werden aus Erdöl gewonnen. Viele alltägliche Produkte bestehen aus Kunststoff oder werden in Kunststoff verpackt, wobei viel Müll anfällt. Dieser wird in der Natur nur sehr langsam von Pilzen und Bakterien abgebaut. Vor allem in den Weltmeeren sammelt sich Kunststoffmüll wie Einwegflaschen, Plastiktüten, Zahnbürsten und Eimer an. Meeresströmungen verbreiten diesen Müll weltweit.

Wasser als Ressource · Das Wasser der Welt reicht aus, um den Bedarf der Weltbevölkerung zu decken. Jedoch sind die Wasservorräte ungleich verteilt: In Wüstenregionen in Afrika oder Asien gibt es deutlich weniger Wasser als im fluss- und seenreichen Europa. In Deutschland verbraucht ein Mensch pro Tag etwa 100 Liter Wasser zum Duschen, Trinken oder Putzen. Für die Produktion von Nahrung und Konsumgütern wie Kleidung wird ebenfalls Wasser benötigt. Dies bezeichnet man als virtuelles Wasser. So ergibt sich ein täglicher Wasserverbrauch von 4 000 bis 5 000 Litern pro Person in Deutschland. Sauberes Wasser, das wir zum Trinken und Waschen benutzen, bezeichnet man als Trinkwasser. Es stammt aus Quellen und tief liegenden Gesteinsschichten. Durch übermäßigen Einsatz von Düngern und Unkrautvernichtungsmitteln sowie durch Industrieabwasser wird das Trinkwasser belastet. Um die Wasserressourcen der Erde nachhaltig zu nutzen, muss man Belastungen und Übernutzung verhindern.

Viele Tiere verfangen sich im Kunststoffmüll oder fressen ihn, da sie ihn für Nahrung halten. Das bedeutet meist den Tod für die Tiere. → 2 Man kann Kunststoffmüll vermeiden, indem man Alternativen aus anderen Materialien nutzt, Produkte länger verwendet und diese dann sachgerecht entsorgt.

Recycling · Ressourcen wie die Bodenschätze Kupfer und Erdöl sind nur begrenzt auf der Erde vorhanden. Man kann sparsamer mit den Ressourcen umgehen, indem man den entstehenden Abfall wiederverwertet. So entsteht ein Kreislauf, was man als Recycling bezeichnet. Ressourcen wie Metalle, Papier oder Kunststoffe können so wiederverwertet werden. Mülltrennung trägt zum Recycling bei, da die Ressourcen nicht so aufwendig industriell getrennt werden müssen.

Verschiedene Interessen · Viele unserer Alltagsgegenstände können nicht zu 100 % nachhaltig produziert werden. In einem Smartphone befinden sich zum Beispiel viele seltene Metalle oder Kunststoffe. Zu deren Gewinnung wird in anderen Ländern Natur zerstört und Menschen werden ausgebeutet. Wir verzichten aber ungern auf solche Alltagsgegenstände und deren Herstellung sichert auch Arbeitsplätze. Es gibt also verschiedene Interessen. Bei einer nachhaltigen Entwicklung müssen daher die Umwelt, die Wirtschaft und die Menschen berücksichtigt werden. Im „Drei-Kreise-Modell" der Nachhaltigkeit ist dies gut veranschaulicht. → 3

3 „Drei-Kreise-Modell" der Nachhaltigkeit

2 Verendeter Vogel im Kunststoffmüll

die Ressource
die Nachhaltigkeit
das virtuelle Wasser
der Kunststoffmüll
das Recycling

Eine nachhaltige Entwicklung schont Ressourcen und sichert langfristig deren Verfügbarkeit. Dabei müssen Interessen der Wirtschaft, der Umwelt und der Menschen vereinbart werden.

Aufgabe

1 Erkläre am Beispiel des „Drei-Kreise-Modells", was man unter Nachhaltigkeit versteht.

Ökologie – der Wald

Nachhaltigkeit

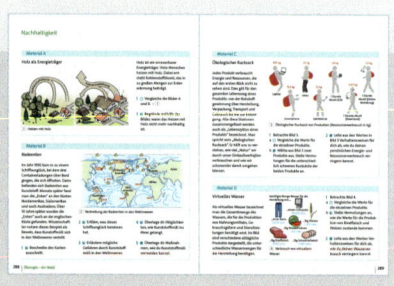

Nachhaltigkeit

Jedes Kapitel enthält verschiedene, zusammenhängende Themen. Es beginnt mit **Auftaktseiten**. Mithilfe von Fotos werden wichtige Fragen des Kapitels aufgeworfen.

Jedes Thema enthält **Basisseiten** und **Materialseiten**.

■ **Basisseiten** informieren und erklären. Merksätze fassen das Wichtigste zusammen. Neue Lernwörter findest du oben rechts.

■ **Materialseiten** greifen einzelne Lerninhalte der Basisseite auf. Dort kannst du diese wiederholen, anwenden und vertiefen.

Mit leicht ☐, mittel ◪, schwer ◼ sind Aufträge und Aufgaben gekennzeichnet – auf allen Seiten.

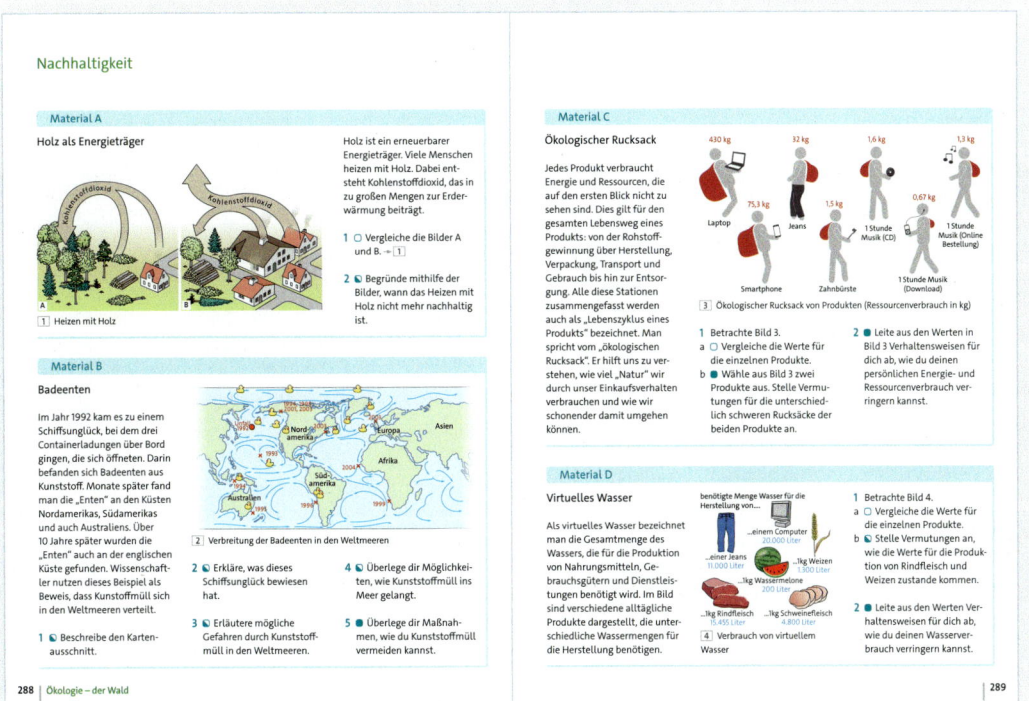

■ Materialseiten

... zum Anwenden und Üben

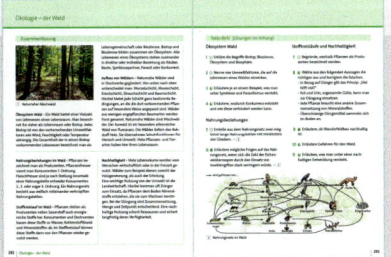

■ Methodenseiten zeigen Schritt für Schritt an einem Beispiel, wie du erfolgreich bei einer Arbeitsweise vorgehst.

■ Erweitern- und Vertiefen-Seiten bieten für ausgewählte Themen zusätzliche Inhalte an.

Jedes Kapitel endet mit **Abschlussseiten**.

Die **Zusammenfassung** gibt einen Überblick über die Lerninhalte des Kapitels.

Die Aufgaben der **Teste-dich!-Seiten** helfen dir, dein Wissen selbst einzuschätzen.

Alle Experimente im Buch sind mir Hinweissymbolen gekennzeichnet.

Eine **Übersicht aller im Buch verwendeter Hinweissymbole** mit entsprechenden Erklärungen ist auf Seite 335.

Zelle und Stoffwechsel

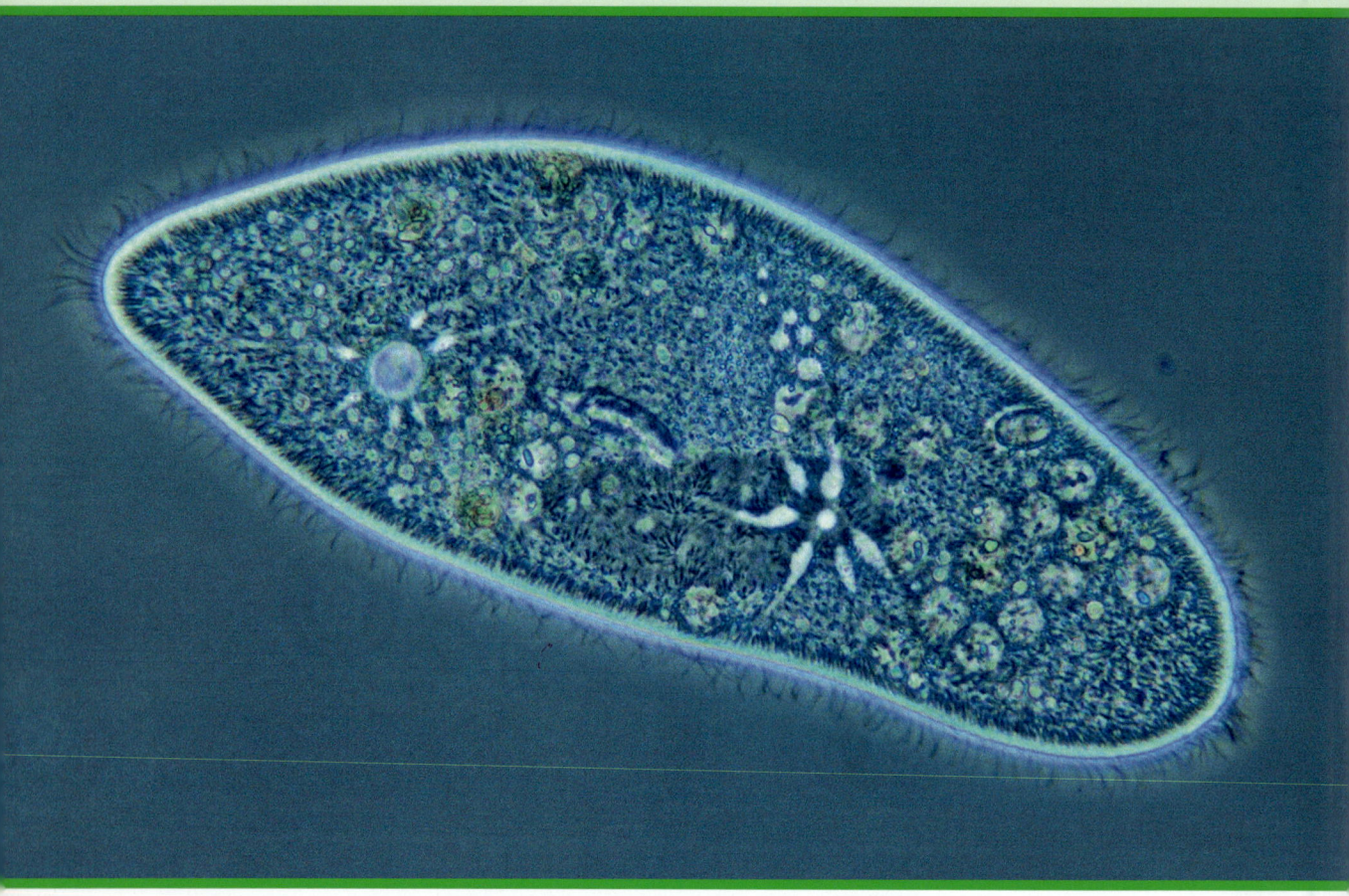

Lebewesen bestehen aus Zellen – manche nur aus einer einzigen. Aber handelt es sich dann wirklich um echte Lebewesen?

Das Mikroskop erlaubt einen Blick in eine Welt, die für das bloße Auge unsichtbar bleibt. Wie lassen sich Lebewesen damit untersuchen?

Die meisten Menschen essen gerne zuckerhaltige Kirschen, Äpfel oder auch Birnen, weil sie angenehm süß schmecken. Wie gelingt es den Pflanzen, diesen Zucker zu bilden?

Bau einer Pflanzenzelle

1 Wasserpest (Aquarienpflanze): **A** Spross, **B** lichtmikroskopisches Bild einiger Laubblattzellen

Betrachtet man Blätter der Wasserpest unter dem Mikroskop, so kann man die einzelnen Zellen gut erkennen. Jede hat eine eigene Form, aber alle sind
5 **von einer Schicht umgeben und enthalten grüne Punkte. Wie sind Zellen aufgebaut und welche Aufgaben haben ihre Bestandteile?**

Zellhülle • An den Zellen der Wasser-
10 pest lassen sich verschiedene Zellbestandteile unterscheiden. Die Zellwand umgibt die Pflanzenzelle und gibt ihr eine stabile Form. Über winzige Öffnungen, die unter dem Lichtmikroskop
15 nicht zu erkennen sind, stehen die einzelnen Zellen miteinander in Verbindung. Diese Öffnungen werden Tüpfel genannt. Zwischen zwei benachbarten Zellwänden liegt eine wie Buchseiten
20 gestapelte Schicht, die Mittellamelle. Direkt unter der Zellwand liegt ein dünnes Häutchen, die Zellmembran.

Sie umschließt das Zellinnere und grenzt es nach außen ab. Die Zellmem-
25 bran ist für bestimmte Stoffe wie Wasser durchlässig und ermöglicht so den Stoffaustausch zwischen den Zellen.

Zellinneres • Die für bestimmte Stoffe durchlässige Zellmembran umfasst
30 das Innere der Zelle, in dem sich das Zellplasma befindet. Dies ist eine zähflüssige Substanz, die ständig in Bewegung ist. Im Zellplasma eingelagert sind verschiedene Zellbestandteile.
35 Dies sind Bausteine einer Zelle, die bestimmte Funktionen erfüllen. Man bezeichnet diese Bestandteile als Zellorganellen. ➞ **2**

Zellorganellen • Die sind für verschie-
40 dene Stoffwechselvorgänge verantwortlich. Dabei laufen chemische Reaktionen ab, durch die Energie freigesetzt wird oder bei denen neue

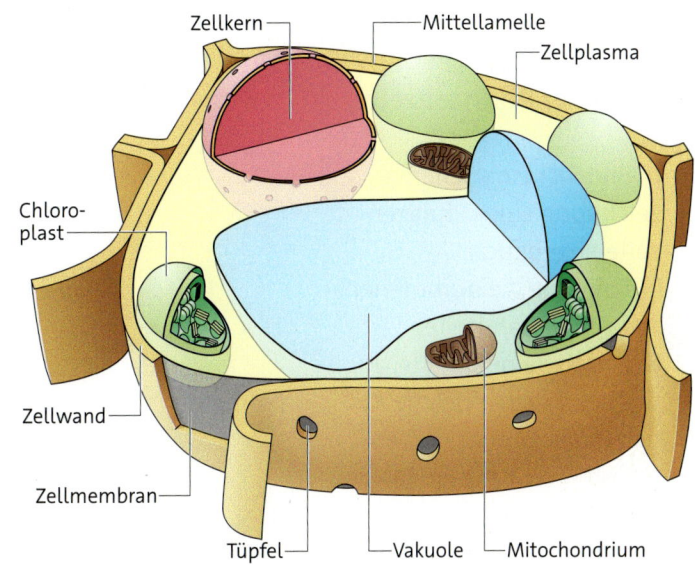

Stoffe entstehen. Jede Zellorganelle
45 ist von einer eigenen Membran umschlossen. So entstehen voneinander
getrennte Reaktionsräume mit unterschiedlichen Funktionen. Folgende
Zellorganellen kann man in Pflanzen-
50 zellen finden.

Zellkern • Die Erbinformationen der
Pflanzenzelle befinden sich im Zellkern. Er steuert alle Lebensvorgänge.
Über Kernporen werden Stoffe mit den
55 anderen Zellorganellen ausgetauscht.

Vakuole • Als Wasser- und Stoffspei-
cher dient der Pflanzenzelle die Vakuole. Auch sie ist von einer Membran
umschlossen. Im Inneren der Vakuole
60 befindet sich eine Flüssigkeit, der Zell-
saft. Er besteht aus Wasser und darin
gelösten Stoffen. Zusammen mit der
Zellwand sorgt die Vakuole für die Stabilität der Zelle. Nimmt der Wasser-
65 gehalt in der Vakuolen ab, verliert die
Pflanze an Stabilität und beginnt zu
welken. Bei der Wasserpest ist die Vakuole im Mikroskop nur schwer zu entdecken, da man durch sie hindurchsieht.

70 **Mitochondrien** • Diese Zellorganellen
versorgen die Pflanzenzelle mit Energie. Sie bauen energiereiche Stoffe zu
energiearmen Stoffen ab.

Chloroplasten • Eine genaue Betrach-
75 tung der Blattzellen zeigt, dass der
grüne Farbstoff in kleinen kugel- bis
linsenförmigen Körperchen vorliegt,
den Chloroplasten. → 1 2 Sie enthalten den Farbstoff Chlorophyll, der

Zellkern — Mittellamelle — Zellplasma — Chloro-plast — Zellwand — Zellmembran — Tüpfel — Vakuole — Mitochondrium

2 Schema einer Pflanzenzelle

80 den Blättern ihre grüne Farbe verleiht.
Mithilfe des Sonnenlichts stellen sie
aus energiearmen energiereiche Stoffe
für die Zellen her. Durch Faltungen im
Inneren der Chloroplasten und Mito-
85 chondrien wird eine schnellere Stoff-
umwandlung ermöglicht.

> Pflanzen bestehen aus Zellen mit
> einer Zellmembran, Zellkern und
> Zellplasma. Weiterhin hat die
> Pflanzenzelle eine Zellwand, Tüpfel,
> eine Vakuole und Chloroplasten.

Aufgaben

1 🌿 Begründe, weshalb Laubblätter
in der Regel grün sind.

2 ● Erkläre, warum die Chloroplasten
in Bild 1 nicht gleichmäßig verteilt
sind.

Bau einer Pflanzenzelle

Material A

Aufbau der Pflanzenzelle

1 In Bild 1 ist eine Schemazeichnung einer Pflanzenzelle abgebildet.

a ⃝ Benenne die nummerierten Zellbestandteile.

b ◗ Erstelle eine Tabelle, aus der hervorgeht, welche Aufgaben die Zellorganellen haben.

2 ◗ Erkläre die Funktion der Zellbestandteile 5, 6, 7 und 8.

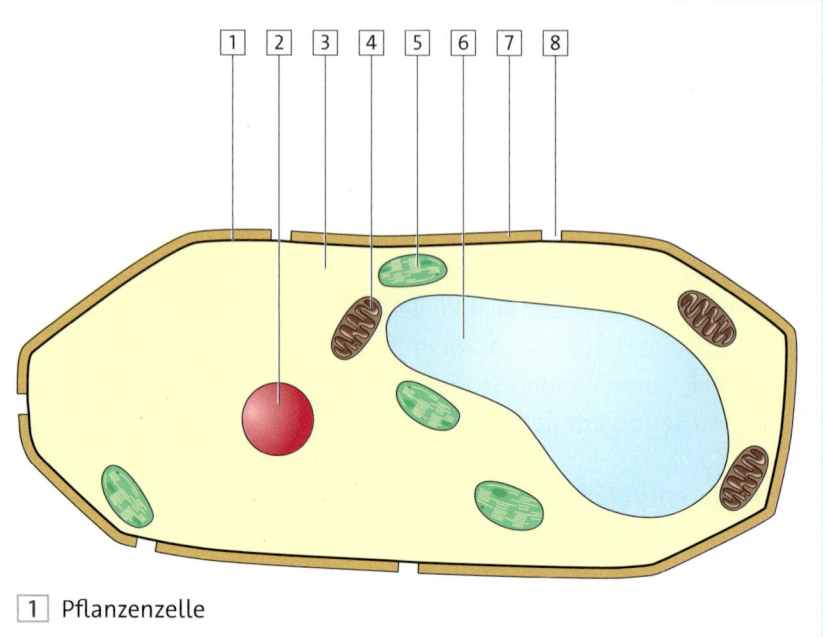

1 Pflanzenzelle

Material B

Spezialisierte Pflanzenzellen

1 ⃝ Ordne die Beschreibungen a–c den Bildern 2–4 zu. Begründe deine Zuordnungen.

2 ◗ Erläutere an zwei Beispielen den Zusammenhang zwischen Struktur und Funktion der abgebildeten Zellen.

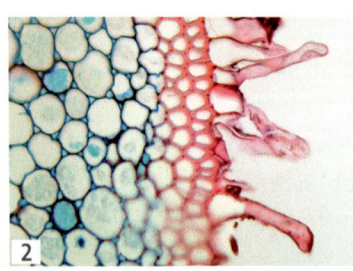

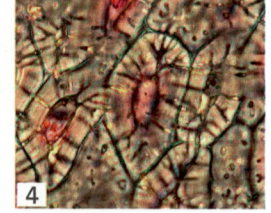

a Steinzellen Sie findet man zum Beispiel in Nussschalen. Sie besitzen verdickte Zellwände. So wird die Festigkeit der Nussschale erhöht.

b Spaltöffnungen Sie entstehen zwischen zwei speziellen Zellen, den Schließzellen. Sie sind länglich und nur an den Enden miteinander verbunden. Sie lassen sich öffnen und schließen.

c Wurzelhaarzellen Sie liegen im Abschlussgewebe der Wurzeln und bestehen aus einer Zelle, die sich haarförmig in den Boden erstreckt. Da sie eine sehr dünne Zellwand besitzen, können sie gut Wasser mit gelösten Mineralstoffen aus dem Boden aufnehmen.

Pflanzen bestehen aus verschiedenen Zellen

5 Kartoffelpflanze

1 ◐ Ordne die dargestellten Zelltypen A–C den Teilen der Kartoffelpflanze zu. → 4 Begründe deine Zuordnungen.

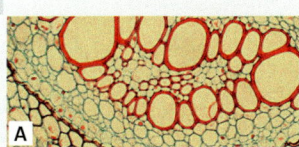

Besonderheiten: Große Zellen mit großem Volumen, verdickte Zellwände
Aufgabe: leiten Wasser und Nährstoffe durch die Pflanze

Besonderheiten: Eng gepackte Zellen mit vielen Chloroplasten
Aufgabe: Herstellung von Zucker

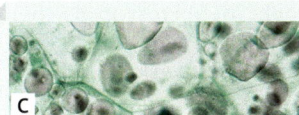

Besonderheiten: Einlagerung von Stärkekörnchen im Zellplasma
Aufgabe: Speicherung von Stoffen

Zellbestandteile

1 Betrachte die beiden Fotos und lies den Text. → 6 – 8
a ○ Nenne eine Zellorganelle der Pflanzenzelle, der den beiden Zelltypen fehlt.
b ◐ Begründe, weshalb der fehlende Zellbestandteil bei der Zwiebel nicht notwendig ist.

2 ◐ Beschreibe Möglichkeiten, wo Zellen Farbstoffe einlagern.

3 ● Stelle Vermutungen über die Aufgabe des Farbstoffs bei der Paprika an.

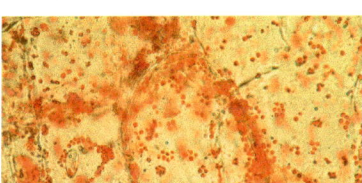

6 Zellen der Paprikaschote

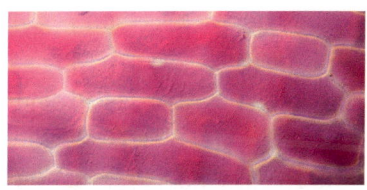

7 Zellen der Zwiebelhaut

Farbstoffe in Pflanzenzellen Laubblattzellen der Wasserpest haben den grünen Farbstoff Chlorophyll. Es gibt aber auch Zellen, die andere Farbstoffe eingelagert haben. Diese können dem Anlocken von Tieren, zur Bestäubung oder zur Verbreitung der Früchte, sowie als Schutz vor Strahlung dienen. Die Zellen der Paprika haben spezielle Zellorganellen, die Chromoplasten, die einen leuchtenden gelb-rötlichen Farbstoff enthalten. Zwiebelpflanzen besitzen unterirdische Speicherorgane, die Zwiebeln. Die Haut der roten Zwiebel ist rötlich gefärbt. Sie hat einen roten Farbstoff in den Vakuolen eingelagert.

8

Bau einer Tierzelle

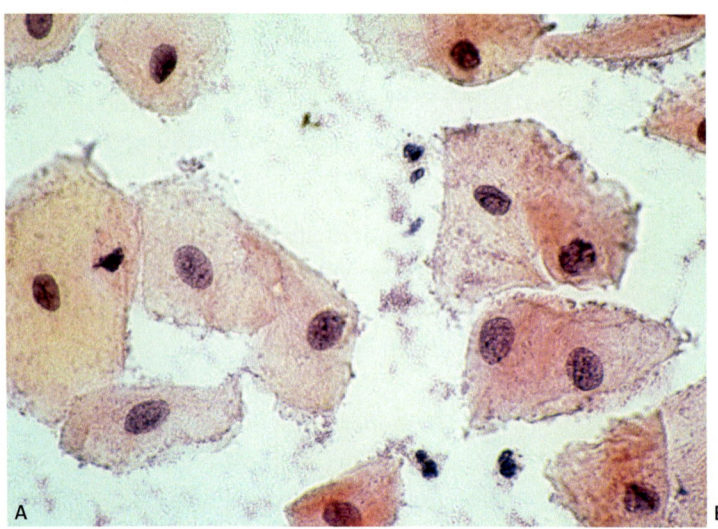

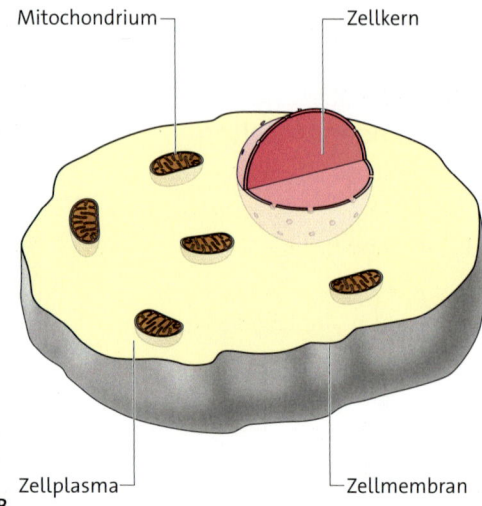

1 Die Tierzelle: **A** Zellen der Mundschleimhaut im Mikroskop, **B** Schematischer Aufbau der Tierzelle

Tiere und Menschen unterscheiden sich deutlich von den Pflanzen. Gilt das auch für ihre Zellen?

Größe und Form • Die Zellen von Tieren
5 und Menschen sind meist kleiner als Pflanzenzellen. Sie sind nicht so regelmäßig geformt wie Pflanzenzellen, da sie keine stützende Zellwand besitzen. Die Zellen von Tieren und Menschen
10 sind daher weich und zerreißen leichter als Pflanzenzellen.

Zellbestandteile • Mundschleimhautzellen sind wie alle Tierzellen mit Zellplasma gefüllt und von einer Zellmem-
15 bran umgeben. Im Zellplasma liegen der Zellkern und die Mitochondrien. Tierzellen besitzen aber weder Vakuolen noch Chloroplasten, sie können also keine Fotosynthese betreiben. Um
20 Zellkern und Zellplasma im Mikroskop gut erkennen zu können, müssen die Zellen angefärbt werden.

Einzeller und Vielzeller • Viele pflanzliche und tierische Lebewesen bestehen
25 aus nur einer einzigen Zelle, in der alle Lebensvorgänge stattfinden. Solche Lebewesen werden Einzeller genannt. Beispiele hierfür sind Pantoffeltierchen oder Bakterien. Bestehen Lebe-
30 wesen wie der Mensch, andere Wirbeltiere oder die grünen Pflanzen aus mehreren Zellen, spricht man von Vielzellern. Bei Vielzellern erfüllt jede Zelle eine ganz bestimmte Aufgabe.

> Tierzellen besitzen weder Zellwand noch Vakuole oder Chloroplasten. Einzeller bestehen nur aus einer einzigen Zelle, Vielzeller dagegen aus vielen verschiedenen Zellen.

Aufgabe

1 ○ Nenne die Zellbestandteile einer Tierzelle und ihre jeweilige Aufgaben.

Material A

Zellvergleich

In den Bildern 2 und 3 sind zwei Schemazeichnungen von Zellen abgebildet.

1 Betrachte die Bilder 2 und 3.

a ○ Benenne die nummerierten Zellbestandteile.

b ◗ Vergleiche die Zellbestandteile der beiden Zelltypen mithilfe einer Tabelle. Berücksichtige alle Zellbestandteile.

c ◗ Begründe, bei welcher der beiden Zellen es sich um eine Tierzelle oder Pflanzenzelle handelt.

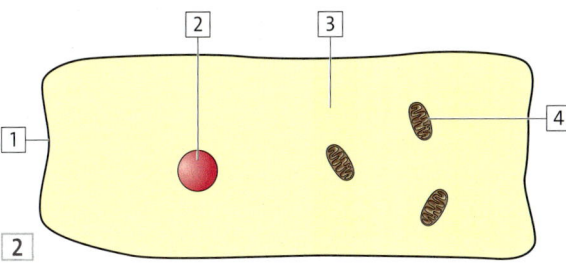

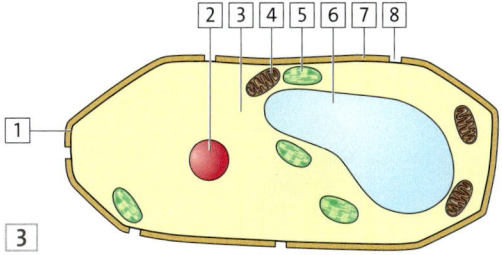

Material B

Spezialisierte Tierzellen

Im Körper gibt es bestimmte Zellen, die gewissen Aufgaben erfüllen. Sie sind in ihrem Bau an ihre Funktion angepasst.

1 Lies den Text. → 4

a ○ Nenne die mit Ziffern nummerierten Zellbestandteile.

b ○ Ordne die Bilder 5 und 6 entweder einer Nervenzelle oder einer Knochenzelle zu.

c ◗ Begründe deine Zuordnung.

2 ◗ Erkläre am Beispiel der Knochenzelle den Zusammenhang von Bau und Funktion.

Spezialisierte Tierzellen Nervenzellen sind verästelt. Das Zellplasma der Nervenzellen bildet lange Ausläufer. Mit Hilfe dieser Nervenfasern können sich viele Nervenzellen miteinander verbinden und so ein Geflecht aus vielen Nervenzellen bilden. Auch unsere Knochen bestehen aus Zellen. Knochenzellen lagern in ihrem Zellplasma sehr viel Kalk ein. Dies gibt der Zelle Stabilität und Festigkeit.

4

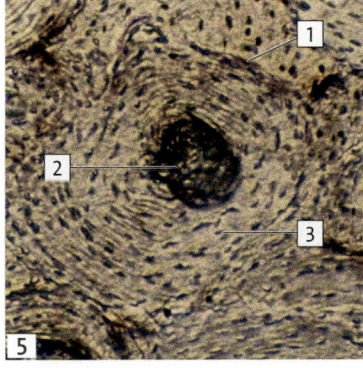

5

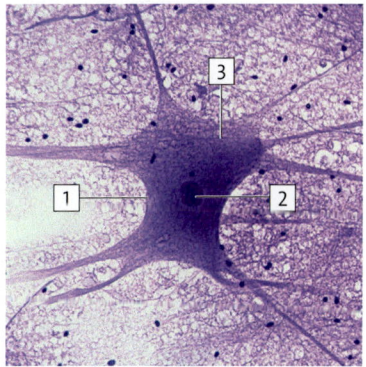

Bau einer Tierzelle

Mikroskopieren

Lupen können Objekte bis zum 16-Fachen vergrößern, ein Binokular bis zum 100-Fachen. Das Wort Mikroskop ist aus zwei griechischen Wörtern zusammengesetzt. Sie bedeuten so viel wie „Kleines sehen". Mithilfe eines Mikroskops können sehr kleine Dinge noch viel stärker vergrößert werden. Schulmikroskope vergrößern in der Regel bis zu 400-fach.

Möchte man wissen, wie stark ein mikroskopisches Bild vergrößert ist, muss man die Gesamtvergrößerung berechnen. Dazu werden die Werte von Okularvergrößerung und Objektivvergrößerung miteinander multipliziert. Bei einer 10-fachen Vergrößerung des Okulars und einer 4-fachen Vergrößerung des Objektivs ergibt sich eine 40-fache Gesamtvergrößerung.

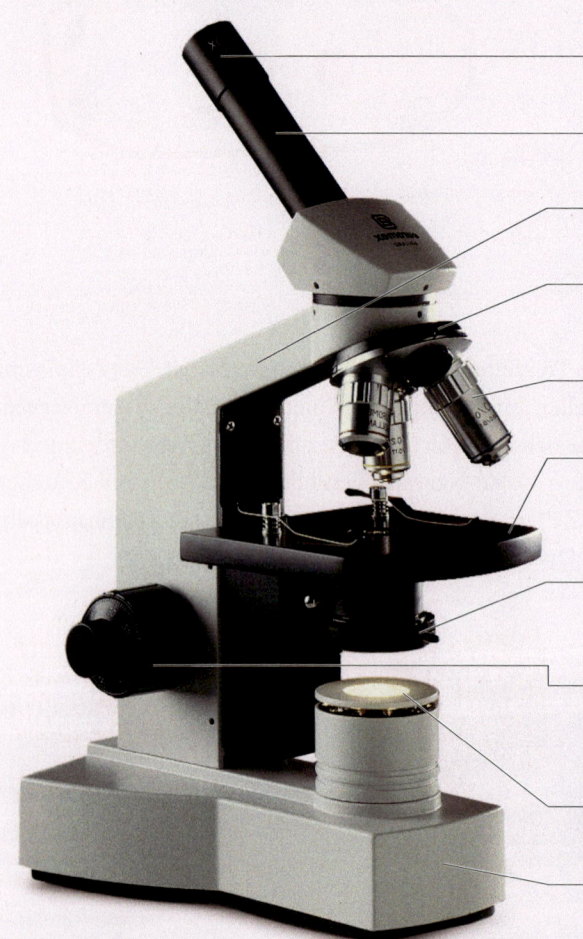

Okular: Vergrößerung des Objekts

Tubus: Verbindungsstück von Okular und Objektiv

Stativ: Halterung für die Teile des Mikroskops

Objektivrevolver: Halterung für mehrere Objektive mit unterschiedlicher Vergrößerung

Objektiv: Vergrößerung des Objekts

Objekttisch: Auflage für das Objekt, oft mit Objekthaltern, die das Objekt festklemmen

Blende: Bündelung des Lichts

Triebrad: Scharfstellen des Objekts durch Veränderung der Entfernung von Objekt und Objektiv, oft in Grob- und Feintrieb geteilt

Lichtquelle: Beleuchtung des Objekts

Fuß: Schweres Gehäuse zum sicheren Stand für das Mikroskop und Unterbringung der Technik der Lichtquelle

1 Bau eines Lichtmikroskops

Bedienung des Lichtmikroskops

Ein erfolgreiches Arbeiten mit dem Mikroskop setzt eine Vorgehensweise nach bestimmten Regeln voraus:

1. Transport Trage das Mikroskop immer mit einer Hand am Stativ und mit der anderen unter dem Fuß.

2. Vorbereitung Schließe die Stromversorgung an und schalte die Beleuchtung ein. Drehe den Objekttisch so weit wie möglich nach unten. Stelle durch Drehen am Objektivrevolver das Objektiv mit der geringsten Vergrößerung über die Öffnung im Objekttisch.

3. Auflegen des Objektträgers Lege das vorbereitete Präparat in den Lichtstrahl über die Öffnung im Objekttisch.

4. Scharfstellen des Bildes Fahre mit dem Grobtrieb den Objekttisch möglichst nahe an das Objektiv heran. Kontrolliere dabei von der Seite. ➜ 2 Schaue durch das Okular und drehe zum Scharfstellen den Objekttisch mit dem Feintrieb nach unten. ➜ 3

5. Helligkeit und Kontrast Stelle mit der Blende die Helligkeit und den Kontrast ein.

6. Überblick verschaffen Mit der kleinsten Vergrößerung kannst du dir einen Überblick über das gesamte Präparat verschaffen. Möchtest du eine bestimmte Stelle genauer ansehen, schiebst du sie vorsichtig in die Mitte des Bildes. Beachte dabei, dass das Bild seitenverkehrt ist und auf dem Kopf steht.

7. Suche nach geeigneten Stellen Lass beim Mikroskopieren möglichst beide Augen offen. Verschiebe den Objektträger, bis du einen geeigneten Bereich gefunden hast.

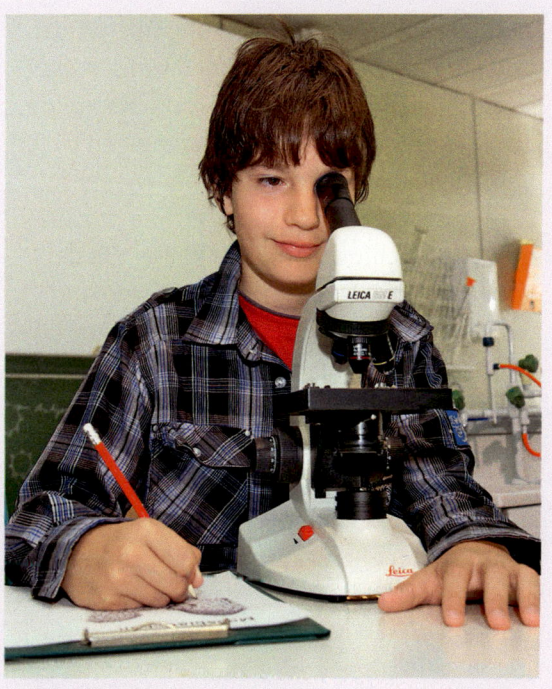

4 Schüler beim Mikroskopieren

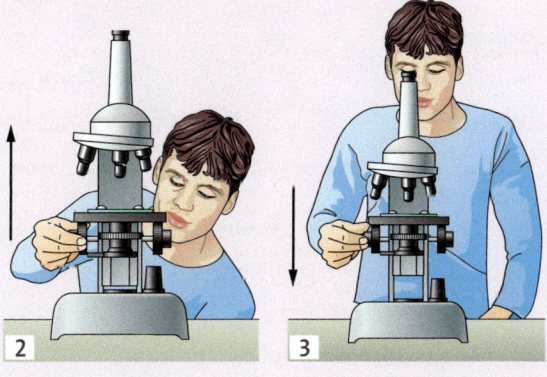

2

3

Bau einer Tierzelle

Eine mikroskopische Zeichnung anfertigen am Beispiel einer Pflanzenzelle

Forscher fertigen mikroskopische Zeichnungen an, um interessante Lebewesen oder Zellbestandteile vergleichen zu können.
Du benötigst sauberes, weißes DIN-A4-Papier, einen spitzen Bleistift, einen Radiergummi und ein Präparat.

1. Vorbereitung Suche mit der kleinsten Vergrößerung den besten Bildausschnitt. Stelle dann eine höhere Vergrößerung ein und betrachte das Objekt genau. Versuche durch Änderung der Feineinstellung und der Blende eine möglichst plastische und kontrastreiche Objektdarstellung zu erreichen.

2. Zeichnen Lege die Zeichnung übersichtlich und groß an. Zeichne nur einen kleinen, typischen Ausschnitt des mikroskopischen Bildes. Zeichne mit feinen und durchgängigen Linien. Vergleiche die Zeichnung immer wieder mit dem mikroskopischen Bild. Zeichne nur, was du siehst! Achte auf eine sachliche Wiedergabe des Objekts nach Form, Größen- und Längenverhältnissen. Halte beide Augen offen, damit du mit einem Auge in das Mikroskop und mit dem anderen auf das Zeichenblatt blicken kannst.

3. Vergleich mit einer Schemazeichnung In Schulbüchern, in Bestimmungsbüchern oder im Internet findest du Schemazeichnungen von Lebewesen. Versuche, die von dir gezeichneten Strukturen wiederzuerkennen und den Abbildungen in den Büchern zuzuordnen.

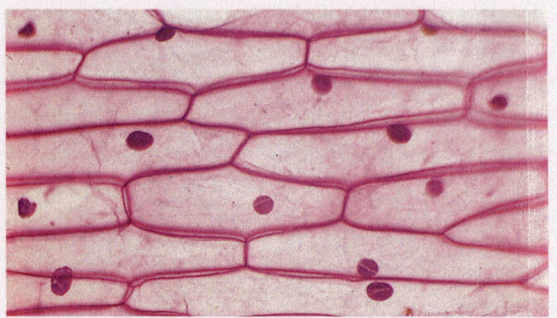

[1] Zellen einer roten Zwiebel im Mikroskop

4. Beschriften Fertige die Beschriftungen mit Bleistift an, ziehe Linien mit dem Lineal. Füge Name, Art des Präparats sowie die verwendete Vergrößerung und evtl. verwendete Färbemittel an. Notiere auf der Zeichnung auch deinen Namen und das Datum der Erstellung.

Objekt: Rote Zwiebel
Präparat: Zellen der Zwiebelhaut
Vergrößerung 400-fach

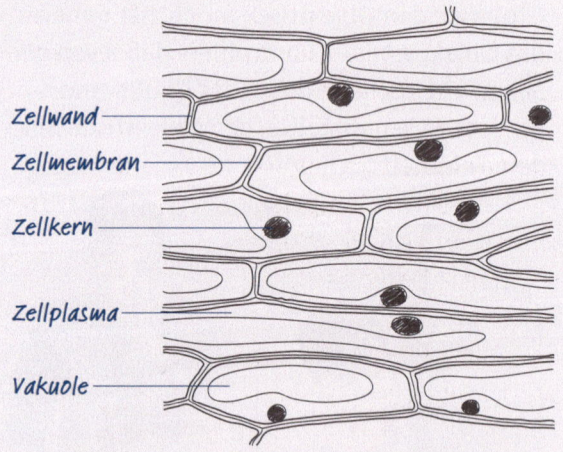

Zellwand
Zellmembran
Zellkern
Zellplasma
Vakuole

Mara Menzel   26. 4. 2017
[2] Fertige Zeichnung mit Beschriftung

Material C

Mikroskopieren von Mundschleimhaut

Materialliste: Mikroskop, Holzspatel, Pipette, Objektträger, Deckglas, Methylenblau ⬦, Filterpapierstreifen

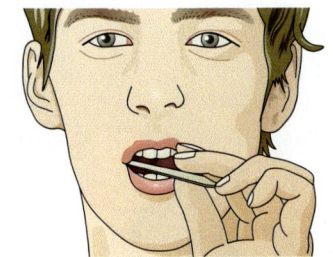

3 Mundschleimhaut gewinnen

1 Schabe mit dem Holzspatel vorsichtig etwas Mundschleimhaut von der Innenseite deiner Wange ab. → 3 Übertrage die Mundschleimhautzellen auf einen Objektträger. Gib 2 Tropfen Wasser hinzu und lege anschließend ein Deckglas auf.

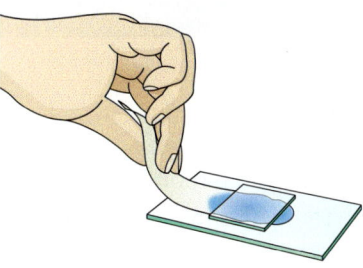

4 Das Präparat anfärben

2 Gib mit der Pipette einen Tropfen Methylenblau neben den Rand des Deckglases. Sauge mit einem Streifen Filterpapier vom gegenüberliegenden Rand die Farbe durch das Präparat. → 4

3 ◨ Mikroskopiere nun das gefärbte Präparat wie du es gelernt hast. Schließe dabei die Blende des Mikroskops.

4 ● Fertige eine beschriftete Zeichnung von 3–5 Mundschleimhautzellen an.

Material D

Heuaufguss

In einem Heuaufguss kannst du Einzeller züchten.

Materialliste: Becherglas, Wasser aus einem Tümpel, frisches Heu, Tuch, Pipette, Objektträger, Deckgläschen

1 Fülle das Glas mit Tümpelwasser und gib ein wenig Heu dazu. Bedecke das Glas mit einem luftdurchlässigen Tuch. Lass diesen Heuaufguss bei Zimmertemperatur 14 Tage stehen.

2 Nimm mit einer Pipette von der entstandenen Oberflächenhaut einen Tropfen Flüssigkeit auf. Gib ihn auf einen Objektträger und lege ein Deckgläschen auf. ◯ Mikroskopiere das Präparat.

3 ◨ Zähle, wie viele verschiedene Einzeller in deinem Tropfen leben. → 5

Achtung • Wasche dir gründlich die Hände, da sich im Heuaufguss auch Krankheitserreger vermehren können.

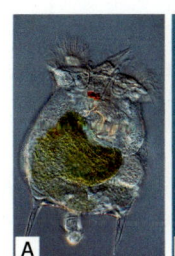 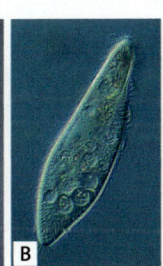 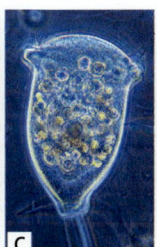 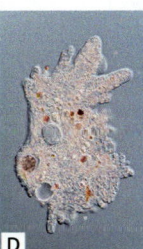 

5 **A** Räder-, **B** Pantoffel-, **C** Glockentierchen, **D** Amöbe, **E** Augentierchen

Zellteilung ermöglicht Wachstum

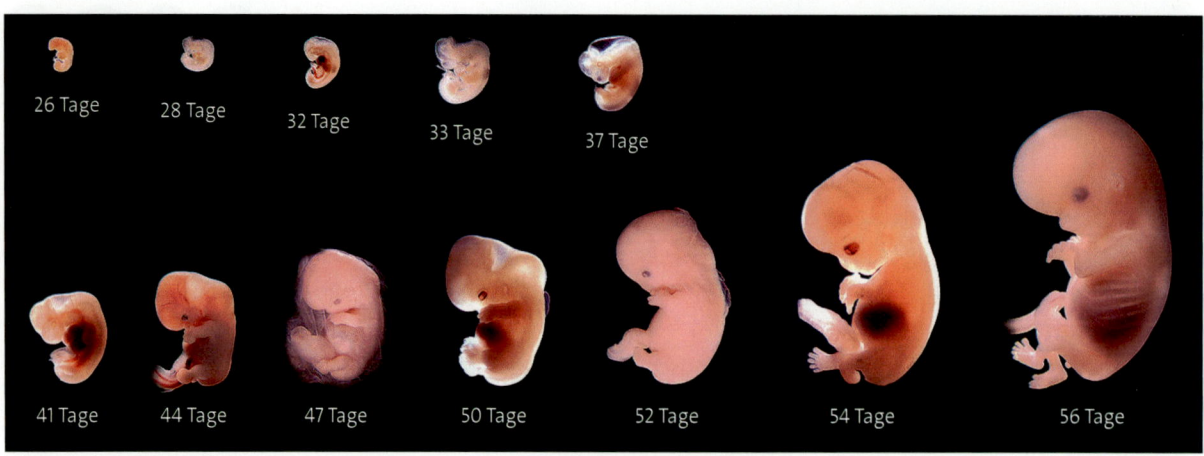

26 Tage · 28 Tage · 32 Tage · 33 Tage · 37 Tage

41 Tage · 44 Tage · 47 Tage · 50 Tage · 52 Tage · 54 Tage · 56 Tage

1 Zelldifferenzierung

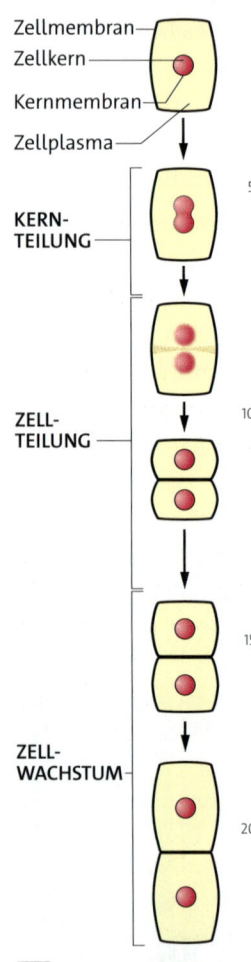

Zellmembran
Zellkern
Kernmembran
Zellplasma

KERN-
TEILUNG

ZELL-
TEILUNG

ZELL-
WACHSTUM

2 Zellteilung

Der Mensch besteht aus etwa 100.000.000.000.000 (100 Billionen) Zellen. Dabei entsteht jedes menschliche Leben aus einer einzigen Zelle.
5 **Wie kann daraus eine solch enorme Anzahl von Zellen werden?**

Lebewesen bestehen aus Zellen • Große und kleine Lebewesen unterscheiden sich in der Anzahl ihrer Zel-
10 len. Kleine Lebewesen haben einfach weniger Zellen. Größere Lebewesen haben meist verschiedene Zelltypen mit unterschiedlichen Aufgaben.

Zellteilung • Vor Beginn der Zellteilung
15 wird die Erbinformation im Zellkern kopiert. Die Membran des Zellkerns löst sich auf. Original und Kopie der Erbinformation trennen sich voneinander und wandern in gegenüberliegen-
20 de Bereiche der Zelle. Anschließend bilden sich neue Membranen, sodass zwei Zellkerne entstehen. Man nennt dies Kernteilung. Zwischen den Zellbereichen, in denen die Zellkerne lie-
25 gen, bilden sich neue Zellmembranen.
→ 2 Die anderen Zellbestandteile teilen sich und wachsen ebenfalls. Es sind zwei Zellen entstanden, deren Erbinformation identisch ist.

30 **Wachstum •** Die kleinen Zellen wachsen durch Neubildung von Zellplasma zu ihrer endgültigen Größe heran. So entstehen aus der befruchteten Eizelle durch die ersten drei Teilungen
35 acht völlig gleiche Tochterzellen. Man bezeichnet diese völlig gleichen Zellen als Stammzellen, weil aus ihnen alle Zelltypen des Körpers entstehen können.

Zellen vermehren sich durch Teilung. Das ermöglicht das Wachsen eines Lebewesens.

Aufgabe

1 ◐ Erkläre, was man unter einer Stammzelle versteht.

Material A

Zellteilungsstadien

Die Leber ist ein Organ mit vielen verschiedenen Aufgaben. Für ihre Tätigkeit ist es wichtig, dass sich ihre Zellen oft teilen. Deshalb kann man die Teilungsstadien hier besonders gut beobachten.

1 ○ Ordne den Buchstaben A–C folgende Begriffe zu: Zellkern, Zellplasma, Zellmembran.

2 ◐ Ordne den Bildern 3–5 folgende Stadien zu: Ausgangszustand, Zellteilung und Kernteilung. Bringe die Bilder in die richtige Reihenfolge.

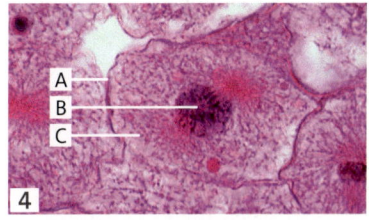

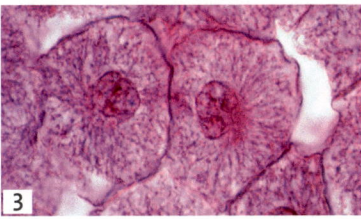

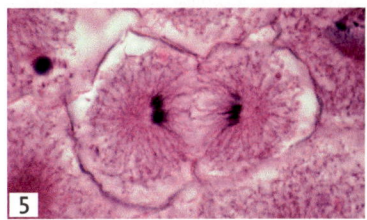

Material B

Wachstum durch Zellteilung

Das menschliche Leben entsteht durch eine befruchtete Zelle. Durch Zellteilung nimmt die Anzahl der Zellen zu.

1 ○ Betrachte das Bild 6. Gib an, wie oft sich die Zelle in den abgebildeten Stadien geteilt hat.

2 ◐ Zeichne die Anzahl der entstandenen Zellen nach der zweiten Zellteilung.

3 Bei einem erwachsenen Menschen teilen sich die Zellen auch noch fortlaufend.
● Stelle Vermutungen an, warum die Gesamtzahl der Zellen dennoch nicht zunimmt.

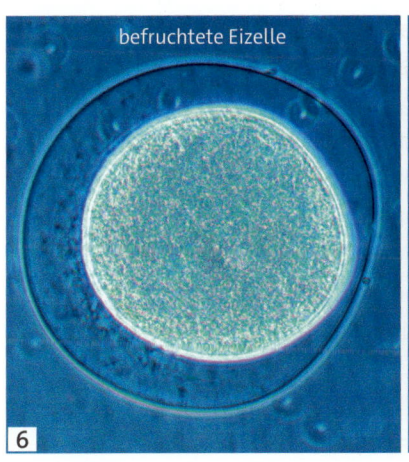

befruchtete Eizelle

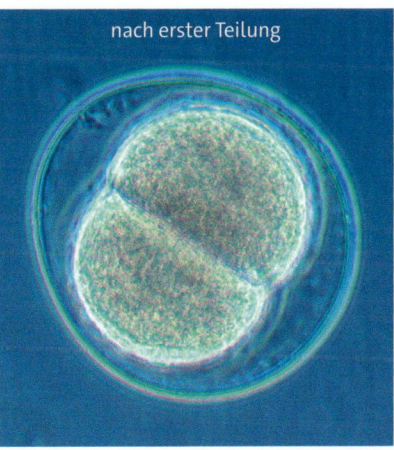

nach erster Teilung

nach zweiter Teilung

Von der Zelle zum Organismus

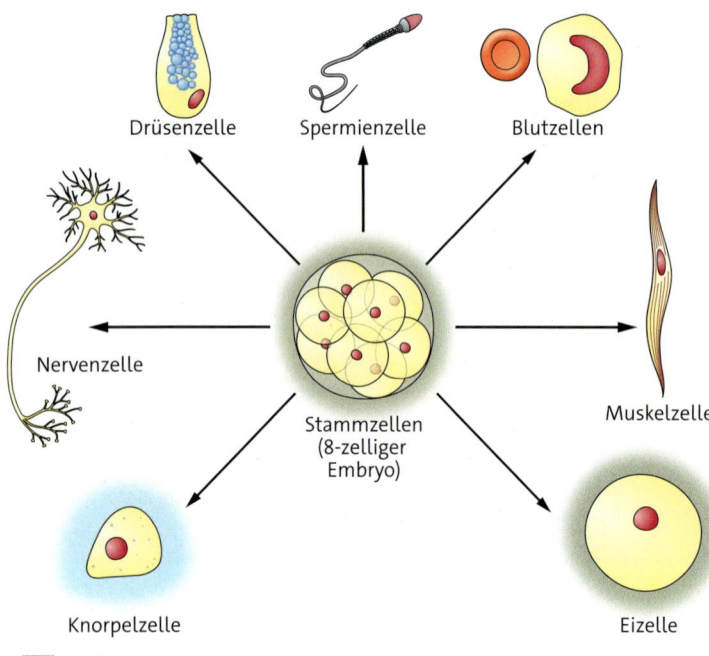

Drüsenzelle

Spermienzelle

Blutzellen

Nervenzelle

Stammzellen
(8-zelliger
Embryo)

Muskelzelle

Knorpelzelle

Eizelle

1 | Zelldifferenzierung

Zellen • Eine Zelle ist die kleinste Organisationsstufe aller Organismen. Spezialisiert als Muskelzellen, Blutzellen, Nervenzellen oder Drüsen-
25 zellen erfüllen sie in Geweben die verschiedensten Aufgaben.

Gewebe • Ein Organ besteht aus verschiedenen Geweben. Sie bilden nach den Organen die nächste Organisa-
30 tionsstufe eines Lebewesens. Gewebe sind Ansammlungen von gleichartigen Zellen. Sie zeigen den gleichen Aufbau und erfüllen die gleichen Aufgaben.

Gewebearten • Es lassen sich vier
35 Grundgewebetypen unterscheiden: Deckgewebe, Bindegewebe, Muskelgewebe und Nervengewebe. Deckgewebe sind eng gepackt. Sie grenzen einen Körper nach außen ab, umschließen innere
40 Organe oder kleiden Hohlräume aus. Sie ermöglichen den Stoffaustausch. Das Bindegewebe schafft eine Verbindung zu anderen Geweben und hat eine wichtige Stützaufgabe. Sie sind in eine
45 Grundsubstanz eingebettet, beispielsweise Fett- und Knochengewebe. Muskelgewebe besteht aus langfaserigen Muskelzellen. Es kann sich zusammenziehen und ermöglicht damit Bewegun-
50 gen. Das vierte Grundgewebe ist das für Weiterleitung und Verarbeitung von Informationen verantwortliche Nervengewebe. Es ist ein Geflecht von Nervenzellen, das über Verästelungen mitei-
55 nander in Verbindung steht.

Organ • Organe sind abgrenzbare Teile eines Lebewesens mit bestimmten Auf-

**Der menschliche Körper besteht lediglich aus Zellen. Wie können aus einfachen Zellen so komplexe und unterschiedliche Organe wie Herz
5 oder Gehirn entstehen?**

Zelldifferenzierung • Auch im erwachsenen Organismus gibt es noch an bestimmten Orten Stammzellen. Aus diesen können sich unterschiedliche
10 Zellen entwickeln, die einen speziellen, auf ihre Aufgabe abgestimmten Aufbau haben. So sind Drüsenzellen tropfenförmig aufgebaut und enthalten Flüssigkeit, welche sie nach außen ab-
15 geben können. Nervenzellen hingegen haben sie Aufgabe Signale zu empfangen und weiterzuleiten. Dazu verfügen sie unter anderem über Zellteile, welche die Informationen auf elektri-
20 schem Weg weiterleiten können.

gaben. Sie bestehen aus verschiedenen
Geweben. Unter dem aus Drüsenzellen
60 bestehenden Deckgewebe des Magen
befindet sich eine Bindegewebsschicht.
Die darin enthaltenen Blutgefäße versorgt die Zellen des Magens mit wichtigen Stoffen. Durch das darunter lie-
65 gende Muskelgewebe kann sich der
Magen zusammenziehen. → 2

Organismus und Organsystem • Arbeiten Organe eng zusammen, bilden sie
ein Organsystem. Die Gesamtheit aller
70 Organe, die zum Beispiel an der Verdauung beteiligt sind, bildet das Verdauungssystem. Jeder Organismus besteht aus mehreren Organsystemen.
Weitere Organsysteme wie das Nerven-
75 system und das Herz-Kreislauf-System
ergänzen sich in ihren Aufgaben und
gewährleisten die Leistungsfähigkeit
des Organismus.

> Gleichartige Zellen mit derselben
> Aufgabe bilden Gewebe. Organe
> entstehen durch die Zusammen-
> arbeit verschiedener Gewebe.
> Im Organismus wirken alle Organe
> zusammen.

Aufgaben

1 ◗ Fertige eine Tabelle mit vier
Grundgewebetypen mit ihrem jeweiligen Aufbau und Aufgaben an.

2 ● Erläutere am Beispiel der Verdauung die Organisationsstufen eines
Organismus.

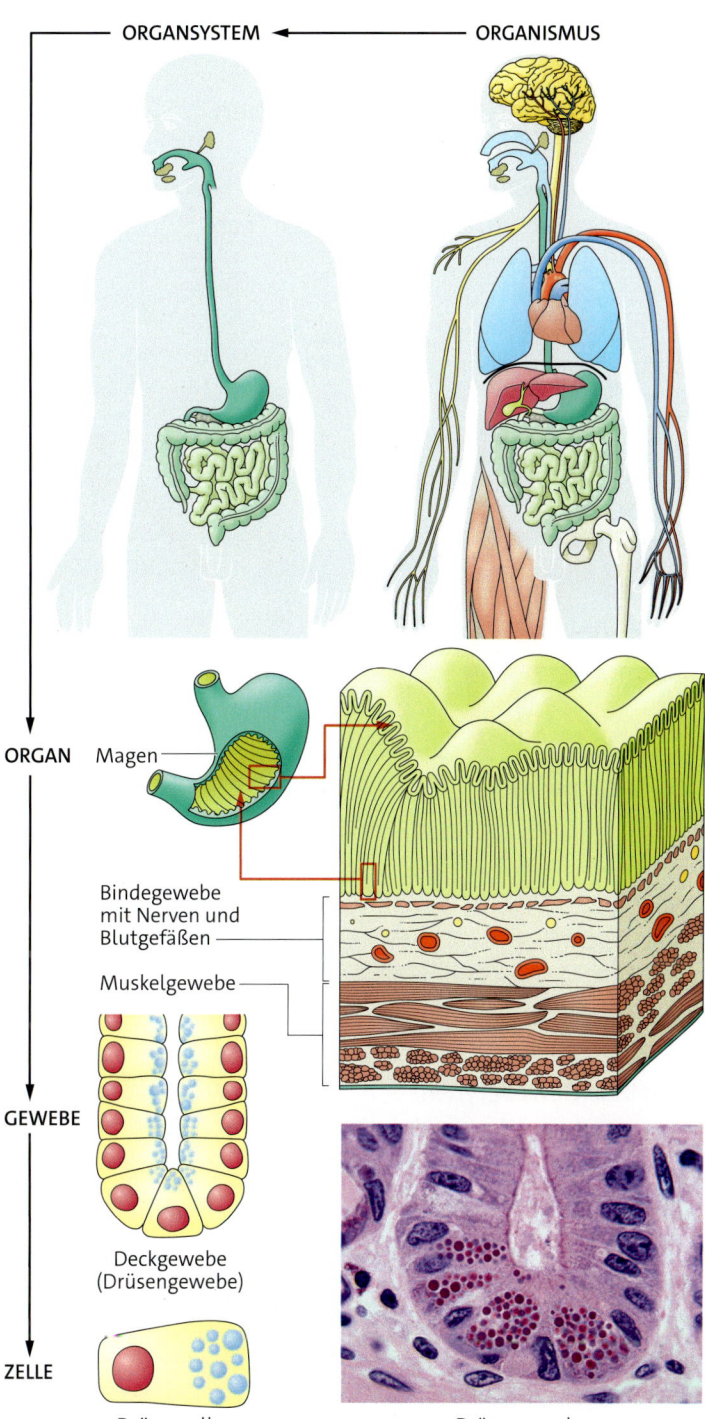

2 Organisationsstufen am Beispiel der menschlichen
Verdauung

Von der Zelle zum Organismus

Material A

Organisationsstufen beim Menschen

1 ○ Ordne die Bilder 1 A bis E nach ihrer Organisationsstufe und nenne den Fachbegriff jeder Stufe.

2 ○ Ordne den einzelnen Stufen die folgenden Fachbegriffe zu: Muskelzelle, Herz, Mensch, Herz-Kreislauf-System, Muskelgewebe. Begründe deine Zuordnung.

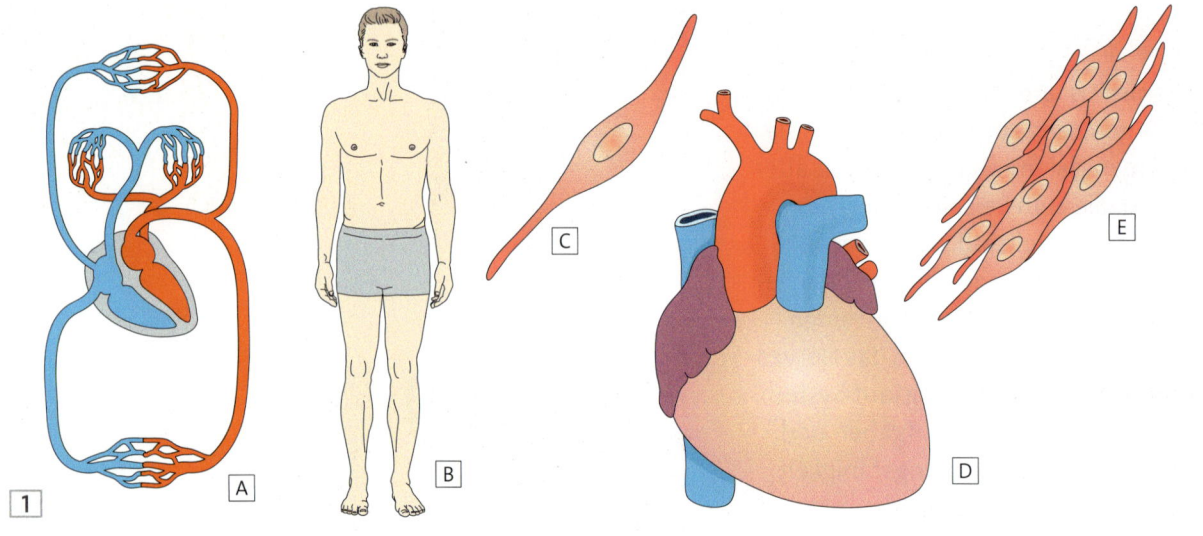

Material B

Verschiedene Gewebe

1 Welche Gewebetypen kannst du entdecken?

a ○ Ordne den mit a–d dargestellten Geweben die Grundgewebetypen zu.

b ◗ Begründe deine Zuordnungen.

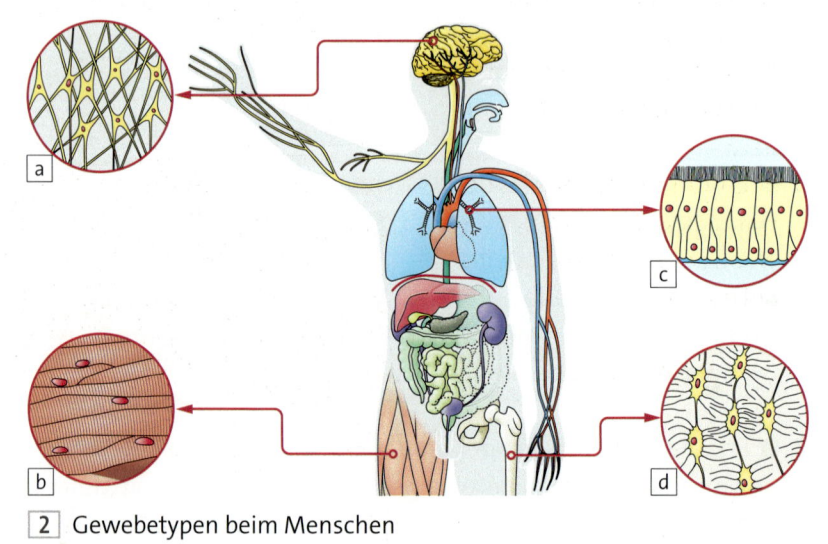

2 Gewebetypen beim Menschen

Gewebetypen

In den Bildern 3–5 sind drei verschiedene Grundgewebetypen dargestellt.

1 ○ Ordne den Bildern 3–5 folgende Grundgewebetypen zu: Muskelgewebe, Nervengewebe und Deckgewebe. Begründe deine Entscheidung.

2 ◐ Vergleiche die Struktur der dargestellten Gewebe miteinander. Stelle die jeweilige Besonderheit heraus.

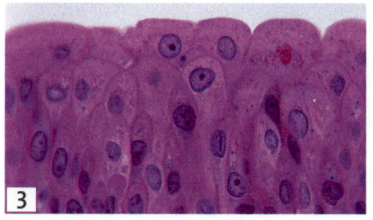

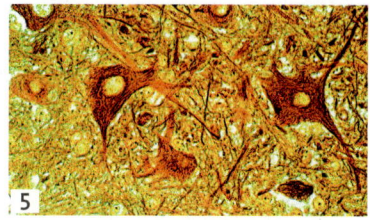

Gewebe der Haut

1 Betrachte Bild 6.

a ◐ Beschreibe den schichtweisen Aufbau der Haut.

b ● Ordne den Bildern A bis C einen Grundgewebetyp zu und begründe deine Entscheidung.

c ● Begründe, dass es sich bei der Haut um ein Organ handelt.

d ● Erläutere am Beispiel der Haut, dass die einzelnen Gewebe der Haut Arbeitsteilung betreiben.

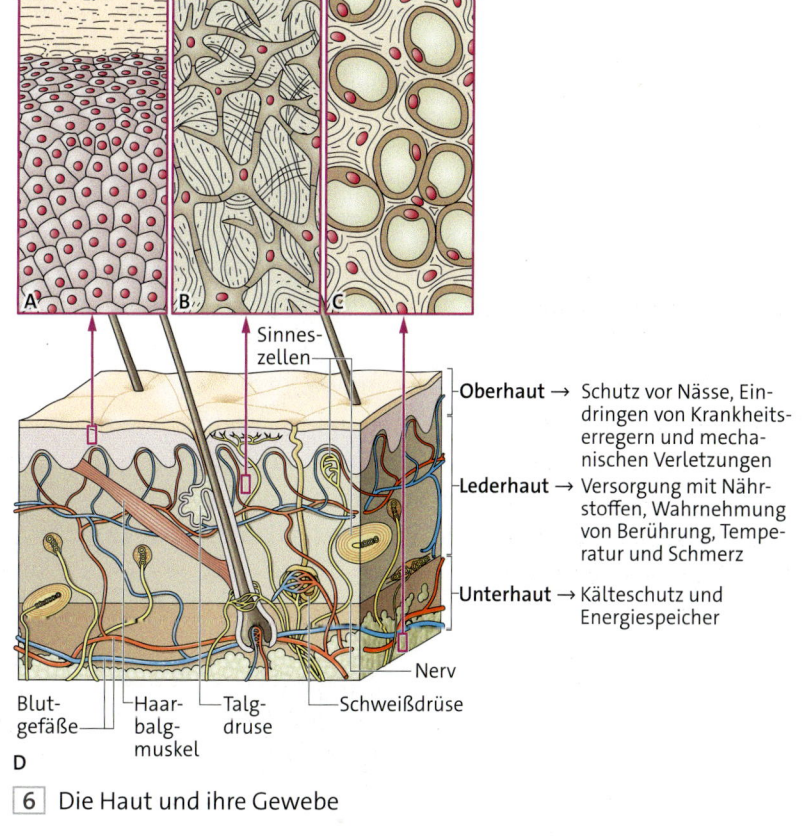

Oberhaut → Schutz vor Nässe, Eindringen von Krankheitserregern und mechanischen Verletzungen

Lederhaut → Versorgung mit Nährstoffen, Wahrnehmung von Berührung, Temperatur und Schmerz

Unterhaut → Kälteschutz und Energiespeicher

Sinneszellen

Blutgefäße — Haarbalgmuskel — Talgdruse — Schweißdruse — Nerv

D

6 Die Haut und ihre Gewebe

Fotosynthese und Zellatmung

1 Schüler auf einer Waldexkursion

Für alle Lebensvorgänge ist Energie notwendig. Diese Energie gewinnen alle Lebewesen aus chemischen Reaktionen bei denen Energie frei wird.
5 Doch wo kommen die energiereichen Stoffe her?

Fotosynthese • Die Lichtenergie der Sonne kann in andere Energieformen umgewandelt werden. So können die
10 grünen Pflanzen Lichtenergie in chemische Energie, die in den Nährstoffen gebunden ist, umwandeln. Sie nehmen die Lichtenergie mit dem grünen Blattfarbstoff Chlorophyll auf. Diese
15 Lichtenergie wird dazu genutzt, um aus Kohlenstoffdioxid und Wasser den energiereichen Traubenzucker, die Glukose, herzustellen. Dabei wird als Abfallprodukt Sauerstoff frei. ➔ **2**
20 Da dieser Vorgang ohne Licht nicht ablaufen kann, bezeichnet man ihn als Fotosynthese, was wörtlich Licht-Stoffaufbau bedeutet.

Ort der Fotosynthese • Nur Zellen, die
25 den grünen Blattfarbstoff Chlorophyll enthalten, betreiben Fotosynthese. Das Chlorophyll befindet sich in kleinen, runden Zellorganellen, den Chloroplasten.

30 **Zellatmung** • Die Zellatmung ist der Umkehrprozess der Fotosynthese. Während bei der Fotosynthese aus Kohlenstoffdioxid und Wasser die Stoffe Glukose und Sauerstoff entste-
35 hen, ist es bei der Zellatmung genau umgekehrt:
Aus Sauerstoff und Glukose entstehen Wasser und Kohlenstoffdioxid. ➔ **3**

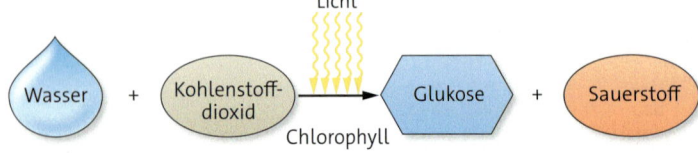

2 Gleichung der Fotosynthese

Und auch mit der Energie verhält es
40 sich umgekehrt. Für die Fotosynthese
ist Energie notwendig, während bei der
Zellatmung Energie freigesetzt wird.
Zellatmung wird sowohl von Menschen und Tieren, als auch von Pflan-
45 zen betrieben, um Energie für alle
Lebensvorgänge zu gewinnen.

Bedeutung der Fotosynthese • Pflanzen
sind die einzigen Lebewesen, die ihre
Nährstoffe selbst herstellen. Nähr-
50 stoffe und auch der von ihnen freige-
setzte Sauerstoff nutzen die anderen
Lebewesen zum Leben. So profitieren
auch Tiere und Menschen von den
Vorgängen in den grünen Blättern.

55 **Bedeutung des Lichts** • Bei Pflanzen
hängt es von der Lichtintensität ab, ob
die Fotosynthese oder die Zellatmung
der bestimmende Prozess ist. Bei starker Beleuchtung, wie es tagsüber der
60 Fall ist, überwiegt die Fotosynthese.
Dabei legt die Pflanze einen Vorrat an
Glukose an.
Wird es nachts dunkel, so überwiegt
der Prozess der Zellatmung. Ein Teil
65 des Vorrats an Glukose wird in dieser
Phase wieder abgebaut. Dies kann bei
Messungen des Kohlenstoffdioxid- und
des Sauerstoffgehalts im Labor gezeigt
werden. → 4

> Pflanzen stellen mit Hilfe von Licht-
> energie aus Kohlenstoffdioxid und
> Wasser energiereiche Glukose her.
> Bei der Zellatmung läuft die um-
> gekehrte Reaktion ab. Dabei wird
> Energie freigesetzt.

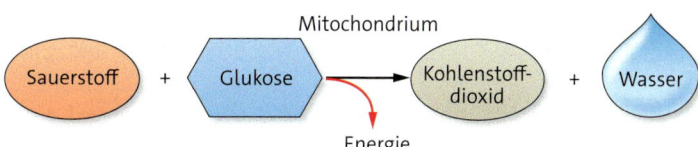

3 Gleichung Zellatmung

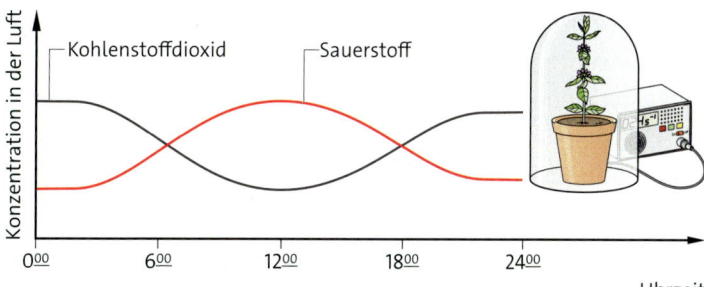

4 Kohlenstoffdioxid- und Sauerstoffgehalt der Luft im Verlauf des Tages

Aufgaben

1 ○ Nenne den Grund, warum der
Stamm des Kirschbaumes keine
Fotosynthese betreiben kann.

2 ◐ Übertrage folgende Tabelle zum
Vergleich von Fotosynthese und
Zellatmung in dein Heft und fülle
sie aus.

	Zell-atmung	Foto-synthese
Ausgangsstoffe	Sauerstoff, Glukose	...
Endstoffe	...	...
Findet statt in ...	...	...

3 ● Überlege, welcher Prozess bei
Pflanzen überwiegt: die Zellatmung
oder die Fotosynthese.
Begründe deine Antwort.

29

Fotosynthese und Zellatmung

Material A

Fotosyntheseleistung

Bei der Fotosynthese stellen Pflanzen Glukose her. Als Abfallstoff wird Sauerstoff frei. Die Fotosyntheseleistung hängt von verschiedenen Faktoren ab.

Materialliste: Reagenzglas, Becherglas, durchsichtiger Trichter, abgestandenes Wasser, Spross der Wasserpest

1 Fülle das Becherglas mit dem abgestandenen Wasser.

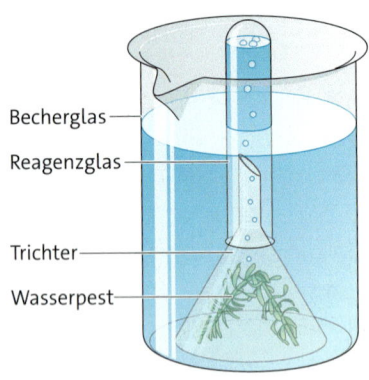

1 Versuchsaufbau

- Becherglas
- Reagenzglas
- Trichter
- Wasserpest

2 Gib in das Becherglas den Spross einer Wasserpest. Stülpe über den Spross den Trichter. Der Trichter muss komplett unter Wasser sein.

Hinweis: Damit die Ergebnisse in eurer Klasse vergleichbar sind, solltet ihr gleich große Sprosse der Wasserpest verwenden.

	Flur	Tisch (Klassenraum)	Fenster	im Freien	unter Lichtquelle
Anzahl Sauerstoffbläschen	...	...	...	...	...

2 Tabelle zur Zählung der Sauerstoffbläschen

3 Fülle nun ein Reagenzglas randvoll mit Wasser. Halte anschließend den Daumen auf das Reagenzglas.

4 Führe das Reagenzglas mit der Öffnung in das Wasser. Nimm den Finger erst dann von der Öffnung des Reagenzglases. Stülpe das Reagenzglas unter Wasser über die Öffnung des Trichters.

5 Stelle dein Versuchsaufbau an einen sehr hellen, einen weniger hellen und an einen dunklen Standort. Lass den Spross jeweils fünf Minuten stehen.
○ Zähle eine Minute lang die Bläschen für jeden Standort. Trage die Ergebnisse in die Tabelle ein. ➙ 2

6 Auswertung des Versuchs
a ◐ Formuliere eine Fragestellung, die mit diesem Versuch überprüft werden sollte.
b ◐ Erkläre die Versuchsergebnisse. Formuliere auch einen Je-desto-Satz: *Je höher ..., desto mehr ..., weil ...*

c ● Übertrage die Ergebnisse auf Vorgänge in der Natur. Nutze die Fachbegriffe.

7 Von was hängt die Fotosyntheseleistung noch ab?
a ◑ Plane dazu einen Versuch. Nimm die Information aus dem Text zu Hilfe. ➙ 3
Tipp: Du hast auch die gleichen Materialien der Materialliste zur Verfügung. Nutze zur Überprüfung deines Versuchs helles Licht.

Mineralwasser ist mit Kohlenstoffdioxid angereichert. Wenn man die Flasche öffnet entweicht Kohlenstoffdioxid als Gas. Es „sprudelt".

3

b ◑ Erkläre die Versuchsergebnisse. Formuliere auch einen Je-desto-Satz: *Je höher ..., desto mehr ..., weil ...*
c ● Stelle Vermutungen an, ob die aufgefangenen Gasbläschen reiner Sauerstoff sind.

Ergänzung oder Gegenteil

Lisa sagt: „Fotosynthese und Zellatmung sind das Gegenteil." Tom antwortet: „Ich finde viel mehr, dass sie sich toll ergänzen."

1 ○ Beschreibe das in Bild 4 gezeigte Schema mit eigenen Worten.

2 ◖ Würdest du eher Lisa oder Tom zustimmen? Begründe deine Antwort.

3 ● Stelle begründete Vermutungen an, ob es auf der Erde zunächst Pflanzen oder Tiere gab.

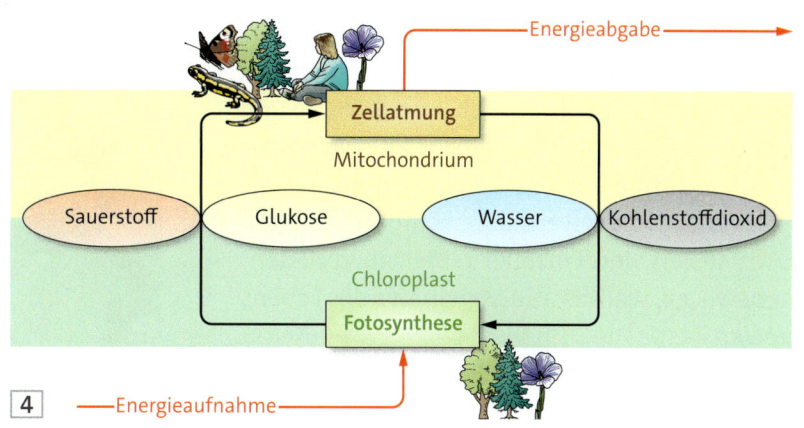

4 — Energieaufnahme —

Sauerstoff- und Kohlenstoffdioxidgehalt

Während einer 90-minütigen Unterrichtsphase wurden Sauerstoff- und Kohlenstoffdioxidgehalt im Klassenraum mit verschlossenen Fenstern gemessen. → 5 6

1 ○ Beschreibe die Entwicklung von Sauerstoff- und Kohlenstoffdioxidgehalt im Klassenraum.

2 ◖ Nenne den Prozess, auf dem diese Entwicklungen zurückzuführen sind, sowie seine Ausgangs- und Endstoffe.

3 ◖ Welche der folgenden Lebewesen können diesen Prozess durchführen: *Pflanzen, Tiere, Menschen?*

4 ● Erkläre, wie sich das Verhältnis ändert, wenn das Fenster geöffnet wird.

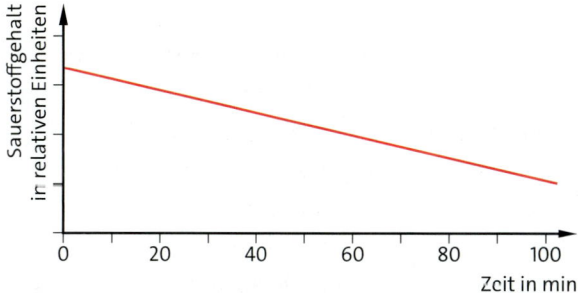

5 Sauerstoffgehalt im Klassenraum während einer Doppelstunde

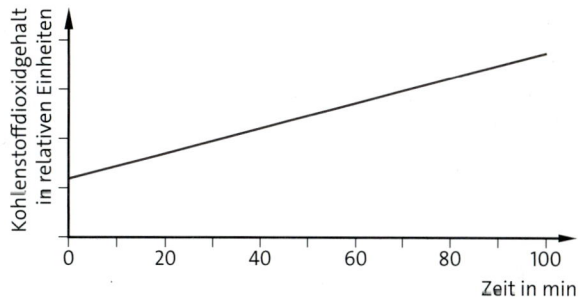

6 Kohlenstoffdioxidgehalt im Klassenraum während einer Doppelstunde

Zelle und Stoffwechsel

Zusammenfassung

Die Zelle als Grundbaustein • Alle Lebewesen bestehen aus Zellen. Diese sind mit einer Zellmembran umgeben und besitzt einen Zellkern. Im Zellplasma liegen weitere Zellorganellen, zum Beispiel die Mitochondrien. Pflanzenzellen besitzen zusätzlich Chloroplasten, eine Vakuole und eine feste Zellwand. Vielzellige Organismen wie Tiere und Pflanzen bestehen aus unterschiedlichen Zellen, die jeweils auf bestimmte Aufgaben spezialisiert sind. Einzeller zählen auch zu den Lebewesen, weil sie alle Merkmales des Lebens zeigen.

Zellen bilden Organismen • Große und kleine Organismen unterscheiden sich in der Anzahl ihrer Zellen. Diese vermehren sich durch Teilung, wobei beide neu entstandenen Zellen genetisch identisch sind. Vor der Zellteilung findet die Kernteilung statt. Zellteilung ermöglicht das Wachsen eines Lebewesens. Dabei können sich aus Stammzellen unterschiedliche Zelltypen entwickeln. Gleichartige Zellen mit derselben Aufgabe bilden Gewebe. Organe entstehen durch die Zusammenarbeit verschiedener Gewebe. Im Organismus wirken alle Organe zusammen.

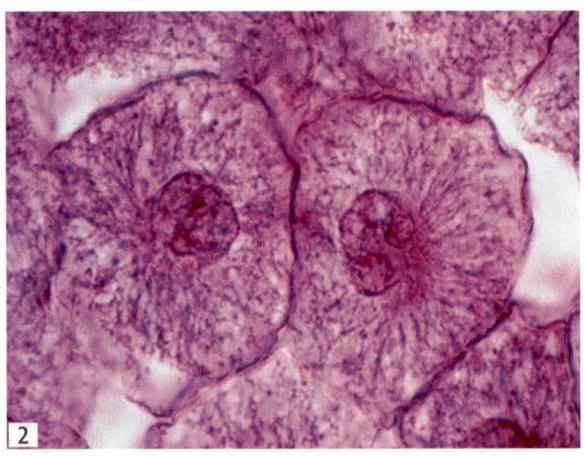

Fotosynthese und Zellatmung • Pflanzen stellen mit Hilfe von Lichtenergie aus Kohlenstoffdioxid und Wasser energiereiche Glukose und Sauerstoff her. Diese Energieumwandlung von Lichtenergie in chemische Energie findet in den Chloroplasten mit Hilfe des grünen Farbstoffes Chlorophyll statt. Bei der Zellatmung läuft die umgekehrte Reaktion ab. Aus Sauerstoff und Glukose entstehen Wasser und Kohlenstoffdioxid. Dabei wird Energie freigesetzt.

Die Zelle

1 ○ Ordne den Nummern in Bild 4 folgende Begriffe zu: Vakuole, Chloroplast, Zellmembran, Mitochondrium, Zellwand und Zellplasma, Zellkern.

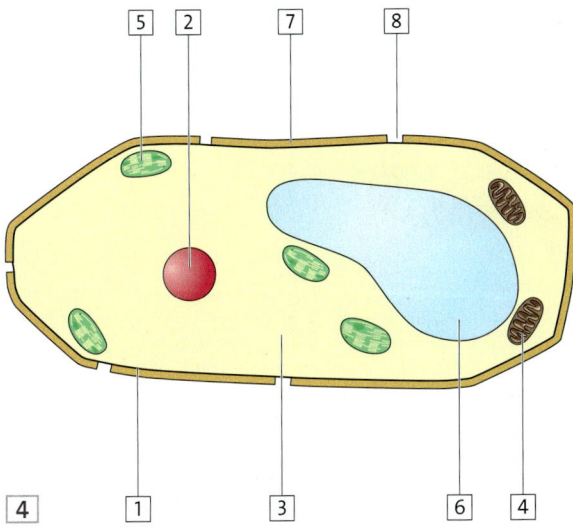

2 ◐ Nenne die Aufgaben der einzelnen Zellbestandteile einer Pflanzenzelle.

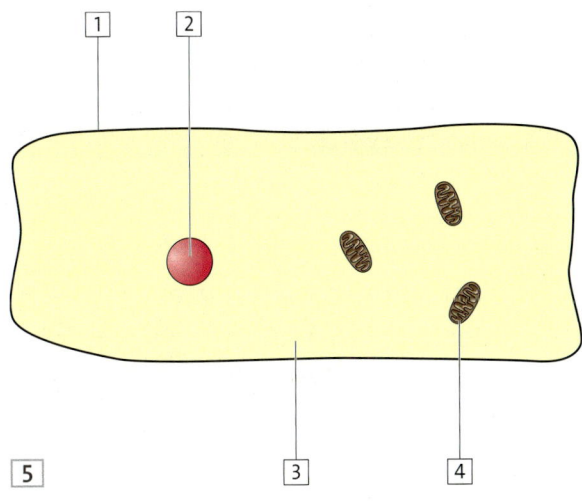

3 ◐ Ordne den Nummern in Bild 5 die entsprechenden Begriffe zu.

4 ◐ Vergleiche die Zellen von Tieren und Pflanzen in einer Tabelle.

5 ◐ Beschreibe, wie du vorgehen musst, um ein Bild im Mikroskop scharf zu stellen.

Zellen bilden Organismen

6 ● Erkläre die Bedeutung der Zellteilung und des Zellwachstums für das Wachstum des Körpers.

7 ● Erkläre die Aufgabe von Stammzellen.

8 ● Erläutere den Begriff Zelldifferenzierung.

9 ○ Nenne die vier Grundgewebetypen.

10 ◐ Erkläre folgende Begriffe: Organsystem, Organ und Gewebe.

Fotosynthese und Zellatmung

11 ○ Nenne die Wortgleichung der Fotosynthese.

12 ○ Nenne den Ort, an dem die Fotosynthese abläuft.

13 ○ Nenne die Wortgleichung der Zellatmung.

14 ◐ Beschreibe Bedingungen, die die Fotosynthese beeinflussen.

15 ● Erläutere die Bedeutung der Fotosynthese für das Leben auf der Erde.

Körperbau und Bewegung

Ohne Muskeln könntest du nicht sprinten, Ball spielen oder Klettern. Wie ermöglichen Muskeln Bewegungen?

Bei einem Kopfstand ist der gesamte Körper in Aktion. Wie arbeiten Muskeln, Sehnen und Knochen zusammen?

Es ist nicht egal, wie wir sitzen. Wer richtig sitzt, kann Rückenschmerzen vermeiden.

Die Organsysteme des Körpers

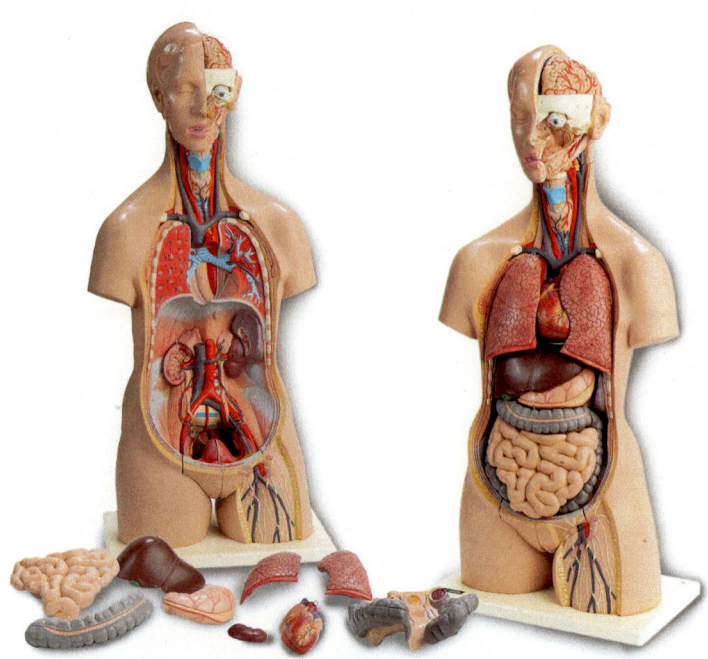

1 | Modell des menschlichen Körpers

An einem Modell des menschlichen Körpers kannst du die inneren Organe sehen. Wie ermöglichen sie die komplizierten Lebensvorgänge?

5 **Von der Zelle zum Organismus •** Zellen mit gleichem Aufbau und gleicher Aufgabe bilden zusammen ein Gewebe. Mehrere Gewebe bilden zusammen ein Organ. Jedes Organ erfüllt eine 10 bestimmte Funktion.
Im Körper arbeiten Gewebe und Organe mit unterschiedlichen Funktionen zusammen. Sie haben eine gemeinsame Aufgabe und bilden deshalb ein 15 Organsystem. Dadurch können komplizierte Prozesse wie die Verdauung im Körper ablaufen. Durch die Zusammenarbeit der Organsysteme werden die Lebensfunktionen des Körpers, des 20 Organismus, ermöglicht.

Verdauungssystem • Der Mensch muss Nahrung aufnehmen, um daraus Energie zu gewinnen. Die Nahrung wird dabei immer weiter zerkleinert, bis sie 25 vom Körper aufgenommen werden kann. Diesen Vorgang nennt man Verdauung. Wichtige Bestandteile des Verdauungssystems sind der Magen und der Darm. Unverdaute Nahrungsbe- 30 standteile verlassen das Verdauungssystem als Kot.

Atmungssystem • Neben der Nahrung braucht der Körper für seine Lebensvorgänge auch Sauerstoff. Diesen erhält 35 er aus der Luft. Bei der Atmung wird Luft über die Luftröhre in die Lungen transportiert und dort in das Blut aufgenommen. Abfallstoffe wie Kohlenstoffdioxid werden ausgeatmet.

40 **Herz-Kreislauf-System •** Der gesamte Körper ist von einem feinen Netz aus Blutgefäßen durchzogen. Das Blut wird vom Herzen hindurchgepumpt. Im Blut werden Sauerstoff, Nährstoffbausteine, 45 Boten- und Abfallstoffe transportiert.

Bewegungs- und Stützsystem • Knochen bilden das bewegliche Gerüst des Körpers. Die Wirbelsäule ist dabei die zentrale Stütze unseres Körpers. Außer- 50 dem schützen einige Knochen innere Organe: So umgibt der Schädel das Gehirn, die Rippen bilden einen Schutz um Herz und Lunge. Das Stützsystem arbeitet eng mit dem Bewegungssys- 55 tem zusammen. Gelenke sind bewegliche Knochenverbindungen, die Körperbewegungen ermöglichen.

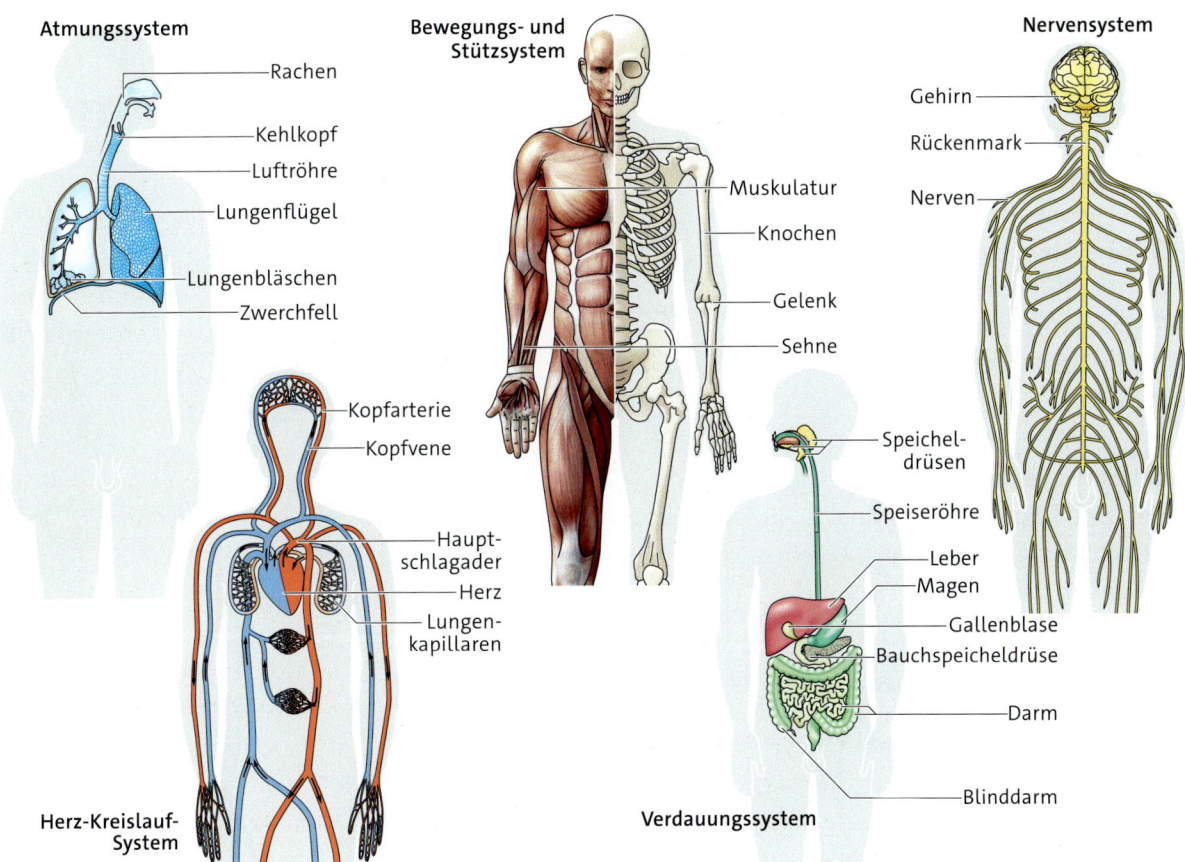

Atmungssystem

- Rachen
- Kehlkopf
- Luftröhre
- Lungenflügel
- Lungenbläschen
- Zwerchfell

- Kopfarterie
- Kopfvene

- Haupt-schlagader
- Herz
- Lungen-kapillaren

Herz-Kreislauf-System

Bewegungs- und Stützsystem

- Muskulatur
- Knochen
- Gelenk
- Sehne

Nervensystem

- Gehirn
- Rückenmark
- Nerven

- Speichel-drüsen
- Speiseröhre
- Leber
- Magen
- Gallenblase
- Bauchspeicheldrüse
- Darm
- Blinddarm

Verdauungssystem

2 Organsysteme des Menschen

Muskeln bewegen den Körper. Über Sehnen sind viele Muskeln mit Kno-
60 chen verbunden und sind zum Beispiel beim Gehen und Heben aktiv. Andere Muskeln bewegen Körperteile wie die Augenbrauen.

Nervensystem • Das Gehirn ist das
65 übergeordnete Kontrollorgan des Körpers. Es ist über das Rückenmark und Nerven mit den Sinnesorganen verbunden. Im Gehirn findet die Wahrnehmung der Umwelt statt, hier den-
70 ken und fühlen wir und planen unser Handeln.

Gesund bleiben • Wer seine Organe schonen will, achtet auf eine gesunde Lebensführung. Dazu zählen Bewegung,
75 gesunde Ernährung sowie Verzicht auf Zigaretten, Alkohol und Drogen.

Gewebe arbeiten in Organen zusammen und bilden Organsysteme, die verschiedene Aufgaben im Organismus haben.

Aufgabe

1 ◗ Erläutere den Begriff Organsystem.

Die Organsysteme des Körpers

Material A

Organsysteme

1 ○ Ordne den Buchstaben in Bild 1 jeweils das passende Organsystem zu.

2 ○ Benenne die mit den Ziffern beschrifteten Organe in Bild 1.

3 ◗ Übertrage die Tabelle ins Heft und fülle sie aus. Ordne den Organsystemen ihre Aufgaben zu:

Organ-system	Organe	Aufgaben
...	...	...

Es kontrolliert alle Lebens-vorgänge im Körper.

Es gibt dem Körper Halt.

Es ermöglicht dem Körper Bewegungen.

Es transportiert Stoffe durch den Körper.

Es versorgt den Körper mit Sauerstoff.

Es versorgt den Körper mit Nährstoffen.

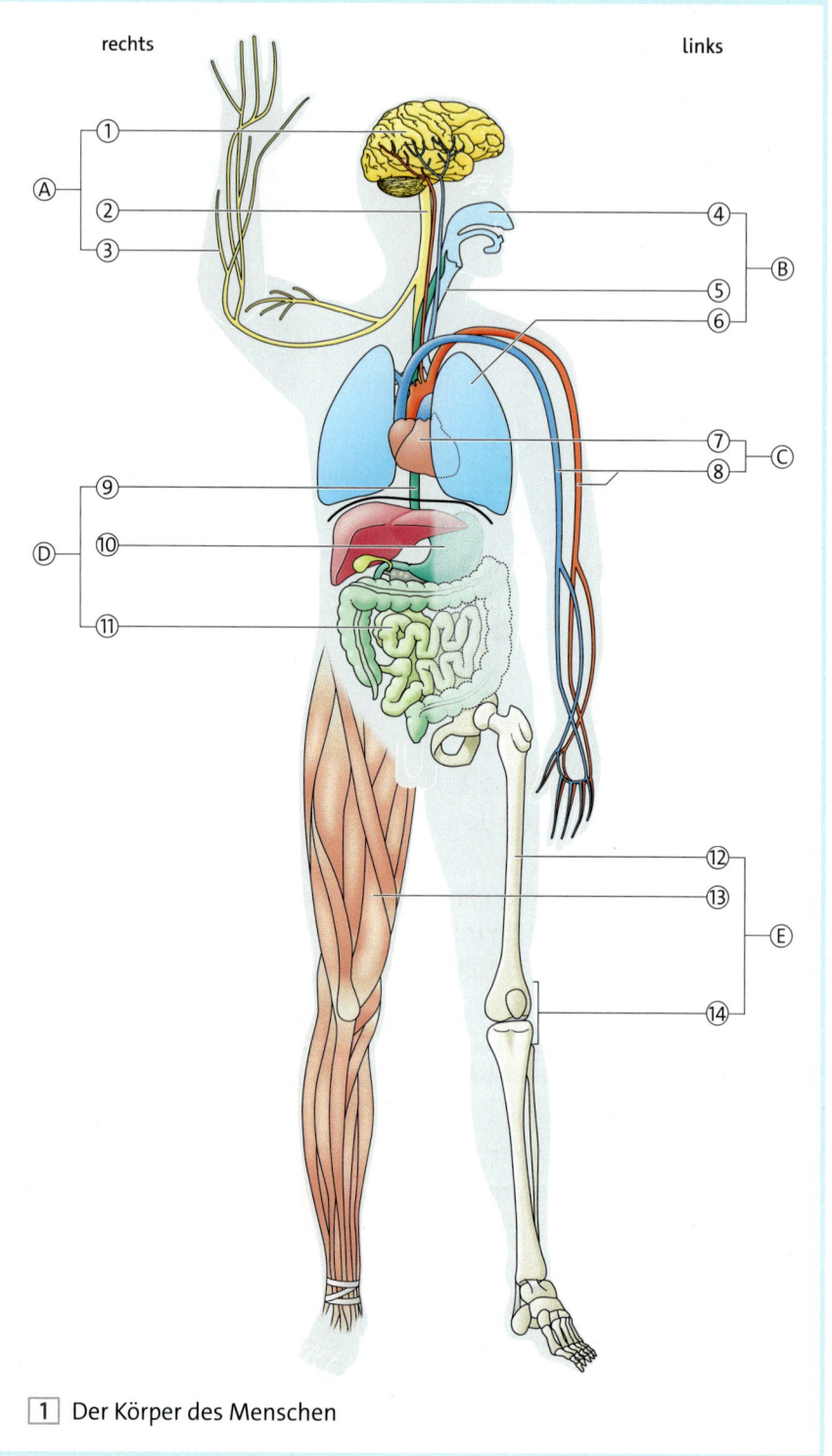

rechts links

1 Der Körper des Menschen

Material B

Gesund oder ungesund?

Zur Erhaltung deiner Gesundheit und deines Wohlbefindens kannst du selbst viel beitragen.

1 Übertrage die Tabelle ins Heft und fülle sie aus.

Bild	Welche Person verhält sich auf Dauer …	
	gesund?	ungesund?
2	Person B, weil sie sich aufwärmt.	Person A, weil sie sich nicht aufwärmt.
?	…	…

Betrachte die Zeichnungen. → 2 – 5 Alle handelnden Personen sind mit einen Buchstaben markiert.

a ○ Notiere in deiner Tabelle, wer sich auf Dauer gesund verhält und wer seiner Gesundheit schadet.

b ◐ Begründe deine Ansicht.

c ● Bewerte die gesunden Verhaltensweisen danach, wie leicht du sie im Alltag umsetzen könntest.

2 ● In jeder Zeichnung geht es um eines oder mehrere Organsysteme. Nenne sie. Begründe deine Zuordnung.

Knochen bilden das Skelett

1 Turnerin am Schwebebalken

Beim Turnen wird der Körper oft stark belastet. Er wird dabei von einem Gerüst aus Knochen gestützt. Wie ist dieses Gerüst aufgebaut?

Das Skelett • Im menschlichen Körper bilden über 200 Knochen ein Knochengerüst, das Skelett. Es besteht aus röhrenförmigen und plattenförmigen Knochen. Die langen Röhrenknochen stützen den Körper. Die Plattenknochen wie Beckenknochen und die Schulterblätter schützen die inneren Organe. Der Schädel wird als Kopfskelett bezeichnet. Die Arm- und Beinknochen bilden das Gliedmaßenskelett. Zum Rumpfskelett gehören die Wirbelsäule, der Brustkorb, der Schultergürtel und der Beckengürtel. → 2

Kopfskelett • Der Schädel ist aus einzelnen plattenförmigen Knochen zusammengesetzt, die miteinander verzahnt sind. Wie ein Helm umgeben die Schädelplatten das Gehirn und schützen es so vor Verletzungen. Nur der Unterkiefer ist mit dem Schädel beweglich verbunden. Erst dies ermöglicht ein Kauen der Nahrung mit den Zähnen.

Rumpfskelett • Die aus vielen einzelnen Knochen bestehende Wirbelsäule trägt den Schädel und stützt den Körper. Zwölf Rippenpaare bilden den Brustkorb. Sie sind hinten mit der Wirbelsäule und vorn mit dem Brustbein beweglich verbunden. Die Rippen schützen Lunge und Herz und zusammen mit dem Becken auch die Organe des Bauchraums.

Gliedmaßenskelett • Schulterblatt und Beckenknochen verbinden den Rumpf mit den beweglich verbundenen Arm-

40 und Beinknochen. Sie ähneln sich in ihrem Aufbau und bestehen überwiegend aus langen Röhrenknochen. Das Beinskelett trägt das ganze Gewicht des Körpers.

45 **Aufbau eines Röhrenknochens •** Bei einem Embryo sind die Knochen sehr biegsam, weil sie aus elastischem Gewebe, dem Knorpel, bestehen. Im Laufe der Zeit werden Kalk und Mine-

50 ralstoffe in den Knochen eingelagert. Das macht ihn härter und belastbarer. Knochen sind jedoch nicht massiv: In den Enden der Knochen bilden Knochenbälkchen eine netzartige Struktur.

55 Das macht den Knochen leicht und belastbar. In den Randbereichen, der Knochenrinde, stehen die Knochenbälkchen ganz dicht. Im Inneren der Knochen befindet sich die Markhöhle,

60 die mit Knochenmark gefüllt ist. Dort werden Blutzellen gebildet. In der Knochenhaut verlaufen Blutgefäße und Nerven.

> Das Skelett lässt sich in Kopf-, Rumpf- und Gliedmaßenskelett gliedern. Schädel, Brustkorb und Beckengürtel schützen die inneren Organe.

Aufgaben

1 🍃 Erkläre, wie sich der Knorpel vom Embryo im Laufe der Zeit verändert.

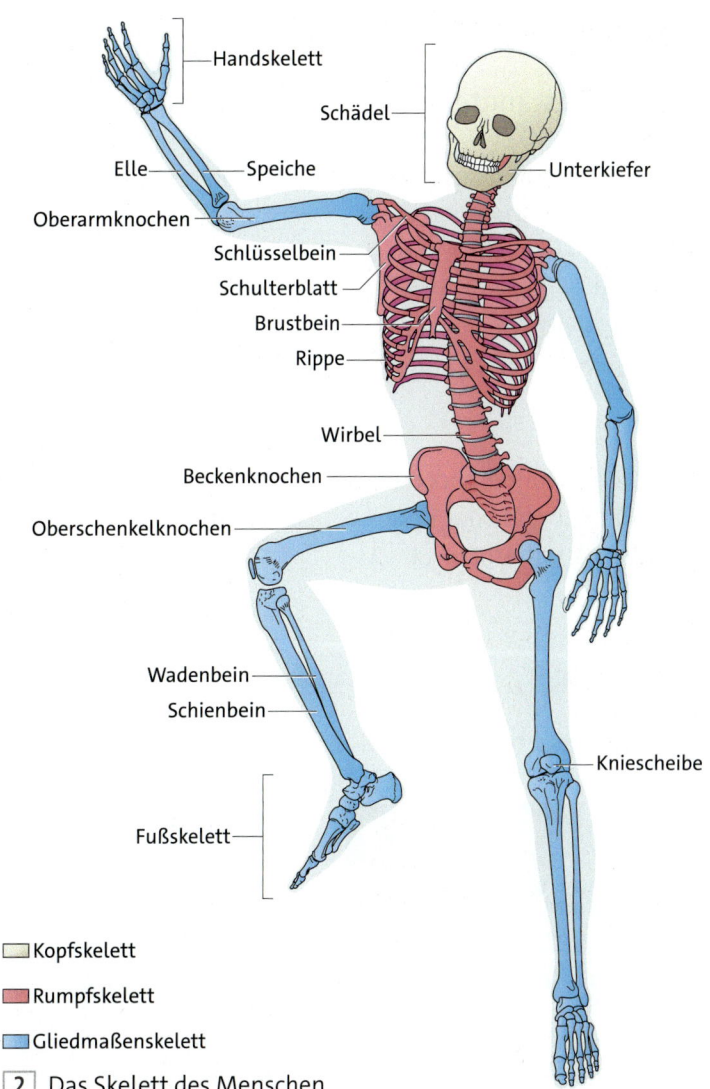

2 Das Skelett des Menschen

Kopfskelett
Rumpfskelett
Gliedmaßenskelett

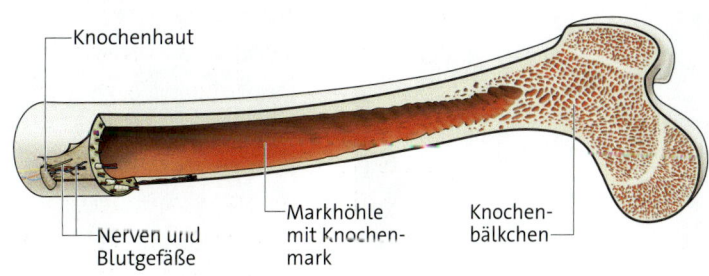

3 Aufbau eines Röhrenknochens

Knochen bilden das Skelett

Knochenbestandteile

Knochen bestehen aus dem elastischen Knorpel und dem harten Knochenkalk. Knorpel verbrennt beim Ausglühen des Knochens. Knochenkalk wird durch Salzsäure aufgelöst.

1 Aus zwei Hühnerknochen wurde Knorpel oder Knochenkalk entfernt. → 1 2

a ○ Vermute, welcher Bestandteil in Bild 1 fehlt.

b ○ Beschreibe die Eigenschaften eines ausgeglühten Knochens.

c ◖ Begründe jeweils deine Antworten.

2 Kleinkinder brechen sich nur selten einen Knochen.
◖ Begründe deine Antwort mithilfe der Bilder 1 und 2.

1

2

Die Natur zum Vorbild

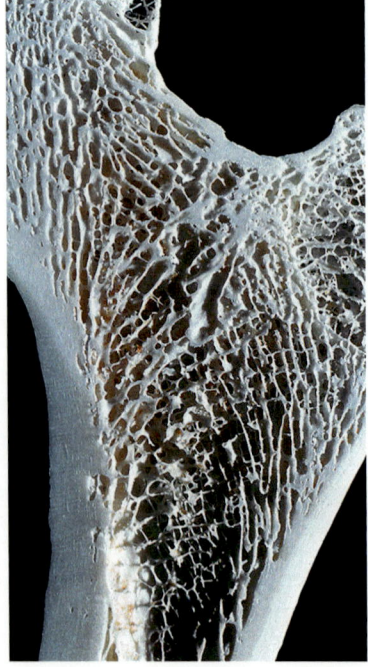

3 Knochen, stark vergrößert

4 Eiffelturm

Viele Dinge können wir uns von der Natur abschauen. Einige Architekten haben sich die besondere Bauweise innerhalb des Knochens zum Vorbild genommen.
Um den besonderen Zug- und Druckkräften standhalten zu können, bilden sich innerhalb des Knochens kleine Bälkchen, die in unterschiedlichen Winkeln wachsen und für Stabilität sorgen.

1 ○ Beschreibe die Bilder 3 und 4.

2 ◖ Erkläre, welche Eigenschaften des Knochenbaus sich Architekten zunutze gemacht haben.

Fußgewölbe

Die Füße tragen bei aufrechter Haltung das ganze Körpergewicht. Das Fußskelett hat eine nach oben gewölbte Form. Diese besondere Form wird als Fußgewölbe bezeichnet. Es verteilt die Belastung, die durch das Körpergewicht entsteht. Ein gesundes Fußgewölbe kann beim Gehen, Laufen und Springen einen Teil der Erschütterungen abfedern.

Materialliste: DIN-A4-Tonpapier, 2 Bücher, ein Massestück (50 g)

1 Führe den abgebildeten Versuch durch. ➔ 5
○ Beschreibe deine Beobachtungen.

2 ◓ Vergleiche die beiden Modelle mit dem Aufbau des Fußskeletts. ➔ 5 6

3 ○ Beschreibe die Gewichtsverteilung am Fußskelett. ➔ 6

4 ● Erkläre die Vorteile eines Fußgewölbes.

7

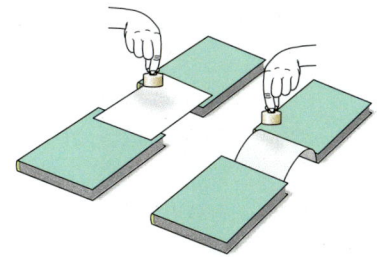

5

5 ● Erkläre den Nachteil eines Senkfußes beim Gehen, Laufen und Springen. Begründe, warum übergewichtige Personen häufig Senkfüße haben. ➔ 9

6 ● Stelle eine Vermutung an, welche möglichen langfristigen Auswirkungen High Heels auf die Gelenke

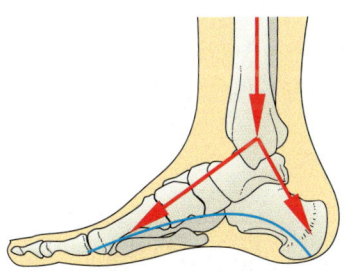

8 Normalfuß

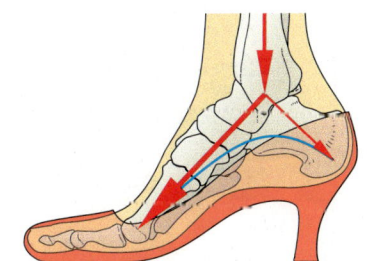

10 Belastung in High Heels

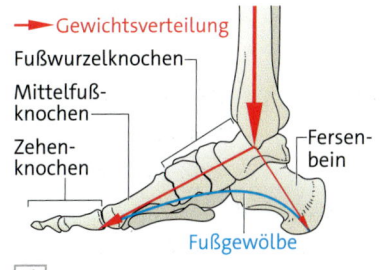

6

und Knochen des Mittelfußes haben können. ➔ 10

7 ● Erkläre, warum man bei einem Hohlfuß vor allem in den Zehen Schmerzen hat.

8 ○ Ordne die Fußabdrücke in Bild 7 einem Senkfuß, einem Hohlfuß und einem Normalfuß zu.

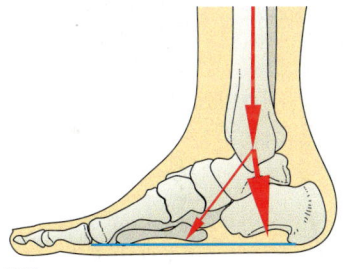

9 Senkfuß

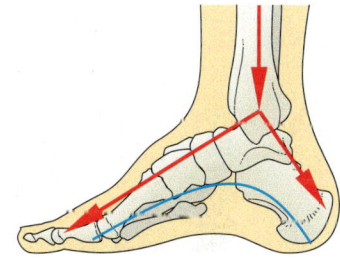

11 Hohlfuß

Die Wirbelsäule – eine bewegliche Stütze

1 Zwei Schüler beim Lernen

Es ist nicht egal, wie man sitzt. Wer falsch sitzt, kann Rückenschmerzen bekommen. Warum ist das so?

Form und Aufgabe • Von der Seite
5 betrachtet ist die Wirbelsäule wie ein doppeltes S geformt. ➝ 2 Diese besondere Form ermöglicht den aufrechten Gang. Die Wirbelsäule besteht aus einzelnen Wirbelknochen, den Wirbeln.
10 Zwischen ihnen liegen elastische Bandscheiben. Diese wirken als Stoßdämpfer. Sie verhindern auch, dass die Wirbelknochen aneinanderreiben. Durch eine falsche Haltung, beispielsweise
15 beim Sitzen, wird die Wirbelsäule gekrümmt. Bandscheiben und Rückenmuskeln werden ungleichmäßig belastet – es kann zu Rückenschmerzen kommen. Alle Wirbel zusammen bil-
20 den einen Kanal, in dem das Rückenmark verläuft. Es enthält viele Nerven, die das Gehirn mit allen Körperteilen verbindet.

Gliederung • Die Wirbel werden nach
25 ihrer Lage im Körper unterschieden. Es gibt sieben Hals-, zwölf Brust- und fünf Lendenwirbel. Die Kreuzbeinwirbel und die Steißbeinwirbel sind dagegen fest miteinander verwach-
30 sen. Sie bilden das Kreuzbein und das Steißbein.

> Die Wirbelsäule ist die bewegliche Stütze des Körpers. Sie gliedert sich in Hals-, Brust- und Lendenwirbelsäule sowie Kreuz- und Steißbein.

Aufgabe

1 ○ Beschreibe Form, Aufbau und Gliederung der Wirbelsäule.

7 Halswirbel

„S-Form"

12 Brustwirbel

5 Lendenwirbel

„S-Form"

Kreuzbein

Steißbein

Wirbel
Bandscheibe
Rückenmark

B

Wirbel
Bandscheibe
Rückenmark

A

Bauchseite   Rückenseite

2 Wirbelsäule: **A** Seitenansicht, **B** Aufsicht auf einen Wirbel

Material A

Ursachen für Rückenschmerzen

Rückenschmerzen können entstehen, wenn man die Wirbelsäule falsch oder zu stark belastet, lange sitzt und sich zu wenig bewegt.

1 Richtiges Sitzen ist wichtig.
a ○ Beschreibe die richtige Sitzhaltung und probiere sie aus. → [3]
b ◗ Vergleiche die jeweilige Belastung der Bandscheiben. → [3]

c ◗ Begründe die Entstehung von Rückenschmerzen durch dauerhaft falsches Sitzen. Verwende die richtigen Fachbegriffe.

2 Richtiges Heben schont den Rücken.
◗ Beschreibe die Belastung der Bandscheiben in Bild 5 und übe den richtigen Bewegungsablauf.

3 Haltungsschäden entstehen durch falsches Tragen.

a ◗ Beschreibe Bild 6 und übe das richtige Tragen der Tasche. Achte darauf, dass die Schulterriemen straff gezogen sind.
b ● Durch richtiges Tragen der Tasche auf dem Rücken kannst du Verformungen der Wirbelsäule vermeiden. Begründe diese Aussage.

4 ◗ Entwirf ein Regelwerk zur Vermeidung von Rückenschmerzen.

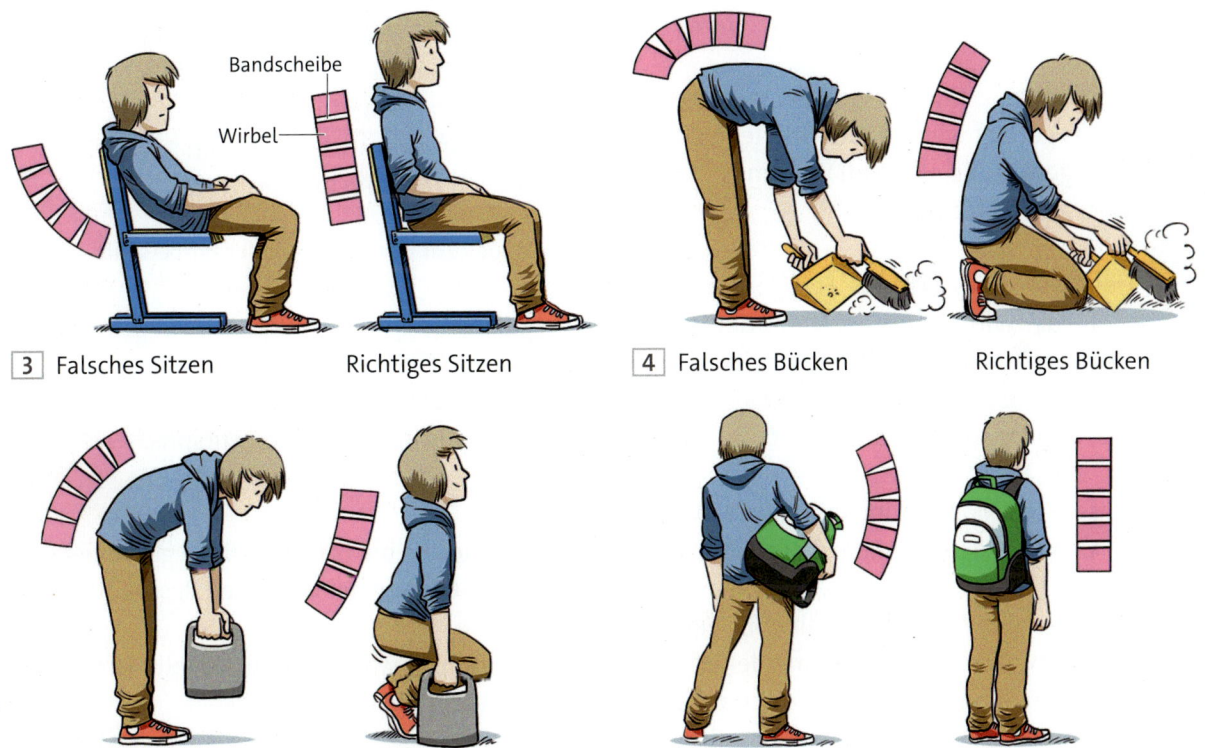

[3] Falsches Sitzen   Richtiges Sitzen

Bandscheibe
Wirbel

[4] Falsches Bücken   Richtiges Bücken

[5] Falsches Heben   Richtiges Heben

[6] Falsches Tragen   Richtiges Tragen

Die Wirbelsäule – eine bewegliche Stütze

Arbeiten mit einem Funktionsmodell

Modelle helfen die Wirklichkeit anschaulich zu machen und damit besser zu verstehen. Nur die wichtigsten Merkmale werden in einem Modell berücksichtigt. Bei der Wirbelsäule ist dies der Aufbau aus Wirbeln und Bandscheiben. Das dargestellte Wirbelsäulenmodell ist ein Funktionsmodell. Es kann helfen, Zusammenhänge zwischen dem Bau und der Funktion der Wirbelsäule zu verdeutlichen. Es vernachlässigt aber manche baulichen Merkmale wie zum Beispiel die Nerven des Rückenmarks. Dagegen stellen Strukturmodelle, zum Beispiel ein Skelettmodell, den genauen Aufbau des Knochengerüsts dar.
Folgende schrittweise Vorgehensweise hat sich bei der Arbeit mit einem Modell bewährt:

1. Formulierung einer Ausgangsfrage Lege fest, was gezeigt werden soll. Überlege dir eine Fragestellung. Beispiel: Warum ist die Wirbelsäule so biegsam?

2. Herstellung des Modells Fertige Funktionsmodelle der Wirbelsäule an. Nutze dafür zum Beispiel Schaumstoff und Pappscheiben. Beachte bei der Herstellung, dass das Modell deine Ausgangsfrage beantwortet.

3. Einsatz des Modells im Rahmen von Versuchen. Beobachte und notiere deine Ergebnisse.

4. Vergleich der Wirklichkeit mit dem Modell Überlege, was an dem Modell mit der Wirklichkeit übereinstimmt und worin es sich davon unterscheidet.

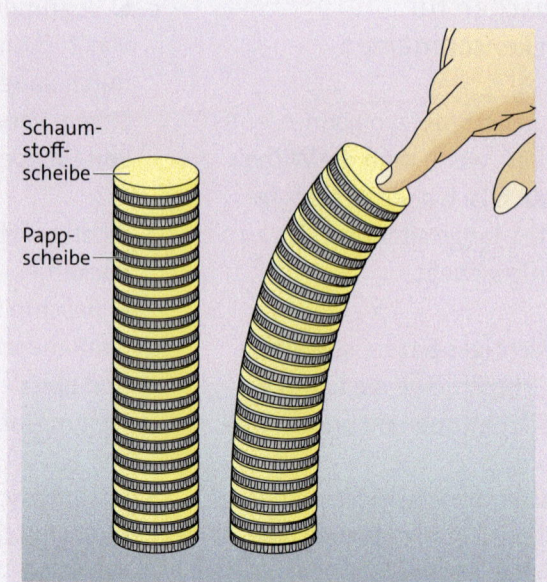

Schaumstoffscheibe

Pappscheibe

Bei diesem Modell der Wirbelsäule wurden abwechselnd feste Pappscheiben und sehr elastische Schaumstoffscheiben durch Klebstoff miteinander verbunden. Das Modell kann entweder von oben belastet oder auch zur Seite gekrümmt werden.

1 Modell zur Beweglichkeit der Wirbelsäule

Aufgaben

1 ○ Ordne die Pappscheiben und die Schaumstoffscheiben den entsprechenden Teilen der Wirbelsäule zu. → 1

2 ◑ Vergleiche die Form, die Beweglichkeit und die Größen der einzelnen Bestandteile.

3 ● Begründe, was mit dem Modell nicht dargestellt ist.

Bau und Funktion der Wirbelsäule

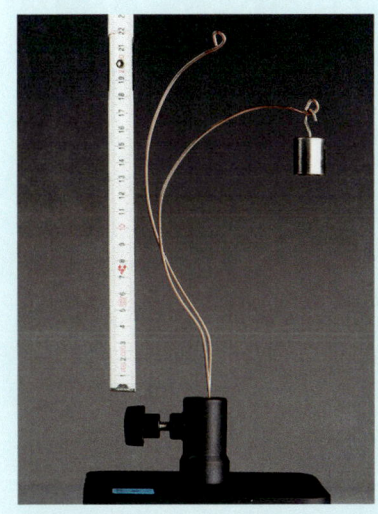 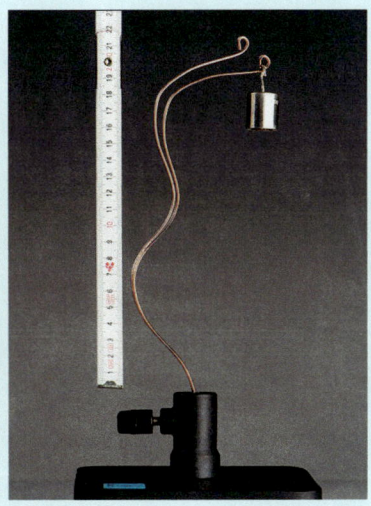

An die beiden abgebildeten Modelle aus Draht wurde jeweils ein Gewicht von 50 g gehängt.

2 | Modelle zur Belastbarkeit der Wirbelsäule

1 ◯ Mit Drahtmodellen kann eine bestimmte Frage überprüft werden – Formuliere diese Frage.

2 ◯ Beschreibe, was auf der Abbildung der Modelle zu sehen ist. ➙ 2

3 ◖ Erkläre die Beobachtungen. Übertrage deine Ergebnisse auf die Form der Wirbelsäule.

4 ◖ Begründe, warum eine aufrechte Haltung wichtig für dich ist.

Bandscheibenvorfall

Durch jahrelange falsche Belastung der Wirbelsäule können sich die Bandscheiben verformen. Dann können sie auf Nerven drücken. Über Nerven werden Reize, wie beispielsweise Schmerz, geleitet.

1 ◯ Vergleiche die beiden Bilder miteinander. ➙ 3

2 ◖ Erkläre, warum ein Bandscheibenvorfall meist schmerzhaft ist.

3 ◖ Begründe, warum es wichtig ist, auf seine Haltung zu achten.

4 ⬤ Begründe, warum man am Kreuz- und am Steißbein keinen Bandscheibenvorfall bekommen kann.

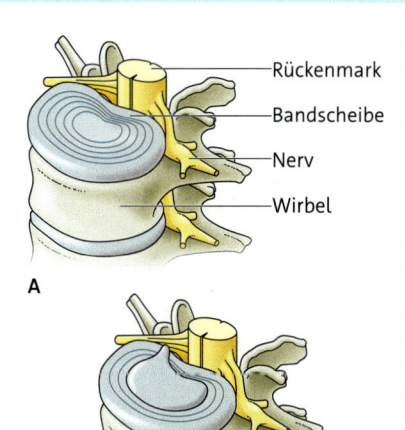

A

3 | B

Rückenmark
Bandscheibe
Nerv
Wirbel

Gelenke, Muskeln und Sehnen

1 Jugendliche im Hochseilgarten

In einem Hochseilgarten kannst du gut beobachten, wie dein Körper Bewegungen ausführt. Wie arbeiten dabei Gelenke und Muskeln zu-
5 sammen?

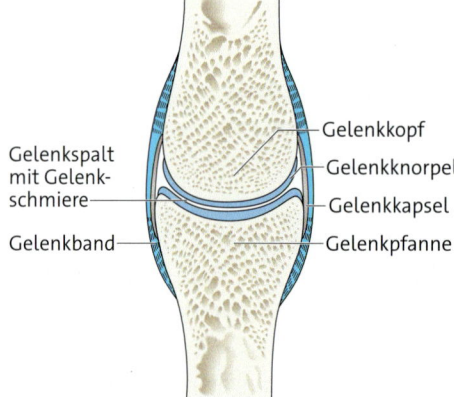

Gelenkspalt mit Gelenk-schmiere — Gelenkkopf

Gelenkband — Gelenkknorpel

Gelenkkapsel

Gelenkpfanne

2 Aufbau eines Gelenks

Gelenke • Beim Klettern müssen Arme und Beine bewegt und die Finger zum Greifen gekrümmt werden. Dafür be-nötigen wir Gelenke. Durch sie sind
10 die Knochen beweglich miteinander verbunden. Alle Gelenke sind ähnlich aufgebaut. → 2 Der Gelenkkopf des einen Knochens passt genau in die Gelenkpfanne des anderen Knochens.
15 Beide Knochenenden sind glatt und mit elastischen Knorpeln gepolstert. Die Gelenkschmiere im Gelenkspalt vermindert zusätzlich die Reibung. Dadurch lassen sich die Knochen frei
20 im Gelenk bewegen. Das Gelenk ist von einer festen, aber elastischen Gelenk-kapsel umgeben. Kräftige Gelenkbän-der halten das Gelenk zusammen.

Muskeln bewegen den Körper • Im
₂₅ menschlichen Körper gibt es über
600 Muskeln. Sie machen ungefähr
die Hälfte des Körpergewichts aus. Ein
Muskel besteht aus einzelnen dünnen
Muskelfasern. Viele Muskelfasern bil-
₃₀ den ein Muskelfaserbündel, das von
einer Muskelhaut umgeben ist. ⇨ 3
Blutgefäße versorgen die Muskelfasern mit Sauerstoff und Nährstoffen.
Nerven geben den Muskeln den Befehl
₃₅ zum Zusammenziehen.

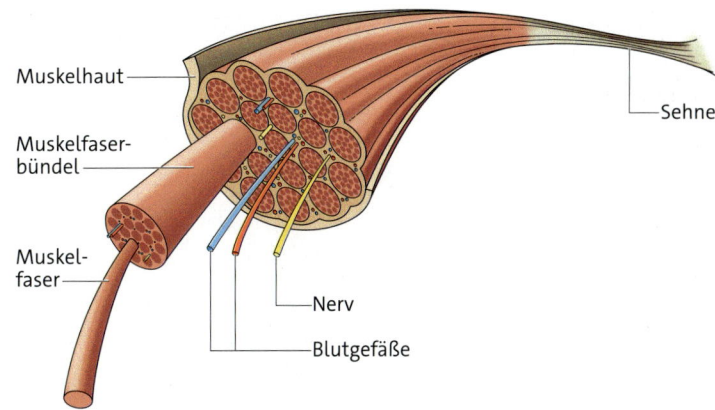

3 Aufbau eines Muskels

Sehnen • An beiden Enden des Muskels
geht die Muskelhaut in Sehnen über.
Diese sind an den Knochen oberhalb
und unterhalb eines Gelenks ange-
₄₀ wachsen. Sehnen sind etwas dehnbar.
Sie übertragen die Muskelbewegung
direkt auf die Knochen, mit denen sie
verbunden sind.

Muskeln arbeiten zusammen • Mus-
₄₅ keln können sich nur zusammenziehen. Dabei werden sie kürzer.
Kein Muskel kann sich aus eigener
Kraft strecken. Das muss ein anderer
Muskel erledigen. Man spricht vom
₅₀ Gegenspielerprinzip. Zieht sich ein
Muskel zusammen und wird dabei
kürzer, wird gleichzeitig ein anderer
Muskel gestreckt. Für eine Bewegung
sind daher zwei Gegenspieler nötig:
₅₅ ein Beugemuskel und ein Streckmuskel. ⇨ 4

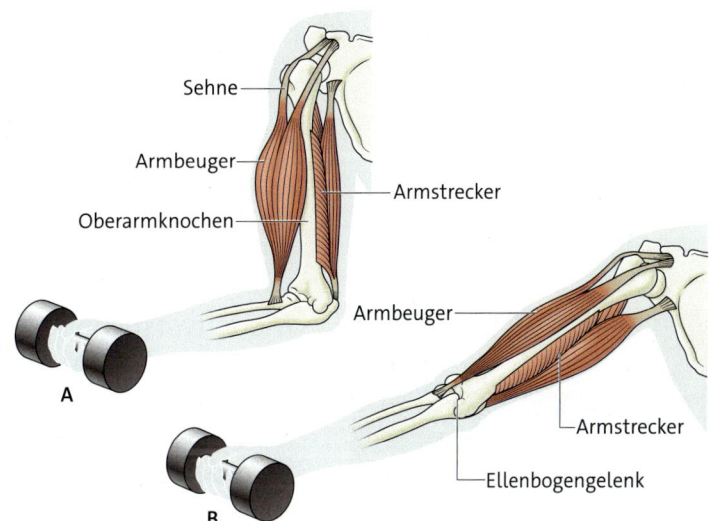

4 Bewegung des Arms: **A** Beugen – **B** Strecken

> Gelenke verbinden die Knochen
> beweglich miteinander. Muskeln
> bewegen über Sehnen die Knochen,
> indem sie sich zusammenziehen.

Aufgaben

1 ○ Beschreibe den Bau eines Gelenks.

2 Beugemuskel und Streckmuskel arbeiten nach dem Gegenspielerprinzip.
◖ Erläutere dieses Prinzip.

3 ● Beschreibe, wie das Beugen und
Strecken des Arms ermöglicht wird. ⇨ 4

Gelenke, Muskeln und Sehnen

Material A

Gelenkarten

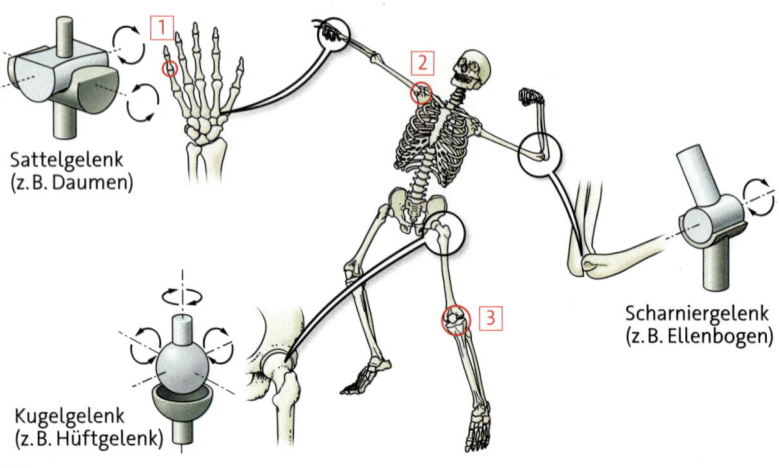

Sattelgelenk
(z. B. Daumen)

Kugelgelenk
(z. B. Hüftgelenk)

Scharniergelenk
(z. B. Ellenbogen)

1 Gelenkarten

Für verschiedene Bewegungen haben wir in unserem Körper unterschiedliche Gelenke.

1 🌢 Erläutere anhand der Modellgelenke, welche Bewegungen die einzelnen Gelenkarten ausführen können.

2 🌢 Nenne die mit Zahlen gekennzeichneten Gelenke. Ordne sie jeweils der entsprechenden Gelenkart zu.

Material B

Versuch 1:
Zwei Kreidestückenden werden aneinander gerieben.

Versuch 2:
Beide Kreidestückenden werden in flüssiges Wachs gehalten. Nach dem Erkalten werden die Enden aneinander gerieben.

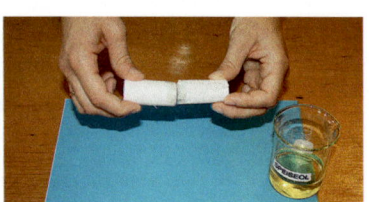

Versuch 3:
Beide Kreidestückenden werden mit Wachs beschichtet. Die Enden werden in Öl getaucht und aneinander gerieben.

Modellversuche zum Gelenkaufbau

Mit einfachen Versuchen kann man den Aufbau von Gelenken nachvollziehen.

1 Führe die Versuche 1–3 durch.

2 ⭕ Beschreibe die Ergebnisse der Versuche.

3 🌢 Ordne den Materialien Kreide, Wachs und Öl die entsprechende Struktur eines Gelenks zu und begründe.

4 🌢 Erkläre mit Hilfe der Versuche die Bedeutung des Gelenkaufbaus.

5 ⬤ Nenne Eigenschaften eines Gelenks, die die Versuche nicht zeigen und erkläre, warum sie weggelassen wurden.

Material C

Muskel und „Gegenspieler" – als Modell

Materialliste: Schere, Pappe, mehrere Klammern für Versandtaschen, mehrere Gummiringe

1 ○ Fertige das Modell an. → [2] Bewege die „Pappe 2" deines Modells auf und ab. Beschreibe, was mit den Gummiringen passiert.

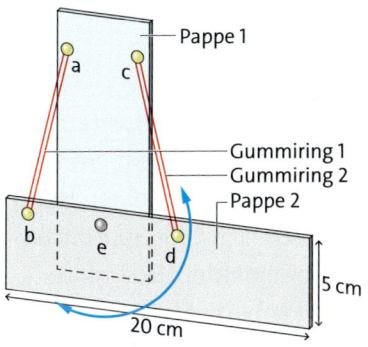

[2] Gegenspielermodell

2 ◐ Lege eine Tabelle in deinem Heft an. → [3] Trage die Teile des Modells (Pappe, Klammern, Gummiringe) in die Tabelle ein. Ordne den Teilen des Modells die Teile des Arms (Knochen, Muskeln, Gelenk) zu.

Teil des Modells	Teil des Arms
Klammer a–d	Ansatzstelle für Sehnen
Klammer e	...
...	...

[3] Mustertabelle

3 ◐ Erkläre, was an diesem Modell mit der Wirklichkeit übereinstimmt und worin es sich von ihr unterscheidet.

Material D

Sehnen verbinden Muskeln und Knochen

1 ○ Begründe, warum Sehnen besonders reißfest sein müssen.

2 ◐ In einer Sage wird die Achillessehne des unbesiegbaren Helden durchtrennt. Vermute, welche Folgen das für den Helden hatte.

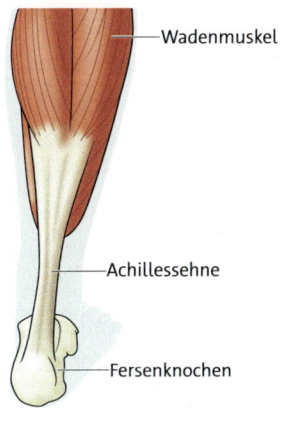

[4]

Material E

Elfmeter

Ein Spieler holt aus und schießt den Ball ins Tor.

1 ◐ Erkläre am Beispiel des Ausholens und Schießens das „Gegenspielerprinzip". → [5] [6] Verwende die passenden Fachbegriffe aus Bild 6.

[5] Schütze beim Elfmeter

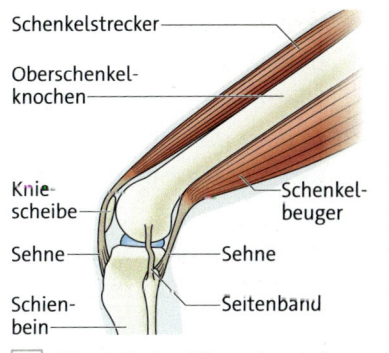

[6] Muskeln im Oberschenkel

Gelenke, Muskeln und Sehnen

Schutzmaßnahmen des Bewegungsapparats

1 Radfahren ohne Schutz ist gefährlich

2 Downhill Crossing (Mountainbiken)

Risiko in der Freizeit • Der Bewegungsapparat des Menschen befähigt ihn zu zahlreichen Möglichkeiten der Freizeitbeschäftigung. Da manche Aktivitäten auch ein gewisses Risiko mit
5 sich bringen, sollte der Körper an den entsprechenden Stellen ausreichend geschützt werden. Die unangefochtene Lieblingsbeschäftigung der Deutschen in ihrer Freizeit ist das Fahrradfahren. So gesundheitsfördernd und spaßbringend
10 die Bewegung auf dem Zweirad auch ist, so gefährlich kann sie aber auch bei mangelnden Schutzmaßnahmen werden. Eine Autotür, die plötzlich aufgestoßen wird, ein Hindernis auf dem Weg und schon ist es passiert: Etwa die
15 Hälfte der Radfahrer in Deutschland hatten bereits einmal einen Unfall mit dem Fahrrad und 29 % der Betroffenen haben sich dabei verletzt.

Auf den Schutz kommt es an • Derzeit tragen nur etwa 15 % aller Radfahrer in Deutschland
20 Schutzhelme. Mehr als die Hälfte der bislang tödlich Verunglückten starb an Kopfverletzungen. Anzunehmen ist, dass zumindest ein Teil der Opfer überlebt hätte, wenn sie einen Helm getragen hätten. Ähnliches gilt für Sportarten
25 wie Skifahren und Snowboarden, Downhill Crossing (Mountainbiken) und Motorradfahren. Beim Mountainbiken und Motorradfahren sind neben den Kopfverletzungen auch Brüche der Schlüsselbeine, Handgelenke und Unterarm-
30 knochen sehr häufig. Diese kommen vor allem durch die reflexartigen Auffangbewegungen der Unterarme beim Sturz zustande. Beim Mountainbiken kommt zusätzlich der ständige Aufprall auf festen, steinigen Untergrund hinzu.
35 Zusätzlich zum Helm sollte auch weitere Schutzkleidung getragen werden. Schutzpolster in der Kleidung, sogenannte Protektoren, sollen beim Sturz die Aufprallenergie aufnehmen und auf eine größere Fläche verteilen. Auch ein
40 Durchschlagen spitzer Gegenstände kann so vermieden werden.

3 | Auf Baustellen herrscht Helmpflicht

Gefahren in der Arbeitswelt • Nicht nur in der Freizeit, sondern auch bei der Arbeit passieren immer wieder Unfälle. Zwar ging die Anzahl so-
45 wohl bei den meldepflichtigen als auch bei den tödlichen Arbeitsunfällen in den letzten Jahren stetig zurück, jedoch findet man immer noch zu oft schockierende Meldungen darüber in den Medien.

50 **Arbeitssicherheit** • Der Rückgang der Arbeits-unfälle ist auf die sich weiterentwickelnde und sich in vielen Betrieben bereits durchgesetzte Arbeitssicherheit zurück zu führen. Die Rah-menbedingungen sind durch unzählige Gesetze
55 und Rechtsvorschriften festgelegt. In diesen wird beispielsweise bestimmt, welche Kleidung aus Sicherheitsgründen in einigen Berufen oder Betrieben zu tragen ist oder an welche Sicher-heitsvorschriften man sich zu halten hat. In Be-
60 rufen, die mit schweren Lasten, Fahrzeugen und hoher Lärmbelästigung konfrontiert werden, ist

es beispielsweise Pflicht, Sicherheitsschuhe, Ge-hörschutz und Sicherheitshelme zu tragen. Als Laborarbeiter sollte man sich ebenfalls an zahl-
65 reiche Vorschriften halten, die beispielsweise den Umgang, die Lagerung und Entsorgung von Chemikalien betreffen. Auch hier muss entspre-chende Schutzkleidung getragen werden. Bei der Fülle an Vorschriften mangelt es häufig an
70 der persönlichen Einhaltung aller Richtlinien, was immer wieder zu Unfällen führen kann. Auch gehen einige Unfälle auf beschädigte Materialien oder Gerätschaften zurück.

> Um sich und seinen Körper ausreichend zu schützen, sollte man sich in Freizeit und Be-ruf an notwendige Sicherheitsvorkehrungen und Vorschriften halten. Diese sind in zahl-reichen Gesetzen festgelegt.

Aufgaben

1 ○ Nenne Schutzmaßnahmen für deinen Körper in Freizeit und Arbeitswelt.

2 ◖ Erläutere, warum es trotz der zahlreichen Vorschriften immer wieder zu Unfällen kommt.

3 ◖ Überlege, welche Gefahren vom Motorrad-fahren ausgehen und erstelle Regeln, um die Gefahren zu minimieren.

4 ● Erläutere, warum Arbeitsunfälle nicht nur von Nachteil für den Betroffenen, sondern auch für Firmen sind.

Bewegung fördert die Gesundheit

1 Jugendliche beim Fußballspielen

Körperliche Bewegung hält gesund und macht Spaß. Man hat häufiger gute Laune und man fühlt sich wohl. Weshalb fühlt man sich mit körper-
5 **licher Bewegung besser?**

Gute Laune durch Bewegung • Körperliche Bewegung fördert die Bildung von Glücksstoffen im Gehirn, die ein Glücksempfinden bewirken. Unter-
10 suchungen zeigen, dass Menschen, die weniger aktiv sind, öfter schlechte Laune haben und unzufriedener sind. Gemeinsamer Sport stärkt Beziehungen und ist deshalb auch wichtig
15 für Freundschaften. Zudem fördert gemeinsamer Sport Fairness und Teamgeist.

Dein Körper reagiert auf Bewegung • Durch regelmäßige Bewegung wach-
20 sen deine Muskeln und werden kräftiger. Kräftige Muskeln helfen deinem Körper, sich aufrecht zu halten, und entlasten die Knochen und Gelenke. Bei Bewegung atmest du intensiver
25 und deine Lungen nehmen mehr Sauerstoff auf. Wie auch andere Muskeln wird dein Herzmuskel durch regelmäßige Bewegung größer. So kann es pro Herzschlag mehr Blut mit Sauerstoff
30 durch den Körper pumpen. Bei Ruhe benötigt das Herz dann weniger Herzschläge, um den Körper mit Sauerstoff zu versorgen. Der Körper wird also durch Bewegung leistungsfähiger.
35 Man bezeichnet den Zustand, der die Leistungsfähigkeit des Körpers beschreibt, als Fitness.

Bewegung fördert die Gesundheit • Regelmäßige Bewegung verbessert
40 den Stofftransport. Der Körper kann so Schadstoffe schneller abbauen. Dadurch kann er auch schneller auf Krankheitserreger reagieren.

Bewegungsmangel macht krank •
45 Menschen, die sich wenig bewegen
und sich falsch ernähren, haben nur
eine geringe Fitness. Häufig sind sie
übergewichtig und die Leistungsfähigkeit ihres Körpers nimmt ab. Es kann
50 auch zu Erkrankungen, besonders des
Herz-Kreislauf-Systems, kommen.

Verletzungen vermeiden • Egal, welche Sportart man ausübt – Aufwärmübungen bringen die Muskulatur in
55 Schwung. Das Zusammenspiel von Gelenken und Muskeln wird verbessert.
Dadurch sinkt die Verletzungsgefahr.
Ist die Belastung im Training oder bei
der Ausübung einer Sportart jedoch zu
60 groß, können Muskelfasern innerhalb
eines Muskels reißen.

Gelenkverletzungen • Wenn die Knochen eines Gelenks zu stark in eine
Richtung belastet werden, können die
65 Gelenke geschädigt werden. Durch
eine heftige Bewegung kann die Gelenkkapsel überdehnt werden und es
kommt zu einer Verstauchung. Springt
der Gelenkkopf aus der Gelenkpfanne
70 und das Gelenk bleibt ausgekugelt,
spricht man von einer Verrenkung.

Sehnen- und Bänderrisse • Bei einer
Überbeanspruchung oder durch einen
Stoß können die Bänder und Sehnen
75 reißen. → 2 Beide Verletzungen sind
sehr schmerzhaft und erfordern eine
langwierige Behandlung.

> Bewegung fördert die Fitness und
> die Gesundheit des Körpers.

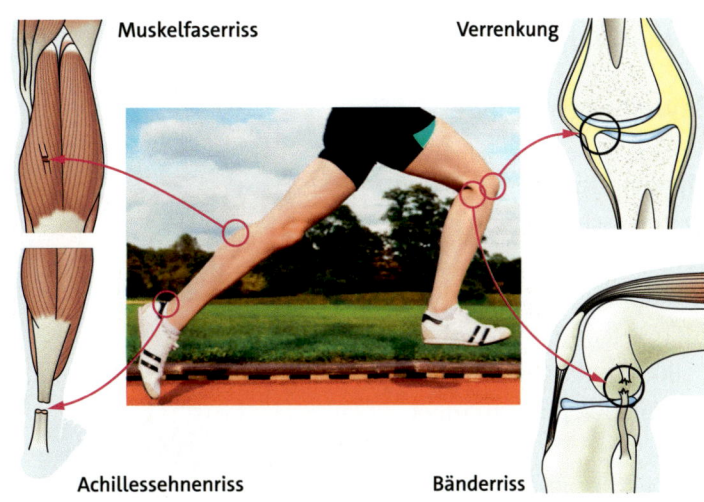

Muskelfaserriss — Verrenkung — Achillessehnenriss — Bänderriss

2 Sportverletzungen

3 Aufwärmen ist wichtig.

Aufgaben

1 ○ Beschreibe die Ursachen von zwei
verschiedenen Sportverletzungen.

2 ◖ „Wer rastet, der rostet!" – Erkläre
die Bedeutung dieses Sprichworts.

Bewegung fördert die Gesundheit

Bewegungsmangel

Mangelnde Bewegung kann zu unterschiedlichen Beschwerden führen.

1 ○ Beschreibe die auf den Bildern dargestellten Folgen von Bewegungsmangel.

2 ◐ Erkläre, warum Bewegungsmangel zu diesen Beschwerden führen kann.

1

Übergewicht

1 Betrachte Bild 2.
a ◐ Stelle die Werte in einem Säulendiagramm dar.
b ◐ Beschreibe die Veränderung der Anteile.

2 ◐ Vergleiche die Freizeitnutzung von Jugendlichen in den Jahren 1980 und 2015. → 3

3 ● Stelle Vermutungen über die Ursachen für die Entwicklung von Übergewicht an. → 3

Alter in Jahren	Anteil an Kindern und Jugendlichen mit Übergewicht (1980)	Anteil an Kindern und Jugendlichen mit Übergewicht (2015)
3–6	5 von 100	9 von 100
7–10	9 von 100	15 von 100
11–13	9 von 100	18 von 100
14–17	8 von 100	17 von 100

2 Übergewicht 1980 und 2015 in Deutschland

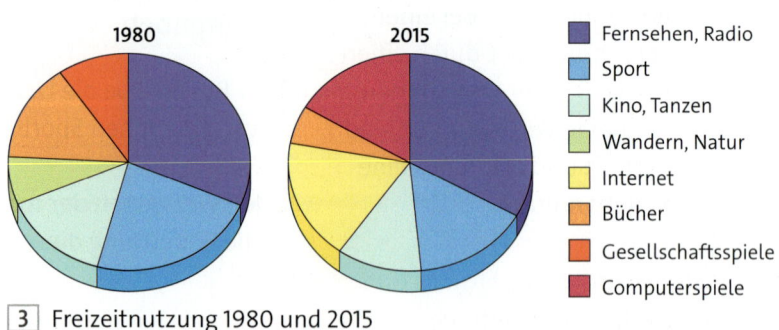

3 Freizeitnutzung 1980 und 2015

„Kräftige Pumpe"

In der Tabelle sind die Herz-schläge pro Minute von Enrico und Mesut dargestellt.

Beide haben beim Ausdauer-lauf in der Schule teilge-nommen. Kann man an den Herzschlägen erkennen, wer von beiden fitter ist?

1 Betrachte die Tabelle.
a ○ Werte die Tabelle aus.
b ◗ Begründe, wer von beiden der Fittere ist.

2 ● Erkläre die Auswirkungen häufiger Bewegungen auf das Herz.

Person	Herzschläge pro Minute (in Ruhe)	Herzschläge pro Minute (beim Ausdauerlauf)	Herzschläge pro Minute (5 Minuten nach der Belastung)
Enrico	75	147	126
Mesut	52	103	76

Training im Fitnessstudio

Viele Jugendliche und junge Erwachsene gehen ins Fitness-studio, um abzunehmen oder Muskeln aufzubauen. Man kann zum Beispiel Ausdauertraining und Krafttraining miteinander kombinieren. Wichtig dabei ist, dass man vor allem beim Kraft-training darauf achtet, abwech-selnd mehrere Muskelpartien zu trainieren. Man bezeichnet dies als ganzheitliches Training. Zu einem effektiven Training ge-hören auch genügend Regene-rationspausen für den Körper und eine gesunde Ernährung.

1 Betrachte die Trainingspläne von Paul und David.
a ○ Vergleiche die beiden Trainingspläne.
b ◗ Begründe, welcher der bei-den Jugendlichen ein ganz-heitliches Training verfolgt.

c ● Gib der anderen Person Empfehlungen, wie er sein Training im Hinblick auf ein ganzheitliches Training verbessern kann.

2 Ein von einem Trainer ange-leitetes Krafttraining am Gerät birgt für Jugendliche keine Gefahren. Die Kraft der im Alltag viel bean-spruchten Muskeln wird gesteigert. Jedoch sollte auf zu intensives Training mit schweren und freien Gewichten unbedingt ver-zichtet werden.
◗ Stell dir vor, du willst ins Fitnessstudio gehen. Erstelle für dich einen Trainingsplan. Was musst du dabei alles beachten?

Mo	Di	Mi	Do	Fr
1 h Joggen —	Ruhe-tag	1 h Schwim-men	Ruhe-tag	2 h Kraft-training - ganzer Körper

4 Trainingsplan von Paul

Mo	Di	Mi	Do	Fr
45 Min. Kraft-training - Arme	1 h Kraft-training - Brust	1 h Kraft-training - Rücken	1,5 h Kraft-training - Rücken	1 h Kraft-training - Arme
45 Min. Kraft-training - Beine			1,5 h Kraft-training - Brust	

5 Trainingsplan von David

Bewegung fördert die Gesundheit

Muskelverletzungen

Bei Überbeanspruchung des Muskels kann es zu Schädigungen des Muskels kommen.

1 ○ Ordne die Muskelverletzungen a–d den in Bild 1 dargestellten Schemazeichnungen zu. Begründe deine Zuordnungen.

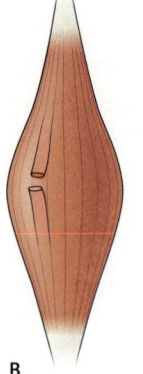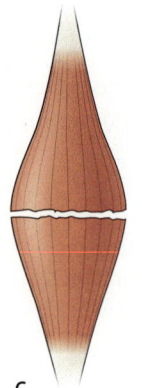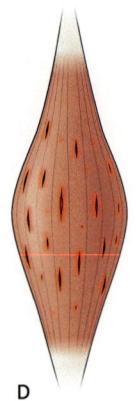

A B C D

1 Muskelverletzungen

a Muskelkater – Bei starker oder dauerhafter Belastung kann es einige Stunden später zum Muskelkater kommen. Das sind viele winzige Verletzungen der Muskelfasern, was zu kleinen Entzündungen im Muskel führt.

b Muskelzerrung – Wird der Muskel stark gedehnt, kann es zur Muskelzerrung kommen. Dabei wird die Muskelfaser stark auseinandergezogen, wobei der Muskel aber nicht sichtbar verletzt wird.

c Muskelfaserriss – Wird ein Muskel plötzlich stark angespannt, kann eine Muskelfaser oder sogar ein Muskelfaserbündel reißen. In die Verletzung fließt Blut, was deutlich durch die Haut zu sehen ist.

d Muskelriss – Bei extremer Belastung kann ein Muskel komplett durchreißen. Dies kann nur durch eine Operation behandelt werden.

2 ◐ Vergleiche mithilfe von Bild 1 eine Muskelzerrung mit einem Muskelfaserriss. Erkläre, bei welcher Verletzung der Muskel weniger funktionsfähig ist.

3 Je schneller die Erstversorgung einer Muskelverletzung, desto schneller erfolgt eine Heilung.
◐ Begründe die Aussage mithilfe der PECH-Regel. → 2

PECH-Regel Unter der PECH (**P**ause – **E**is – **C**ompression – **H**ochlagern)-Regel versteht man Behandlungsmaßnahmen von Muskelverletzungen. Ziel ist es, den Schaden am Muskel so gering wie möglich zu halten. Sofort nach der Verletzung muss der betroffene Körperteil ruhig gestellt werden. Durch Kühlung des Muskels mit Kühlmitteln werden die Blutgefäße verengt, sodass Blutungen und Schwellungen vermindert werden. Ein angelegter Kompressionsverband verlangsamt zusätzlich die Ausweitung der Blutung und Schwellung. Der verletzte Körperteil sollte dann hochgelegt werden, damit der Rückfluss des Blutes verbessert wird.

2

| 3 | Rückenschwimmen | 4 | Nordic Walking | 5 | Radfahren | 6 | Crosstrainer |

Gelenkschonende Sportarten

Gelenke und Bewegung • Gelenke müssen bewegt werden. Zu wenig Bewegung kann dazu führen, dass die Knorpelschicht in den Gelenken nicht genügend geschmiert wird.
5 Der Knorpel wird unelastisch und spröde. Das führt zu mehr Reibung im Gelenk — und zunehmend zu Schmerzen.

Schwimmen • Im Wasser fallen sportliche Aktivitäten leichter, da das Körpergewicht zu ei-
10 nem großen Teil vom Wasser getragen wird. Beim Schwimmen trainiert man den ganzen Körper, ohne dass die Gelenke zu sehr belastet werden. Am besten eignet sich das Rückenschwimmen. Ein Hohlkreuz wie beim Brust-
15 schwimmen und mögliche Probleme für die Halswirbelsäule werden dabei vermieden. Außerdem schonen die gleichmäßigen Auf- und Abbewegungen der Beine beim Rückenschwimmen zusätzlich die Gelenke. ➜ 3

20 **Nordic Walking** • Bei dieser Sportart sind nie beide Füße gleichzeitig in der Luft. Damit ist die Belastung für die Gelenke wesentlich geringer als beim Joggen. Hier werden die Kniegelenke mit dem Dreifachen des Körper-
25 gewichts belastet. Außerdem werden durch den Stockeinsatz der gesamte Muskelapparat und der Schultergürtel gestärkt. ➜ 4

Radfahren • Es ist ideal für Knie- und Hüftgelenke, da sie ohne Druck- und Stoßbelas-
30 tung bewegt werden. Wichtig ist es, einen kleinen Gang einzulegen. So fährst du mit geringem Kraftaufwand, aber hoher Trittgeschwindigkeit. ➜ 5

Fitnessstudio • Im Fitnessstudio ist der
35 Crosstrainer für ein gelenkbewusstes Training ideal geeignet. Hier laufen die Bewegungen besonders sanft ab und werden gut abgefedert. ➜ 6

Aufgaben

1 ◗ Gestalte ein Poster zum Thema „Gelenkschonende Sportarten".

2 ● „Schwimmen ist eine gelenkschonende Sportart." Begründe diese Aussage.

Körperbau und Bewegung

Zusammenfassung

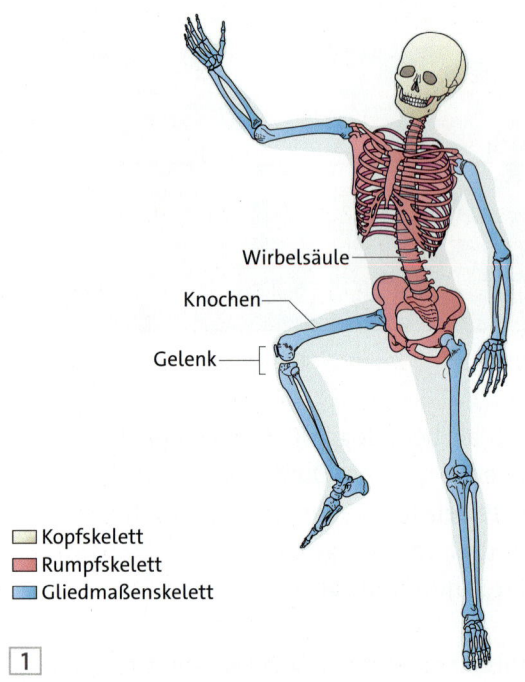

Wirbelsäule

Knochen

Gelenk

☐ Kopfskelett
■ Rumpfskelett
■ Gliedmaßenskelett

1

Skelett • Das Skelett stützt unseren Körper und schützt wichtige Körperteile. Die Wirbelsäule ist so gebaut, dass wir aufrecht gehen können. Das Skelett wird aus Knochen gebildet. → 1

Knochen und Gelenke • Knochen bestehen aus Kalk und Knorpel. Dadurch sind sie hart und außerdem etwas elastisch. Gelenke verbinden Knochen beweglich miteinander. → 2

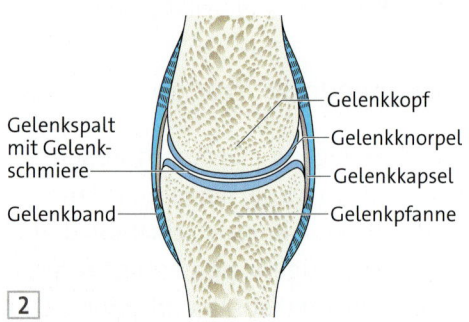

Gelenkspalt mit Gelenk-schmiere

Gelenkband

Gelenkkopf

Gelenkknorpel

Gelenkkapsel

Gelenkpfanne

2

Muskeln und Sehnen • Muskeln bewegen unseren Körper. Ein Muskel setzt sich aus einzelnen Muskelfasern zusammen. Sehnen übertragen die Muskelbewegung direkt auf die Knochen. → 3

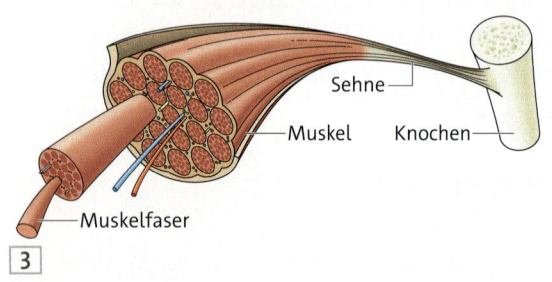

Sehne

Muskel   Knochen

Muskelfaser

3

Gegenspieler • Muskeln können sich nur zusammenziehen. Ein anderer Muskel muss sie wieder strecken. Muskeln arbeiten nach dem „Gegenspielerprinzip" zusammen. → 4

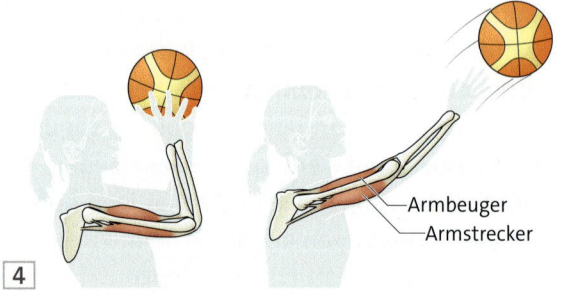

Armbeuger
Armstrecker

4

Fit bleiben • Sport verbessert die Beweglichkeit des Körpers. Er beansprucht Muskulatur, Knochen und Gelenke, aber auch den Blutkreislauf und die meisten anderen Organsysteme. Zusammen mit einer gesunden Ernährung steigert Sport die körperliche Leistungsfähigkeit und Fitness.

Skelett, Knochen und Gelenke

1 ○ Nenne zwei wichtige Aufgaben des Skeletts.

2 ◐ Wenn Kleinkinder laufen lernen, fallen sie häufig hin. Dabei brechen sie sich aber nur selten einen Knochen. Finde dafür eine Erklärung.

3 ○ Beschreibe Aufbau und Form der Wirbelsäule. ➔ 5 Ordne den Ziffern Teile der Wirbelsäule zu.

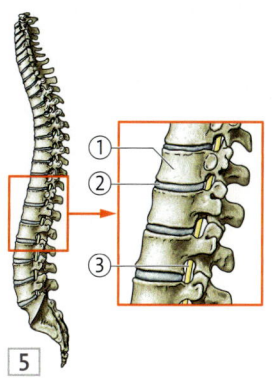

5

6

4 ○ Beschreibe, wie du beim Tragen eines Schulrucksacks deine Wirbelsäule schonst.

5 ◐ Gib diesem Schüler einen Tipp für seine Sitzhaltung und begründe ihn. ➔ 6

6 ◐ Skizziere den Aufbau von Gelenken und beschrifte die einzelnen Teile. Nenne zu jedem Teil seine Aufgaben.

Muskeln und Sehnen

7 ◐ Muskeln arbeiten als „Gegenspieler". Erläutere dies am Beispiel vom Strecken und Beugen des Unterarms.

8 ● Begründe, warum intensives Aufwärmen vor einer sportlichen Betätigung wichtig ist.

Fit bleiben

9 Mangelnde Bewegung kann zu unterschiedlichen Beschwerden führen.
a ○ Nenne die dargestellten Folgen von Bewegungsmangel. ➔ 7 – 10
b ◐ Erkläre, warum Bewegungsmangel zu diesen Beschwerden führen kann.
c ● Notiere dir weitere mögliche Folgen von Bewegungsmangel. Begründe jeweils.
d ● Überzeuge einen „Bewegungsmuffel" von den positiven Auswirkungen sportlicher Betätigung auf viele Organsysteme.

10 ● Bei Problemen mit Gelenken verzichten viele ganz auf Sport. Beurteile diese Einstellung und biete Alternativen.

7

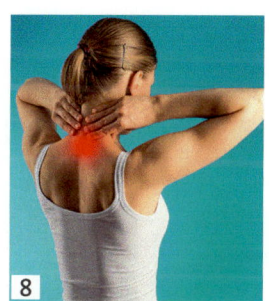

8

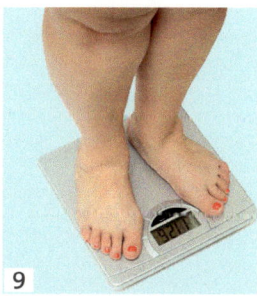

9

10

Ernährung und Verdauung

Wir nehmen Nährstoffe mit der Nahrung auf und atmen Sauerstoff ein. Nur so erhalten wir genügend Energie für alle geistigen und körperlichen Tätigkeiten. Doch wie erschließt sich der Körper Energie?

Gibt man Quark in Wasser, entsteht eine milchig-trübe Lösung. Ein Stoff der Bauchspeicheldrüse bewirkt, dass die Trübung binnen 10 Minuten verschwindet. Was hat das mit Verdauung zu tun?

Beim Einkaufen kann man das gleiche Lebensmittel zu verschiedenen Preisen finden. Wie kommt das zustande?

Lebensmittel enthalten Nährstoffe

1 Festliches Essen mit unterschiedlichen Speisen

Besonders zu festlichen Anlässen gibt es unterschiedliche Speisen. Kuchen und Eis schmecken süß und enthalten Zucker. Im Braten sind Eiweißstoffe und in der Salatsoße Fette zu finden. Welche Bestandteile der Nahrungsmittel benötigt der Körper?

Nährstoffe • Sie sind für Menschen und Tiere lebensnotwendig und müssen über die Nahrung aufgenommen werden. Fette, Eiweißstoffe und Kohlenhydrate bezeichnet man als Nährstoffe.

Kohlenhydrate • Süße Lebensmittel wie Kuchen und Kekse enthalten Kohlenhydrate in Form von Zucker. Kartoffeln und Getreide sowie alle aus Getreide hergestellten Lebensmittel wie Brot und Nudeln enthalten Kohlenhydrate in Form von Stärke. Aber auch in Reis, Bohnen und Obst sind Kohlenhydrate enthalten.

• **Einfachzucker** – Kohlenhydrate kommen zum Beispiel in Form von Einfachzuckern wie dem Traubenzucker vor. Dieser wird auch als Glukose bezeichnet. Die Glukose als Einfachzucker ist der wichtigste und schnellste Energielieferant. Kohlenhydrate sind also Betriebsstoffe.

• **Zweifachzucker** – Wenn Einfachzucker miteinander verbunden werden, entstehen Zweifachzucker oder Vielfachzucker. Zweifachzucker bestehen aus zwei Einfachzuckern wie beim Rohrzucker, den wir als Haushaltszucker verwenden. Auch Malzzucker im Bier und Milchzucker sind Zweifachzucker.

• **Vielfachzucker** – In Vielfachzuckern wie der Stärke sind viele Einfachzucker miteinander verbunden. Stärke dient als Energiespeicher. Im Körper werden Stärke und Haushaltszucker in Einfachzucker umgewandelt.

2 Lebensmittel: **A** kohlenhydrathaltig, **B** fetthaltig, **C** eiweißstoffhaltig

Fette • Nüsse und Samen enthalten Fette oder Öle. Wir verwenden sie in der Küche zum Braten oder für Salatsoßen. Fette bestehen aus Glycerin und verschiedenen Fettsäuren. Der Abbau von Fetten liefert dem Körper langfristig Energie. Fette sind für Tiere und Pflanzen wichtige Speicherstoffe. Bei Bedarf kann der Körper Energie aus dem Abbau von Fetten gewinnen. Tiere und Menschen legen Fettpolster an, damit sie sich vor Kälte schützen können. Fette sind Betriebs- und Baustoffe.

Eiweißstoffe • Hülsenfrüchte wie Erbsen und Linsen, Käse, Wurst, Eier, Fleisch und Fisch enthalten Eiweißstoffe. Dies sind lange Ketten, die aus verschiedenen Aminosäuren bestehen. Trotz der riesigen Anzahl unterschiedlicher Eiweißstoffe im Körper sind am Aufbau nie mehr als 20 verschiedene Aminosäuren beteiligt. Eiweißstoffe sind für den Aufbau unserer Haut-, Muskel-, Knorpel- und Nervengewebe wichtig. Sie sind daher als Baustoffe lebensnotwendig. Deshalb müssen sowohl tierische als auch pflanzliche Eiweißstoffe ständig mit der Nahrung aufgenommen werden.

Kohlenhydrate, Fette und Eiweißstoffe sind wichtige Nährstoffe für den Menschen.

Aufgaben

1 ○ Nenne die drei Nährstoffklassen und ordne in einer Tabelle jeder Gruppe drei Lebensmittel zu.

2 ◔ Vor einem Wettkampf essen Sportler bevorzugt Kohlenhydrate. Begründe.

Kohlenhydrate
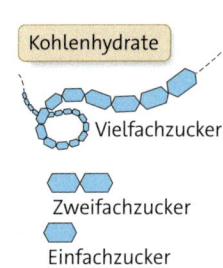
Vielfachzucker
Zweifachzucker
Einfachzucker

Fette
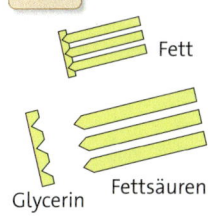
Fett
Fettsäuren
Glycerin

Eiweißstoffe
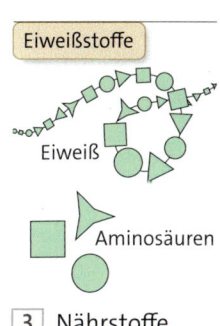
Eiweiß
Aminosäuren

3 Nährstoffe

Lebensmittel enthalten Nährstoffe

Material A

Fettfleckprobe

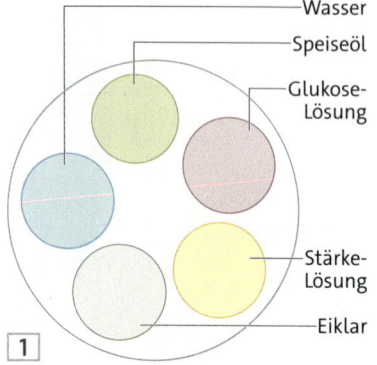

1 Zeichne mit dem Bleistift fünf gleich große Kreise auf den Rundfilterund beschrifte diese.

2 Tropfe jeweils mit einer frischen Pipette einen Tropfen der Stoffe in die Kreise.

3 Trockne das Papier mit dem Fön. Halte es anschließend gegen das Licht.
○ Beschreibe, woran du erkennst, dass Fett enthalten ist.

4 Untersuche nun die ausgewählten Lebensmittel auf einem neuen Rundfilter.

a Schneide die festen Lebensmittel mit einem Messer in kleine Stücke.

b Drücke nun die Lebensmittel auf das Filterpapier.

c Markiere die Stellen auf dem Filterpapier mit einem Bleistift.

d ○ Erstelle eine Tabelle, welche deiner untersuchten Lebensmittel Fett enthalten. → 2

Materialliste: Rundfilterpapier, Fön, Pipetten, Speiseöl, Bleistift, Wasser, Glukose-Lösung, Eiklar-Lösung, Stärke-Lösung

Lebensmittel	Enthält Fett? (ja/nein)
Butter	ja
2	

Material B

Eiweißstoffe nachweisen

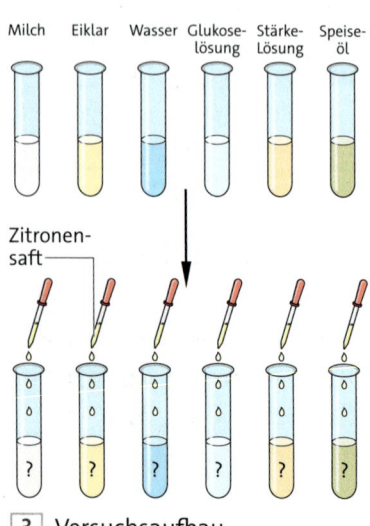

3 Versuchsaufbau

Materialliste: Schutzbrille, Handschuhe, Reagenzglasständer, 6 Reagenzgläser, Pipetten, Milch, Eiklar-Lösung, Wasser, Speiseöl, Stärke-Lösung, Glukose-Lösung, Apfel, Butter, Wurst, Kartoffel, Fön, (frischer) Zitronensaft

1 Stelle 6 Reagenzgläser in den Reagenzglasständer. Fülle die Reagenzgläser mit den Stoffen. → 3

2 Gib in die verbliebenen Reagenzgläser etwa 2 mL Zitronensaft. Schwenke diese dann vorsichtig.
○ Beschreibe deine Beobachtung.

3 ◐ Erkläre, warum man neben der Eiklar-Lösung auch andere Stoffe wie zum Beispiel Wasser und Glukose-Lösung untersucht.

4 ◐ Erkläre das Versuchsergebnis bei der Milch.

Material C

Stärke nachweisen

Materialliste: 7 Petrischalen, Spatel, Iod-Kaliumiodid-Lösung im Tropffläschchen, Schneidebrett, Messer, Stärke, Kartoffel, Wurst, Apfel, Butter, Eiklar vom gekochten Ei, Glukose

1 Gib jeweils in eine Petrischale eine Spatelspitze Stärke, Glukose, Eiklar und Butter.

2 Zerschneide die Lebensmittel in kleine Stücke und gib die Proben jeweils in eine andere Petrischale.

3 Tropfe auf deine 7 Proben jeweils 3 Tropfen Iod-Kaliumiodid-Lösung.
○ Beschreibe, woran man erkennt, ob ein Lebensmittel Stärke enthält und nenne sie.

4 ◑ Begründe, warum es wichtig ist, reine Stärke zu untersuchen.

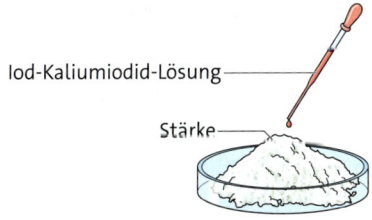

4 Stärkenachweis

Material D

Glukose nachweisen

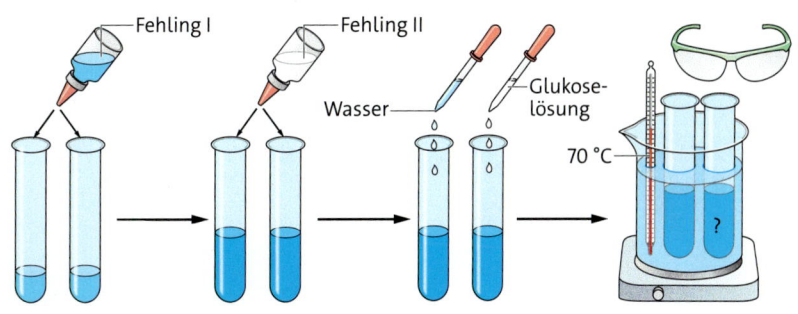

5 Glukosenachweis mit der Fehling-Probe

Materialliste: Schutzbrille, Heizplatte, Thermometer, Folienstift, Becherglas, Wasser, Reagenzglasständer, Reagenzgläser, Pipetten, Fehling-I-Lösung , Fehling-II-Lösung , Glukose-Lösung, Wasser, Eiklar-Lösung, Speiseöl, Stärke-Lösung, ungesüßter Pfefferminztee, heller Traubensaft

1 Fülle etwa 150 mL Wasser ins Becherglas und erhitze es auf der Heizplatte auf 70 °C.

2 Tropfe in jedes Reagenzglas je 20 Tropfen beider Fehling-Lösungen und schüttle sie. Gib in deine Reagenzgläser jeweils 3 ml eines anderen Stoffes wie in Bild 5 zu sehen. Beschrifte deine Reagenzgläser. Schüttle sie vorsichtig und stelle sie eine kurze Zeit in das Wasserbad.

○ Beschreibe, woran man erkennen kann, ob Glukose enthalten ist.

3 Wiederhole den Schritt 2 mit Traubensaft, Zitronenlimonade und Pfefferminztee.
○ Beschreibe deine Beobachtungen.

4 ◑ Erkläre, weshalb zunächst Wasser und die verschiedenen Nährstoff-Lösungen, wie zum Beispiel Glukose-Lösung, untersucht werden.

5 ● Kannst du mithilfe der Fehling-Probe Aussagen über die Menge an Glukose in Lebensmitteln treffen? Begründe deine Antwort.

Die Ergänzungsstoffe

1 Smoothies aus Obst und Gemüse

Smoothies schmecken lecker und enthalten wichtige Ergänzungsstoffe wie Vitamin A und C. Wozu braucht unser Körper diese Stoffe?

5 **Ergänzungsstoffe** • Nährstoffe alleine reichen dem Körper nicht aus um gesund zu bleiben. Vitamine, Mineralstoffe und Ballaststoffe in Obst und Gemüse ergänzen die Nährstoffe und 10 unterstützen wichtige Körperfunktionen. Man nennt sie daher Ergänzungsstoffe.

Vitamine • Sie kommen hauptsächlich in Obst und Gemüse vor. Unser Körper 15 benötigt etwa 13 verschiedene Vitamine. Sie müssen ständig mit der Nahrung zugeführt werden, da der Körper sie nicht selbst herstellen kann. Für ihre Wirkung genügt schon die 20 Aufnahme winziger Mengen. Vitamine werden in der Regel mit großen Buchstaben, zum Beispiel Vitamin A, abgekürzt. Jedes einzelne Vitamin hat eine bestimmte Aufgabe im Körper.

25 **Vitaminmangel** • Fehlende oder zu geringe Aufnahme von Vitaminen führt immer zu Mangelerscheinungen. Früher erkrankten und starben Seeleute häufig durch Vitamin C-Mangel 30 an Skorbut. Auf ihren langen Seereisen konnte nämlich nicht genügend frisches Obst und Gemüse mitgenommen werden. Ein Mangel an Vitamin D führt zu Knochenerweichung, auch 35 unter Rachitis bekannt.

Mineralstoffe • Wir benötigen Mineralstoffe nur in sehr geringen Mengen. Dennoch sind sie lebensnotwendig. Es sind hauptsächlich Stoffe, die Na- 40 trium, Kalium, Calcium, Magnesium,

Chlor und Phosphor enthalten. Bestimmte Metalle wie Eisen, Kobalt, Zink und Kupfer sind unentbehrlich für Körperfunktionen und für den Bau von
45 Zellen. Weil sie nur in sehr geringen Mengen benötigt werden, bezeichnet man sie auch als Spurenelemente.

Mineralstoffmangel • Ein Mangel an Mineralstoffen führt unweigerlich zu
50 Funktionsstörungen im Körper. Beispielsweise führt Eisenmangel neben Kopfschmerzen und Übelkeit zu Blutarmut. Eisen ist für die Bildung des roten Blutfarbstoffes wichtig. Durch
55 Magnesiummangel wird die Funktionsweise der Muskeln beeinflusst, was zu Zittern und Krämpfen führen kann. Iodmangel führt zu einer gestörten Schilddrüsenfunktion.
60 Mineralstoffmangel ist oft eine Begleiterscheinung bei Diäten.

Ballaststoffe • Sie finden sich in pflanzlichen Nahrungsmitteln und dort vor allem in Schalen und Hülsen. Sie liefern
65 keine Energie, quellen aber im Magen auf. Dadurch fördern sie das Sättigungsgefühl. Der Körper scheidet sie unverdaut wieder aus. Sie binden im Darm Wasser und regeln so die Verdauungs-
70 vorgänge. Zudem senken sie das Risiko für Verstopfung und Übergewicht.

> Vitamine, Mineralstoffe und Ballaststoffe sind wichtige Ergänzungsstoffe für den Körper. Ein Mangel an Vitaminen und Mineralstoffen kann Funktionen von Organen einschränken.

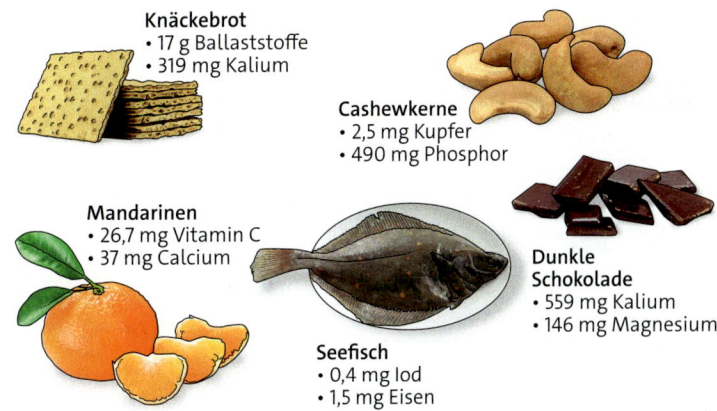

Knäckebrot
• 17 g Ballaststoffe
• 319 mg Kalium

Cashewkerne
• 2,5 mg Kupfer
• 490 mg Phosphor

Mandarinen
• 26,7 mg Vitamin C
• 37 mg Calcium

Dunkle Schokolade
• 559 mg Kalium
• 146 mg Magnesium

Seefisch
• 0,4 mg Iod
• 1,5 mg Eisen

2 Vorkommen von Ergänzungsstoffen in 100 g Lebensmittel

Aufgaben

1 g = 1 000 mg

1 ○ Nenne die drei Gruppen von Ergänzungsstoffen.

2 ◐ Erläutere mögliche Auswirkungen eines Mangels an Vitaminen, Mineralstoffen oder Ballaststoffen.

3 ◐ Informiere dich im Internet, welche Auswirkungen ein Mangel an Vitamin K und Vitamin B 12 haben kann.

Mineral-stoff	Bedeutung	Normale Konzentration im Blut in $\frac{mg}{L}$
Natrium	Wasserhaushalt	3 120–3 400
Calcium	Aufbau von Knochen, Zähnen	84–104
Magnesium	Nerven-, Muskelfunktion	17–24
Eisen	Blutbildung	0,6–1,8
Zink	Abwehrkräfte, Wundheilung	0,7–1,1
Kalium	Reizübertragung an Nervenzellen	140–195

3 Mineralstoffe und ihre Bedeutung

Die Ergänzungsstoffe

Vitamine – lebensnotwendige Ergänzungsstoffe

	Vitamin A	Vitamin B12	Vitamin C	Vitamin D
Bedeutung	wichtig für den Aufbau der Haut und Blutzellen, Sehvorgang, Knochenbildung und Stoffwechsel	wichtig für die Zellteilung, Blutbildung und das Nervensystem	wichtig für das Immunsystem	Wichtig für die Aufnahme von Calcium, Verkalkung von Knochen
Symptome bei Mangel	Trockene Haut und Schleimhäute, verlangsamtes Wachstum	Abnahme der roten Blutzellen (Blutarmut), Störungen des Nervensystems	Appetitlosigkeit, Frühjahrsmüdigkeit, Zahnfleischbluten, höhere Anfälligkeit für Infektionskrankheiten	Rachitis (Knochenerweichung), Knorpelschwellung
Vorkommen	Kürbis, Butter, Karotte, Spinat, Leberwurst	Rindfleisch, Hering, Käse, Sojasauce, Leber	Hagebutten, Johannisbeeren, Zitrone, Kiwi, Paprika	Avocado, Käse, Ei, Champignon, Lachs

1 Übersicht über Wirkung und Bedeutung der Vitamine

Vielen Fertiggerichten werden manchmal Vitamine zugesetzt. Um Mangelerscheinungen vorzubeugen, müssen Fertigprodukte mit frischen Produkten ergänzt werden.

1 ○ Beschreibe welche Vitamine in Fleisch, Fisch, Milchprodukten, Obst und Gemüse vorkommen. → 1

2 ◐ Beschreibe mögliche Folgen einer einseitigen Ernährung mit viel Fleisch und wenig Gemüse. → 1

3 ◐ Überlege dir Möglichkeiten, Fertiggerichte mit frischen Produkten zu ergänzen, um ausreichend Vitamine und Mineralstoffe zu erhalten.

4 ◐ Stelle Vermutungen an, womit es zusammen hängt, dass Vitamin C-Mangel in Deutschland so gut wie nicht mehr vorkommt.

5 ● Stelle Vermutungen an, ob und für wen es sinnvoll sein könnte, die Ernährung mit zusätzlichen Vitaminpräparaten zu ergänzen.

Vitamin-C-Nachweis

Vitamin C ist wichtig für unser Immunsystem. Doch in welchen Nahrungsmitteln ist Vitamin C enthalten?

Materialliste: Paprika (frisch und gekocht), Apfel (frisch und gekocht), Zitrone, Kartoffel, Banane, Messer, Brettchen, 7 Petrischalen Vitamin C-Teststreifen

1 Schneide auf dem Brett Stücke aus den verschiedenen Obst- und Gemüsesorten heraus und lege jedes Stück in eine Petrischale.

2 Drücke auf jede Probe je einen Teststreifen fest an und warte die vorgegebene Zeit ab um das Ergebnis mit der Skala auf der Verpackung zu vergleichen.
○ Erstelle eine Tabelle mit den Messwerten für jede Probe.

3 ◗ Vergleiche den Vitamin C-Gehalt von frischen und gekochten Obst und Gemüse.

4 ● Begründe, weshalb es wichtig ist, zu den Mahlzeiten immer frisches Obst und Gemüse zu essen.

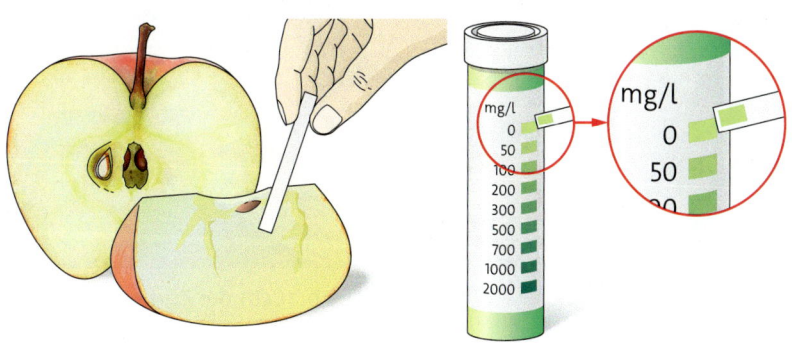

2 Durchführung eines Vitamin-C-Tests

Mineralstoffmangel

Tamara fühlt sich schlapp und müde. Sie ging zum Arzt und ließ ihr Blut untersuchen. Der Arzt diagnostizierte einen Mineralstoffmangel.

1 Betrachte die Anteile der Mineralstoffe im Blut. → 3
a ◗ Entscheide und begründe, an welchem Mineralstoff es Tamara mangelt.
b ● Erkläre, wodurch es zu diesem Mineralstoffmangel kommen kann.
c ● Gib Tamara Empfehlungen, wie sie ihren Mineralstoffbedarf decken kann.

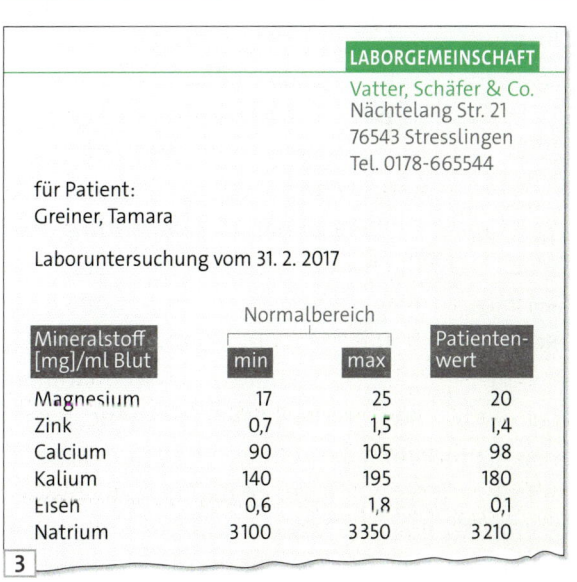

LABORGEMEINSCHAFT
Vatter, Schäfer & Co.
Nächtelang Str. 21
76543 Stresslingen
Tel. 0178-665544

für Patient:
Greiner, Tamara

Laboruntersuchung vom 31. 2. 2017

Mineralstoff [mg]/ml Blut	Normalbereich min	max	Patienten-wert
Magnesium	17	25	20
Zink	0,7	1,5	1,4
Calcium	90	105	98
Kalium	140	195	180
Eisen	0,6	1,8	0,1
Natrium	3100	3350	3210

3

Energiebedarf des Körpers

1 Nährstoffe im Burger – Wie viel Energie braucht der Körper?

Lebens-mittel	Ener-gie (kJ pro 100 g)
Hack-fleisch	1243
Bratwurst	1436
Spaghetti	1520
Pommes frites	1351
Mayon-naise	3058
Tomaten-soße	1428
Ketchup	436
Kopfsalat	71
Karotten	172
Cola	185
Apfelsaft	197
frische Erdbeeren	155

2 Energiegehalt

„All you can eat!" – Viele Restaurants werben mit einem solchen Spruch. Viele Menschen essen zu viel und nehmen große Mengen an Nährstoffen auf.
5 Wie viel Nährstoffe braucht der Körper?

Nährstoffbedarf • In unseren Nahrungsmitteln sind Fette, Kohlenhydrate und Eiweißstoffe in unterschiedlichen Mengen enthalten. Der Körper
10 benötigt abwechslungsreiche Nahrung, die alle Nährstoffe enthält.

Bau- und Betriebsstoffe • Fette, Kohlenhydrate und Eiweißstoffe haben im Körper verschiedene, nicht gegenseitig
15 austauschbare Aufgaben. Eiweißstoffe dienen hauptsächlich als Baustoffe für Körperstrukturen wie Muskeln und Organe. Kohlenhydrate und Fette sind Energielieferanten, die die ständige
20 Energieversorgung des Körpers sicherstellen. Sie werden deshalb als Betriebsstoffe bezeichnet. Kohlenhydrate sind Energieträger, die schnell zur Verfügung stehen. Fette dagegen dienen
25 als Energiespeicher.

Energiebedarf • Damit der menschliche Körper wachsen kann und seine Funktionen aufrechterhält, benötigt er Energie. Diesen Energiebedarf deckt der
30 Mensch über Nahrungsmittel. Der Energiegehalt von Nahrungsmitteln wird in Kilojoule (kJ) oder Kilokalorien (kcal) angegeben. ➔ **2** Nährstoffe liefern jedoch unterschiedlich viel Energie:
35 1 Gramm Kohlenhydrate oder Eiweißstoffe liefert jeweils 17 kJ (4 kcal), 1 Gramm Fett entspricht 37 KJ (9 kcal).

Grundumsatz • Die Energie, die der Körper benötigt, damit er seine
40 Organe und deren lebenswichtige Funktionen wie Atmung, Kreislauf und Stoffwechsel in Ruhe aufrechterhält, bezeichnet man als Grundumsatz. Er ist abhängig von Alter,
45 Größe, Geschlecht und Gewicht. Frauen haben aufgrund von weniger Muskelmasse durchschnittlich einen geringeren Grundumsatz als Männer, weil Muskelmasse auch im Ruhezu-
50 stand viel Energie verbraucht.

Leistungsumsatz • Für körperliche und geistige Tätigkeiten, wie Radfahren oder Lesen, benötigt man zusätzliche Energie. Je höher die Aktivität, desto
55 höher ist auch der Leistungsumsatz und demnach auch der Energiebedarf.

Gesamtumsatz • Addiert man zum Grundumsatz den Leistungsumsatz, erhält man den Gesamtumsatz. Er gibt
60 an, wie viel Energie der Körper braucht, um lebensnotwendige Funktionen aufrechtzuerhalten und auch körperliche und geistige Arbeit zu leisten.

65 **Energieüberschuss** • Nimmt der Körper mehr Energie auf, als er verbraucht, speichert er diese in Form von Fett ab. So kann er in Mangelsituationen auf Energiereserven zurückgreifen. Der
70 Gesamtumsatz des Körpers ist dabei niedriger als die durch Essen und Getränke zugeführte Energie. Mangelnde Bewegung und das übermäßige Essen kohlenhydrat- und fettreicher Nahrung
75 fördern Übergewicht. → 1

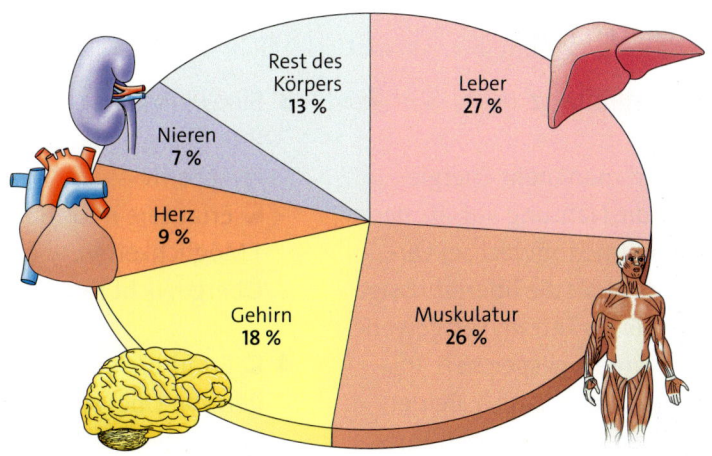

3 | Anteil verschiedener Organe am Grundumsatz des Körpers

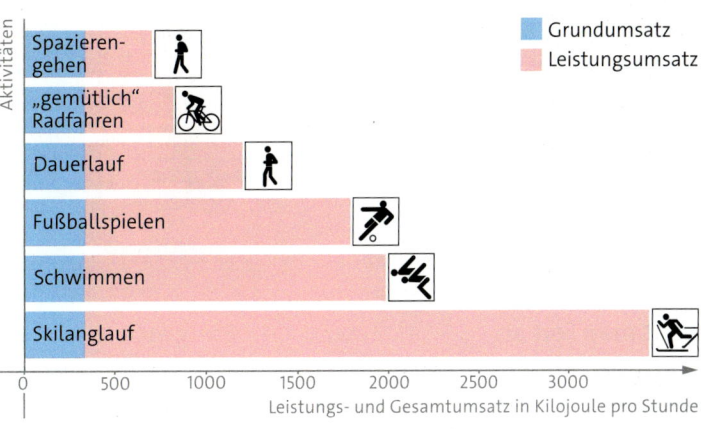

4 | Leistungs- und Gesamtumsatz bei verschiedenen Tätigkeiten

Nährstoffe nutzt der Körper als Bau- und Betriebsstoffe.
Sie liefern Energie in Form von Fett und Kohlenhydraten.

1 kcal = 4,186 kJ

Aufgaben

1 ○ Erkläre, was man unter Grund- und Leistungsumsatz versteht.

2 ◐ Erkläre, was passiert, wenn man mehr isst, als man verbraucht.

Energiebedarf des Körpers

Material A

Energiebilanz

Nimmt man mehr Energie über die Nahrung auf, als der Körper im Stoffwechsel verbrennt, wird die überschüssige Energie als Fett im Fettgewebe des Körpers gespeichert. Insbesondere an Bauch, Beinen und dem Po bilden sich Fettdepots. Wenn man abnehmen möchte, muss man Fett „verbrennen".

Daraus kann der Körper Energie gewinnen.

Erst wenn der Körper mehr Energie aus den eigenen Fettdepots gewinnt als über das zugeführte Fett und die Kohlenhydrate der Nahrung, baut man Fett ab.

Das Verhältnis von Energiezufuhr im Vergleich zum Energieverbrauch bezeichnet man als Energiebilanz. Nimmt man mehr Energie auf, als man verbraucht, ist diese positiv.

1 ○ Beschreibe mithilfe von Bild 1, wann die Energiebilanz des Körpers ausgeglichen ist.

2 ◐ Erkläre mithilfe von Bild 1, wann der Körper Fett im Fettgewebe speichert.

3 Eine Person hat Übergewicht. Ihre Energiebilanz ist seit Jahren positiv.
◐ Erläutere mithilfe von Bild 1 Möglichkeiten, wie sie ihr Übergewicht reduzieren kann.

4 ◐ Erläutere die Auswirkungen von Übergewicht auf den Körper. → 3

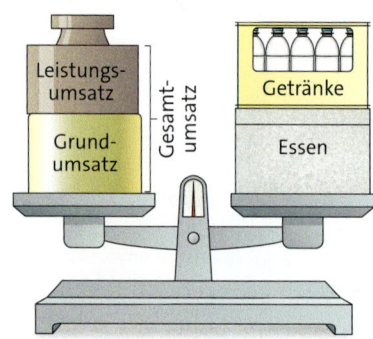

1 Energiebilanz

2 Übergewichtige Jugendliche

Übergewicht ist ein Problem Unsere moderne Gesellschaft bietet jedem Einzelnen vielfältige Möglichkeiten, an Essen zu gelangen. Bei Lieferdiensten kann man sich sogar bequem auf der Couch sitzend zu jeder Zeit Essen per App liefern lassen. Die Werbung lockt zusätzlich ständig mit energiereichen Lebensmitteln. Die Kombination aus diesem reichhaltigen Lebensmittelangebot und der Gefahr des Bewegungsmangels führen auf Dauer zur Gefahr von Übergewicht. Starkes Übergewicht kann auf Dauer zu gesundheitlichen Problemen führen. Die Sehnen und Gelenke sind überlastet. Dies kann zu Dauerschäden wie zum Beispiel Haltungsschäden führen. Es kann zu Fettablagerungen in den Blutgefäßen kommen. Dies ist eine häufige Ursache für Arterienverkalkung, Herzinfarkte und Schlaganfälle. Heute ist man sich auch ziemlich sicher, dass eine Fehlernährung und Übergewicht entscheidende Ursachen für Diabetes Typ 2 sind.

3

Energiebedarf

		Mädchen		Jungen	
Alter (in Jahre)		10–14	15–18	10–14	15–18
Bedarf an Energie pro kg Körpergewicht pro Tag		188 kJ	167 kJ	269 kJ	192 kJ
Grundumsatz		7 532–9 204 kJ		10 460–12 552 kJ	
Anteil der Muskelmasse		27–43 %		37–57 %	

4 Energiebedarfe von Mädchen und Jungen

1 Bei jeder Bewegung und für alle Lebensvorgänge wie Wachstum benötigt der Körper Energie. Die Tabelle zeigt Unterschiede im Energiebedarf von Mädchen und Jungen verschiedenen Alters. → 4

a ○ Vergleiche den Energiebedarf von Jungen und Mädchen.

b ◗ Erkläre die Unterschiede zwischen Jungen und Mädchen.

c ◗ Berechne deinen persönlichen Energiebedarf (Grundumsatz) für einen Tag.

5 Schokolade, 2245 kJ pro 100 g

6 Apfel, 218 kJ pro 100 g

7 Banane, 373 kJ pro 100 g

2 In den Bildern 5–7 sind verschiedene süße Lebensmittel gezeigt. Der Energiegehalt ist pro 100 g angegeben.

a ◗ Berechne, wie viel Gramm Äpfel oder Bananen du essen könntest, um auf die gleiche Energiemenge, die in einer Tafel Schokolade (100 g) enthalten ist, zu kommen.

b Du hast zu viel Schokolade gegessen und 2 000 kJ mehr zu dir genommen, als du eigentlich benötigst. In der Tabelle sind einige sportliche Tätigkeiten aufgelistet.
◗ Berechne, wie lange du diese Tätigkeiten betreiben müsstest, um die zusätzliche Energie aufzubrauchen.

Aktivität	Leistungsumsatz pro 30 Minuten in Kilojoule
Schlafen	0
Liegen	42
Sitzen, Essen, Lesen, Fernsehen	54
Stehen	92
Sitzend schreiben, Teilnahme am Unterricht	130
Zu Fuß gehen 5 km/h	393
Radfahren 10 km/h	352
Radfahren 20 km/h	976
Fußballtraining	971
Dauerlauf 15 km/h	1 616

8 Leistungsumsatz verschiedener Tätigkeiten

3 Ein 14-jähriger Schüler wiegt 50 kg. Er hat folgenden Tagesablauf: 9 Stunden Schlaf, 5 Zeitstunden Unterricht, 30 Minuten Radfahren zur Schule mit 10 km/h, 15 Minuten Heimfahrt mit 20 km/h, 2 Stunden Hausaufgaben, 2 Stunden Fußballtraining, die übrige Zeit lesen, fernsehen und schlafen.

a ● Ermittle den Leistungsumsatz des Schülers.

b ● Ermittle seinen Gesamtumsatz.

Nährwerttabellen auswerten

1 Tiefkühlprodukte im Supermarkt

Immer mehr Menschen kaufen Fertiggerichte wie Tiefkühlpizza, Fertiglasagne und Ravioli aus der Dose. Wie kann man auch bei stark verarbeiteten Produkten 5 **erkennen, was ihn ihnen steckt?**

1 kcal = 4,186 kJ

Nährwerttabellen • Jedes Nahrungsmittel hat einen bestimmten Anteil an lebenswichtigen Stoffen. Diese sind in Nährwerttabellen auf den Verpa-10 ckungsetiketten von Lebensmitteln angegeben. Aufgeführt wird dabei die Menge an Eiweißen, Fetten und Kohlenhydraten. Auch Ballaststoffe, Vitamine und Mineralstoffe können ange-15 geben sein. Die Angaben beziehen sich meist auf 100 g des entsprechenden Lebensmittels.

Brennwert • Wieviel Energie in einem Lebensmittel steckt, wird durch den 20 Brennwert angegeben. Die Einheit für den Brennwert ist Kilokalorie (kcal). Heute wird der Energiegehalt von Lebensmitteln meist mit der Einheit Kilojoule (kJ) angegeben. Für die Menge der 25 täglich aufzunehmenden Energie gibt es Empfehlungen. Diese hängen vom Alter, Geschlecht, Gewicht und körperlicher Aktivität ab. Ein ausgewachsener Mann mit einem Gewicht von 80 kg 30 hat pro Tag einen durchschnittlichen Grundumsatz von etwa 2 200 kcal. Es wird daher empfohlen, an einem Tag nicht mehr als 2 200 kcal Energie sich zu nehmen.

35 **Empfohlene Tageszufuhr •** In einer Nährwerttabelle steht der Brennwert und der Nährstoffgehalt für 100 g des Lebensmittels. Häufig wird in der rechten Spalte angegeben, welchen Anteil 40 100 g des Lebensmittels an der jeweils empfohlenen Tageszufuhr an Energie und Nährstoffen hat. Nährwerttabellen helfen auf eine energiebewusste Ernährung zu achten.

> Nährwerttabellen geben Aufschluss über den Gehalt an Nährstoffen, Zusatzstoffen und Energie in einem Lebensmittel.

2 Nährwerttabelle

Aufgabe

1 ✎ Vergleiche die Nährstofftabellen in Bild 2 und erkläre, warum die Brennwerte unterschiedlich sind.

Material A

Lebensmittel (100 g)	Energie (KJ)	Kohlen-hydrate (g)	Fett (g)	Eiweiß-stoffe (g)	Vitamine (mg)	Mineral-stoffe (mg)	Ballast-stoffe (g)
Hackfleisch	1243	–	24,5	18,8	2,74	644	–
Spaghetti	1520	75,2	1,2	13	62,3	193,6	0,3
Pommes frites	1351	36,0	15,5	4,3	23,77	1272,2	1,5
Tomatensauce	1428	67,5	4,0	8,5	–	–	–
Ketchup	436	24	–	2,0	–	–	–
Kopfsalat	71	2,2	0,2	1,4	11,09	270	0,8
Karotten	172	8,7	0,2	1,1	12,4	477	1,0
Tomaten	88	3,7	0,2	1,1	24,8	337	0,7
Cola	185	11	–	–	–	25	–
Apfelsaft	197	11,7	–	0,1	1,25	130,4	0,1
Mischbrot	1029	52,0	1,0	7,0	1,88	777	1,5
Kartoffel	301	16,0	–	2,0	22,6	591	0,5
Reis	1474	75,4	2,2	7,4	6,9	631	0,7
Käse	1613	–	29,2	25,5	1,6	2237	–
Schweineschnitzel	655	–	8,1	20,8	4,9	627	–
Huhn	559	–	5,6	20,6	9,0	656	–
Grüne Bohnen	146	6,1	0,3	1,9	19,7	372	1,0

3 Inhaltsstoffe verschiedener Lebensmittel (ohne Berücksichtigung von Wasser)

Stoff	Brennwert (kJ/g)
Kohlenhydrate	17,2
Fette	38,9
Eiweiße	23

A

Lebens-mittel (100 g)	Kohlen-hydrate (g)	Fette (g)	Eiweiße (g)
Eier	0,7	11,5	12,8
Äpfel	13,5	0,6	0,2
Voll-milch-schoko-lade	56	30	8

B

4

Nährstofftabelle

1 Betrachte Bild 3.

a ◐ Plane mithilfe der abgebildeten Nährwerttabelle ein Mittagessen deiner Wahl.

b ◐ Ermittle den Energiegehalt deiner Mahlzeit.

c ◐ Ermittle, wie viel Vitamine, Mineralstoffe und Ballaststoffe deine geplante Mahlzeit hat.

2 Die drei Nährstoffgruppen haben einen unterschiedlichen Brennwert. Vitamine, Mineralstoffe und Ballaststoffe haben keinen Brennwert. → 4

a ◐ Ermittle den Brennwert der abgebildeten Lebensmittel in Bild 4.

b ◐ Erkläre die unterschiedlichen Brennwerte.

Gesunde Ernährung

1 | Jugendliche in der großen Pause

In der Pause isst Lara einen Apfel, Tina ein Vollkornbrot mit Käse und Florian einen Schokoriegel. Sie diskutieren, wer sich am gesündesten ernährt. Was
5 **genau versteht man unter einer gesunden Ernährung?**

Die sieben Säulen • Kohlenhydrate, Fette, Eiweiße, Mineralstoffe, Vitamine, Ballaststoffe und Wasser sind die sie-
10 ben wichtigen Stoffe unserer Ernährung. Man bezeichnet sie auch als die sieben Säulen der Ernährung.

Ausgewogene Ernährung • Lebensmittel enthalten unterschiedliche
15 Mengen dieser sieben Stoffe. Für eine ausgewogene Ernährung sollten sie in den Mahlzeiten so zusammengestellt werden, dass der tägliche Bedarf des Körpers an allen Stoffen gedeckt ist.
20 Der Ernährungskreis veranschaulicht die empfohlenen Anteile verschiedener Lebensmittel pro Tag. ➡ 2

Die Mischung macht's • Kohlenhydrate sollten den Hauptteil der Ernährung
25 darstellen. Sie decken den Großteil des täglichen Energiebedarfs. Ein weiterer großer Anteil der Ernährung sollte aus Obst und Gemüse bestehen, um genügend Vitamine und Mineral-
30 stoffe aufzunehmen. Eiweiße werden für das Wachstum, den Aufbau von Muskeln und den Stoffwechsel benötigt. Fettreiche Lebensmittel sollten nur in geringen Mengen aufgenom-
35 men werden. Fette sind sehr energiereich und können zu Übergewicht führen. Einige Vitamine können jedoch nur mit Fett aufgenommen werden. Daher sind Fette lebensnotwendig.
40 Der Körper benötigt außerdem etwa 1,5 bis 2 Liter Flüssigkeit pro Tag.

Mahlzeiten • Ein Frühstück liefert dem Körper Energie für die bevorstehenden Aufgaben. Mit einem gesunden Pau-
45 senbrot kann die verbrauchte Energie wieder aufgefüllt werden. Auch Mittag- und Abendessen sollten nicht weggelassen werden, damit der Körper ganztägig mit Energie versorgt ist.

50 **Verschiedene Ernährungsweisen** • Es gibt viele Gründe für spezielle Ernährungsweisen: Tierschutz, das Streben nach Gesundheit, der Wunsch einen Beitrag zur Lösung des Welthunger-
55 problems zu leisten oder auch die eigene Religion.

Vegetarische Ernährung • Vegetarier verzichten auf Nahrungsmittel, die von getöteten Tieren stammen, wie

60 Fleisch, Fisch und Meeresfrüchte. Die vegetarische Ernährung beinhaltet pflanzliche Nahrungsmittel sowie tierische Nahrungsmittel, die von le-benden Tieren stammen. Vegetarier

65 essen also Eier, Honig und Milch. In Deutschland gibt es etwa 5 Millionen Vegetarier, das sind etwa sechs Pro-zent der Einwohner.

Vegane Ernährung • Veganer verzich-
70 ten auf alle Nahrungsmittel mit tieri-schem Ursprung. Dazu zählen Fleisch, Fisch, Eier, Milch und auch Honig. Oft lehnen Veganer auch die Nutzung tierischer Produkte ab. Sie verzichten

75 auf das Tragen von Kleidung aus Leder oder Wolle und nutzen keine Feder-betten. Der Grundgedanke ist, Tiere nicht für die Bedürfnisse des Menschen auszu-

80 nutzen. In Deutschland leben etwa 500 000 Menschen vegan.

Frutarier • Sie möchten auch Pflanzen kein Leid zufügen und ernähren sich deshalb nur von pflanzlichen Produk-

85 ten, deren Gewinnung die Pflanze nicht schädigt. Beispiele sind Fallobst, Nüsse und Samen.

Rohköstler • Sie essen grundsätzlich
90 alle Lebensmittel. Diese dürfen aber während der Verarbeitung nicht über 40 Grad Celsius erhitzt werden oder müssen roh verzehrt werden. Dadurch sollen Vitamine und Mine-

95 ralstoffe in den Nahrungsmitteln erhalten bleiben.

6 Fette und Öle
5 Fisch, Fleisch und Eier
4 Milch und Milch-produkte
1 Brot, Getreide, Kartoffeln
3 Obst
7 Getränke ohne Zucker-zusatz
2 Gemüse und Salat

2 Ernährungskreis

Zu einer ausgewogenen Ernährung gehört eine abwechslungsreiche Lebensmittelauswahl, genügend Wasser und eine gleichmäßige Verteilung der Mahlzeiten über den Tag. Aus verschiedenen Gründen entscheiden sich Menschen für eine spezielle Ernährungsweise.

3 Käsespätzle sind vegetarisch.

Aufgaben

1 ○ Erstelle eine Liste mit Tipps für eine ausgewogene und gesunder-haltende Ernährung.

2 ◑ Erkläre, warum man auf große Mengen fettreicher Nahrungsmittel verzichten sollte.

4 Zucchinischnit-zel mit Tomaten

Gesunde Ernährung

Material A

Ernährungskreis und Ernährungsgewohnheiten

5 Fisch, Fleisch und Eier

6 Fette und Öle

7 Getränke ohne Zuckerzusatz

1 Brot, Getreide, Kartoffeln

4 Milch und Milchprodukte

3 Obst

2 Gemüse und Salat

1 Der Ernährungskreis

Maurice, Sophia und Kemal haben einen Tag lang ein Ernährungstagebuch geführt.

Ernährungsgewohnheiten der drei Personen treffen kannst.

1 ○ Vergleiche die 3 Tagebucheinträge mit dem Ernährungskreis. → 2 – 4

2 ◒ Begründe, wer sich deiner Meinung nach am gesündesten beziehungsweise am ungesündesten ernährt hat.

3 ◒ Erläutere, warum du trotzdem keine generellen Aussagen über die

4 ○ Ordne zu, wer sich vegan, vegetarisch oder gemischt ernährt. → 2 – 4

5 ◒ Erstelle selbst ein Ernährungstagebuch über eine Woche.

6 ◒ Vergleiche deine Tagebucheinträge mit denen von 2 Mitschülern. Wer hat sich am gesündesten ernährt?

Tagebuch von Maurice

Dienstag, 9. 5. 2017

Frühstück: 1 Tasse Kakao
Pause: 3 Schokoladenkekse
Mittagessen: 2 Hamburger, Pommes, Softdrink
Snack: 1 Tüte Chips
Abendessen: –

2

Tagebuch von Sophia

Donnerstag, 11. 5. 2017

Frühstück: Früchtemüsli mit Joghurt, 1 Glas Orangensaft
Pause: Vollkornbrot mit Frischkäse und Tomaten, Wasser
Mittagessen: Grillkäse mit Reis und Gemüse, Holunderschorle
Snack: 1 Apfel
Abendessen: Rührei auf Toast, Wasser

3

Tagebuch von Kemal

Sonntag, 14. 5. 2017

Frühstück: –
Pause: Banane
Mittagspause: Nudeln mit Tomatensoße, Softdrink
Snack: –
Abendessen: grüner Salat mit Essig-Öl-Dressing, Apfelschorle

4

Ernährungspyramide

Man kann die Anteile, die verschiedene Lebensmittel an einer ausgewogenen Ernährung haben sollte auch als Pyramide darstellen. Dabei bilden Lebensmittel im unteren Teil der Pyramide die Basis der Ernährung und solche in der Spitze sollten nur in geringen Mengen zu sich genommen werden.

1 ○ Nenne für jedes der sechs Teile der Pyramide drei Lebensmittel. → 5

2 ◗ Ordne den Teilen der Pyramide folgende Anteile einer ausgewogenen Ernährung zu. 30 %, 10 %, 20 %, 15 %, 20 %, 5 %

3 ● Erkläre, warum der Anteil an Getreideprodukten nicht mehr als die Hälfte der täglichen Ernährung ausmachen sollte.

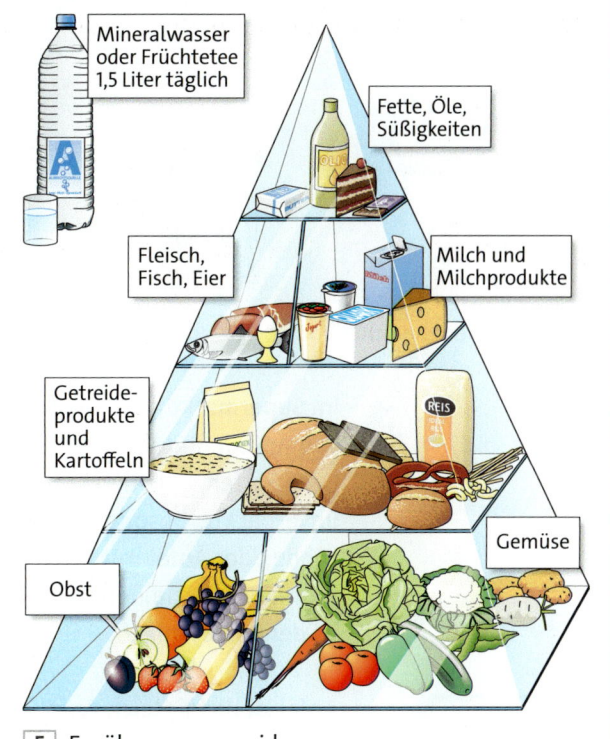

5 Ernährungspyramide

Mahlzeiten

Damit der Körper den gesamten Tag über körperlich und geistig leistungsfähig ist, muss der Zuckerspiegel im Blut gleichbleibend sein. Isst man etwas kohlenhydrathaltiges, wird der Zucker aus der Nahrung ins Blut aufgenommen.

1 Betrachte die beiden Kurven im Diagramm.
a ○ Beschreibe die Unterschiede.
b ◗ Leite aus dem Diagramm ab, wie oft Tarek und Laila pro Tag gegessen haben.
c ◗ Begründe, weshalb Laila sich nachmittags nicht mehr so gut konzentrieren kann.

d Ernährungsexperten raten, lieber 5 kleine als 3 große Mahlzeiten pro Tag zu sich zu nehmen.
◗ Erläutere diese Aussage.

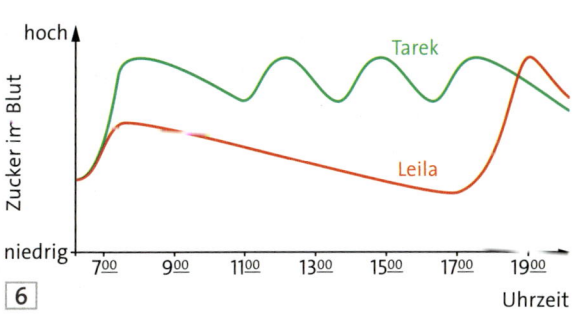

6

Qualitätsmerkmale von Lebensmitteln

1 Verschiedene Äpfel im Supermarkt

Im Supermarkt kann man eine Vielzahl von Äpfeln finden. Es gibt unterschiedliche Sorten, in Folien verpackte oder unverpackte, besonders stark glän-
5 **zende oder Äpfel mit Aufklebern. Worin unterscheiden sie sich und was ist der beste Apfel?**

2 Bio-Siegel

Apfel ist nicht gleich Apfel • Bei der Wahl eines Lebensmittels können
10 ganz verschiedene Dinge eine Rolle spielen. Viele Menschen haben eine Vorliebe für eine bestimmte Apfelsorte, andere kaufen nur Äpfel aus der Region, wieder andere achten vor
15 allem auf den Preis. Jeder legt auf unterschiedliche Merkmale wert.

Herkunft • Manche tropischen Früchte wie Ananas, Banane und Kiwi können bei uns nicht wachsen. Sie müssen
20 daher aus fernen Ländern zu uns gebracht werden. Oft haben sie eine mehrwöchige Reise hinter sich. Beim langen Transport entstehen durch die Flugzeuge und Containerschiffe
25 schädliche Gase wie Kohlenstoffdioxid, die der Umwelt schaden.

Heimisches Obst aus der Ferne • Wir führen Obst und Gemüse aus der Ferne ein, das auch bei uns wächst.
30 So kann man im Supermarkt Äpfel aus Spanien, Chile und Neuseeland finden. In diesen Ländern können sie wegen des warmen Klimas das ganze Jahr über wachsen.
35 So kann man auch Äpfel im Frühjahr kaufen, obwohl die meisten Äpfel bei uns im Oktober geerntet werden. Beim Transport aus der Ferne wird viel Energie verbraucht.

40 **Heimisches Obst aus der Region** • Bei uns wachsen verschiedene Obst- und Gemüsesorten nur zu bestimmten Zeiten. Wenn wir unser heimisches Obst, zum Beispiel Äpfel, auch außer-
45 halb der Erntezeit essen möchten, muss man es monatelang aufwändig lagern. Die dafür benötigten Kühlhäuser verbrauchen viel Energie und schaden somit der Umwelt.

50 **Produktion** • Auch bei der Produktion gibt es Unterschiede. Bei pflanzlichen Produkten können Dünger, Unkraut- und Insektenvernichtungsmittel zum Einsatz kommen. Diese können aus
55 natürlichen Abfällen wie Kompost oder chemisch hergestellt sein. Werden, um weniger Ausfälle bei der Ernte zu haben, besonders viel solcher Mittel verwendet, kann das zu Umwelt-
60 problemen führen. Bio-Siegel garantieren, dass nur sehr wenig und auch nur umweltverträgliche Dünge- und Pflanzenschutzmittel zum Einsatz gekommen sind. → 2

Präsentation • Um Äpfel für Käufer frisch erscheinen zu lassen, werden manche mit einer Wachsschicht überzogen. Äpfel werden aber auch unterschiedlich verpackt. Manchmal werden sie in Plastiknetzen oder in eine Plastikschale eingeschweißt. Dabei entsteht zusätzlicher Müll. Die unterschiedlichen Präsentationsformen sollen die Äpfel für den Kunden ansprechender machen. Den Geschmack beeinflussen sie nicht. Vor allem regionale Äpfel werden oft auch lose angeboten.

Inhaltsstoffe • Man kann auch fertig verarbeiteten Apfelkuchen im Supermarkt kaufen. Bei der industriellen Verarbeitung von Lebensmitteln werden jedoch häufig verschiedene Stoffe zugesetzt. Dies können Geschmacksverstärker, Konservierungsmittel zur besseren Haltbarkeit, Verdickungsmittel oder Farbstoffe sein. Besonders stark verarbeitete Lebensmittel enthalten oft viele dieser Zusatzstoffe. Die einzelnen Zutaten für einen solchen Kuchen wie Zucker und Mehl enthalten dagegen keine Zusatzstoffe. Deshalb ist ein selbstgebackener Apfelkuchen frei von Zusatzstoffen. Durch Produktionsschritte wie Erhitzen, Einfrieren oder Zugabe von Stoffen können außerdem wichtige Nähr- und Ergänzungsstoffe verloren gehen. Vor allem empfindliche Vitamine werden schnell zerstört. Manchmal werden künstlich hergestellte Vitamine am Ende wieder beigemischt, wie es bei vielen Fruchtsäften der Fall ist.

3 | Gewächshäuser in Südspanien

Preis • Viele Kunden möchten günstige Lebensmittel. Das hat Einfluss auf die Produktion: Oft werden günstige Dünger verwendet und viel Unkraut- und Insektenvernichtungsmittel gespritzt um möglichst wenig Verlust bei der Ernte zu haben. Oft erfolgt der Anbau ohne Rücksicht auf Natur. → 3 Auch produziert man häufig in Ländern, in denen die Arbeit eines Menschen, weniger bezahlt wird. Um ein Ausnutzen von Mensch und Natur bei der Produktion von Lebensmitteln auszuschließen, wurde das Fairtrade-Siegel gegründet. → 4 Es garantiert gerechte Löhne und faire Abnahmepreise für Rohstoffe.

> Die Qualität und der Preis von Lebensmitteln werden von verschiedenen Merkmalen bestimmt.

4 | Fairtrade-Siegel

Aufgaben

1 ○ Nenne Gründe, warum Früchte aus fernen Ländern zu uns kommen.

2 ◐ Erkläre, welche Vorteile die regionale Produktion von Lebensmitteln hat.

Qualitätsmerkmale von Lebensmitteln

Material A

Saisonale Lebensmittel

In Deutschland werden viele Obstsorten angebaut. Doch unsere Obstsorten können nicht das ganze Jahr über geerntet werden. Die Erntezeit ist für jede Obstsorte unterschiedlich lang und in einem anderen Zeitraum. Zu den meist angebauten Obssorten mit den größten Erträgen gehören Äpfel, Birnen und auch Pflaumen. Diese lassen sich gut lagern oder durch Einmachen in Gläsern und Konserven haltbar machen. Man nennt dies Konservieren.

Diese müssen auch nicht in Kühlhäusern stark gekühlt werden. Obst wie Mangos oder Bananen müssen aus fernen Ländern importiert werden.

1 Betrachte den Erntekalender Obstsorten. → ⃞1
a ◯ Nenne Obstsorten, die im Oktober geerntet werden und Obstsorten, die bereits im Juni geerntet werden können.
b In vielen Regionen wird meist Anfang Oktober das Erntedankfest gefeiert.
◗ Finde eine Erklärung mithilfe des Bildes.

2 Zu festlichen Anlassen wie Geburtstagen gibt es oft üppige Menüs auf Familienfeiern. Dazu gehört auch ein Dessert. → ⃞2 – ⃞4
a ◗ Begründe, ob die abgebildeten Desserts saisonal und regional sind.
b ◗ Finde eine Erklärung, weshalb es bei uns auch im Februar Erdbeeren im Supermarkt zu kaufen gibt.
c ● Erläutere, warum der Kauf von saisonalen und regionalen Produkten umweltverträglicher ist.

3 In Deutschland werden sehr viele Lebensmittel weggeschmissen.
a ◗ Werte das Diagramm aus. → ⃞5
b ◗ Stelle Vermutungen an, warum so viele Lebensmittel weggeschmissen werden.
c ● Entwickle Lösungsmöglichkeiten für dieses Problem.

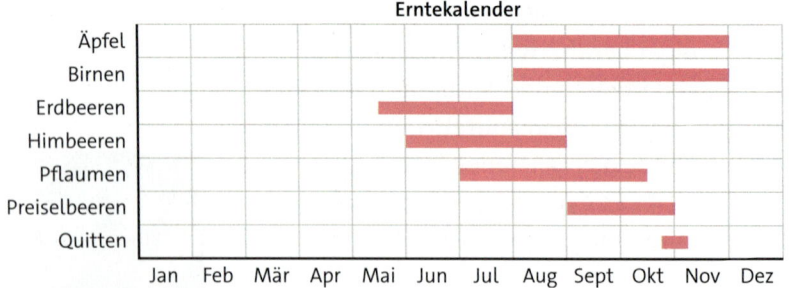

Erntekalender

⃞1 Erntejahr in Deutschland

⃞2 Mango-Kokos-nuss-Creme (Julians Geburtag 21.08.2016)

⃞3 Apfelstrudel (Leas Geburtstag am 21.10.2016)

⃞4 Erdbeertiramisu (Vladis Geburtstag am 25.12.2016)

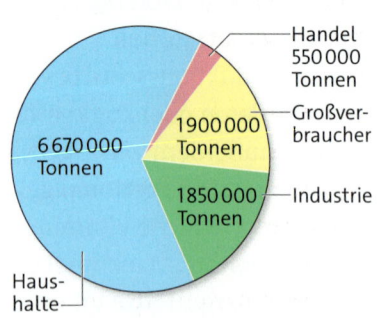

⃞5 Weggeworfene Lebensmittel in Deutschland (2015)

Sojaanbau

6 Sojabohnen

In unserer heutigen Gesellschaft verzichten viele Menschen auf Fleisch oder reduzieren ihren Fleischverbrauch. Letztere bevorzugen dann Fleisch aus artgerechter Tierhaltung. Dennoch müssen sie Nahrung zu sich nehmen, die viel Eiweiß beinhaltet. Sie greifen daher zu Lebensmitteln, die aus Soja bestehen wie Tofu, Sojamilch oder Sojasoße. Doch die verstärkte Nachfrage nach Soja hat auch Folgen für die Umwelt. → 7

1 ◐ Beschreibe Umweltprobleme, die durch den verstärkten Anbau von Soja auftreten.

2 ● Nimm Stellung zum verstärkten Anbau von Soja als Futtermittel.

Probleme beim Sojaanbau Viele Verbraucher setzen verstärkt auf den Verzehr von sojahaltigen Produkten. Die Nachfrage nach diesen Lebensmitteln ist in letzter Zeit erheblich gestiegen, da viele Menschen aus ethischen Gründen auf den täglichen Verzehr von Fleisch verzichten. Doch nicht nur für Lebensmittel wird die eiweißhaltige Sojabohne angebaut. Etwa 80 Prozent des weltweiten Sojaanbaus werden zu Kraftfutter für Nutztiere wie Rinder weiterverarbeitet. Was erstmal gut klingt, hat dennoch dramatische Folgen für die Umwelt: Die gesamte Sojaanbaufläche auf unserer Erde beträgt etwa 110 Millionen Hektar. Das entspricht ungefähr der dreifachen Fläche von Deutschland. Die Anbauflächen befinden sich vor allem in warmen und feuchten Ländern wie Brasilien, Indonesien und weiteren Ländern in Asien und Afrika. Für das Anlegen von Sojaanbauflächen werden großflächig Wälder und andere artenreiche Lebensräume wie feuchte Savannen zerstört. Durch diese intensive, einseitige Nutzung der Sojabohne wird der Boden von Jahr zu Jahr mehr ausgezehrt. Da auch die Baumwurzeln, wird der Boden bei Starkregen teilweise weggespült. Durch den Einsatz von Insektenvernichtungsmitteln und das großflächige Ausbringen von chemischen Düngern wird der Boden dauerhaft auf diesen Flächen verunreinigt. Die Erträge der Sojabauern werden durch die zunehmende Züchtung von gentechnisch veränderten Pflanzen weiterhin gesteigert. Auch die Einfuhr von Soja als zerkleinertes Sojaschrot von Asien und Afrika nach Europa setzt viel klimaschädliches Kohlenstoffdioxid frei, weil es mit Flugzeugen und Containerschiffen transportiert wird.

Lösung des Problems Wissenschaftler haben herausgefunden, dass bis zu 70 Prozent des Sojas für Futtermittel auch aus heimischen Pflanzen wie eiweißhaltigen Luzernen gedeckt werden können. Außerdem gibt es bei uns ebenfalls genügend Möglichkeiten, den eigenen Eiweißbedarf mit heimischen Pflanzen wie Bohnen zu decken. Auch ein Überdenken des eigenen Fleischkonsums ist wichtig. Weil die meisten Menschen günstiges Fleisch kaufen wollen, werden in vielen Betrieben hunderte von Tieren wie Rinder und Schweine auf engsten Raum in Intensivtierhaltung gehalten. Damit die Tiere schnell wachsen, werden sie oft mit günstigem, sojahaltigen Kraftfutter gefüttert.

7

Qualitätsmerkmale von Lebensmitteln

Was sonst noch in der Nahrung steckt

1 Erdbeerjoghurt – Was kann drin sein?

2 Wenn man mal genau nachfragt ...

Mehr drin als man denkt • Nicht alles, was in einem Lebensmittel enthalten ist, muss immer auf dem Etikett stehen. Manchmal ist es auch versteckt oder so angegeben, dass es für die
5 meisten schwer zu verstehen ist. Kauft man beispielsweise einen Erdbeerjoghurt, geht man davon aus, dass dieser viele Erdbeeren enthält. Der Schein trügt jedoch: Ein Joghurt-Becher mit einem Gewicht von 150 Gramm muss laut Ge-
10 setz nur mindestens 9 Gramm echte Früchte enthalten. Das entspricht etwa einer halben Erdbeere. Bei anderen Bezeichnungen wie „Joghurt mit Fruchtzubereitung" oder „Joghurt mit Erdbeeraroma" können es sogar noch weniger
15 echte Früchte sein. Trotzdem sind viele Stückchen in dem Joghurt, der eine kräftige rosa Farbe hat. Wenn man sich fragt, wie das sein kann, so hilft ein genauer Blick auf das Etikett weiter.

Ersatz- und Zusatzstoffe • Während der indus-
20 triellen Verarbeitung verlieren Früchte wie die Erdbeere ihren Geschmack. Dies ist auch mit vielen anderen Zutaten so. Deshalb fügen wei-tere viele Hersteller Ersatzstoffe wie Aromen anstelle der eigentlichen Zutaten hinzu. Durch
25 Stoffe wie Konservierungs- und Verdickungsmittel, Farbstoffe oder Geschmackverstärker wird das fertige Produkt kreiert.

E-Nummern • Auf dem Etikett eines Erdbeerjoghurts findet man in der Zutatenliste neben
30 bekannten Stoffen auch etliche sogenannte E-Nummern. Hierbei handelt es sich um Bezeichnungen für verschiedene Lebensmittelzusatzstoffe. Das „E" steht für Europa, da die Bezeichnungen in der gesamten EU die gleiche
35 Bedeutung haben. Mittlerweile gibt es über 300 Zusatzstoffe, die gemäß der Lebensmittelkennzeichnungsverordnung bei verpackten Produkten auf der Zutatenliste aufgeführt sein müssen. Alle E-Nummern haben ein Zulas-
40 sungsverfahren durchlaufen und sind als unbedenklich eingestuft worden. Alle mit einer E-Nummer gekennzeichneten Zusatzstoffe sind in den geprüften Konzentrationen nicht gesundheitsschädlich.

Erdnüsse (23%) in Milchschokolade (48%) mit Zuckerüberzug • Zutaten: Zucker, Erdnüsse, Kakaomasse, Magermilchpulver, Milchzucker und Milcheiweiß, pflanzliches Fett, Kakaobutter, Butterreinfett, Stärke, Glukosesirup, Emulgator (Sojalecithin), Geliermittel (Gummi arabicum), Farbstoffe (E100, E120, E133, E160a, E160e, E171), Dextrin, Überzugsmittel (Carnaubawachs), Aromen, Salz, pflanzliches Öl. (Kann enthalten: Haselnuss, Mandel).

3 | Inhaltsstoffe von Erdnüssen mit Zuckerüberzug

4 | Cola

Nicht unumstritten • Die Verwendung von Zusatzstoffen wird in der Öffentlichkeit immer wieder diskutiert, da einige Zusatzstoffe im Verdacht stehen Allergien oder sogar Krebs auszulösen. Insbesondere Kinder sollten so wenig wie möglich Zusatzstoffe zu sich nehmen. Beispielsweise Fast Food und Fertiggerichte enthalten große Mengen Geschmacksverstärker. Ernährt man sich über längeren Zeitraum von solchen Gerichten, gewöhnt man sich immer mehr an den intensiven Geschmack. Das führt dazu, dass Essen ohne Geschmacksverstärker nicht mehr so intensiv schmeckt. Man isst dann lieber die Gerichte mit besonders vielen Zusatzstoffen.

Natürliche Aromen • In fast allen Zutatenlisten verschiedener Fruchtjoghurte steht der Begriff natürliches Aroma. Der Zusatz „natürlich" bezieht sich nur darauf, dass der Rohstoff von Naturprodukten stammt. So lassen sich viele natürliche Fruchtaromen beispielsweise auch aus Schimmelpilzen oder bestimmten Hölzern gewinnen.

Zitronensäure • Zitronensäure mit der Nummer E 330 zählt mittlerweile zu den wichtigsten Zusatzstoffen. Sie dient vor allem der Konservierung und als Säuerungsmittel. Mittlerweile steht sie allerdings auch in der Kritik. Zitronensäure greift den Zahnschmelz an, was bei hohem Konsum zu Zahnschäden führen kann. Daher sollte man nicht zu viel säurehaltige Getränke, zum Beispiel Cola, zu sich nehmen.

> Viele Lebensmittel enthalten Zusatzstoffe, wie Aromen, Konservierungs- und Verdickungsmittel und Geschmacksverstärker. Alle Zusatzstoffe sind in der EU durch eine E-Nummer gekennzeichnet.

Aufgaben

1 ◯ Nenne verschiedene Zusatzstoffe.

2 ◐ Überlege für dich konkrete Maßnahmen, die du für deine Ernährung in Zukunft beachtest.

Essstörungen

1 | Gestörte Wahrnehmung

ideal führt vor allem bei vielen jungen Mädchen dazu, dass sie sich trotz Normalgewichts zu dick fühlen. Sie
20 essen kaum noch etwas oder machen Diäten. Obwohl sie an Gewicht verlieren, sehen sich die Betroffenen immer noch als dick. Sie leiden unter einer verzerrten Selbstwahrnehmung → 1

25 **Bulimie** • Diese Form der Essstörung wird auch Ess-Brech-Sucht genannt. Kennzeichnend für die Krankheit sind unkontrollierte Essattacken, bei denen die Betroffenen in kurzer Zeit große
30 Mengen Nahrung zu sich nehmen. Aus Angst, dick zu werden, erbrechen Bulimie-Erkrankte die Nahrung wieder oder nehmen Abführmittel. Sie ziehen sich häufig zurück. Ihre Essattacken
35 mit anschließendem Erbrechen geschehen heimlich und das Körpergewicht ist oft normal, so dass die Krankheit Angehörigen oder Freunden unter Umständen lange verborgen bleibt.

Magersucht und Ess-Brech-Sucht sind Essstörungen, die oft psychische Ursachen haben. Hierbei wird das Essverhalten so verändert, dass es zu schwerwiegenden körperlichen Schäden kommen kann.

Unser Körper zeigt uns normalerweise durch Hunger und Sättigungsgefühl, wieviel wir essen sollen. Seelische Belastungen oder der Drang nach
5 einem perfekten Körper können dieses Empfinden jedoch stören. Ändert sich dadurch das Essverhalten dauerhaft und entspricht es nicht mehr den tatsächlichen körperlichen Bedürfnissen,
10 spricht man von Essstörungen. Welche Essstörungen gibt es und welche Folgen haben sie?

Magersucht • Medien erwecken oft den Eindruck, dass nur schlanke und
15 schöne Menschen erfolgreich sind. Die Orientierung an diesem Schönheits-

Aufgaben

1 ○ Nenne Gründe, warum Menschen eine Essstörung bekommen.

2 ◖ Erläutere Unterschiede von Magersucht und Ess-Brech-Sucht.

Material A

Magersucht und Bulimie

Samiras Geschichte:

Samira (13) ist schon immer das Nesthäkchen gewesen, das von ihrem Vater liebevoll als „Samiralein" bezeichnet wurde. Eigentlich war sie immer normalgewichtig . Aber im Vergleich zu ihren beiden schlanken Schwestern empfand sie sich doch eher als zu dick. Als Samira älter und die Neckereien nicht weniger wurden, fing sie an, sehr auf ihre Ernährung zu achten und Sport zu treiben. Sie wollte abnehmen. Als sie merkte, dass ihre Diät relativ schnell wirkte, setzte sie ihr Traumgewicht immer weiter herab.

Sie bemerkte nicht, dass sie bereits sehr dünn geworden war. Oft stand sie vor dem Spiegel und betrachtete ihren Körper genau. Beim Hinsetzen fielen ihr aber immer noch kleine „Röllchen" am Bauch auf. Was für ihre Freundinnen einfach nur Hautfalten waren, hieß für Samira immer noch ein paar Kilos zu viel. Sie trieb noch mehr Sport und aß fast gar kein Fett und keine Kohlenhydrate mehr. Bald reagierte sie sehr aggressiv darauf, wenn sie jemand auf ihren schnellen Gewichtsverlust ansprach. Samira war irgendwann sehr blass, reagierte gereizt, bekam häufiger Schwindelanfälle und war beim Sport nicht mehr leistungsfähig.

Um ihre dünnen Arme zu verbergen und dem Gespött ihrer Freunde zu entgehen, zog sie sich oft zwiebelartig an. Als ihre Mutter eines Tages in Samiras Zimmer kam, als sie sich gerade umzog, reagierte diese mit Entsetzen. Zahlreiche Versuche, Samira zum Essen zu bewegen, scheiterten kläglich.

Annes Geschichte:

Anne (15) war immer sehr aufgeschlossen, hübsch und hatte in der Schule gute Noten. Dass Anne ein Doppelleben führte, ahnte niemand. Den ganzen Tag über dachte sie nur ans Essen und gab ihr ganzes Taschengeld heimlich für riesige Mengen Schokolade, Chips und Kuchen aus. Nach ihren heimlichen Fressattacken hatte sie panische Angst, dick zu werden und erbrach das Gegessene direkt wieder oder nahm Abführmittel. Am Anfang empfand sie es sogar als praktisch, das Gegessene wieder loszuwerden. Jedes Mal nahm sie sich vor, dass es diesmal das letzte Mal gewesen sei und redete sich ein, dass es nur eine vorübergehende Phase sei. Aber dann merkte sie, dass sie komplett die Kontrolle verlor. Sie zögerte nicht mehr beim Einkauf und auch nicht danach. Das fehlende Geld nahm sie oft aus Mamas Portemonnaie. Jedes Mal plagten sie danach Schuldgefühle und sie empfand sich und ihren Körper als ekelerregend. Dennoch konnte sie sich gegen ihr Tun nicht wehren. Ständig hatte sie einen inneren Konflikt. Keiner sollte etwas bemerken. Ihr Schamgefühl hinderte sie daran, mit jemandem darüber zu sprechen. Da sie alleine mit ihrem Problem umgehen musste, fühlte sie sich nach einiger Zeit sehr einsam und zog sich immer mehr zurück.

Oft sagte sie Verabredungen mit Freundinnen ab. Sie schloss sich in ihrem Zimmer ein und schaltete ihr Smartphone aus. Bald machten sich auch die ersten körperlichen Folgen bemerkbar. Ihre Finger wurden ganz rau vom vielen Erbrechen, Magenschmerzen begleiteten sie fast täglich. Oft plagten sie Kreislaufprobleme und ihre Regelblutung blieb irgendwann ganz aus.

1 ○ Lies dir die Geschichten von Anne und Samira aufmerksam durch. Ordne den beiden Mädchen begründet Magersucht oder Bulimie zu.

2 ◖ Versetze dich in die Lage von Freunden von Anne und Samira. Nenne Verhaltensweisen und Anzeichen, die deutlich machen, dass etwas mit den Mädchen nicht stimmt.

3 ● Überlege dir, wie du als Freund/in helfen könntest.

Nummer gegen Kummer
Tel.: 116 111

Die Verdauung

1 | Familie beim Essen

Wir nehmen mehrere Mahlzeiten am Tag zu uns. Aber selbst nach einem üppigen Mahl können wir ein paar Stunden später schon wieder etwas
5 essen. Was passiert mit der Nahrung, nachdem wir gegessen haben?

Verdauung • Einige Inhaltsstoffe von Lebensmitteln wie Vitamine und Mineralstoffe können direkt ins Blut auf-
10 genommen werden. Die Nährstoffe Kohlenhydrate, Fette und Eiweißstoffe bestehen jedoch aus zusammengesetzten Bausteinen. Die Nährstoffe müssen vorher zerlegt werden, damit
15 sie ins Blut aufgenommen werden können. Diese Spaltung der Nährstoffe in einzelne Bausteine bezeichnet man als Verdauung. Mithilfe dieser Nährstoffbausteine kann der Körper seinen

20 Energiebedarf decken und eigene Stoffe aufbauen. Wenn man lange nichts gegessen hat, verspürt man Hunger. Der Körper hat dann das Bedürfnis nach Nahrungszufuhr.

25 **Werkzeuge der Verdauung** • Für die Verdauung benötigt der Körper bestimmte Stoffe, die Verdauungsenzyme. Das sind körpereigene Stoffe, die die Nährstoffe zerlegen. Enzyme
30 befinden sich in Verdauungsflüssigkeiten der Verdauungsorgane und werden dort in speziellen Drüsen produziert. Jedes Enzym ist auf die Spaltung eines bestimmten Stoffs spezialisiert.
35 Sie passen wie Schlüssel und Schloss zueinander. Man nennt dies Schlüssel-Schloss-Prinzip.

Die Verdauung beginnt im Mund • Mithilfe der Zähne wird die Nahrung
40 durch das Kauen zerkleinert und durch die Zugabe von Mundspeichel gleitfähig gemacht. Speicheldrüsen produzieren täglich etwa 1,5 Liter Speichel. In ihm befinden sich Enzyme, die die
45 Stärke in Brot oder Nudeln in kleinere Bruchstücke, den Zweifachzucker Malzzucker, spalten.

Sammeln und Ansäuern • Über die Speiseröhre wird der Nahrungsbrei
50 zum Magen transportiert. ► 3 Er ist ein sehr dehnbares Hohlorgan und hat ein Fassungsvermögen von etwa 1,5 Litern. Die Innenwand des Magens ist von einer Schleimhaut bedeckt.
55 Diese produziert Enzyme, die Eiweißstoffe in ihre Bausteine, die Amino-

säuren, zerlegen. Außerdem bildet die Magenschleimhaut auch die Magensäure, die den Nahrungsbrei angesäu-
60 ert. So ist dieser für die Enzyme besser zugänglich. Gleichzeitig tötet sie Krankheitserreger ab, die wir mit der Nahrung aufgenommen haben. Die Magenschleimhaut produziert auch
65 den Magenschleim, der den Magen vor der ätzenden Wirkung der Magensäure schützt. Durch die Bewegung der Magenmuskulatur wird der Nahrungsbrei durchmischt. Dies ermög-
70 licht eine bessere Verdauung.

Aufnahme der Bausteine • An den Magen schließt sich der Dünndarm an. In seinem ersten Abschnitt, dem Zwölffingerdarm, geben die Leber mit
75 der Gallenblase sowie die Bauchspeicheldrüse ihre Verdauungssäfte ab. Die darin enthaltenen Enzyme spielen bei der Zerlegung von Nährstoffen eine zentrale Rolle. Über die Darm-
80 schleimhaut werden die Bausteine dann in das Blut aufgenommen.

Wasserentzug • Der nährstoffarme Nahrungsbrei gelangt vom Dünndarm in den Dickdarm. Die Darmbakterien
85 im Dickdarm führen letzte Verdauungsschritte aus. Vor allem entzieht der Dickdarm dem Nahrungsbrei Wasser. Die so eingedickten Reste werden im Enddarm gesammelt und
90 über den After ausgeschieden.

> Unter Verdauung versteht man das Spalten von Nährstoffen in kleine Bausteine mithilfe von Enzymen.

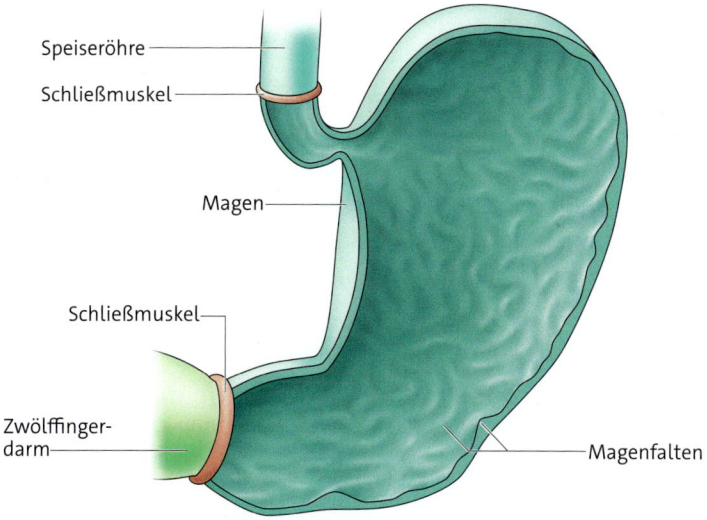

2 Der Magen

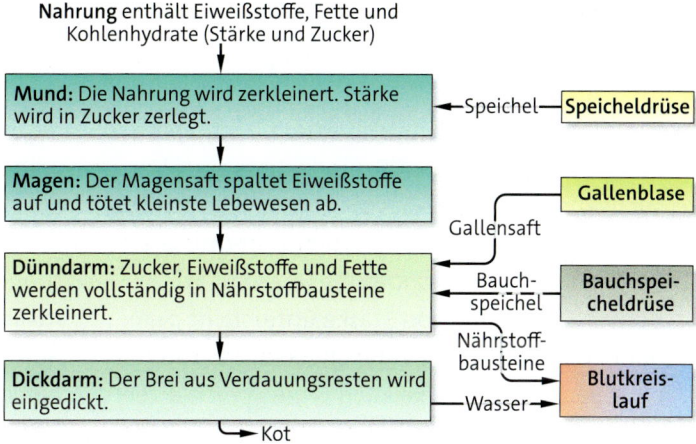

3 Der Weg der Nahrung

Aufgaben

1 ○ Nenne die Organe, die an der Verdauung beteiligt sind. Erstelle eine Tabelle. Ergänze sie mit den jeweiligen Aufgaben der Organe.

2 ◐ Erkläre die Aufgabe von Enzymen bei der Verdauung.

Die Verdauung

Experimente planen und durchführen

Den Vorgang der Verdauung von Stärke kannst du nicht mit bloßen Augen beobachten. Dies kann man nur mit Experimenten nachvollziehen. Zu Beginn eines Versuchs oder Experiments steht immer eine Fragestellung. Zu dieser Frage kann man dann Vermutungen äußern. Mit einem Experiment kannst du deine Vermutung überprüfen. Während des Experiments hält man seine Beobachtungen in einem Protokoll schriftlich fest. Aus den Beobachtungen kann man ein Ergebnis ableiten. Am Ende folgt eine Auswertung der Ergebnisse. Die Vermutung wird überprüft. Alle Schritte eines Experiments werden im Versuchsprotokoll festgehalten.

Experimental- und Kontrollansatz Ein Experiment besteht immer aus mindestens zwei Versuchsansätzen:
Beim Experimentalansatz wird die vermutete Ursache für eine Veränderung untersucht.
Bei der Zersetzung von Stärke untersucht man daher den Einfluss des Speichels. Um herauszufinden, ob die Stärke auch ohne Speichel zersetzt wird, braucht man jedoch einen zweiten Ansatz: den Kontrollansatz. Dieser wird ohne die vermutete Ursache, also ohne Speichel, untersucht. Nur der Vergleich zwischen Experimental- und Kontrollansatz zeigt eindeutig, dass Stärke ohne Speichel nicht zersetzt wird.

1. Frage stellen Schreibe die Frage auf, die du mit dem Versuch beantworten möchtest.

2. Vermutung Schreibe auf, welche Antwort du auf die Frage erwartest.

3. Versuch planen Überlege dir, wie dein Versuch ablaufen soll und welche Materialien du brauchst. Erstelle eine Materialliste.

4. Versuch durchführen Beschreibe, wie du deinen Versuch durchführst. Eine Skizze zum Versuchsaufbau ist hilfreich.

5. Beobachtungen festhalten Beobachte deinen Versuch und notiere, was du siehst. Du kannst deine Beobachtungen als Text, als Zeichnung oder in Form einer Tabelle festhalten.
Beispiel: Zunächst waren die Lösungen beider Ansätze blauviolett gefärbt. Nach 15 Minuten konnte ich beobachten, dass sich das Gemisch des Experimentalansatzes gelblich färbte, während der Kontrollansatz blauviolett blieb.

6. Ergebnisse festhalten Werte deine Beobachtungen aus, die du bei deinem Versuch gemacht hast.
Beispiel: Die blauviolette Färbung beider Lösungen bedeutet, dass in beiden Gemischen Stärke enthalten ist. Im Experimentalansatz, mit dem Speichel, verschwand die Blaufärbung nach einiger Zeit. Daraus schließe ich, dass der Speichel für den Abbau der Stärke verantwortlich ist.

7. Versuch auswerten Übertrage deine Ergebnisse auf Vorgänge in der Natur oder dem Körper. Beantworte damit auch deine Versuchsfrage und überprüfe deine Vermutung. Notiere auch, falls nötig, mögliche Fehler, die beim Experiment aufgetreten sind.

Fragestellung:
Ist es möglich, Stärke mit Hilfe Speichel zu zersetzen?

Vermutung:
Durch Zugabe von Speichel kann Stärke zersetzt werden.

Materialliste:
Zwei 50 mL Bechergläser, Reagenzglasständer, zwei Reagenzgläser, Tropfpipette, Spatel, Stärke, Iod–Kaliumiodid–Lösung

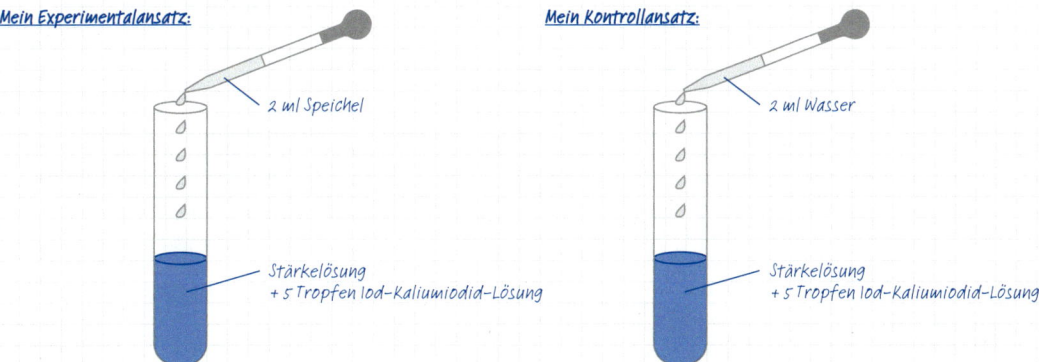

Mein Experimentalansatz: 2 ml Speichel — Stärkelösung + 5 Tropfen Iod-Kaliumiodid-Lösung

Mein Kontrollansatz: 2 ml Wasser — Stärkelösung + 5 Tropfen Iod-Kaliumiodid-Lösung

Durchführung:

Ich habe einige Milliliter Speichel in einem Becherglas gesammelt. In dem anderen Becherglas habe ich eine Stärkelösung aus 20 Millilitern lauwarmem Wasser und einer Spatelspitze Stärke hergestellt. Zu diesem Gemisch habe ich fünf Tropfen Iod-Kaliumiodid-Lösung gegeben. Das Gemisch habe ich dann zu gleichen Teilen auf die beiden Reagenzgläser verteilt. Zu einem der beiden Gemische habe ich zwei Milliliter des gesammelten Speichels hinzugefügt. Dies ist der Experimentalansatz. In das zweite Reagenzglas (Kontrollansatz) habe ich stattdessen zwei Milliliter Wasser dazugegeben. Anschließend habe ich beide Proben 15 Minuten ruhen gelassen. Nach diesen 15 Minuten habe ich die Färbung der beiden Proben bestimmt und verglichen.

Beobachtung:

Zunächst waren die Lösungen beider Ansätze blauviolett gefärbt. Nach 15 Minuten konnte ich beobachten, dass sich das Gemisch des Experimental-ansatzes gelblich färbte, während der Kontrollansatz blauviolett blieb.

Ergebnisse:

Die blauviolette Färbung beider Lösungen bedeutet, dass in beiden Gemischen Stärke enthalten ist. Im Experimentalansatz, mit dem Speichel, verschwand die Blaufärbung nach einiger Zeit. Daraus schließe ich, dass der Speichel für den Abbau der Stärke verantwortlich ist. Im Kontrollansatz, wo kein Speichel enthalten war, gab es keine Farbänderung. Das Gemisch blieb blauviolett.

Auswertung:

Aus den Versuchsergebnissen schließe ich, dass für die Verdauung von Kohlenhydraten im Mund Speichel nötig ist. Die Enzyme im Mundspeichel können Stärke in kleinere Kohlenhydrate zerlegen.

1 Versuchsprotokoll zur Wirkung von Speichel

Aufgaben

1 ◔ Ein Versuchsprotokoll soll immer während des Experiments geführt werden. Erkläre.

2 ◔ Erkläre, weshalb man bei einem Experiment einen Kontrollansatz braucht.

Die Verdauung

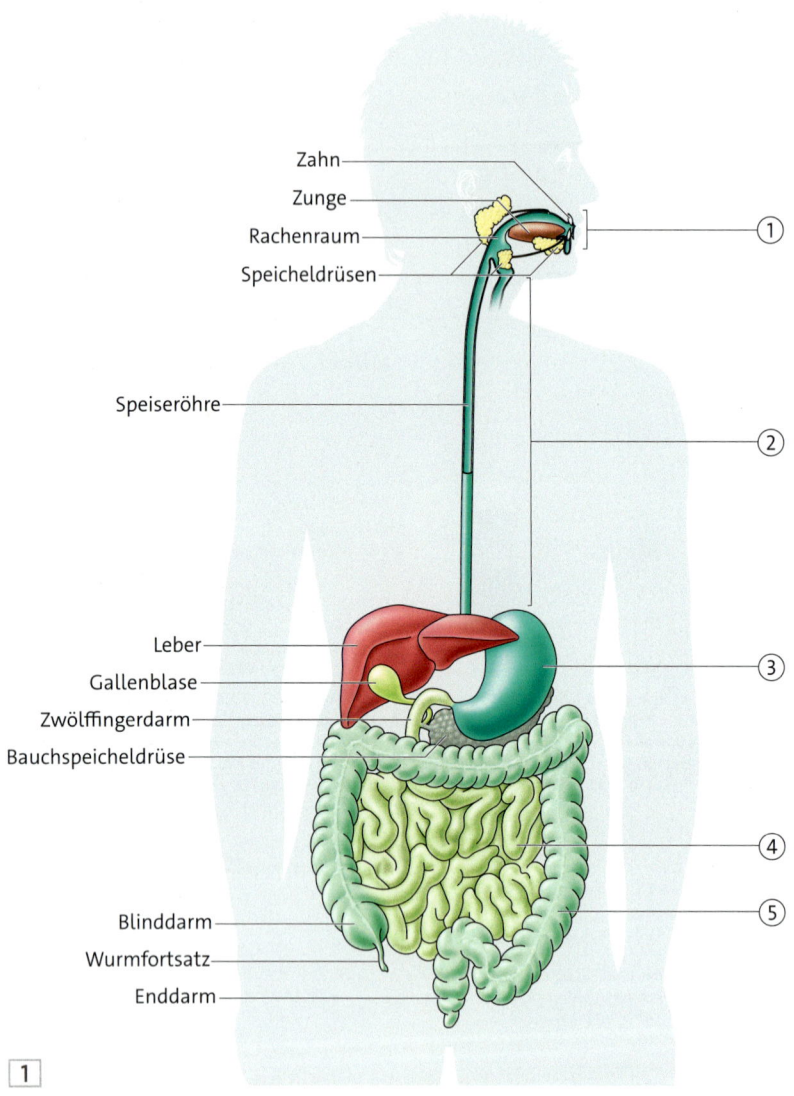

Zahn
Zunge
Rachenraum
Speicheldrüsen

Speiseröhre

Leber
Gallenblase
Zwölffingerdarm
Bauchspeicheldrüse

Blinddarm
Wurmfortsatz
Enddarm

①
②
③
④
⑤

A Hier wird dem Rest des Nahrungsbreis das Wasser entzogen. Die eingedickten, nicht verwertbaren Bestandteile der Nahrung werden dann über den Enddarm und den After ausgeschieden.

B Hier werden Eiweißstoffe durch Enzyme in kleinere Stücke gespalten. Säure hilft bei der Verdauung und tötet eingedrungene Bakterien ab.

C Hier wird der Nahrungsbrei lediglich weitergeleitet. Es finden hier keine Verdauungsvorgänge statt.

D Hier wird die Nahrung zerkleinert und eingespeichelt. Stärke wird durch ein Enzym in kleinere Bruchstücke zerlegt.

E Hier werden durch den Gallensaft Fette in kleinere Fetttröpfchen zerteilt. Enzyme des Bauchspeichels zerlegen die Fette und vollenden die Zerlegung von Kohlenhydraten und Eiweißstoffen. Über seine dünne Wand können die einzelnen Bausteine der Nährstoffe ins Blut aufgenommen werden.

1

Verdauung im Überblick

1 ○ Benenne die mit den Ziffern 1–5 gekennzeichneten Teile des Verdauungssystems.

2 ○ Ordne die Beschreibungen A–E den Teilen ☐1☐ – ☐5☐ zu.

3 ◖ Beschreibe den Weg deines Pausenbrots vom Mund bis zur Ausscheidung.

4 ● Erkläre die Bedeutung der Enzyme an den im Schema abgebildeten Stationen 1, 3 und 4.

Kopfüber trinken?

Materialliste: Fahrradschlauch (ca. 25 cm), Tischtennisball, Speiseöl, Trinkglas, Trinkhalm

1 Die Speiseröhre ist ein etwa 25 cm langer Muskelschlauch, durch den die Nahrung portionsweise in den

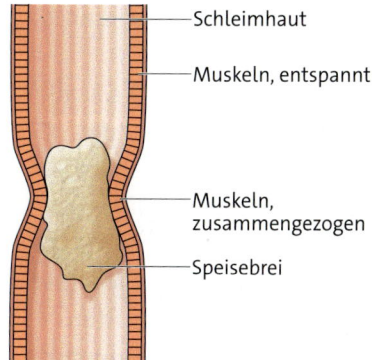

- Schleimhaut
- Muskeln, entspannt
- Muskeln, zusammengezogen
- Speisebrei

2 Aufbau der Speiseröhre

Magen transportiert wird. Mit einem Modellversuch kannst du die Funktion der Speiseröhre verdeutlichen.

a Fette den Tischtennisball mit dem Speiseöl ein und stecke ihn in den Fahrradschlauch.

b Drücke den Tischtennisball durch den Fahrradschlauch, bis er am anderen Ende wieder herauskommt.

c ○ Beschreibe genau, wie du dabei vorgegangen bist.

d ● Erläutere mithilfe von Bild 2, wie die Nahrung in der Speiseröhre weitertransportiert wird.

2 Probiere aus, ob du den Transport der Nahrung kopfüber aufhalten kannst.

a Lege dich über einen Tisch und stütze dich mit den Armen ab. → 3 Eine Mitschülerin oder ein Mitschüler hält deine Beine fest.

b Unter deinem Kopf steht ein Glas Wasser mit einem Trinkhalm. Versuche, daraus zu trinken.

c ◐ Kannst du schlucken? Erkläre.

3 „Versuchsanordnung"

4 Weißbrotversuch

Verdauung im Mund

Materialliste: Weißbrot

1 Weißbrot kauen
a Beiße ein Stück ab, kaue es kurz und schlucke es hinunter.
b Ein zweites Stück kaust du für etwa 3 Minuten. → 4
c ○ Vergleiche den Geschmack der unter-

schiedlich lange gekauten Weißbrotstücke. Beschreibe das Ergebnis.

2 ● Begründe das Ergebnis des Versuchsteils 1c. Bedenke dabei, welcher Nährstoff hauptsächlich in Weißbrot enthalten ist.

Verdauung von Kohlenhydraten

1 Fahrradfahrer

Sportler müssen kohlenhydratreiche Getränke oder Traubenzucker, die Glukose, zu sich nehmen. Sie benötigen Glukose, damit ihre Muskeln mit Ener-
⁵ **gie versorgt werden. Wie kann der Körper Glukose ins Blut aufnehmen?**

Glukoseaufnahme im Mund • Glukose ist ein so kleines Kohlenhydrat, dass es sogar die Zellen der Mundschleim-
¹⁰ haut und die dünnen Wände der Blutkapillaren durchdringen kann. Deshalb beginnt schon im Mund die Aufnahme von Glukose ins Blut. Über den Blutkreislauf wird Glukose zu allen Orga-
¹⁵ nen des Körpers, so auch zu den Muskeln transportiert. Kohlenhydrate, die größer sind als Glukose, zum Beispiel Stärke, müssen zuvor in kleinere Bausteine zerlegt werden. Diesen Vorgang
²⁰ bezeichnet man als Verdauung.

Verdauung im Mund • Die Verdauung der in Brot, Reis und Nudeln enthaltenen Stärke beginnt bereits im Mund. Die im Speichel enthaltenen Amylase,
²⁵ ein Enzym, zerlegt den Vielfachzucker Stärke in kleinere Kohlenhydrate, die aus zwei Glukosebausteinen bestehen. Man nennt diesen Zweifachzucker Malzzucker oder Maltose. Jedoch ist
³⁰ die Maltose noch zu groß, um direkt ins Blut aufgenommen zu werden.

Verdauung im Dünndarm • Die Maltose gelangt vom Mund über die Speiseröhre durch den Magen in den
³⁵ Dünndarm. Der vom Dünndarm gebildete Dünndarmsaft enthält das Enzym Maltase, welches die Maltose in zwei Glukosebausteine spalten. Diese gelangen durch die Dünndarm-
⁴⁰ wand ins Blut.

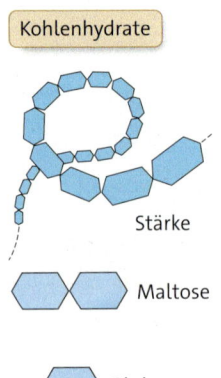

Kohlenhydrate

Stärke

Maltose

Glukose

2 Kohlenhydrate

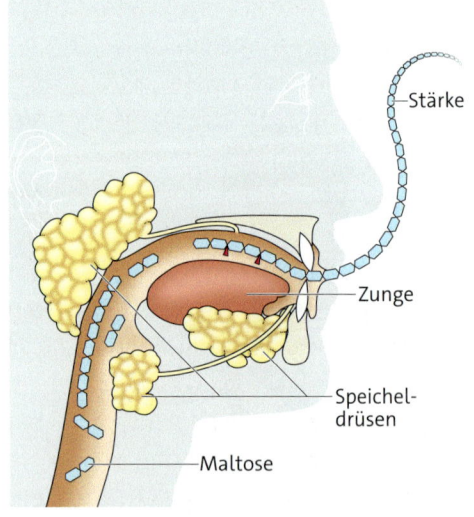

Stärke

Zunge

Speicheldrüsen

Maltose

3 Verdauung im Mund

Die Stärke, die im Mund aufgrund der Menge noch nicht vorverdaut wurde, wird über die Speiseröhre und durch den Magen unverändert in den vor-
45 deren Teil des Dünndarms, den Zwölf-fingerdarm, transportiert. Dort befin-det sich der Ausführgang einer für die Verdauung sehr wichtigen Drüse, der Bauchspeicheldrüse. Sie produziert täg-
50 lich bis zu 2 Liter Bauchspeichel. Dieser enthält vor allem Enzyme, die Stärke zu Maltose spalten können. Anschließend kann so die Maltose im Dünndarm in ihre Glukosebausteine zerlegt werden.

55 **Aufnahme ins Blut** • Damit die Glukose ins Blut aufgenommen werden kann, muss sie in Kontakt mit den Oberflä-chen der Verdauungsorgane kommen. Für eine möglichst große Kontaktflä-
60 che ist die Dünndarmwand mehrfach gefaltet. ➙ 4 Kleine Ausstülpungen der Darmwand ragen zudem in den Dünndarm hinein. Man bezeichnet diese als Darmzotten. Die Zellen der
65 Darmzotten tragen auf der zum Darm-innenraum ragenden Seite zahlreiche dünne Fortsätze. Diese bezeichnet man als Mikrovilli. ➙ 5 Die Oberfläche der Dünndarmwand wird dadurch viel
70 größer. Diesen bei allen Lebewesen vor-kommenden Aufbau bezeichnet man als Oberflächenvergrößerung. Die Dünndarmfalten, die Darmzotten und die Dünndarmzellen mit Mikrovilli er-
75 geben insgesamt eine Fläche von etwa 200 Quadratmetern. Das entspricht fast dem 20-Fachen der gesamten Körper-oberfläche. So können gleichzeitig sehr viele Nährstoffbausteine mit der Dünn-

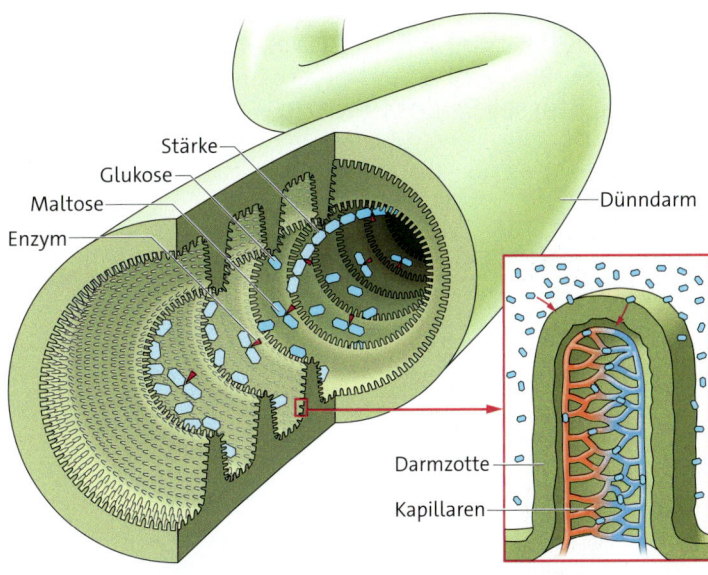

Stärke
Glukose
Maltose
Enzym
Dünndarm
Darmzotte
Kapillaren

4 Verdauung der Kohlenhydrate im Dünndarm

80 darmwand in Kontakt kommen. Das sehr dichte Kapillarnetz in der Dünn-darmwand ermöglicht die schnelle Aufnahme von Glukose ins Blut.

Große Kohlenhydrate wie Stärke werden durch Enzyme im Mund-speichel und im Dünndarm zer-kleinert. Von der Mundschleimhaut und der Darmschleimhaut aufge-nommen werden nur kleine Koh-lenhydrate wie Glukose.

Aufgaben

1 ◗ Erkläre die Wirkung des Bauch-speichels bei der Verdauung von Kohlenhydraten.

2 ◗ Erkläre mithilfe der Bilder 4 und 5 die Vorteile, die sich durch den Auf-bau des Dünndarms ergeben.

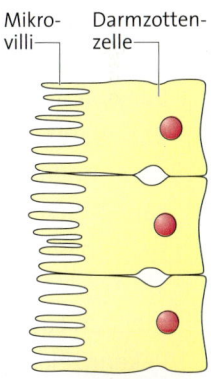

Mikro-villi
Darmzotten-zelle

5 Mikrovilli

Verdauung von Kohlenhydraten

Das Schlüssel-Schloss-Prinzip – die Enzyme

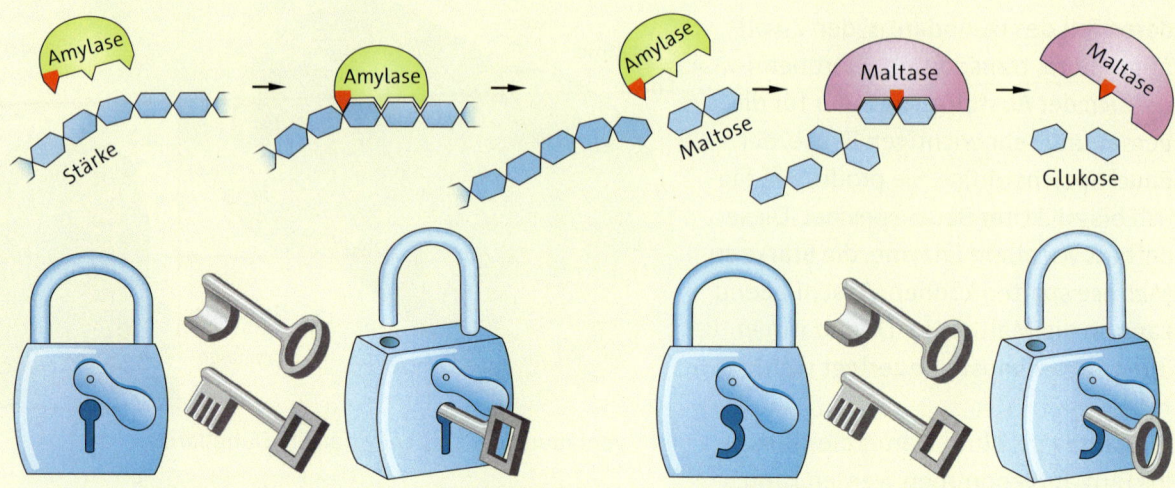

1 Enzyme arbeiten nach dem Schlüssel-Schloss-Prinzip.

Enzyme • Die Stärke in Reis, Nudeln oder auch in Backwaren ist aus mehreren Glukosebausteinen zusammengesetzt. Sie ist sehr stabil. Im Körper kann Stärke nur mithilfe eines Enzyms aufge-
5 spalten werden. Man bezeichnet dieses Enzym als Amylase. Enzymgruppen werden in den meisten Fällen durch die Wortendung -ase gekennzeichnet. Sie befindet sich sowohl im Mundspeichel als auch im von der Bauch-
10 speicheldrüse gebildeten Bauchspeichel. Die Amylase kann sich kurzzeitig an gewisse Stellen der Stärke heften. Sie trennt die Stärke an den Verbindungsstellen der Glukosebausteine. Daraus entstehen Kohlenhydrate aus zwei Glukose-
15 bausteinen. Es entsteht ein Zweifachzucker, die Maltose. Die Amylase löst sich wieder von der Stärke ab und wiederholt den Vorgang an einer anderen Stärke. Dadurch kann ein Amylase-Enzym mehrfach Maltose von der Stärke abspal-
20 ten. Bei diesem Spaltungsvorgang verändert sich die Amylase nicht. Sie kann für mehrere Spaltungsvorgänge eingesetzt werden. Die Amylase benötigt für ihre Funktion der Spaltung von Stärke jedoch eine gewisse Temperatur, nämlich
25 die Körpertemperatur. Dadurch kann der Körper mit einer kleinen Menge an Amylase-Enzymen große Mengen Stärke abbauen.
Enzyme sind selbst Eiweißstoffe. Sie können Stoffe bei Körpertemperatur umwandeln.
30 Enzyme spielen nicht nur bei der Verdauung eine wichtige Rolle, sondern sind auch für alle Lebensvorgänge in und außerhalb der Zellen erforderlich.

Schlüssel-Schloss-Prinzip • Die Amylase kann
35 nur Stärke spalten. Sie ist nicht in der Lage, Maltose oder andere Nährstoffe wie Fette oder Eiweißstoffe zu spalten. Für die Spaltung von Maltose in zwei Glukosebausteine ist ein anderes Enzym notwendig.

40 Man bezeichnet dieses Enzym als Maltase.
Die Maltase kann sich an die Maltose anlagern
und zerlegt diesen Zweifachzucker in zwei
einzelne Glukosebausteine. Die Anlagerung
eines Enzyms an einen Stoff ist vergleichbar
45 mit einem Schlüssel, der zu einem bestimmten
Schloss passt. Die Maltase ist sozusagen der
„Schlüssel", der genau zum „Schloss", der
Maltose, passt. Diese Passgenauigkeit ist bei
allen Enzymen vorhanden und auch die Vo-
50 raussetzung dafür, dass die Enzyme ihre Aufgabe, die Umwandlung von Stoffen, erfüllen
können. Man bezeichnet dieses biologische
Prinzip als Schlüssel-Schloss-Prinzip.
Jedes Enzym hat eine festgelegte Aufgabe.
55 Maltase kann Maltose spalten, jedoch nicht
wieder zusammenfügen.

> Enzyme bewirken die Umwandlung eines
> Stoffes. Sie wirken nach dem Schlüssel-
> Schloss-Prinzip. Jedes Enzym ist auf einen
> bestimmten Stoff und eine bestimmte
> Wirkung spezialisiert.

Aufgaben

1 ◐ Erkläre, was man unter einem Enzym versteht.

2 ◐ Beschreibe den Abbau der Stärke zu
Glukose in Bild 1.

3 ◐ Erkläre mithilfe von Bild 1 das Schlüssel-
Schloss-Prinzip.

4 Betrachte Bild 2.
a ○ Beschreibe den Versuchsaufbau.
b ◐ Formuliere mögliche Fragestellungen, die
mit diesem Versuch überprüft werden sollen.

5 Finde eine Erklärung für die Ergebnisse des
Versuchs. → 2
a ● Erkläre das Ergebnis für Versuch B.
b ● Erkläre, weshalb Versuch C nicht das
Ergebnis von Versuch B hat.
c ● Begründe, warum es wichtig ist, Versuch A
zu machen.

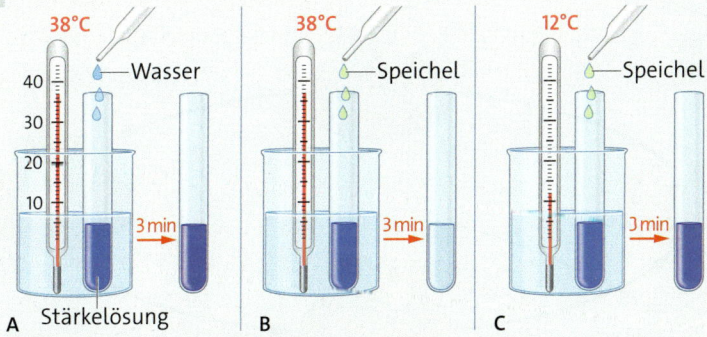

In einem Versuch wurde die Wirkung des Mundspeichels auf Stärke untersucht. In drei Ansätzen wurden unterschiedliche Versuchsbedingungen getestet. Mithilfe von Iod-Kalium-Iodid-Lösung kann man Stärke nachweisen. Stärke-Lösung wird durch die Lösung blauviolett gefärbt.

2 Wirkung von Mundspeichel auf Stärke

Verdauung von Kohlenhydraten

Material A

Amylase

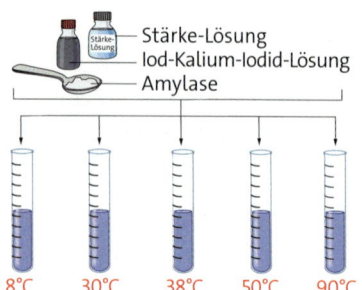

1 Versuchsaufbau

Stärkelösung wird durch die Iod-Kalium-Iodid-Lösung blauviolett gefärbt.

Materialliste: 5 Reagenzgläser mit Stopfen, 2 Pipetten, Spatel, Stärkelösung, Iod-Kalium-Iodid-Lösung, Amylase-Lösung Wasserbäder mit unterschiedlichen Temperaturen, Stoppuhr

1 Gib in jedes Reagenzglas mit einer Pipette 5 mL Stärkelösung, mit einer anderen Pipette 10 Tropfen Iod-Kalium-Iodid-Lösung und eine Spatelspitze Amylase.

2 Verschließe die Reagenzgläser mit den Stopfen und schüttle, bis sich alles gut vermischt hat.

3 Stelle jedes Reagenzglas in ein Wasserbad mit einer anderen Temperatur. → 1

4 Miss mit der Stoppuhr die Zeit bis zur Entfärbung.

5 Notiere die Zeiten in einer Versuchstabelle in deinem Heft. → 2

6 ◗ Finde eine Erklärung für die Versuchsergebnisse.

7 ◗ Ziehe aus den Ergebnissen des Versuchs Rückschlüsse auf die Wirkungsweise der Enzyme im Körper.

Probe	1	2	3	4	5
Temperatur in °C	8	30	38	50	90
Zeit bis zur Entfärbung in Minuten	...	...	...	...	...

2 Ergebnisse des Versuchs

Material B

Schlüssel-Schloss-Prinzip

1 ◗ Beschreibe mithilfe von Bild 3 die Funktionsweise eines Enzyms.

2 ◗ Erkläre mithilfe von Bild 3 das Schlüssel-Schloss-Prinzip.

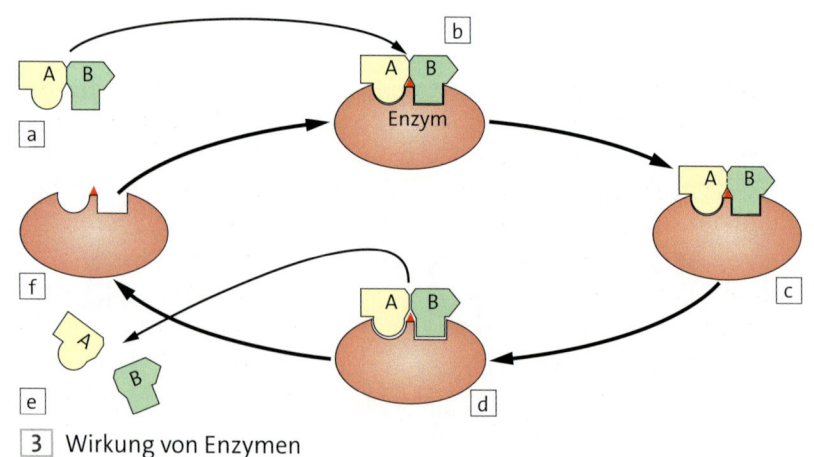

3 Wirkung von Enzymen

Eigenschaften von Enzymen

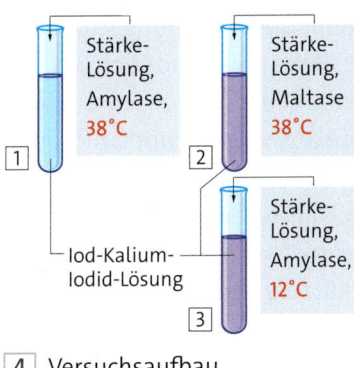

Stärke-Lösung, Amylase, **38°C** 1

Stärke-Lösung, Maltase **38°C** 2

Stärke-Lösung, Amylase, **12°C** 3

Iod-Kalium-Iodid-Lösung

4 Versuchsaufbau

In einem Experiment wurde die Wirkung von Enzymen auf Stärke untersucht. Es wurden 3 Reagenzgläser mit unterschiedlichem Inhalt in ein Wasserbad gestellt.
Hinweis: Mithilfe von Iod-Kalium-Iodid-Lösung kann man Stärke nachweisen. Stärke-Lösung wird durch die Iod-Kalium-Iodid-Lösung blauviolett gefärbt.

1 ○ Beschreibe den Versuchsaufbau mithilfe von Bild 4.

2 Finde eine Erklärung für das Experiment.
a ● Erkläre die Versuchsergebnisse.
b ● Begründe, weshalb zwei Versuchsansätze nicht funktioniert haben.

Laktoseunverträglichkeit

Milch und milchhaltige Produkte wie Frischkäse, Sahne und Joghurt enthalten Milchzucker. Man bezeichnet ihn auch als Laktose. Im Dünndarm wird Laktose durch das Enzym Laktase in seine Bausteine zerlegt.

Die entstehenden Einfachzucker werden über die Dünndarmwand ins Blut aufgenommen.

1 ◖ Vergleiche den Bau der Saccharose und der Laktose.

2 ● Erkläre, warum die Laktase nicht in der Lage ist, die Saccharase zu ersetzen.

3 ● Erkläre, weshalb die aus Laktase normalerweise nicht in den Dickdarm gelangen.

4 Menschen mit Laktoseunverträglichkeit ernähren sich auch von laktosefreier Milch.
● Überlege, wie man diese herstellen kann.

Laktoseunverträglichkeit Einige Menschen leiden unter Laktoseunverträglichkeit, weil ihnen das Enzym Laktase fehlt. Haushaltszucker, auch Saccharose genannt, können diese Menschen aber problemlos abbauen, da dies mit dem Enzym Saccharase geschieht. Laktose gelangt jedoch bei ihnen unverdaut in den Dickdarm. Dort leben wie auch im Dünndarm Milliarden von Bakterien, die die Verdauung unterstützen. Bei Menschen mit Laktoseunverträglichkeit zersetzen Bakterien die Laktose im Dickdarm. Dies führt dann zu heftigen Bauchschmerzen und Durchfall, weil beim Abbau des Zuckers durch die Bakterien viele Gase und zusätzlich Wasser frei wird, was die Funktion des Dickdarms stört.

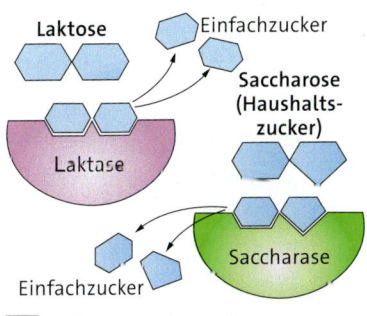

Laktose — Einfachzucker
Saccharose (Haushaltszucker)
Laktase
Einfachzucker
Saccharase

5 Laktase und Saccharase

Verdauung von Eiweißen und Fetten

1 Bratwürste mit Ketchup und Senf

Wir nehmen mit unserer Nahrung viele Eiweißstoffe und Fette auf. Insbesondere in Fleisch und Wurst sind viele Fette und Eiweißstoffe vorhanden.
5 Wie werden diese verdaut?

Eiweiße

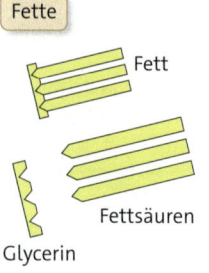

Eiweiß

Aminosäurekette

Aminosäuren

Fette

Fett

Fettsäuren

Glycerin

2 Eiweiße und Fette

Bedeutung der Eiweiße und Fette • Jede Zelle des Körpers braucht für ihren Stoffwechsel die auch als Proteine bezeichneten Eiweißstoffe und Fette.
10 Die bei der Verdauung von Eiweißen entstehenden Bausteine werden zur Bildung körpereigener Eiweiße, zu denen auch die Enzyme zählen, benötigt. Fette dienen hauptsächlich als
15 Energiequelle.

Verdauung von Eiweißen im Magen • Die mit der Nahrung aufgenommenen Eiweiße gelangen nach dem Schlucken in den Magen. Im Magensaft ist ein
20 Enzym, das Pepsin, enthalten. Es spaltet die langen Eiweißketten in kürzere Ketten, die Aminosäureketten. Enzymgruppen werden oft nach den Stoffen, die sie abbauen, benannt und meist

25 durch die Endung -ase gekennzeichnet. Enzyme, die Proteine spalten, werden deshalb als Proteasen bezeichnet. Die Protease Pepsin kann allerdings nur wirken, wenn die Umgebung sauer ist.
30 Zellen der Magenwand sondern daher Salzsäure ab. Diese Magensäure lässt die Eiweiße aufweichen und aufblähen. Sie sorgt so dafür, dass die Eiweiße vom restlichen Nahrungsbrei getrennt wer-
35 den. So kann das Pepsin die Eiweiße besser in kürzere Aminosäureketten spalten.

Verdauung von Eiweißen im Dünndarm • Die im Magen aus den Eiwei-
40 ßen entstandenen Aminosäureketten gelangen dann in den Dünndarm. Sowohl die Bauchspeicheldrüse als auch die Dünndarmwand bilden Verdauungssäfte, die weitere Proteasen wie
45 das Trypsin enthalten. Diese Enzyme spalten dann die Aminosäureketten in ihre Bausteine, die Aminosäuren.

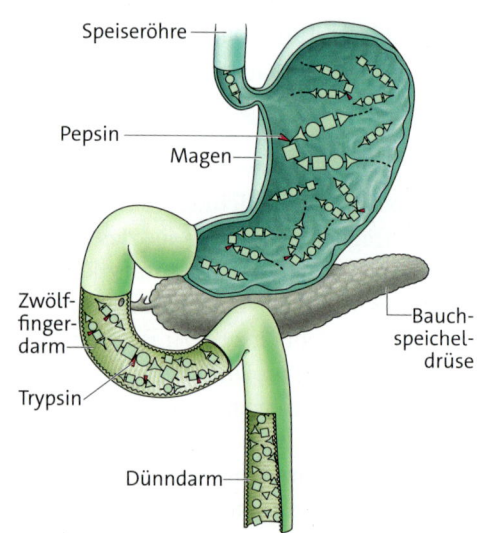

Speiseröhre

Pepsin

Magen

Zwölf-finger-darm

Trypsin

Bauch-speichel-drüse

Dünndarm

3 Verdauung von Eiweißen

Diese werden über die Dünndarm-
zotten ins Blut aufgenommen.

50 **Vorbereitung der Verdauung von
Fetten** • Die in der Nahrung enthaltenen Fette werden auf ihrem Weg vom
Mund über die Speiseröhre in den Magen kaum verändert. Ihre Verdauung
55 beginnt erst im Zwölffingerdarm. Hier
befindet sich der Ausführgang des in
der Leber produzierten und in der Gallenblase gespeicherten Gallensafts.
Etwa einen halben Liter dieser gelb-
60 grünen Flüssigkeit gibt die Gallenblase
täglich in den Zwölffingerdarm ab. Der
Gallensaft zerteilt große Fetttropfen
in viele kleine Fetttröpfchen. Dadurch
wird die Oberfläche des Fetts stark ver-
65 größert.

Verdauung von Fetten • In den Zwölffingerdarm mündet ebenfalls der Gang
der Bauchspeicheldrüse, die ihren Ver-
dauungssaft, den Bauchspeichel, ab-
70 gibt. Im Bauchspeichel befinden sich
auch Enzyme, die Fette spalten können.
Da man Fette auch als Lipide bezeichnet, nennt man fettspaltende Enzyme
auch Lipasen. Die Lipasen des Bauch-
75 speichels und auch des Dünndarmsafts
spalten die Fette in ihre Bausteine Glycerin und Fettsäuren. Dadurch, dass der
Gallensaft die Fette der Nahrung in viele kleine Fetttröpfchen zerlegt, können
80 so die Lipasen an vielen Stellen des
Fetts gleichzeitig wirken. Nur so kann
die mit der Nahrung aufgenommene
Fettmenge schnell über die Dünndarmwand aufgenommen und die im Fett
85 gespeicherte Energie genutzt werden.

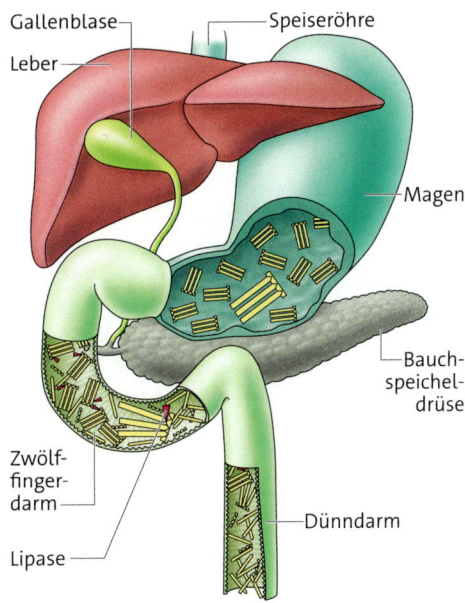

Gallenblase
Speiseröhre
Leber
Magen
Bauch-
speichel-
drüse
Zwölf-
finger-
darm
Dünndarm
Lipase

4 Fettverdauung

> Die Verdauung von Eiweißen und
> Fetten funktioniert mithilfe von
> Enzymen. Proteasen in Magen und
> Dünndarm spalten Eiweiße in
> kleinere Aminosäuren. Lipasen im
> Dünndarm spalten Fette in Glycerin
> und Fettsäuren.

Aufgaben

1 ◔ Beschreibe mithilfe von Bild 3,
wie Eiweiße verdaut werden.

2 ◔ Erstelle eine Tabelle mit den Ver-
dauungsorganen, die am Abbau von
Fetten beteiligt sind, und ergänze
ihre jeweiligen Aufgaben.

3 ● Beschreibe Bild 5 und erkläre
die Bedeutung der Galle für die
Fettverdauung.

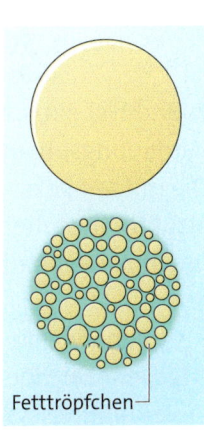

Fetttröpfchen

5 Wirkung des
Gallensafts

Verdauung von Eiweißen und Fetten

Material A

Fette und Eiweiße

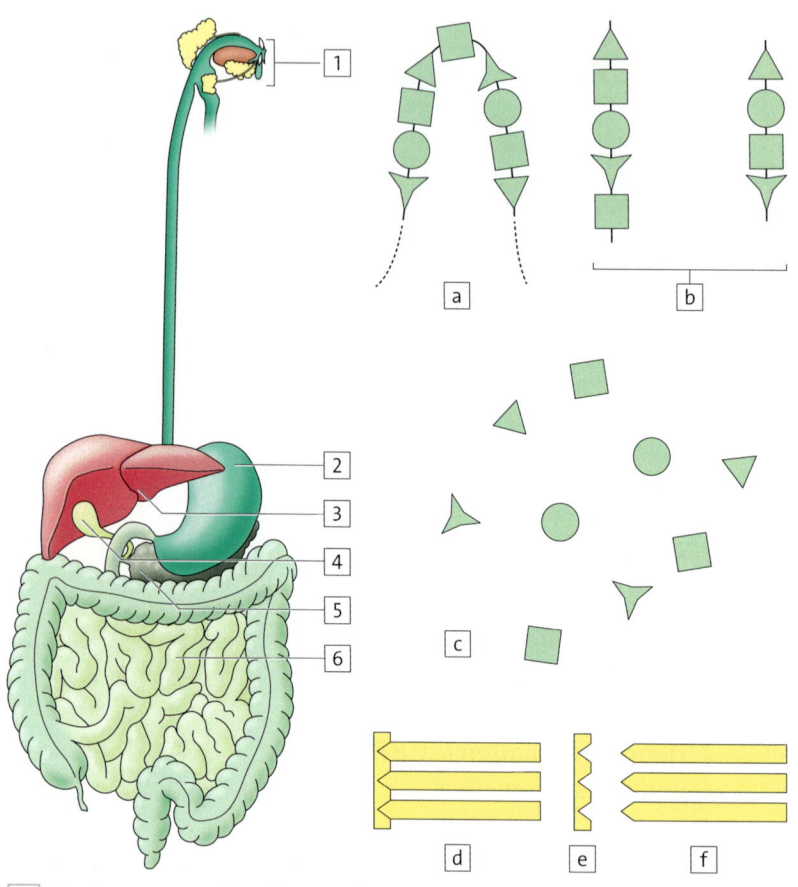

1 Verdauung von Eiweißen und Fetten

In Bild 1 ist ein Schema der Verdauungsorgane gezeigt. Die mit a–f gekennzeichneten Strukturen stellen Nährstoffe und ihre Bestandteile dar.

1 ◯ Benenne die mit 1–6 gekennzeichneten Teile des Verdauungssystems und die mit a–f dargestellten modellhaften Strukturen.

2 ◐ Ordne die Strukturen a–f den Stellen 1–6 im Verdauungssystem zu.

3 ◐ Die Teile 1–6 sind auch Bildungsorte von Enzymen. Ordne den Teilen folgende Enzyme zu: Lipasen, Proteasen, Amylasen und Maltasen.

Material B

Proteasen

In einem Versuch wurde die Wirkung von Pepsin untersucht. Die drei Reagenzgläser standen alle gleich lang in 38 °C warmem Wasser.

1 ◐ Beschreibe mithilfe von Bild 2 und der Tabelle 3 den Versuchsaufbau.

2 ◐ Beschreibe das Versuchsergebnis.

3 ◐ Erkläre mithilfe der Wirkung und des Wirkortes von Pepsin das Versuchsergebnis.

2 Versuch zur Wirkung von Proteasen

Reagenzglas	1	2	3
Wasser	+	+	+
Fleisch	+	+	+
Salzsäure	+	−	+
Pepsin	−	+	+

3 Tabelle

Material C

Die Wirkung der Galle

Materialliste: Reagenzglasständer, 2 Reagenzgläser, Stopfen, Pipette, Speiseöl, Ochsengalle-Lösung, Wasser

1 Gib in die beiden Reagenzgläser je 5 mL Wasser. Gib dann folgende Stoffe hinzu: In Reagenzglas 1: 5 mL Speiseöl, in Reagenzglas 2: 5 mL Speiseöl und 5 mL Ochsengalle-Lösung.

2 Verschließe beide Reagenzgläser mit einem Stopfen und schüttle das Gemisch der beiden Proben kräftig durch und stelle die Reagenzgläser zurück in den Reagenzglasständer. Wasche deine Hände. Warte 5 Minuten.
a ○ Beschreibe deine Beobachtungen.
b ○ Skizziere deine Beobachtungen.

3 ◲ Erkläre aufgrund der Versuchsergebnisse die Funktion des Gallensafts bei der Verdauung.

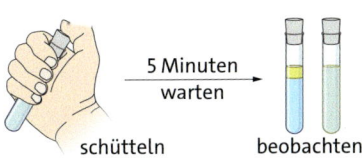

5 Minuten
warten

schütteln   beobachten

4 Versuch

Material D

Lipasen

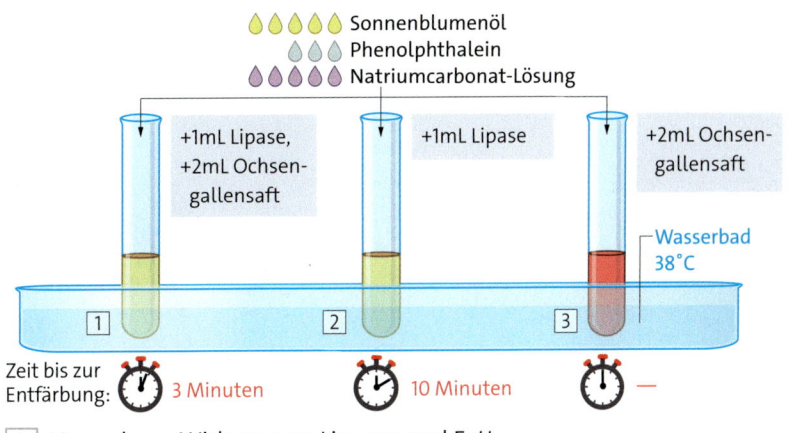

Sonnenblumenöl
Phenolphthalein
Natriumcarbonat-Lösung

+1mL Lipase, +2mL Ochsengallensaft

+1mL Lipase

+2mL Ochsengallensaft

Wasserbad 38°C

1   2   3

Zeit bis zur Entfärbung: 3 Minuten   10 Minuten   —

5 Versuch zur Wirkung von Lipasen und Fett

Im Bauchspeichel sind Lipasen enthalten. In einem Experiment wurde die Wirkung des Bauchspeichels auf Fette untersucht. Dazu wurden drei Reagenzgläser mit 5 Tropfen Sonnenblumenöl, 3 Tropfen Phenolphthalein-Lösung und 5 Tropfen Natriumcarbonat-Lösung befüllt. → 5 Diesen Reagenzgläsern hat man unterschiedlich andere Stoffe hinzugegeben. Danach wurden alle drei Reagenzgläser in ein 38 °C warmes Wasserbad gestellt. Danach wurde die Zeit bis zur Entfärbung des Versuchsansatzes gemessen.

Hinweis: Phenolphthalein ist ein Farbstoff, mit dem man die Spaltung von Fetten nachweisen kann. Bei der Spaltung von

Fett zu Glycerin und Fettsäuren färbt sich die Probe von Rot zu Gelb. Natriumcarbonat-Lösung ist wichtig, damit sich Phenolphthalein rot färbt.

1 ◲ Beschreibe mithilfe von Bild 5 den Versuchsaufbau.

2 ◲ Formuliere eine Fragestellung, die mit dem Versuch überprüft werden soll.

3 ● Erkläre die Versuchsergebnisse. Gehe dabei insbesondere auf das Zusammenspiel von Lipase und Gallensaft ein.

4 ● Ziehe vom Versuchsergebnis Rückschlüsse auf die Verdauung von Fetten im Körper.

Zusammenfassung

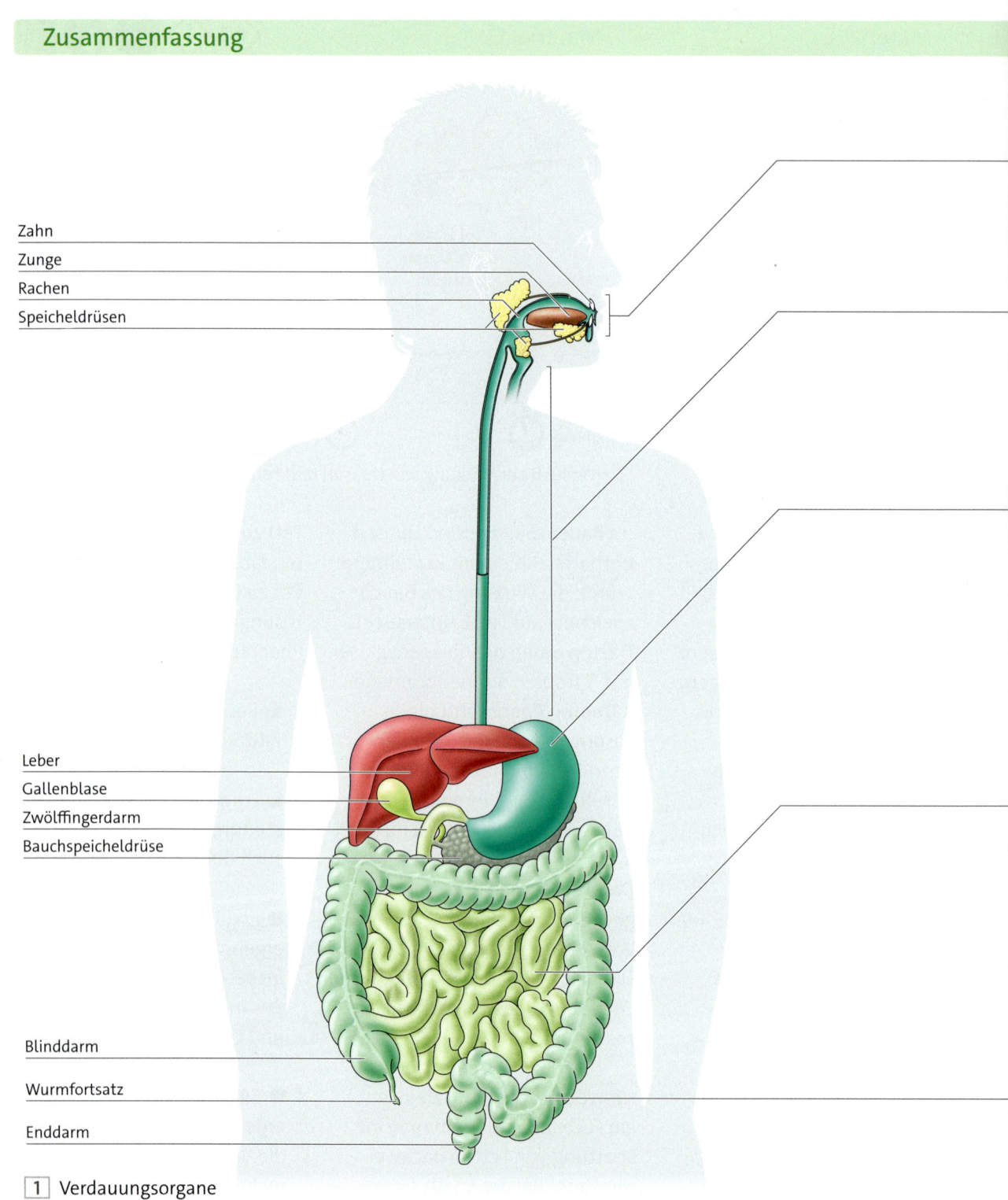

Zahn

Zunge

Rachen

Speicheldrüsen

Leber

Gallenblase

Zwölffingerdarm

Bauchspeicheldrüse

Blinddarm

Wurmfortsatz

Enddarm

1 Verdauungsorgane

Mundhöhle Mit den Zähnen wird die Nahrung zerkleinert und mit dem Mundspeichel vermengt. Speicheldrüsen produzieren täglich etwa 1,5 Liter Mundspeichel. Er enthält das Enzym Amylase. Dieses zerlegt einen Teil der in der Nahrung enthaltenen Stärke in Maltose. Fette und Eiweiße werden im Mund nicht abgebaut.

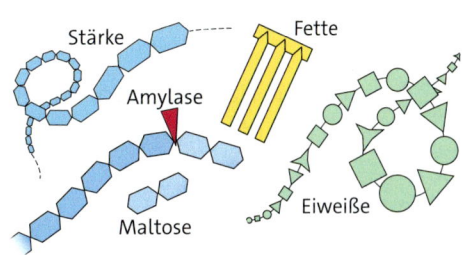

Speiseröhre Die Speiseröhre ist ein etwa 25 cm langer Muskel-schlauch. Durch wellenartige Bewegungen wird der Nahrungsbrei vom Mund in den Magen transportiert.

Magen Der Magen ist ein sehr dehnbares Hohlorgan und hat ein Fassungsvermögen von etwa 1,5 Litern. Der Nahrungsbrei verleibt dort 1-5 Stunden. Die Magenschleimhaut produziert täglich bis zu 3 Liter Magensaft. In ihm sind Proteasen enthalten, die Eiweiße in kürzere Aminosäureketten zerlegen. Die Magenschleimhaut bildet zudem die Magensäure, die den Nahrungsbrei ansäuert und ihn so besser zugänglich für die eiweißspaltenden Enzyme macht. Kohlenhydrate und Fette werden im Magen nicht abgebaut.

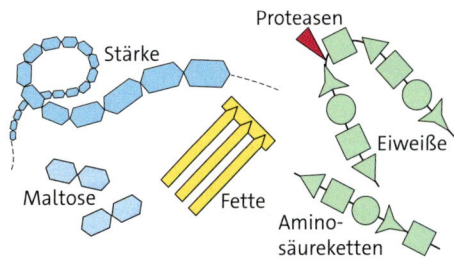

Dünndarm Er ist etwa 3-4 Meter lang und besitzt eine Gesamt-innenfläche von etwa 200 m². In den ersten Abschnitt des Dünndarms, den Zwölffingerdarm, münden die Ausführgänge der Bauchspeicheldrüse und Gallenblase. Die Verweildauer des Nahrungsbreis beträgt etwa 2-4 Stunden. Der Dünndarmsaft und der Bauchspeichel enthalten Verdauungsenzyme. Amylasen und Maltasen spalten Kohlenhydrate in Glukose. Proteasen zerlegen die Aminosäureketten in Aminosäuren. Lipasen spalten die Fette in Glycerin und Fettsäuren. Glukose und Aminosäuren werden durch die Zellen der Darmwand ins Blut aufgenommen, Glycerin und Fettsäuren gelangen in Blut und Lymphe.

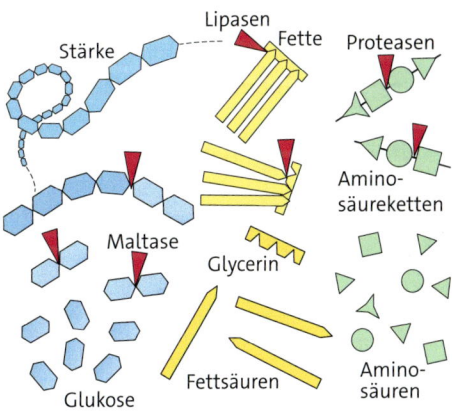

Dickdarm Im 1,5 m langen Dickdarm verweilen die Nahrungs-reste zwischen 5 und 70 Stunden. Durch Wasserentzug werden die übrig gebliebenen Nahrungsbestandteile eingedickt und letztlich über den Enddarm ausgeschieden. Diese als Kot bezeichneten unverdauten Reste enthalten unter anderem Ballaststoffe, Pflanzenfasern und tote Darmbakterien.

2 Verdauung von Nährstoffen

Teste dich! (Lösungen im Anhang)

Nährstoffe und Ergänzungsstoffe

1 ○ Benenne die Nährstoffe und ihre kleinsten Bausteine in Bild 1.

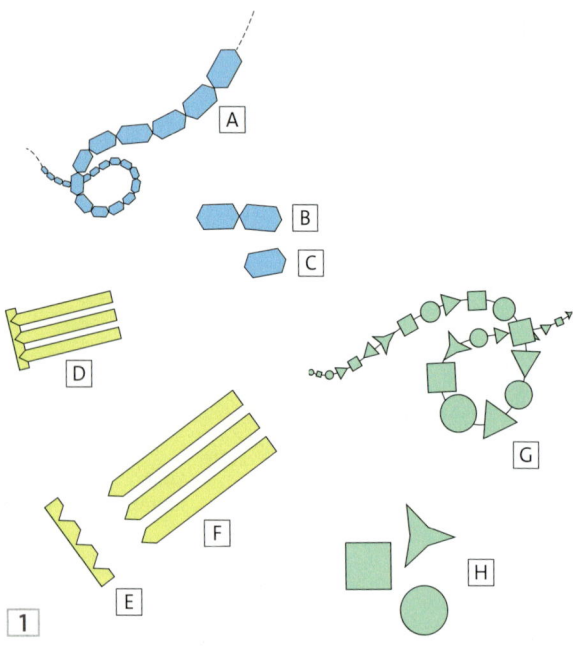

1

2 ◐ Fülle die Tabelle zu den Nährstoffen aus.

Nährstoff	Aufgabe	für den Körper nutzbare Energie pro Gramm Nährstoff
Kohlenhydrate	...	...
...	...	...
...	Baustoff	

3 ◐ Nährstoffnachweise
Entscheide, ob die folgenden Aussagen richtig oder falsch sind. Korrigiere die falschen Aussagen.
a Mit der Fettfleckprobe kannst du nur Fette nachweisen.

b Iod-Kalium-Iodid-Lösung verfärbt sich violett beim Vorhandensein von Zweifachzuckern.
c Mit der Fehling-Probe weist man das Vorhandensein von Stärke nach.
d Eiweiße flocken aus bei Zugabe von Säure aus.

4 ○ Nenne die drei Gruppen von Ergänzungsstoffen.

5 ◐ Erläutere Folgen von Vitamin-D-Mangel oder Mineralstoffmangels.

6 ○ Beschreibe die Aufgabe von Ballaststoffen für den Körper.

Gesunderhaltende Ernährung

7 ○ Begründe die Notwendigkeit von gleichmäßig über den Tag verteilten Mahlzeiten.

8 ○ Begründe, weshalb der dauerhafte Verzicht auf Kohlenhydrate keine ausgewogene Ernährung ist. Nimm Bild 2 zu Hilfe.

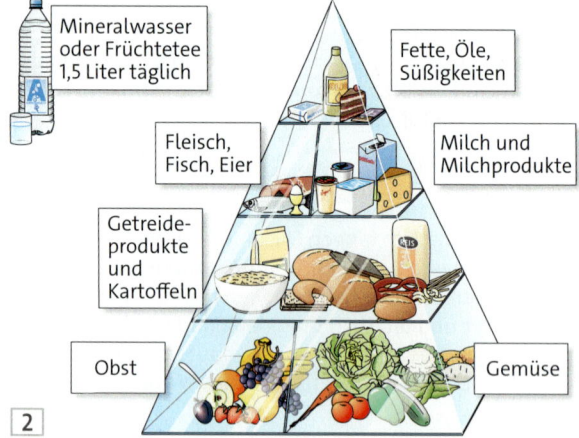

2

Energiebedarf des Körpers

9 🔉 Erläutere die Begriffe Grundumsatz, Leistungsumsatz und Gesamtumsatz.

10 🔉 Erkläre, weshalb ein Büroangestellter weniger Energie aufnehmen muss, als ein Bauarbeiter.

11 🔉 Begründe, weshalb man zunimmt, wenn man mehr Energie aufnimmt als verbraucht.

12 ● Erkläre, wann der Körper „abnimmt". Denke an die Energiebilanz.

13 ○ Gib an, welche Informationen in jeder Nährwerttabelle stehen.

Verdauung

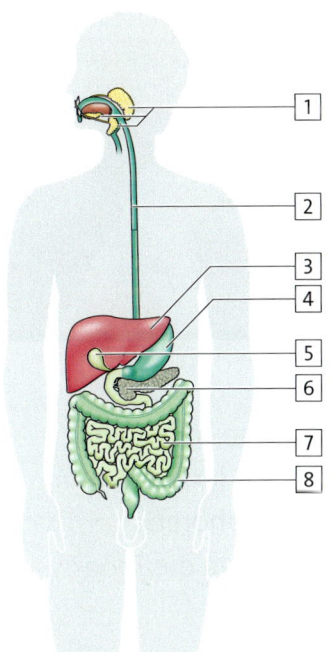

3

14 ○ Erkläre, was man unter Verdauung versteht.

15 Betrachte das Verdauungssystem in Bild 3.
a ○ Nenne die mit Ziffern gekennzeichneten Organe des Verdauungssystems.
b 🔉 Ordne folgende Enzyme ihren Bildungsorten zu: Amylase, Maltase, Pepsin und Lipasen.
c ● Erläutere das Schlüssel-Schloss-Prinzip bei Enzymen .

16 Dünndarm
a 🔉 Beschreibe den Bau der Dünndarmwand.
b ● Erläutere das Prinzip der Oberflächenvergrößerung am Beispiel der Aufnahme von Nährstoffbausteinen im Dünndarm. Nutze dazu die Grafik. → 4

glatte Fläche

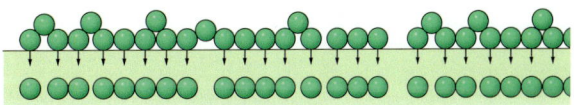

Fläche mit Ausstülpungen

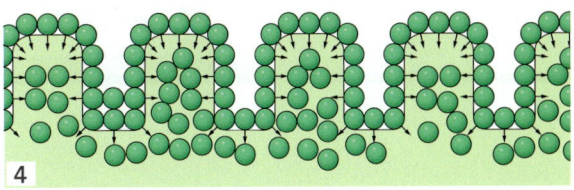

4

17 ○ Beschreibe die Aufgabe des Dünndarms.

18 ● Erkläre, weshalb Menschen mit Laktoseunverträglichkeit Probleme bei der Verdauung von Milchprodukten haben.

Atmung, Blut und Kreislaufsystem

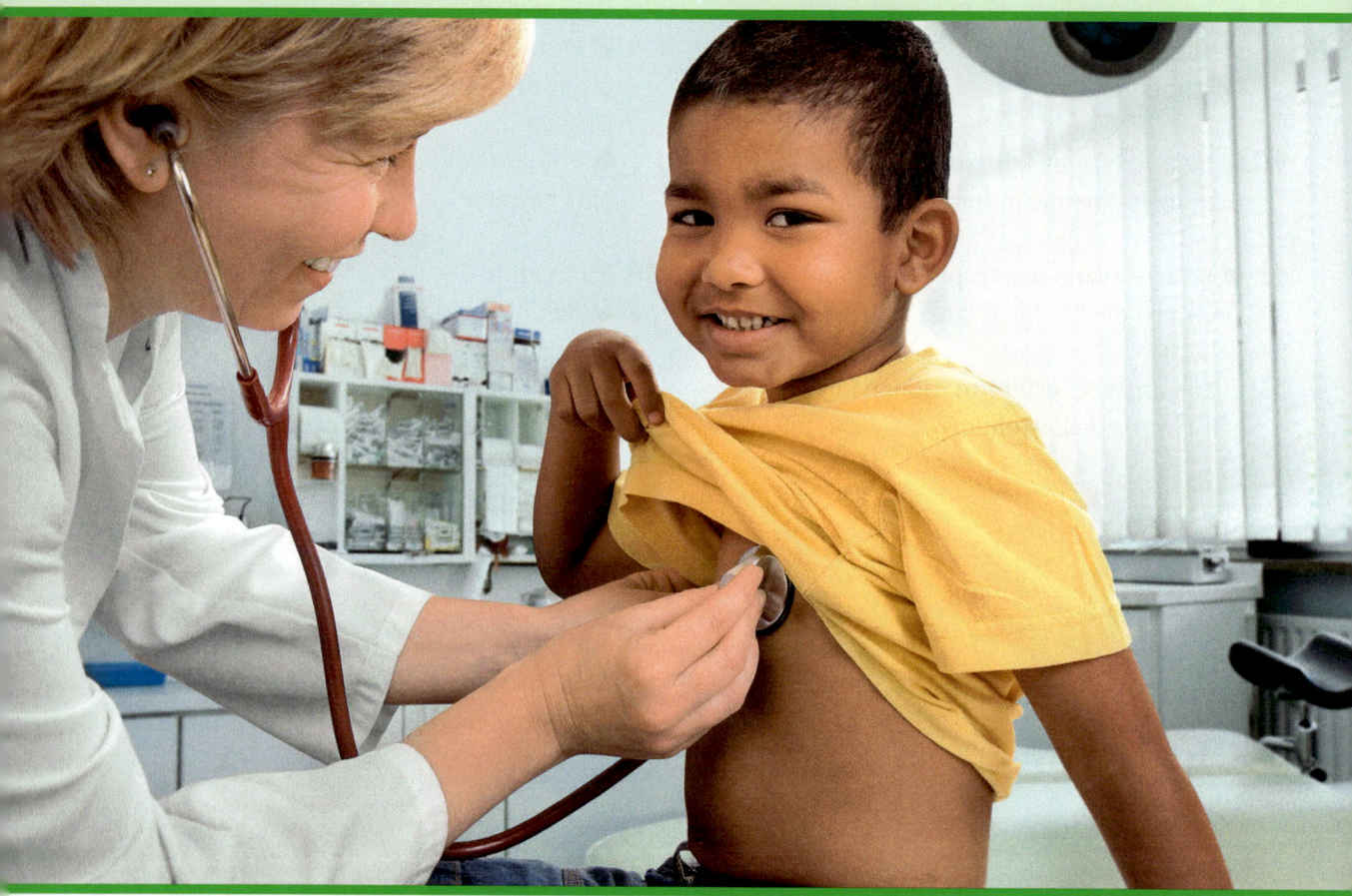

Ein Arzt kann mit einem Stethoskop Herztöne von Patienten abhören. Wie entstehen die Töne?

Beim Tauchen muss man immer wieder auftauchen um Luft zu holen. Man kann die Luft nicht sehr lange anhalten. Wieso muss der Körper ständig einatmen und auch ausatmen?

Jeder weiß, dass Rauchen für den Körper schädlich ist. Wieso fällt es Rauchern schwer mit dem Raucher aufzuhören?

Sauerstoff gelangt ins Blut

1 Tiefes Einatmen beim Schwimmen

Um unseren Körper mit der notwendigen Energie zu versorgen, müssen Bestandteile der Nahrung und Sauerstoff in die Zellen kommen. Dies gelingt mit
5 **Hilfe des Bluts. Doch wie gelangt der Sauerstoff ins Blut?**

Der Weg der Atemluft • Beim Einatmen strömt die Luft durch den Mund und die beiden Nasenlöcher ein. Die Nasen-
10 höhle ist wie alle Atmungsorgane mit einer Schleimhaut überzogen, auf der winzige Flimmerhärchen sitzen. Dadurch wird die einströmende Luft angefeuchtet, gereinigt und erwärmt.
15 Anschließend gelangt die Luft in den Nasen-Rachen-Raum, welcher die Verbindung von Nasen- und Mundhöhle ist. Von hier aus strömt die Luft weiter durch den Kehlkopf in die Luftröhre.
20 → 2 Der Kehldeckel trennt die Luftröhre von der Speiseröhre. Die Luftröhre stellt die Verbindung zur Lunge her. Sie ist 12 cm lang und besteht aus Knorpelspangen, die dafür sorgen, dass die
25 Luftröhre nicht zusammengedrückt werden kann. Nur so kann genügend Luft in den Körper strömen.

Die Lunge • Im Inneren der Luftröhre sorgen tausende Flimmerhärchen da-
30 für, dass Staubteilchen aus dem Körper befördert werden und somit nicht in die Lunge gelangen können.
Die Luftröhre verzweigt sich am unteren Ende in die beiden Hauptbronchien,
35 von denen jede in einen der beiden Lungenflügel führt. Die Luft durchströmt die Bronchien und danach die

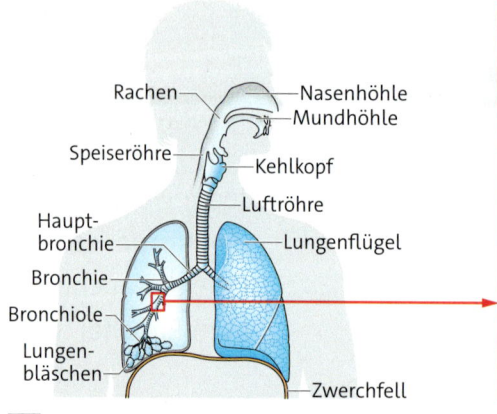

Rachen — Nasenhöhle
— Mundhöhle
Speiseröhre — Kehlkopf
— Luftröhre
Haupt-bronchie — Lungenflügel
Bronchie —
Bronchiole —
Lungen-bläschen —
— Zwerchfell

2 Atmungsorgane

3 Flimmerhärchen

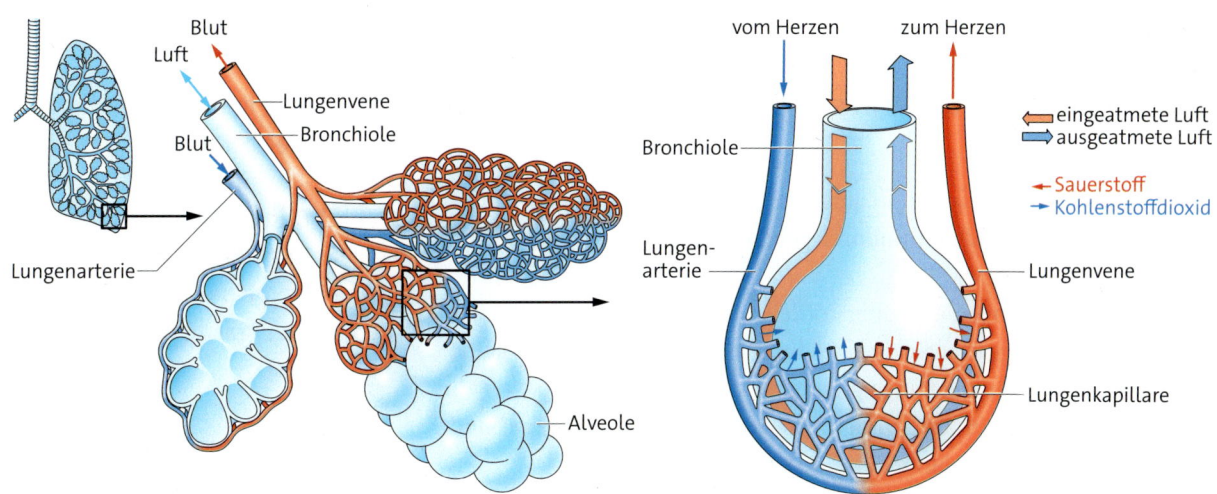

4 Gasaustausch

Bronchiolen, welche die kleinsten Atemkanälchen sind. Den Aufbau der Lunge kann man sich ähnlich dem eines Brokkoli vorstellen. Es liegt eine immer feiner werdende Verästelung vor. Am Ende stehen die Lungenbläschen. Diese werden Alveolen genannt. Ein Erwachsener hat etwa 300 Millionen Alveolen. In ihnen findet der Gasaustausch statt. Die Lunge ist also so aufgebaut, dass in kurzer Zeit sehr viel Gas aufgenommen und auch abgegeben werden kann. Dies wird erreicht durch die hohe Anzahl an Alveolen und den vielen kleinen Blutgefäßen mit ihren dünnen Wänden. Durch diesen besonderen Bau hat die Lunge eine riesige Oberfläche von etwa 200 Quadratmetern. Man spricht vom biologischen Prinzip der Oberflächenvergrößerung.

Gasaustausch • Die Alveolen sind von einem Netz feinster Äderchen überzogen, die man sich wie einen sehr feinen Filter vorstellen kann. Gasteilchen passen hindurch, Blutbestandteile jedoch nicht. ➞ **4**

Sauerstoff gelangt durch diesen Filter ins Blut und wird dort von den roten Blutkörperchen zum Transport in den Körper aufgenommen. Gleichzeitig geben die roten Blutkörperchen Kohlenstoffdioxid in die Alveolen ab. Das sich nun in den Alveolen befindliche Kohlenstoffdioxid wird ausgeatmet.

Die Luft gelangt über Mund oder Nase, Rachen, Luftröhre und Bronchien in die Lunge. In den Alveolen findet der Gasaustausch von Sauerstoff und Kohlenstoffdioxid statt.

Aufgaben

1 ○ Beschreibe den Weg des Sauerstoffs vom Einatmen bis ins Blut.

2 ◗ Erkläre die Aufgabe der Flimmerhärchen beim Atmungssystem.

Sauerstoff gelangt ins Blut

Material A

Der Weg des Sauerstoffs in den Körper

A Die feinen Blutgefäße sind aufgebaut wie ein Filter. Sauerstoffteilchen können durch sie hindurch gehen, nicht aber die Blutbestandteile.

B Von dort gelangen die Sauerstoffteilchen in die Luftröhre. In der Luftröhre sorgen tausende von Flimmerhärchen dafür, dass keine Staubteilchen in die Lunge gelangen.

C Die roten Blutkörperchen nehmen die Sauerstoffteilchen auf und transportieren sie durch den Körper.

D Durch Nase oder Mund gelangt der in der Luft befindliche Sauerstoff in den Rachen.

E Von hier geht es weiter in die beiden Lungenflügel. Dabei findet eine immer feinere Verästelung der Bronchien statt. Am Ende stehen die Lungenbläschen.

F Die Lungenbläschen sind von einem Netz feinster Äderchen überzogen.

1 Sauerstoff gelangt in den Blutkreislauf

2 Vorlage für Fließschema

Die Sätze in Bild 1 sind durcheinander geraten.

1 ○ Bringe die Sätze in die richtige Reihenfolge und schreibe den Text in dein Heft. Ergänze eine Überschrift.

2 Von der Luft ins Blut

a ◐ Stelle den Weg der Sauerstoffteilchen ins Blut als Fließschema dar. Nutze dafür die Vorlage. → 2 Übernimm die Vorlage in dein Heft. In den eckigen Kästchen musst du die Atmungsorgane ergänzen.

b ◐ Markiere in deinem erstellten Fließschema alle Teile die zur Lunge gehören.

c ● Erstelle ein Fließschema für den Weg von Kohlenstoffdioxidteilchen vom Blutgefäß aus dem Körper.

Material B

Ein- und Ausatemluft

1 Betrachte Bild 3.
a ○ Vergleiche die Zusammensetzung der Ein- und Ausatemluft miteinander.

b ◐ Erkläre die unterschiedlichen Zusammensetzungen.
c ● Begründe, warum bei der Ersten Hilfe die Beatmung mit Ausatemluft trotzdem hilft.

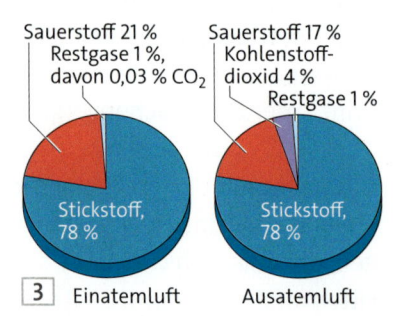

3 Einatemluft   Ausatemluft

Die Luftmenge in der Lunge

In Bild 4 sind die Luftmengen dargestellt, die die Lunge einer bestimmten Person enthält. Die Wellen der Kurve zeigen die Luftmenge beim Ein- und Ausatmen.

1 ○ Beschreibe das Diagramm in Bild 4.

2 ◗ Ermittle die Luftmenge, die mit einem Atemzug bei ruhendem Körper und die Luftmenge, die bei großer Belastung maximal aufgenommen werden kann.

3 ◗ Erkläre, warum man bei körperlicher Belastung eine höhere Luftmenge benötigt als bei ruhendem Körper.

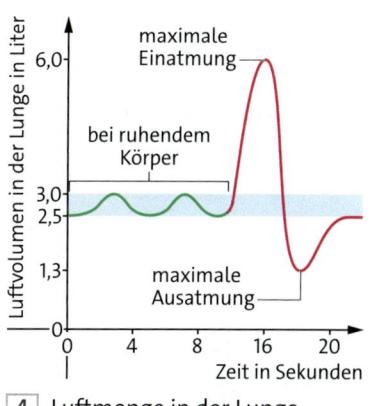

4 Luftmenge in der Lunge

Gasaustausch

In Bild 5 ist ein vereinfachter Längsschnitt durch ein Lungenbläschen darstellt. Die Kugeln stellen modellhaft Sauerstoff- und Kohlenstoffdioxidteile dar. Man nennt sie auch Teilchen.

1 ◗ Beschreibe mithilfe von Bild 5 den Gasaustausch an einem Lungenbläschen.

2 ● Beschreibe in eigenen Worten, was die Säulen A–C in Bild 5 darstellen.

3 ● Erkläre, warum sich die Anteile der Konzentrationen der beiden Gase von A bis C verändern. → 5

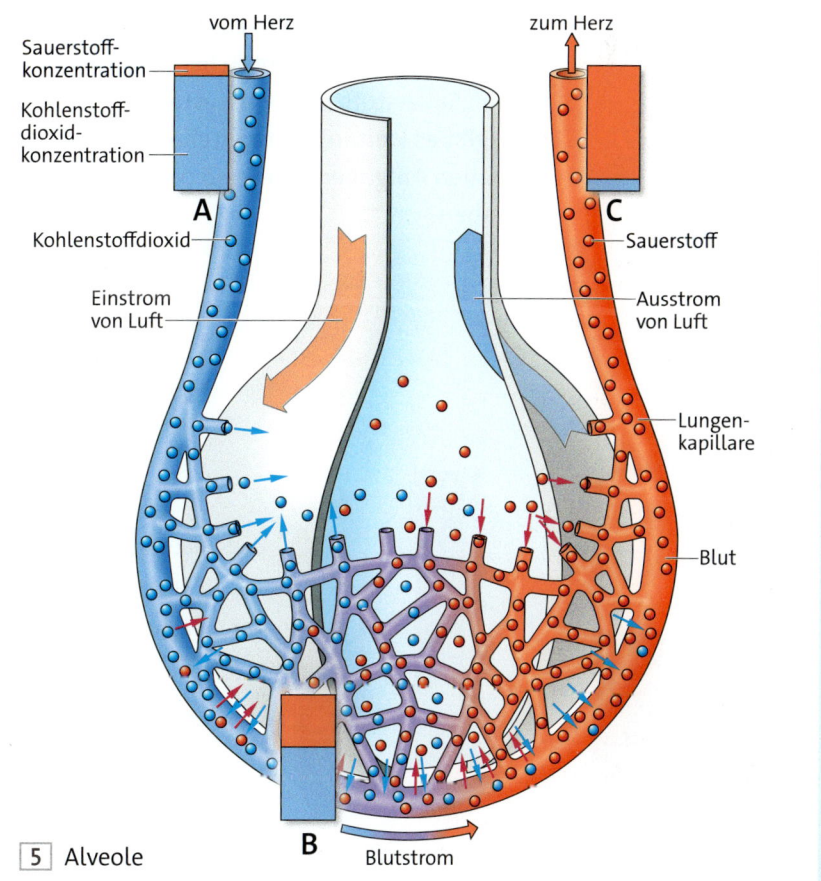

5 Alveole

115

Das Blut und seine Bestandteile

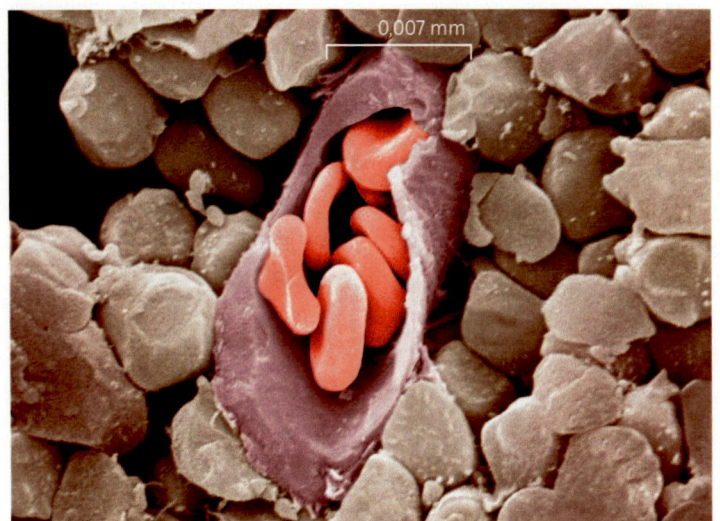

0,007 mm

1 Erythrozyten auf dem Weg durch eine Kapillare

Unser Blut setzt sich aus mehreren verschiedenen Bestandteilen zusammen. Neben den roten Blutkörperchen, die für den Sauerstofftransport zuständig
5 sind, gibt es weitere Bestandteile mit speziellen Aufgaben. Was sind diese Aufgaben?

55% Blutplasma

1% Leukozyten/ Thrombozyten

44% Erythrozyten

A

B

2 Blutsenkung: **A** Echtbild, **B** schematisch

Wärmetransport • Auf dem Weg durch den Körper fließt das Blut immer wie-
10 der durch die Leber. Dort ist die Temperatur etwa 1 bis 2 °C höher als im restlichen Körper. Dadurch wird das Blut erwärmt. Auch in den Muskeln wird Wärme erzeugt. Die in der Leber und
15 in den Muskeln aufgenommene Wärme wird dann durch den Körper transportiert. Durch die Zirkulation des Blutes im Blutkreislauf erhält sich der Körper seine gleichbleibende
20 Körpertemperatur von etwa 37 °C.

Blutplasma • Blut ist ein Gemisch aus flüssigen und festen Bestandteilen. Lässt man frisches Blut eine Zeit lang stehen, so setzen sich die festen Be-
25 standteile, die Blutzellen, nach unten ab. Sie bilden eine feste dunkelrote Masse. Darüber befindet sich das leicht gelbliche Blutplasma. → 2 Das Blutplasma besteht zum größten
30 Teil aus Wasser. Es hat die Aufgabe, Nährstoffe, Vitamine, Mineralstoffe, Hormone, Gerinnungsstoffe und Abfallstoffe des Körpers zu den Zielorten zu befördern. Im Blutplasma schwim-
35 men die Blutzellen. Man kann drei Typen von Blutzellen unterscheiden.

Rote Blutzellen • Sie werden auch Erythrozyten genannt und zeichnen sich durch ihre scheibenförmige Ge-
40 stalt aus. Sie sind sehr verformbar und können so auch durch die kleinsten Blutgefäße, die Kapillaren, transportiert werden. → 1 Sie werden im roten Knochenmark gebildet und haben
45 eine Lebensdauer von etwa 120 Tagen.

Ihre Hauptaufgaben sind der Transport von Sauerstoff von den Lungenbläschen in die Zellen sowie der Transport von Kohlenstoffdioxid von den Zellen in die Lunge.

Hämoglobin • Für die rote Färbung der Erythrozyten ist ihr roter Blutfarbstoff, das Hämoglobin, verantwortlich. Der Sauerstoff bindet sich an das Hämoglobin und kann so zu den Zellen transportiert werden. Durch ihre eingedellte Form haben die Erythrozyten eine große Oberfläche. Da ihnen auch ein Zellkern fehlt, haben sie in ihren Zellen zusätzlich Platz für Hämoglobin. Somit kann viel Sauerstoff aufgenommen und zu den Zellen transportiert werden. Auf dem Weg durch den Körper passieren die Erythrozyten regelmäßig die Milz, wo gealterte Blutzellen abgebaut werden.

Weiße Blutzellen • Diese Blutzellen werden auch als Leukozyten bezeichnet. Sie zeichnen sich durch ihre kugelförmige, unregelmäßige und verästelte Gestalt aus. Sie werden im roten Knochenmark, in der Milz und in den Lymphknoten gebildet. Ihre Lebensdauer beträgt wenige Tage bis Jahre. Die Hauptaufgabe der Leukozyten besteht in der Bekämpfung von eingedrungenen Krankheitserregern. Sie sind Teil unseres Abwehrsystems. Gelangen zum Beispiel Bakterien durch offene Wunden in den Körper, können Leukozyten durch die Kapillaren in die benachbarten Gewebe eindringen und die Bakterien vernichten. → 3A

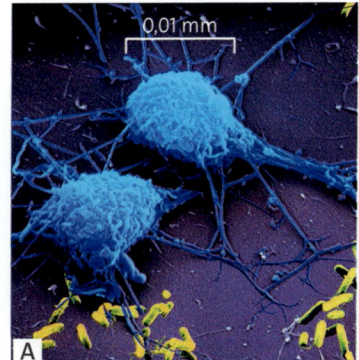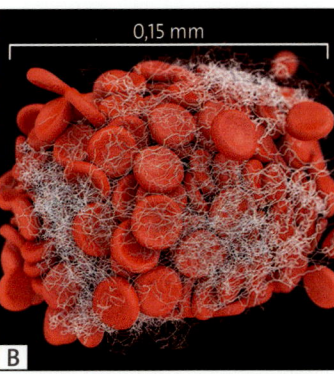

3 **A** Leukozyten bekämpfen Bakterien, **B** Blutpfropf

Die Blutplättchen • Die kleinsten Blutzellen werden auch als Thrombozyten bezeichnet. Sie besitzen eine unregelmäßige Gestalt und werden im roten Knochenmark gebildet. Sie haben nur eine kurze Lebensdauer von etwa 7 Tagen. Die Thrombozyten sorgen dafür, dass sich eine Wunde schließt. Sie sorgen für die Bildung eines Blutpfropfs, der aus Eiweißfäden und angelagerten Erythrozyten besteht. Die Bildung des Pfropfs nennt man auch Blutgerinnung. So wird ein verletztes Blutgefäß verschlossen, damit ein starker Blutverlust vermieden wird. → 3B

Das Blut besteht aus dem Blutplasma, den Erythrozyten, den Leukozyten und den Thrombozyten.

Aufgaben

1 ○ Nenne die Aufgaben des Blutes.

2 ◐ Erkläre mithilfe von Bild 2, aus welchen Blutbestandteilen das Blut besteht.

Das Blut und seine Bestandteile

Material A

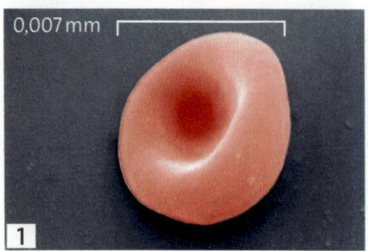 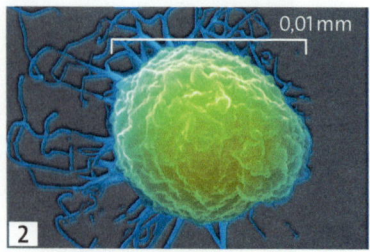 

Die Blutzellen

1 Welche Blutzellen erkennst du in den elektronenmikroskopischen Bildern?
○ Benenne die Bilder 1–3 mit dem deutschen Begriff und dem Fachbegriff.

2 ○ Fertige Steckbriefe zu den einzelnen Blutbestandteilen an. Verwende dabei die Begriffe: Form, Bildungsort, Größe, Aufgabe und Lebensdauer.

3 ○ Betrachte Bild 4. Benenne die mit Ziffern gekennzeichneten Blutzellen und beschreibe das Blutbild. Beachte die Anzahl der Blutzellen.

4 ● Erkläre den Zusammenhang zwischen Struktur und Funktion der roten Blutzellen.

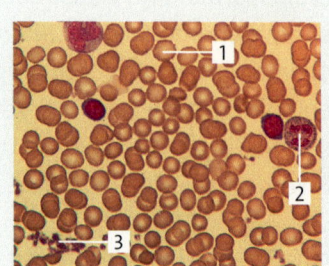

Ein Blutausstrich ist eine Methode zur mikroskopischen Untersuchung von Blut. Das Blut wird ganz dünn auf einem Objektträger ausgestrichen und angefärbt. Somit kann man die einzelnen Blutzellen unter einem Mikroskop betrachten.

4

Material B

Leistungssport

1 Betrachte Bild 5.

a ○ Beschreibe das Erythrozytenvolumen der unterschiedlichen Personen.

b ◗ Erkläre, welche Auswirkungen das Erythrozytenvolumen auf das Leistungsvermögen des Radrennfahrers hat.

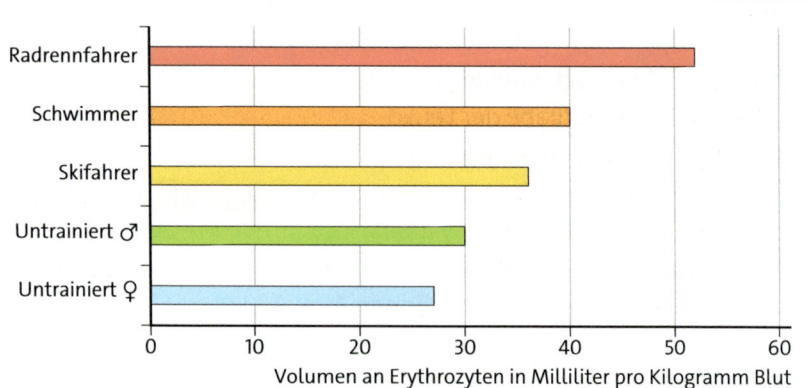

5 Erythrozytenvolumen bei unterschiedlich trainierten Personen

Die Anzahl der Blutzellen

Bei einem gesunden Menschen befinden sich ungefähr 5 bis 8 Millionen Leukozyten, 4 bis 6 Milliarden Erythrozyten und 200 bis 300 Millionen Thrombozyten in einem einzigen Milliliter Blut.
In der Tabelle sind Werte für verschiedene Testpersonen dargestellt.

Anzahl der Blutzellen im Blut in Millionen pro Milliliter			
	Leukozyten	Erythrozyten	Thrombozyten
Person A	15,5	4 900	280
Person B	6,0	5 200	250
Person C	5,8	3 100	270
Person D	7,5	5 800	84

7 | Anzahl von Blutzellen

Anzahl der Leukozyten
In der Medizin wird oft zur Diagnose von Krankheiten die Anzahl an Leukozyten gemessen. Eine erhöhte Anzahl an Leukozyten deutet auf das Eindringen von Krankheitserregern hin.
6

1 ◐ Ermittle aus den Werten der Tabelle die gesunde Person. ▸ 7

2 ◐ Ordne den anderen drei Testpersonen folgende Krankheitsbilder zu: Blutarmut, Blutgerinnungsstörung und Lungenentzündung. Begründe deine Entscheidung.

Blutarmut
Unter Blutarmut versteht man eine verringerte Hämoglobinkonzentration des Blutes. Oft ist die Anzahl der Erythrozyten verringert. Das Blut kann weniger Sauerstoff zu den Organen und Muskeln transportieren. Typische Krankheitserscheinungen sind Müdigkeit und Luftknappheit bei körperlicher Belastung.
8

3 ◐ Erkläre mithilfe der Blutzellen, weshalb ein Patient, der unter Blutarmut leidet, im Sport weniger leistungsfähig ist als eine gesunde Person.

4 ● Stelle Vermutungen an, weshalb ein Arzt mithilfe der Häufigkeit von weißen Blutzellen das Eindringen von Krankheitserregern erkennen kann.

5 Ein sehr starker Verlust an Erythrozyten, zum Beispiel bei einem Verkehrsunfall, führt zum sofortigen Tod. ◐ Erkläre diesen Sachverhalt.

6 ● Erläutere mögliche Schwierigkeiten, mit denen eine Person mit Blutgerinnungsstörung zu kämpfen hat.

Der Blutkreislauf und Blutgefäße

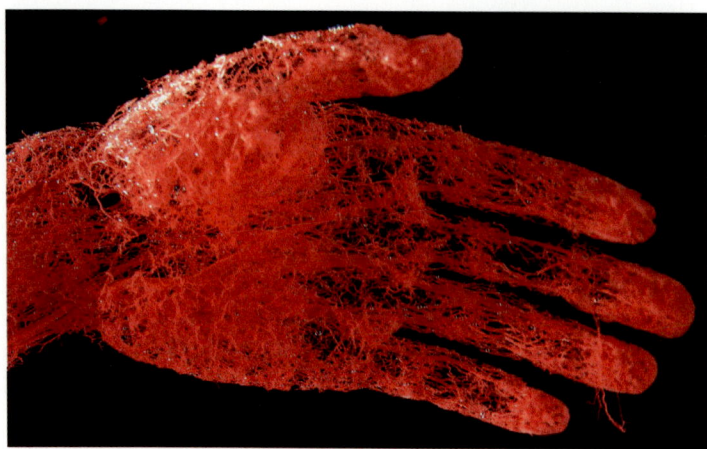

Präparierte Blutgefäße der Hand

Arterien:
Blutgefäße, die Blut vom Herzen wegführen

Venen:
Blutgefäße, die Blut zum Herzen hinführen

Kapillaren:
feinste Blutgefäße, durch sie findet der Stoff- und Gasaustausch statt

Alle Organe und Muskeln des Körpers benötigen Energie. Diese wird in den Zellen aus der Reaktion von Sauerstoff mit Nahrungsbestandteilen gewonnen.
5 **Der Blutkreislauf sorgt dafür, dass diese Stoffe in den gesamten Körper gelangen können. Wie gelingt das?**

Arterien • Das Blut mit den darin gelösten Stoffen wird in den Arterien vom
10 Herzen weg zu den Organen befördert. Sie bestehen aus drei Schichten.

Die mittlere Schicht ist eine dicke Muskelschicht. Sie ist stark dehnbar und schwächt den Blutdruck ab, der bei
15 jedem Herzschlag entsteht. Auf dem Weg durch den Körper verzweigen sich die Arterien. Dabei werden sie mit jeder Verzweigung dünner. Man bezeichnet sie als Arteriolen. Sie bilden den
20 Übergang zu den Kapillaren. → 2

Venen • Das Blut wird in den Venen zum Herzen hin transportiert. Sie bestehen auch aus drei Schichten. Jedoch ist die Muskelschicht der Venen dünner
25 als bei einer gleich großen Arterie, weil der Blutdruck hier viel niedriger ist. Die Venen besitzen Venenklappen. Diese wirken wie ein Ventil und öffnen sich nur in eine Richtung. Sie verhindern so
30 den Rückfluss des Blutes.

Kapillaren • Die Kapillaren bilden den größten Teil des Blutkreislaufs. Sie werden auch als Haargefäße bezeichnet. Die Kapillaren sind nur 0,01 mm
35 dick und umschließen die Organe

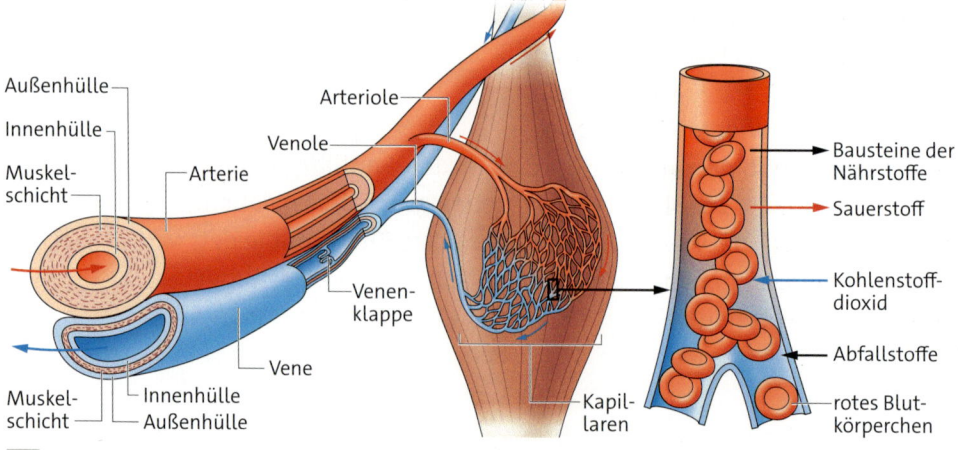

2 Blutgefäße und Stoffaustausch am Muskel

vollständig. Hier findet der Stoff- und Gasaustausch statt. Dafür besitzen sie eine dünne, für Gas durchlässige Kapillarwand.

40 **Körperkreislauf** • Der Blutkreislauf im menschlichen Körper besteht aus zwei getrennten Kreislaufsystemen, dem Körper- und dem Lungenkreislauf. Das Herz pumpt das sauerstoffreiche Blut
45 in die Hauptschlagader, die Aorta. Sie leitet das Blut über weitere Arterien und dünnere Arteriolen zu den Kapillaren. Dort findet der Gas- und Stoffaustausch statt. Sauerstoff und Nähr-
50 stoffbausteine gelangen in die Zellen, Kohlenstoffdioxid und Abfallstoffe entgegengesetzt ins Blut. → 2 Das nun sauerstoffarme Blut mündet über die abführenden Kapillaren in die Venolen,
55 fließt von hier aus weiter in die obere und untere Hohlvene und dann schließlich aus dem Körperkreislauf zum Herzen zurück. Die durch Zellatmung der Körperzellen entstandene Wärme wird
60 über diesen Kreislauf verteilt.

Lungenkreislauf • Das Herz pumpt sauerstoffarmes Blut in die Lungenarterie, die das Blut weiter in die Kapillaren der Lunge leitet, wo der Gasaustausch
65 stattfindet. Sauerstoff wird aufgenommen und Kohlenstoffdioxid wird abgegeben und ausgeatmet. Die Lungenvene transportiert das sauerstoffreiche Blut zurück zum Herzen. → 3

> Der Blutkreislauf des Menschen ist in den Körper- und Lungenkreislauf getrennt.

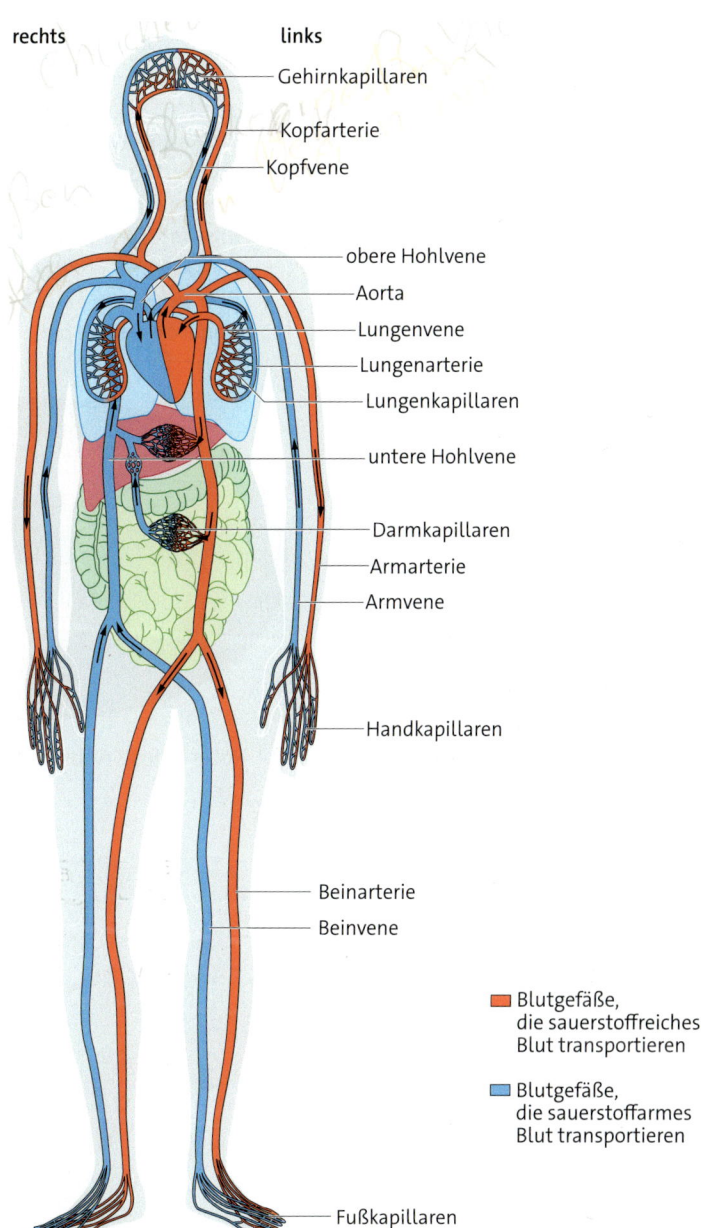

rechts   links

Gehirnkapillaren
Kopfarterie
Kopfvene
obere Hohlvene
Aorta
Lungenvene
Lungenarterie
Lungenkapillaren
untere Hohlvene
Darmkapillaren
Armarterie
Armvene
Handkapillaren
Beinarterie
Beinvene

■ Blutgefäße, die sauerstoffreiches Blut transportieren

■ Blutgefäße, die sauerstoffarmes Blut transportieren

Fußkapillaren

3 Der Blutkreislauf des Menschen

Aufgabe

1 ◐ Beschreibe mithilfe von Bild 2 den Stoffaustausch am Muskel.

Der Blutkreislauf und Blutgefäße

Reise eines Erythrozyten

Die 25 000 000 000 000
(25 Billionen) Erythrozyten im
menschlichen Blut kreisen
permanent durch den Körper
um Sauerstoff oder Kohlenstoffdioxid zu transportieren.

1 📝 Schreibe den „Reisebericht"
des Erythrozyten in deinem
Heft weiter. Diese Begriffe
sollten in deiner Geschichte
auftauchen: Lungenvene –
Herz – Aorta - Körperarterie –
Körperkapillaren – Körperzellen – Sauerstoff – Kohlenstoffdioxid – Körpervene – Herz

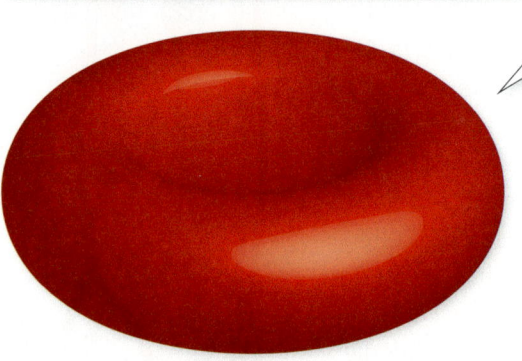

> Ich bin ein Erythrozyt. Ich nehme euch mit auf meinem Weg durch den Körper. Unsere Reise startet in den Lungenkapillaren. Das sind die feinsten Äderchen in der Lunge. In die Lungenbläschen gelangt die Atemluft, mit dem für den Körper lebensnotwendigen Sauerstoff. Die Sauerstoffteilchen können durch die Kapillaren ins Blut gehen. Dort nehme ich dann ein Sauerstoffteilchen auf und transportiere es durch den Körper.

1 Reise eines Erythrozyten

Blutgefäße

Die Blutgefäße sind unterschiedlich aufgebaut.

1 ⭕ Benenne die mit Ziffern
gekennzeichneten Teile der
Blutgefäße.

2 📝 Erkläre, weshalb Arterien
und Venen unterschiedlich
gebaut sein müssen.

3 ● Erkläre, wodurch der
Stoffaustausch an der Kapillare ermöglicht wird. → 2

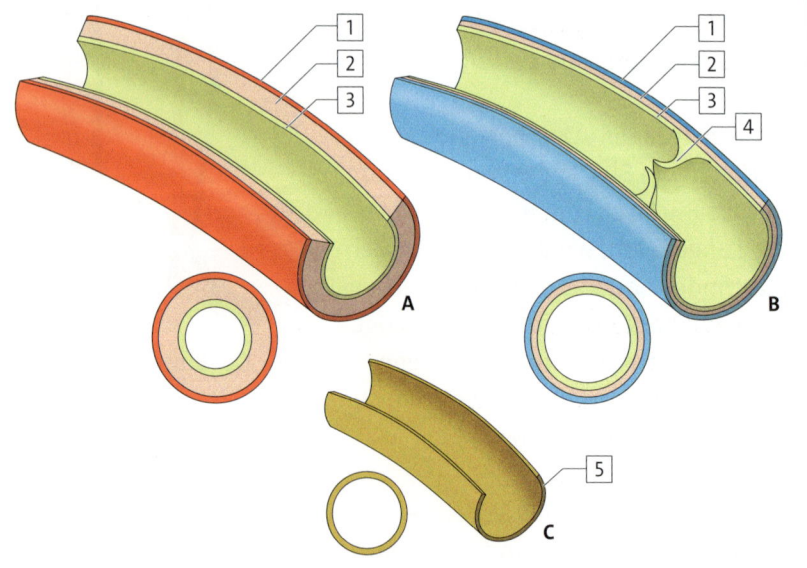

2 Blutgefäße: A Arterie, B Vene, C Kapillare

Der Blutkreislauf

1 ○ Nenne die Funktionen des Blutkreislaufs.

2 ○ Benenne die mit den Ziffern 1–5 gekennzeichneten Teile des Blutkreislaufs.

3 ◗ Fertige mithilfe von Bild 3 ein Fließschema an, das den Weg einer roten Blutzelle durch den Lungenkreislauf abbildet. Starte bei der Lungenarterie.

Lungenarterie ⟶ ? ⟶ ...

4 In Bild 3 ist auch die durchschnittliche Durchblutung einzelner Organe in Litern pro Minute dargestellt. Die Werte gelten bei einem ruhenden Körper.

a ◗ Erstelle aus den Werten ein Säulendiagramm.

b ◗ Stelle Vermutungen für den Wert der Lunge an.

c ● Stelle eine Vermutung an, wie sich die Werte der Durchblutung bei einem Fußballspiel und bei einer Klassenarbeit verändern.

d ● „Ein voller Bauch studiert nicht gern." Erkläre diesen Sachverhalt.

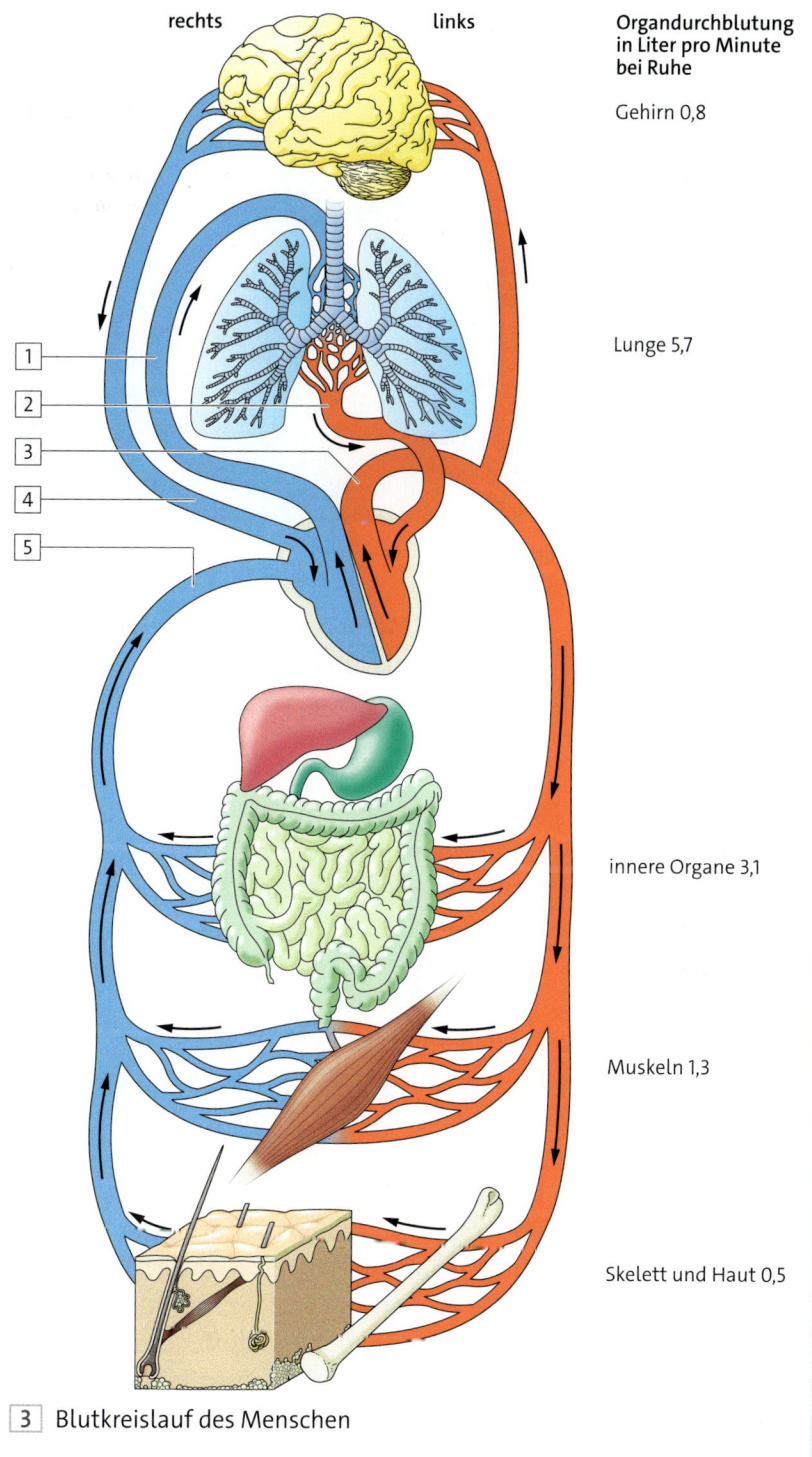

rechts   links

Organdurchblutung in Liter pro Minute bei Ruhe

Gehirn 0,8

Lunge 5,7

1
2
3
4
5

innere Organe 3,1

Muskeln 1,3

Skelett und Haut 0,5

3 Blutkreislauf des Menschen

Das Herz – Motor des Menschen

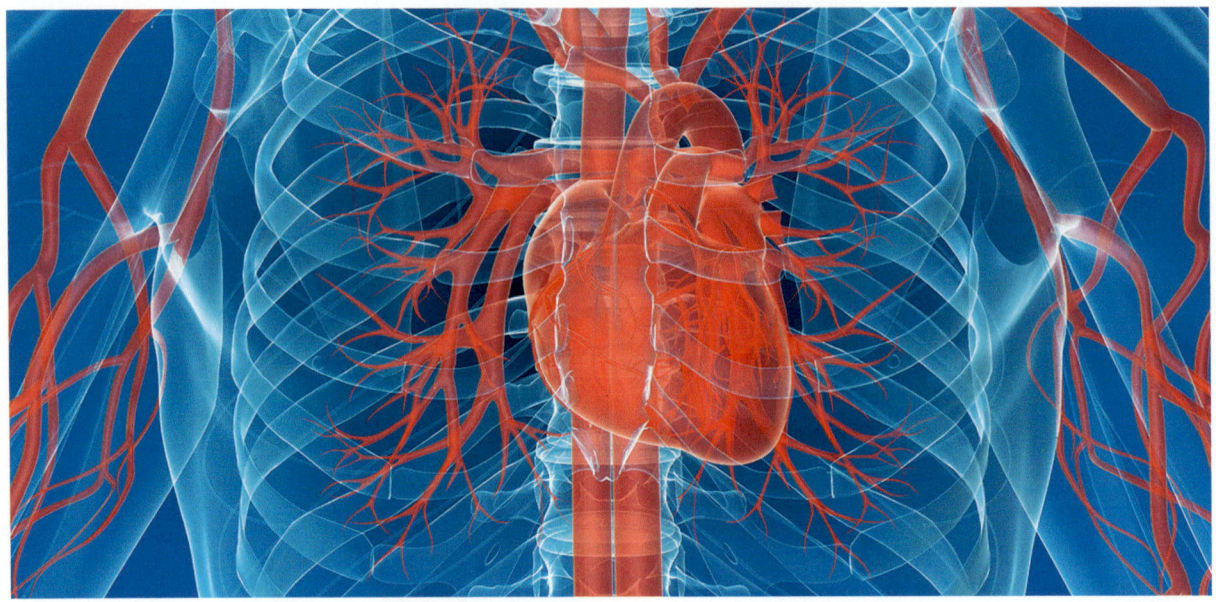

1 Das Herz im Brustraum

Ohne einen Motor bewegt sich in einem Kreislauf nichts. Im Blutkreislauf ist unser Herz der Motor. Wie funktioniert dieser Motor?

5 **Bau des Herzens** • Das etwa faustgroße Herz liegt im Brustkorb zwischen und teilweise unter den Lungenflügeln. Es ist ein muskulöses Hohlorgan, das durch die Herzscheidewand in zwei
10 Herzhälften getrennt ist. Jede Hälfte besteht aus einem Vorhof und einer Herzkammer. Sind sind über Herzklappen, die Segelklappen, verbunden. Wie jeder Muskel benötigt auch das Herz
15 Energie, um seine Arbeit zu verrichten. Daher ist es von einem Geflecht aus Blutgefäßen durchzogen. Man bezeichnet sie als Herzkranzgefäße. Sie bringen Sauerstoff und Nährstoffe zum
20 Herzen und führen Kohlenstoffdioxid und Abfallstoffe weg. Für den Körperkreislauf muss mehr Druck erzeugt werden als für den Lungenkreislauf. Das Blut muss durch die Aorta in den gan-
25 zen Körper gepumpt werden. Der Herzmuskel ist daher auf der linken Seite stärker und dicker als auf der rechten.

Herzschlag • Das Herz ist der „Motor" des Blutkreislaufs. Ein Herzstillstand
30 führt daher zu einem Kreislaufstillstand. Das ist lebensgefährlich. Deshalb muss das Herz ununterbrochen arbeiten und darf nicht ausfallen. Es schlägt in Ruhe etwa 70-mal pro Minute. Es pumpt da-
35 bei etwa 70 mL Blut pro Herzschlag. Man bezeichnet dies als Herzschlagvolumen. So werden jeden Tag etwa 7 000 Liter Blut durch das Herz bewegt.

Herzfrequenz • Die Anzahl der Herz-
40 schläge pro Minute bezeichnet man als Herzfrequenz. Bei körperlicher

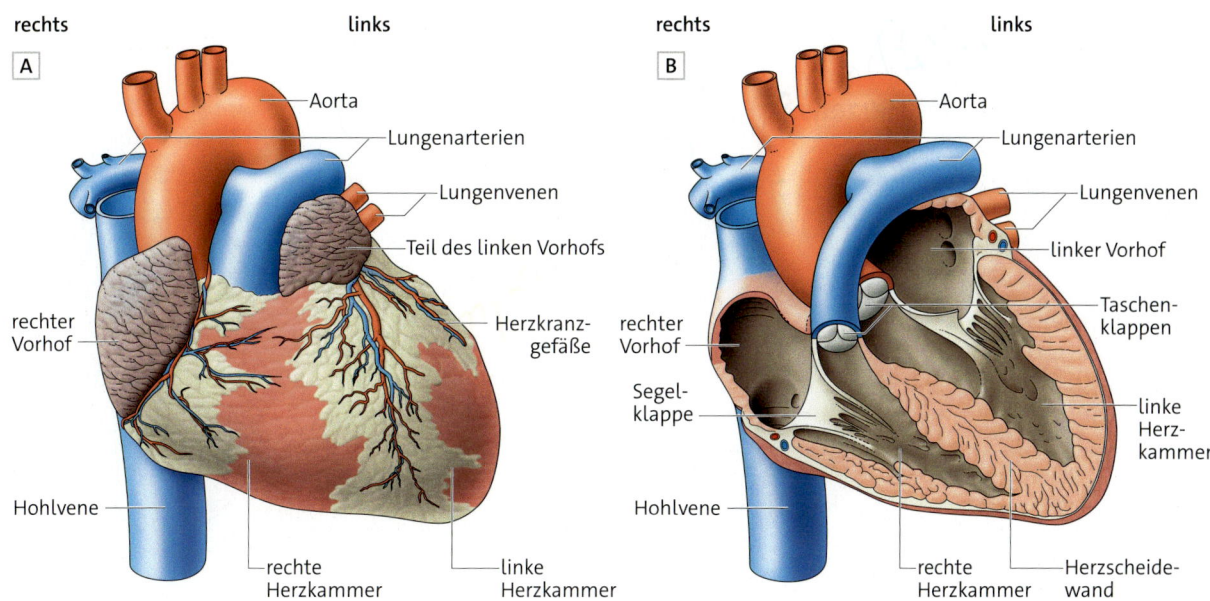

rechts links

A
- Aorta
- Lungenarterien
- Lungenvenen
- Teil des linken Vorhofs
- rechter Vorhof
- Herzkranzgefäße
- Hohlvene
- rechte Herzkammer
- linke Herzkammer

rechts links

B
- Aorta
- Lungenarterien
- Lungenvenen
- linker Vorhof
- Taschenklappen
- rechter Vorhof
- Segelklappe
- linke Herzkammer
- Hohlvene
- rechte Herzkammer
- Herzscheidewand

2 Aufbau des Herzens: **A** von außen, **B** von innen

Belastung muss das Herz häufiger schlagen, da die Muskeln mehr Sauerstoff und Nährstoffe benötigen.

45 **Blutfluss** • Über die Hohlvenen wird sauerstoffarmes Blut aus dem Körper in den rechten Vorhof gesaugt. Von dort gelangt das Blut in die rechte Herzkammer. Beim Zusammenziehen
50 der rechten Herzkammer wird das Blut über die Lungenarterie in die Lunge gedrückt und dort mit Sauerstoff angereichert. Die Lungenvene transportiert das nun sauerstoffreiche Blut in den
55 linken Vorhof des Herzens. Von dort gelangt das Blut in die linke Herzkammer. Die linke Herzkammer zieht sich zusammen und drückt das Blut in die Aorta und von hier in den ganzen Körper.
60 per. Die Vorgänge in den beiden Vorhöfen und die in den beiden Herzkammern laufen jeweils gleichzeitig ab.

Herzklappen • Damit das Blut immer nur in eine Richtung fließt, gibt es im
65 Herzen 4 Ventile, die Herzklappen. Die beiden Segelklappen befinden sich zwischen den Vorhöfen und den Herzkammern. Die beiden Taschenklappen befinden sich zwischen den
70 Herzkammern und ihrer jeweiligen Ausströmöffnung.

Das Herz besteht aus zwei Herzhälften und stellt das Zentrum des Kreislaufsystems dar.

Aufgaben

1 ◗ Erkläre, weshalb die linke Herzhälfte dicker ist als die rechte.

2 ● Erkläre, weshalb das Herz bei Anstrengung schneller schlagen muss.

Das Herz – Motor des Menschen

Funktionsweise des Herzens

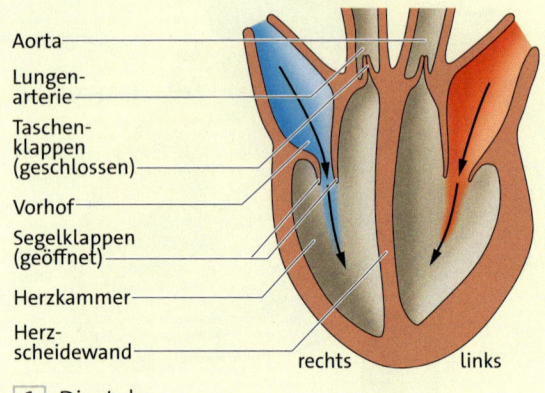

Aorta
Lungen-
arterie
Taschen-
klappen
(geschlossen)
Vorhof
Segelklappen
(geöffnet)
Herzkammer
Herz-
scheidewand
rechts   links

1 Diastole

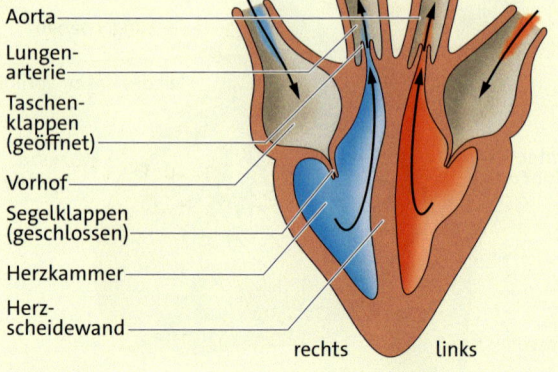

Aorta
Lungen-
arterie
Taschen-
klappen
(geöffnet)
Vorhof
Segelklappen
(geschlossen)
Herzkammer
Herz-
scheidewand
rechts   links

2 Systole

Öffnen und Schließen der Herzklappen • Wenn
die Segelklappen des Herzens geöffnet und die
Taschenklappen geschlossen sind, fließt Blut
aus beiden Vorhöfen gleichzeitig in die Herz-
5 kammern. Diesen Vorgang nennt man Diastole. → 1 Nach der Diastole ziehen sich die
Herzmuskeln zusammen und pumpen Blut
aus der linken Herzkammer in die Aorta und
aus der rechten Herzkammer in die Lungen-
10 arterie. Dabei werden die Taschenklappen
geöffnet und gleichzeitig die Segelklappen
geschlossen, so kann das Blut nicht zurückfließen. Die Herzklappen funktionieren wie
Ventile. Gleichzeitig entspannt sich die Mus-
15 kulatur der beiden Vorhöfe, sodass Blut aus
den Hohlvenen hineinfließen kann. Diesen
Vorgang, bei dem Blut aus den Herzkammern
in die Arterien gepumpt wird, nennt man Systole. → 2 Die Systole findet in beiden Herz-
20 hälften gleichzeitig statt. Danach entspannt
sich die Muskulatur der Herzkammern wieder,
diese weiten sich und Blut kann aus den Vorhöfen hineinströmen.

Druck-Saug-Pumpe • Im ständigen Wechsel
25 pumpt das Herz Blut in die Arterien und saugt
es aus den Venen ins Herz. Ein Druck-Saug-
Vorgang dauert etwa 1 Sekunde. Dies bezeichnet man als Herzzyklus. Die Fließrichtung des
Blutes im Herzen wird durch das Öffnen und
30 Schließen der Herzklappen bestimmt. → 1 2

Herztöne • Mit einem Stethoskop kann man
das Schließen der Klappen als Herztöne hören.
Beim Schließen der Segelklappen zu Beginn
der Systole hört man einen dumpfen Ton. Das
35 Schließen der Taschenklappen am Ende der
Systole klingt etwas heller.

> Das Herz arbeitet wie eine Druck-Saug-
> Pumpe. Ein Herzzyklus besteht aus Systole
> und Diastole.

Aufgabe

1 Erkläre, warum das Herz wie eine Druck-
Saug-Pumpe arbeitet.

Material A

Blutfluss im Herz

A Vom rechten Vorhof gelangt das Blut zur rechten Herzkammer.

B Sauerstoffarmes Blut wird aus dem Körper aus den Venen in den rechten Vorhof gesaugt.

C Von der rechten Herzkammer und Lungenarterie kommt das Blut in die Lunge, wo es mit Sauerstoff angereichert wird.

D Über linke Herzkammer und die Aorta gelangt das sauerstoffreiche Blut in den gesamten Körper.

E Sauerstoffreiches Blut wird aus der Lungenvene in den linken Vorhof gesaugt.

F Vom linken Vorhof gelangt das Blut zur linken Herzkammer.

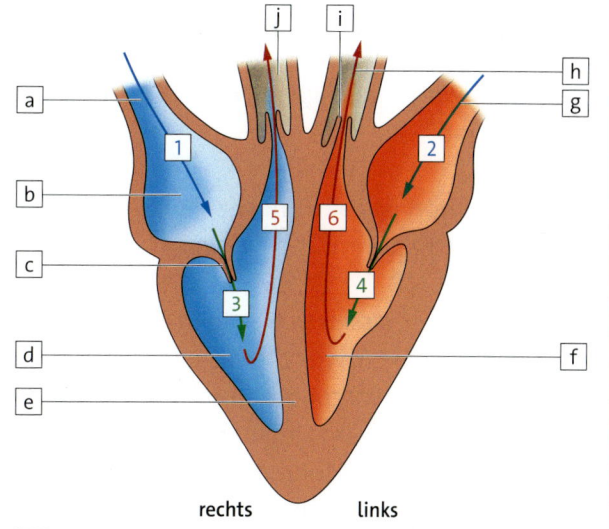

rechts   links

3 Der Weg des Blutes durch das Innere des Herzens

1 Betrachte Bild 3.

a ○ Benenne die Teile a–j des Herzens.

b ○ Ordne den Pfeilen die entsprechenden Beschreibungen A–F zu.

c ◐ Erkläre, welche Vorgänge im Herzen gleichzeitig ablaufen.

Material B

Blutdruck messen

Der Druck des Blutes in den Blutgefäßen wird an den Arterien gemessen. Auf einem Blutdruckmessgerät werden immer zwei Werte angegeben: Der systolische Wert gibt den höchsten Wert während der Systole in den Arterien an. Der diastolische Wert gibt den niedrigsten Blutdruck zwischen zwei Systolen in den Arterien an.

1 Miss mit einem Blutdruckmessgerät am Oberarm deinen Blutdruck.

a ◖ Vergleiche mit den Werten in Bild 4.

b ● Vermute welche Folgen ein dauerhaft zu hoher Blutdruck auf den Körper hat.

2 ● Erkläre, weshalb der systolische Wert höher ist, als der diastolische. → 4

Normaler Blutdruck   Zu hoher Blutdruck

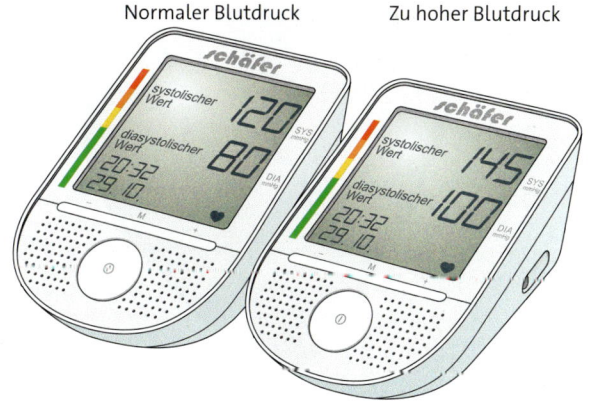

4 Anzeige auf einem Messgerät

Das Herz – Motor des Menschen

Präparation eines Schweineherzens

Woher weiß man eigentlich, wie Organe aufgebaut sind?

Die Antwort ist gar nicht so schwer. Man schaut sich die Organe im Original an.

Viele Details lassen sich zwar in Modellen besser erkennen, weil die wesentlichen Teile deutlicher hervorgehoben und oft auch größer dargestellt sind. Im Original hingegen, kann man das Material fühlen, sieht die Größenverhältnisse besser und bekommt ein Gespür dafür, wie unsere Organe aufgebaut sind.

Bei der Präparation sollte man immer planvoll vorgehen. Das bedeutet, dass man die vier Schritte Vorbereitung, Durchführung, Auswertung und Aufräumen ruhig und konzentriert bearbeitet.

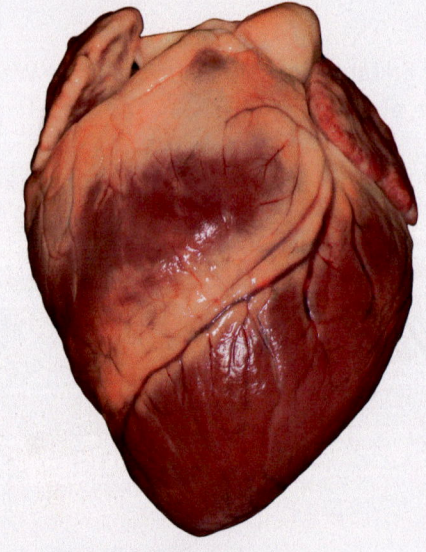

1 Herz (Brustansicht)

Vorgehen bei der Präparation

1. Vorbereitung: Bei der Präparation eines Organs sollte man sich im Vorfeld über den Aufbau des Organs informieren. Den Aufbau eines Herzens kannst du in Bild 1 erkennen. Dann sollte das notwendige Material vorbereitet sein. Für die Präparation eines Herzens benötigst du: Skalpell, Präparierschale, Einweghandschuhe, Plastiktüte (für die spätere Entsorgung).

2. Durchführung: Lies immer erst die Arbeitsanweisungen für die einzelnen Arbeitsschritte durch und gehe dann sorgsam vor.

3. Auswertung: Erstelle Skizzen und notiere deine Beobachtungen

4. Aufräumen: Entsorge Abfälle in die dafür vorgesehenen Behältnisse und reinige die Arbeitsmaterialien.

Beginn der Präparation

Der Aufbau des Herzens eines Schweins unterscheidet sich nicht wesentlich von dem des menschlichen Herzens. Hier kannst du erlernen, wie man Einblicke in den Aufbau des Herzens gewinnt.

Äußere Betrachtung

1. Lege das Herz in eine Präparierschale. Identifiziere die Brustansicht des Herzens. Lege es so in die Schale, dass die Herzspitze nach rechts zeigt.

2. Finde zunächst die von außen sichtbaren Teile des Herzens: Aorta, linker und rechter Vorhof, Lungenvenen, Lungenarterie und die obere und untere Hohlvene.

Präparation des Inneren

1. Trenne die Aorta und die Lungenarterie ab, sodass die Taschenklappen freigelegt sind.

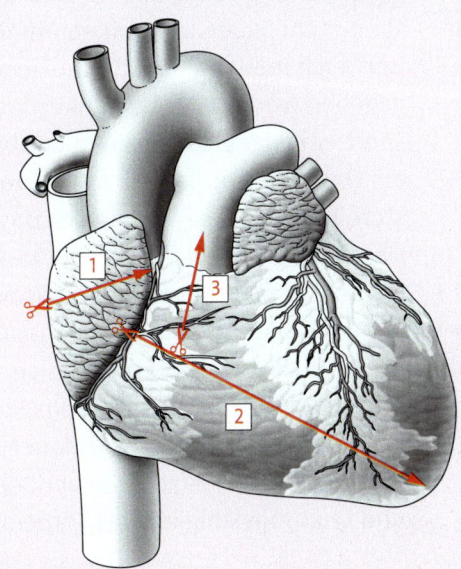

2 Schnittführung bei der Präparation des Herzens.

2. Stich nun mit dem Skalpell am äußeren Rand des rechten Vorhofs und schneide den rechten Vorhof auf. Lege so die Segelklappe frei.

3. Schneide nun von der rechten Segelklappe nach unten die rechte Herzkammer auf. Ziehe nun die Herzkammerwände auseinander. Betrachte das Innere des Herzens. → 3

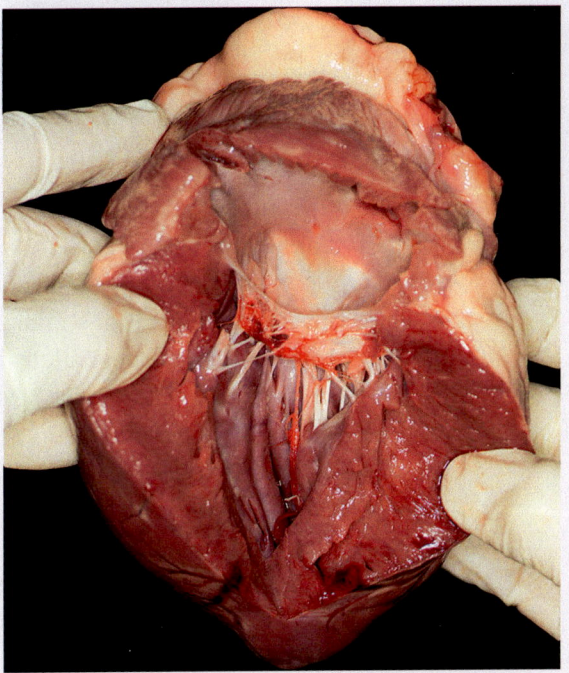

3 Öffnen der rechten Herzkammer

4. Finde die Lungenarterie. Schneide sie von der rechten Herzkammer nach oben hin auf. So kannst du die Taschenklappe freilegen. → 4

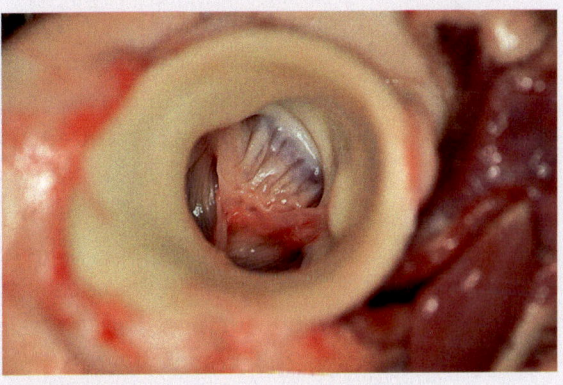

4 Betrachten der Taschenklappen

Der Körper passt sich an

1 | Der Energiebedarf ist nicht immer gleich groß

Unser Körper benötigt ständig Sauerstoff, damit er bei der Zellatmung aus Traubenzucker Energie für Bewegungen und für die Tätigkeit der Organe freiset-
5 **zen kann. In verschiedenen Situationen ist der Sauerstoffbedarf daher unterschiedlich groß. Warum atmet man bei Anstrengung schneller und tiefer?**

Erhöhter Sauerstoff- und Energiebedarf •
10 Bei sportlichen Aktivitäten braucht der Körper mehr Sauerstoff und Glukose als in Ruhephasen. Der Körper reagiert darauf mit schnellerer Atmung und einer Steigerung der Herzschläge je Minute.
15 Durch diese schnellere Herzfrequenz, wird das Blut schneller durch den Körper transportiert. So kann der Körper viel Sauerstoff und Traubenzucker zu den Zellen wie Muskelzellen transpor-
20 tieren.

Training • Ausdauersportler brauchen dauerhaft mehr Energie als andere Personen. Auf regelmäßiges Training reagiert der menschliche Körper. Es bilden
25 sich mehr rote Blutzellen. Dies sorgt für einen verbesserten Sauerstofftransport.

Das Lungenvolumen steigt durch Ausdauertraining ebenfalls. Pro Atemzug kann mehr Sauerstoff aufgenommen
30 und auch mehr Kohlenstoffdioxid abgegeben werden. Atmet ein Ausdauersportler in der gleichen Frequenz wie ein Untrainierter, kann er mehr Sauerstoff ins Blut aufnehmen. Auch das
35 Herz wird leistungsfähiger und kann pro Schlag mehr Blut durch den Körper pumpen. Dadurch sinkt der Ruhepuls. Auch der Blutdruck verringert sich. Dies reduziert langfristig das Risiko
40 schwerer Erkrankungen. Ausdauertraining fördert also die Gesundheit und Leistungsfähigkeit des Körpers.

> Um dem Körper mehr Energie zur Verfügung zu stellen, steigen Atem- und Herzfrequenz.

Aufgabe

1 ◎ Erkläre, weshalb Ausdauertraining die Leistungsfähigkeit des Körpers steigert.

Material A

Puls und Atemfrequenz

Wenn sich der Herzmuskel zusammenzieht, steigt der Blutdruck in den Arterien. Es entsteht eine Druckwelle, die durch die Arterie wandert. Diese ist als Puls zum Beispiel am Handgelenk fühlbar. Die Anzahl der Pulsschläge pro Minute entspricht dabei der

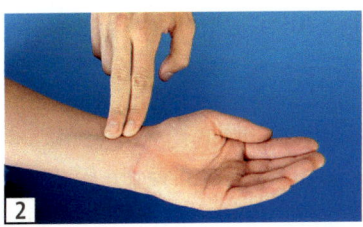

Anzahl der Herzschläge pro Minute, also der Herzfrequenz.

Materialliste: Stoppuhr

1 Arbeitet zu zweit. Einer setzt sich auf einen Stuhl. Der Andere ertastet am Handgelenk seines Partners den Puls. → 2
a ○ Der Sitzende zählt 1 Minute lang seine Atemzüge.

b ○ Sein Partner zählt 1 Minute lang die Herzschläge.

2 Einer macht nun 20 Kniebeugen.
○ Führt nun die Messungen von Aufgabe 1 nochmal durch und übertragt eure Ergebnisse in die Tabelle.

3 ◑ Erkläre die Ergebnisse deiner Messungen.

	Anzahl der Herzschläge pro Minute	Anzahl der Atemschläge pro Minute
vor der Belastung	...	...
nach der Belastung	...	...

Material B

Herzfrequenz

Leistungsfähigkeit Die körperliche Leistungsfähigkeit sagt aus, wie gut bestimmte Aktivitäten bei körperlicher Belastung durchgeführt werden können. Aktivitäten können Rennen, Radfahren und Schwimmen sein. Eine mögliche Belastung ist beim Radfahren zum Beispiel die Steigung der Straße.

1 ◑ Beschreibe das abgebildete Diagramm. → 3

2 ● Erkläre anhand des Diagramms die Auswirkungen von Training.

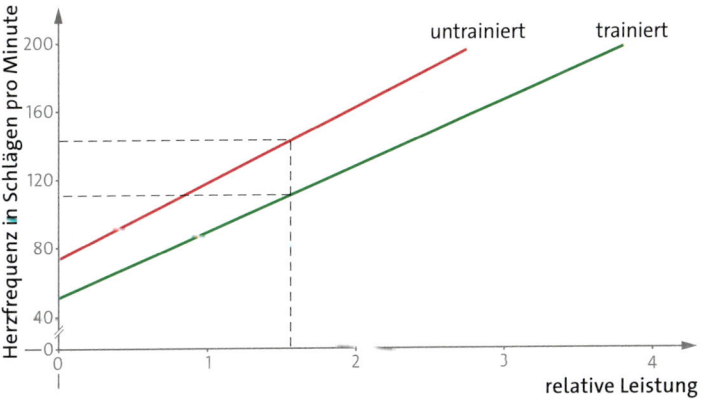

3 Herzfrequenz und Leistung bei 2 Personen

Angriff auf das Kreislaufsystem

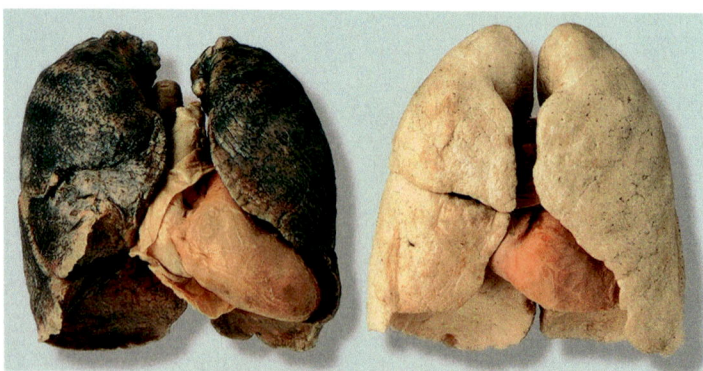

1 Vergleich einer Raucherlunge mit einer gesunden Lunge

Die häufigste Todesursache in Deutschland sind Schädigungen des Herz-Kreislaufsystems, gefolgt von Krebs. Welchen Einfluss hat dabei das Rauchen?

5 **Rauchen und Erkrankungen •** Eine der bedeutendsten Ursachen für die Entstehung von Erkrankungen des Herz-Kreislaufsystems ist das Rauchen. Außerdem ist Rauchen eine Hauptur-
10 sache von bösartigen Zellwucherungen, dem Krebs. Im Tabakrauch sind über 200 Stoffe nachgewiesen, die solche Erkrankungen hervorrufen. Kohlenstoffmonooxid, Teer und Nikotin
15 sind die drei bekanntesten Stoffe. Auch das Einatmen von Zigarettenrauch von anderen Personen ist schädlich. Dabei werden auch Schadstoffe aufgenommen. Man bezeichnet dies als Passiv-
20 rauchen, weil man nicht aktiv an einer Zigarette zieht.

Kohlenstoffmonooxid • In den Lungenbläschen werden von den Erythrozyten die Sauerstoffteilchen aufge-
25 nommen. Befindet sich auch Kohlenstoffmonooxid in der Atemluft, wird

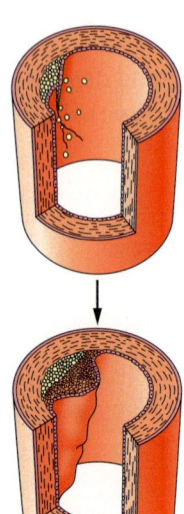

2 Gefäßverengung

dieses von den Erythrozyten schneller aufgenommen als Sauerstoff. Dies führt zu einer zeitweisen Unterver-
30 sorgung des Körpers mit Sauerstoff.

Teer • Besonders stark schädigt Teer den menschlichen Körper. Zum einen verklebt dieser Stoff die Flimmerhärchen in der Luftröhre. Diese können die
35 Atemluft dann nicht mehr reinigen und es gelangen Schadstoffe in die Lungenbläschen. Weiterhin sorgt Teer für Ablagerungen an den Innenwänden der Blutgefäße. Dadurch verengen sich und es
40 kann sogar zum Verschluss kommen.
→ **2** Je nachdem wo dies geschieht können Raucherbein, Herzinfarkt oder Schlaganfall die dramatischen Folgen sein. Durch die Verengung der Blutge-
45 fäße kommt es zu einem Rückstau des Blutes im Blutkreislauf . Das Herz versucht mit einer höheren Anzahl an Herzschlägen entgegenzuwirken.

Nikotin • Nikotin sorgt für eine kurzzei-
50 tige Verengung der Blutgefäße. Sind diese schon durch Ablagerungen verengt, kann es nun zum vollständigen Verschluss kommen. Außerdem sorgt Nikotin für die körperliche Abhängigkeit.

> Stoffe im Tabakrauch können schwerste Erkrankungen hervorrufen.

Aufgabe

1 ○ Beschreibe mit eigenen Worten die schädlichen Wirkungen eines Inhaltsstoffs des Tabakrauchs.

Material A

Auswirkungen des Rauchens

Rauchen hat auch Auswirkungen auf die Durchblutung des Körpers. Das Bild 1 zeigt das Wärmebild eines Rauchers vorm Rauchen, Bild 2 das Wärmebild des Rauchers nach dem Rauchen einer Zigarette.

1 ○ Werte die beiden Wärmebilder aus. → 3

2 Dem Raucher wurde vor, während und nach dem Rauchen der Puls gemessen. Die Ergebnisse sind im Diagramm dargestellt. → 4

a ◐ Beschreibe das Diagramm.

b ● Erkläre die Veränderung des Pulses des Rauchers. Beachte, dass für die Veränderungen Nikotin verantwortlich ist.

3 ● Vermute mögliche langfristige Folgen für starke Raucher, die täglich viele Zigaretten rauchen.

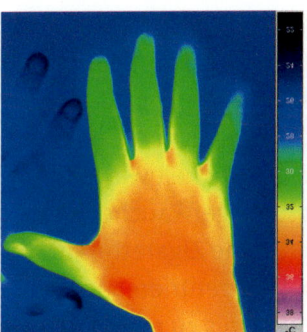 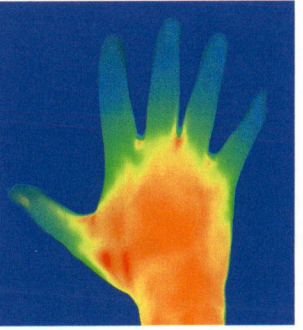

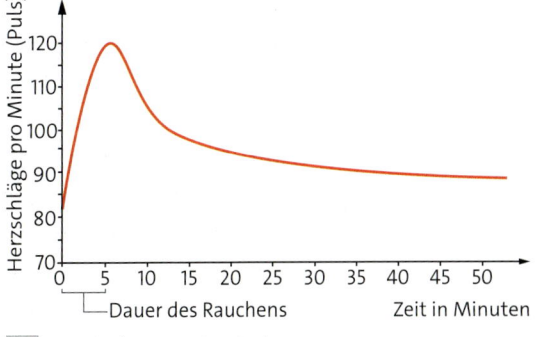

3 Wärmebild: **A** vor dem Rauchen, **B** nach dem Rauchen

4 Veränderung des Pulses

Material B

Werbung

Heutzutage dürfen Zigarettenkonzerne nicht mehr aktiv für ihre Produkte werben. Sie finden andere Möglichkeiten. → 5 Seit 2003 gibt es auf Zigarettenpackungen Warnhinweise, seit 2016 auch abschreckende Fotos.

1 Betrachte die Bilder. → 5 6

a ○ Beschreibe die Bilder.

b ◐ Vermute, weshalb die Werbung der Tabakindustrie nur wenige Rauchsituationen zeigt.

2 ◐ Begründe die Richtigkeit der einzelnen Warnhinweise.

• Rauchen führt zur Verstopfung der Arterien und verursacht Herzinfakte und Schlaganfälle.
• Rauchen verursacht tödlichen Lungenkrebs.

3 Ein weiter Warnhinweis ist: „Rauchen macht abhängig!"
● Begründe die Richtigkeit dieses Warnhinweises.

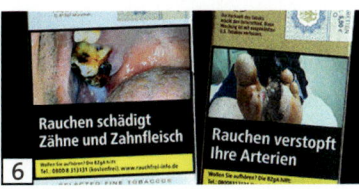

Wie entsteht Sucht?

1 Jugendliche in der Gruppe beim Rauchen

2 Warnhinweis auf Zigarettenschachtel

Jeder weiß, dass Rauchen eine Menge Nachteile hat: Es ruiniert die Gesundheit, kostet enorm viel Geld und man riecht nach dem Rauchen sehr unange-
5 **nehm. Trotzdem fällt es vielen Rauchern sehr schwer mit dem Rauchen aufzuhören, weil sie süchtig sind. Wie entsteht eine Sucht?**

Überlebensstrategie • Stell dir vor, du
10 hast einen Riesenhunger. Wenn du dann endlich etwas zu essen bekommst, löst dieses Essen in deinem Gehirn ein angenehmes Gefühl aus. Dies geschieht durch bestimmte Bo-
15 tenstoffe, die der menschliche Körper ausstößt, wenn wir Dinge tun, die für unser Überleben wichtig sind. Dadurch ist sichergestellt, dass wir zum Beispiel regelmäßig essen.

20 **Betrug im Gehirn** • Nikotin hat einen ähnlichen Aufbau wie die Botenstoffe, welche angenehme Gefühle in unserem Gehirn auslösen. Jedoch wirkt Nikotin schneller und wird in großen

25 Mengen durchs Rauchen aufgenommen. Dadurch wird unserem Gehirn vorgetäuscht, dass Rauchen eine lebensnotwendige Tätigkeit wäre. Bekommt ein abhängiger Raucher eine
30 bestimmte Zeit keine Zigarette, kann er sich schlecht konzentrieren und hat ständig das Bedürfnis zu rauchen.

Entwicklung der Sucht • Wie schnell jemand abhängig wird, ist von Person
35 zu Person unterschiedlich. Allerdings nimmt das Bedürfnis nach der Menge an Zigaretten nach Entstehung der Abhängigkeit schnell zu.

> Beim Entstehen einer Sucht wird das Gehirn getäuscht. Es löst angenehme Gefühle aus, wenn der schädliche Stoff konsumiert wird.

Aufgabe

1 🔊 Beschreibe, wie Nikotin das Gehirn „täuscht".

Material A

Die E-Zigarette

In letzter Zeit sieht man immer mehr Raucher mit E-Zigaretten. Dabei wird eine nikotinhaltige Flüssigkeit verdampft. Oft werden diese als harmlose Alternative zur herkömmlichen Zigarette angepriesen. Hierzu zwei Meinungen:

Vertreter des E-Zigaretten Verbandes: „E-Zigaretten sind eine Alternative für Raucher, die dadurch ein deutlich geringeres gesundheitliches Risiko eingehen als mit herkömmlichen Zigaretten."

Krebsforscherin: „E-Zigaretten sind keinesfalls harmlos. Es wird ein Chemiecocktail inhaliert, von dem niemand weiß, was alles darin enthalten ist. Erste Studien zeigen besorgniserregende Ergebnisse."

3 E-Zigarette

1 Will man Aussagen bewerten, so ist es wichtig zu überlegen, welche Interessen die Personen haben, welche die Aussage getroffen haben. Nenne jeweils die Interessen des Vertreters der E-Zigaretten und der Krebsforscherin.

2 Viele Raucher steigen auf die E-Zigarette um, weil sie hoffen ihre Gesundheit so weniger zu gefährden. Erkläre, warum diese Personen nicht „einfach" mit dem Rauchen aufhören.

Material B

Sage Nein zum Rauchen

4 Typischer Beginn einer „Raucherkarriere"

Gar nicht erst mit dem Rauchen anzufangen ist viel leichter als aufzuhören. Doch es ist nicht einfach Nein zu sagen.

1 Beschreibe den Comic.

2 Bildet Gruppen.

a Überlegt euch, wie der Junge in Bild 3 auf die Aussagen der anderen reagieren könnte. Plant dazu ein Rollenspiel.

b Erstellt ein Infoblatt zum Thema "Sage Nein zum Rauchen!"

Atmung, Blut und Kreislaufsystem

Zusammenfassung

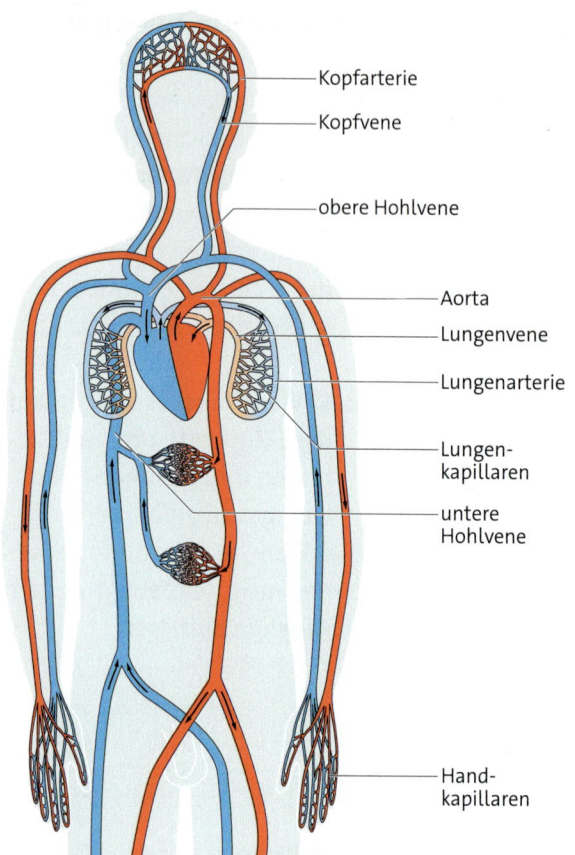

Kopfarterie
Kopfvene
obere Hohlvene
Aorta
Lungenvene
Lungenarterie
Lungen-kapillaren
untere Hohlvene
Hand-kapillaren

1 Das Herz-Kreislauf-System

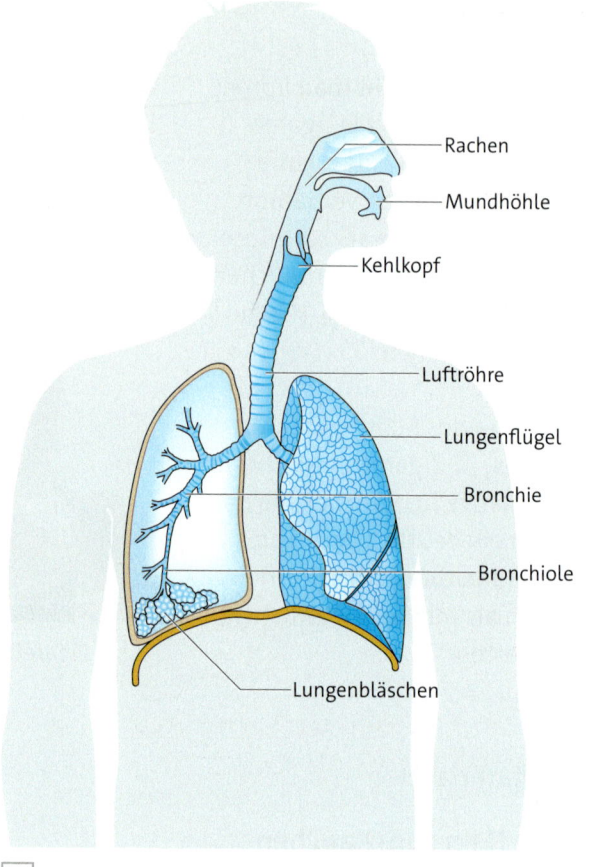

Rachen
Mundhöhle
Kehlkopf
Luftröhre
Lungenflügel
Bronchie
Bronchiole
Lungenbläschen

2 Das Atmungssystem

Blutkreislauf • Der Blutkreislauf besteht aus Lungenkreislauf und Körperkreislauf. In Arterien fließt das Blut vom Herzen weg, in Venen fließt es zum Herzen zurück. Über sehr dünne Kapillaren findet der Stoffaustausch zwischen Blut und Körperzellen bzw. Atemluft statt.

Herz • Dieser faustgroße Hohlmuskel pumpt das Blut in den Blutkreislauf. Das Herz besteht aus zwei Vorhöfen und zwei Herzkammern. Je eine Herzkammer und ein Vorhof sind miteinander verbunden.

Blut • Es transportiert Sauerstoff und Nährstoffe zu den Organen sowie Kohlenstoffdioxid und Abfallstoffe zur Lunge und den Ausscheidungsorganen. Blut besteht aus Blutplasma, roten und weißen Blutkörperchen und Blutplättchen.

Lunge • Die Luft gelangt über Mund oder Nase, Rachen, Luftröhre und Bronchien in die Lunge. In den Lungenbläschen wird Sauerstoff aus der Atemluft ins Blut aufgenommen und Kohlenstoffdioxid aus dem Blut in die Atemluft abgegeben.

Der Blutkreislauf

1 ○ Nenne die beiden Teile des Blutkreislaufs.

2 ◐ Zeichne ein Schema des Blutkreislaufs und beschrifte dein Schema.

3 ◐ Vergleiche in einer Tabelle Arterien, Venen und Kapillaren hinsichtlich ihres Aufbaus und ihrer Funktion.

Das Herz

4 ○ Benenne die im Bild 3 nummerierten Teile des Herzens.

5 ○ Erläutere die Funktion des Herzens für den Körper.

6 ◐ Erkläre, warum der Herzmuskel der linken Herzhälfte dicker ist als auf der rechten Seite.

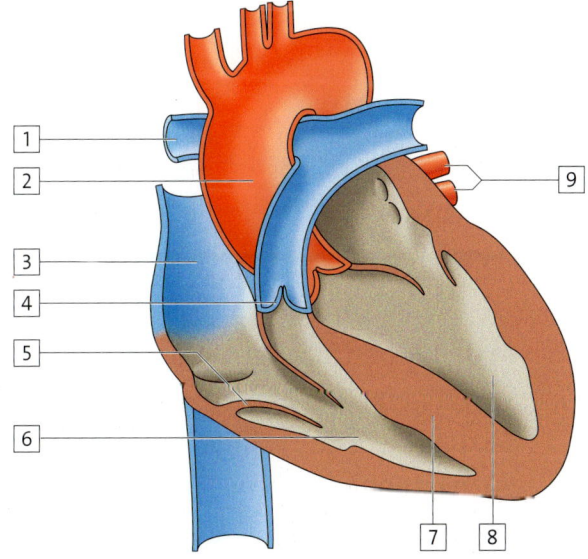

3 Herz

7 ◐ Erkläre die Funktion der Herzklappen.

Das Blut

8 ○ Beschreibe die Zusammensetzung des Blutes und nenne die Aufgaben der einzelnen Blutbestandteile.

Die Atmung

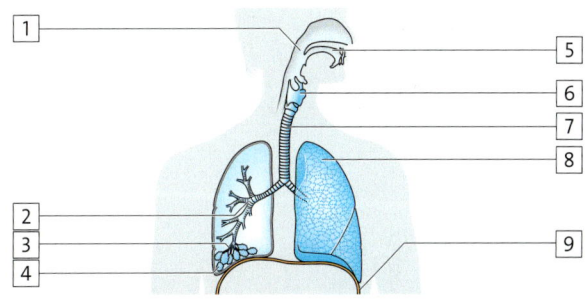

4 Das Atmungssystem

9 ○ Benenne die in Bild 4 nummerierten teile des Atmungssystems.

10 ◐ Stelle den Weg der Atemlift in die Lungenbläschen in einem Fließschema dar.

11 ● Erkläre den Gasaustausch in den Lungenbläschen.

Rauchen macht süchtig

12 ◐ Erläutere schädliche Auswirkungen des Rauchens auf die Lunge.

13 ● Erkläre, weshalb Nikotin abhängig macht.

Fortpflanzung und Entwicklung

In der Pubertät wächst das Verlangen nach Zärtlichkeit und Sexualität. Was ist unter Sexualität zu verstehen? Welche Formen der Sexualität gibt es?

Welche Verhütungsmethoden gibt es? Wie kann man sich vor sexuell übertragbaren Infektionen schützen?

Wie kommt eine Schwangerschaft zustande? Wie entwickelt sich ein neuer Mensch? Was ist während der Schwangerschaft zu beachten?

Liebe und Partnerschaft

1 Wenn aus Freunden Paare werden ...

Für Jugendliche sind Freunde oft wichtiger als die Familie. Aber auch im Freundeskreis verändern sich die Beziehungen zueinander. Erste Liebes-
5 paare bilden sich. Was heißt es, verliebt zu sein? Was ist Liebe? Was ist in einer Partnerschaft wichtig?

2 Verliebt auf Wolke 7

Auf Wolke 7 • Erstes Verliebtsein beginnt bei Mädchen und Jungen meis-
10 tens mit einer Schwärmerei. Du denkst nur noch an das hübsche Mädchen oder den coolen Jungen. Du hast das erste Mal das Gefühl, „Schmetterlinge im Bauch zu haben" und auf „einer
15 Wolke zu schweben". → **2** Du bekommst Herzklopfen, feuchte Hände, weiche Knie und wirst rot, wenn dich dein Schwarm nur ansieht.

Der Anfang der Liebe? • Das Verliebt-
20 sein ist die Vorstufe zur Liebe. Diese Zeit ist von großen Gefühlen bestimmt. Du bist glücklich, hast aber auch Angst vor einer Enttäuschung. In jemanden verliebt zu sein, der diese Gefühle nicht
25 erwidert, tut weh. Liebeskummer ist schwer zu verkraften.

Wenn zwei Verliebte sich gefunden haben, können sie sich im Alltag besser kennenlernen. Mit der Zeit zeigt sich,
30 ob sie zueinander passen oder nicht.

Was ist Liebe? • Liebe ist mehr als ein Gefühl. Sie bedeutet auch, den anderen mit all seinen Schwächen und Stärken anzunehmen. Wenn
35 zwei sich lieben, dann teilen sie gute und schlechte Zeiten miteinander. Vertrauen, Ehrlichkeit, gegenseitige Rücksichtnahme und Treue spielen eine wichtige Rolle.
40 Liebe weckt auch das Verlangen nach Zärtlichkeit und Sexualität. Sich zu berühren und miteinander zu schlafen kann für beide Partner ein schönes Erlebnis sein.

45 **Partnerschaft** • Der vertrauensvolle Umgang miteinander ist die Grundlage für eine Partnerschaft. Gemeinsames Handeln und Entscheiden ist für die meisten Paare heute wichtig. → 3
50 Probleme lassen sich lösen, wenn die Partner offen miteinander reden. Jeder sollte seine eigenen Vorlieben und Abneigungen und die seines Partners kennen und respektieren.

55 **Sich trennen** • Im Laufe der Zeit lernt man den Partner immer besser kennen. Dann kann man auch Eigenschaften an ihm entdecken, die einem nicht gefallen und sogar stören. Manchmal merkt
60 man erst dann, dass man nicht so gut zueinander passt. Eine Trennung kann wehtun, biete aber Chancen für neue Liebe.

3 Partner im Alltag

gemeinsam Probleme lösen

offen miteinander reden

ehrlich miteinander sein

Rücksicht aufeinander nehmen

den anderen annehmen, wie er ist

gemeinsam Entscheidungen treffen

4 Grundsätze einer Partnerschaft

> **Aus dem Verliebtsein kann Liebe entstehen. Vertrauen und gegenseitiger Respekt sind in einer Partnerschaft wichtig.**

Aufgaben

1 ◐ Erkläre die Redewendung „Verliebte schweben auf Wolke 7".

2 ◐ Wähle aus den Grundsätzen in Bild 4 drei aus und begründe deine Auswahl.

3 ● Begründe in eigenen Worten, was für eine Partnerschaft wichtig ist.

Liebe und Partnerschaft

Material A

Liebe und Partnerschaft

Materialliste: Sammlung von nummerierten Fotos aus Zeitschriften zu den Themen Liebe und Partnerschaft

1 ○ Setzt euch in einen Stuhlkreis und legt die Fotos in der Mitte aus.
   a Jeder bestimmt für sich drei Fotos die ihm gefallen. Merke dir die Nummern der Fotos.
   b Erkläre, warum sie dir gefallen und welche Verbindung sie für dich zum Thema haben.
   c Die Fotos könnt ihr in einer Collage gestalten und im Klassenraum aushängen.

Material B

Liebe ist …

Materialliste: Stifte, Plakate

1 ○ Schreibt auf jedes Plakat einen der Satzanfänge. Hängt die Plakate in der Klasse aus.

2 ○ Nun vollendet jeder für sich die Satzanfänge auf jeweils einer Karteikarte.

3 ◗ Jeder bringt seine Karten auf dem zugehörigen Poster an. Vergleicht die Sätze und diskutiert sie.

- Ich bekomme Herzklopfen, wenn …
- Ich bin verliebt, wenn …
- Liebeskummer ist …
- Liebe bedeutet …

4

Material C

Vertrauen und Respekt

Stell dir vor, du bist mit einer Person auf einer einsamen Insel gestrandet.

1 ◗ Notiere fünf Eigenschaften, die dein Partner auf der Insel haben sollte.

2 ○ Sammelt und ordnet die Eigenschaften nach ihrer Häufigkeit an der Tafel.

3 ◗ Stellt Vermutungen an, wieso einige Eigenschaften häufiger genannt werden als andere.

4 ◗ Diskutiert, welche Eigenschaften für ein enges Zusammenleben wichtig sind.

5 ● Definiert gemeinsam die Begriffe „Vertrauen" und „Respekt". Erklärt, warum sie wichtig für eine Beziehung sind.

Material D

Mein Traumpartner

Materialliste: pro Schüler
6 Karteikarten, Klebestreifen

1 ○ Malt ein großes Herz an die Tafel und unterteilt es in zwei Hälften. Beschriftet die eine Hälfte mit „Mein Traumpartner soll ...", die andere mit „Mein Traumpartner soll nicht ...".

2 ○ Schreibe jeweils drei Eigenschaften auf, die dein Traumpartner haben soll und die er nicht haben soll. Hefte die Karten in die entsprechende Herzhälfte.

3 ○ Ordnet die Einträge in den Herzhälften nach Äußerlichkeiten und Charaktereigenschaften.

4 ◐ Beurteilt die Wichtigkeit von Äußerlichkeiten und Charaktereigenschaften.

5

Material E

Wenn die Liebe endet ...

Nicole und Mario waren lange Zeit ein Paar. Nicole hat sich nun in Thomas verliebt. Mario will Nicole zurückgewinnen.

1 Bildet Gruppen mit 5–7 Mitgliedern. Führt ein Rollenspiel auf Grundlage der Rollenkarten durch. → 6 – 8 1–2 Personen beobachten das Rollenspiel.

2 Zu Beginn übernimmt je eine Person eine der Rollen. → 6 – 8 Der übrigen Person warten an der Seite. Immer, wenn einer dieser Personen etwas einfällt, dann sagt sie „Stopp" und tauscht ihren Platz mit einer Person, die gerade gespielt hat.

3 Besprecht eure Erfahrungen während des Rollenspiels.
a ◐ Diskutiert, wie sich Nicole fühlt.
b ◐ Überlegt, welche Unterschiede euer Rollenspiel zur Wirklichkeit hatte.
c ◐ Überlegt gemeinsam, wie man Partnerschaften beenden sollte.
d ◐ Diskutiert, wo Nicole sich Unterstützung holen kann.

Nicole ist seit Wochen total verzweifelt. Anfangs tat Mario ihr noch leid. Mittlerweile hat sie Angst vor ihm. Sie kommt kaum noch zur Ruhe und traut sich allein nicht mehr auf die Straße.

6 Rollenkarte Nicole

Er verfolgt Nicole und ruft sie ständig an. Rund um die Uhr schickt er ihr Nachrichten und Mails. Er merkt, dass er keinen Erfolg hat. Deshalb beleidigt er Nicole nun bei gemeinsamen Freunden und in sozialen Netzwerken.

7 Rollenkarte Mario

Thomas versteht Nicoles Wünsche und Ängste. Er achtet und respektiert ihre Gefühle.

8 Rollenkarte Thomas

Beobachte, wie sich die „Liebenden" zueinander verhalten. Achte besonders auf:
• das Verhalten (Körpersprache)
• die Wortwahl
• die Stimmung
• Spielen die „Liebenden" realitätsnah?

9 Beobachtungskarte

Formen der Sexualität

1 Ein heterosexuelles Paar

Was ist Sexualität? Gehören Liebe und Sexualität zusammen? Und welche Formen der Sexualität gibt es?

Menschliche Sexualität • Bei Jugend-
5 lichen erwacht meist mit dem ersten Verliebtsein auch das Bedürfnis nach Sexualität. Unter Sexualität wird nicht nur Geschlechtsverkehr verstanden, sondern auch der Wunsch nach Lust,
10 Nähe und Zärtlichkeit. Sexualität gehört zu den Grundbedürfnissen des Menschen.

Liebe und Sex • Die Umfrage einer Jugendzeitschrift ergab, dass bei Jungen
15 Sex und Romantik weniger zusammenhängen als bei Mädchen. So konnten sich 12 % der Jungen und nur 6 % der Mädchen auch Sex ohne Liebe vorstellen. Für die Mehrheit der Jugendlichen
20 gehören aber Liebe und Sex zusammen.

Wo die Liebe hinfällt • In unserer Gesellschaft suchen Mädchen und Jungen, Frauen und Männer ihren Partner meistens beim anderen Geschlecht.
25 Sie finden sich zu heterosexuellen Paaren zusammen. → 1
Es gibt aber auch noch andere Formen der Sexualität.
Einige Menschen fühlen sich von Perso-
30 nen desselben Geschlechts angezogen. Sie sind homosexuell. Homosexuelle männliche Personen bezeichnet man als schwul. → 2 Frauen, die sich zu anderen Frauen hingezogen fühlen,
35 bezeichnet man als lesbisch. → 3
Schwule und Lesben führen ganz normale Beziehungen genau wie heterosexuelle Paare auch und erleben die gleichen Freuden, Probleme und
40 Ängste. Sie können eine eheähnliche Lebenspartnerschaft eingehen und so auch Kinder adoptieren.

Was bin ich? • Oft haben Jungs mit ihrem besten Freund und Mädchen
45 mit ihrer besten Freundin eine große Vertrautheit. Mit ihnen tauschen sie sich daher über intime Gedanken und erste sexuelle Erfahrungen aus. Das bedeutet aber nicht, dass sie schwul
50 oder lesbisch sind. Durch den Austausch können Jungen und Mädchen sexuellen Bedürfnisse, ihre sexuelle Orientierung und ihren Körper besser kennenlernen.

55 **Bisexualität** • Einige Menschen können sexuelle und emotionale Beziehungen mit Personen eingehen, ohne dass für sie das Geschlecht des Partners eine Rolle spielt. Da sie sich zu beiden
60 Geschlechtern hingezogen fühlen bezeichnet man sie als bisexuell.

Im falschen Körper • Es gibt Menschen, die sich in ihrem Körper fremd fühlen. Menschen, die wie das andere Ge-
65 schlecht fühlen und lieber Frau oder Mann sein möchten, sind transsexuell. Oft besteht der Wunsch, den eigenen Körper im Aussehen dem anderen Geschlecht anzugleichen.

70 **Was wichtig ist** • Entscheidend für alle Formen der Sexualität ist, was dem Einzelnen und dem Partner guttut. Auf Formen der Sexualität, die nicht der eigenen entspricht, sollte mit Respekt
75 und Toleranz begegnet werden. → 4

> Die Formen der Sexualität sind vielfältig. Jeder Form sollte mit Respekt und Toleranz begegnet werden.

2 Ein schwules Paar

3 Ein lesbisches Paar

4 Demonstration für die Gleichbehandlung von Homosexuellen

Aufgaben

1 ○ Erkläre, was unter Sexualität zu verstehen ist.

2 ◐ Nimm Stellung zu der Aussage „Sex geht auch ohne Liebe".

3 ◐ Erkläre die Begriffe Heterosexualität, Homosexualität, Bisexualität und Transsexualität.

Formen der Sexualität

Material A

Suche nach einem Partner

Ich, 24/175, schlank, sportlich, attraktiv, mag die Natur, Bücher, Snowboardfahren, gemütliche Kneipen, Zärtlichkeit und vieles mehr. Suche passendes „Gegenstück" (m/w)!

Ich, 25/165, koche, reise, wandere und kuschele gerne. Wer macht mit?

Ich suche dich für gemeinsame Stunden zu zweit ohne feste Bindung.

Viele Menschen suchen in Zeitschriften oder Internet-Portalen nach Partnern.

1 ○ Stelle Vermutungen an, ob die Anzeigen von einem Mann oder einer Frau sind.

2 ◐ Beschreibe in eigenen Worten, was die Personen genau suchen.

Material B

Wie tolerant bist du?

In eurem Freundeskreis entwickeln sich aus Freundschaften langsam Partnerschaften. Robin und Florian sind sowohl mit den Mädchen als auch mit den Jungen der Clique befreundet. Ihr habt schon lange beobachtet, dass die beiden sich gut verstehen. Sie besprechen gemeinsam Probleme, haben nahezu gleiche Ansichten und suchen ständig Blickkontakt. Jetzt steht fest, die beiden sind nicht nur Freunde, sondern ein Paar. Wie denkt ihr darüber?

1 ◐ Bildet Gruppen mit je vier Teilnehmern. Führt, ohne miteinander zu sprechen, ein Schreibgespräch durch:
a Jedes Gruppenmitglied schreibt seine Meinung zu Robin und Florian jeweils auf ein Blatt Papier. Anschließend reicht jedes Gruppenmitglied sein Blatt Papier im Uhrzeigersinn weiter.
b Nachfolgend liest jedes Gruppenmitglied die Meinung seines Nachbarn und ergänzt vor dem Weiterreichen einen Kommentar.
c Das Schreibgespräch ist beendet, wenn sich jeder auf dem Blatt geäußert hat.

d Ordnet ein, welche Kommentare eher tolerant sind.

2 Oft gibt es Aussagen, homosexuelle Partner sollten ihre Zuneigung nicht in der Öffentlichkeit zeigen.
● Nimm Stellung zu dieser Aussage.

2 Robin und Florian

Material C

Sich „outen"

Bis zu 10 % der Bevölkerung sind homosexuell, darunter auch Prominente wie Schauspieler, Politiker oder Sportler. Mit den Worten „Ich bin schwul, und das ist auch gut so" bekannte sich der Berliner Bürgermeister Klaus Wowereit 2001 zu seiner sexuellen Identität, er „outete" sich. In den Jahren darauf bekannten sich immer mehr Prominente zu ihrer Homosexualität.

Viele erst nach dem Ausscheiden aus ihrer aktiven Karriere, wie 2014 der Fußball Nationalspieler Thomas Hitzlsperger.
→ 3

1 ○ Erkläre den Begriff „sich outen".

2 ◐ Nenne Gründe, warum sich Prominente nicht oder erst nach ihrer Karriere zu ihrer homosexuellen Identität bekennen.

3 Thomas Hitzlsperger

Material D

Homosexuelle Partnerschaften

Das Bundesamt für Statistik führt eine Vielzahl statistischer Erhebungen durch. Auch zu homosexuellen Partnerschaften liegen Daten vor.

1 Werte die Grafik aus.
a ○ Nenne den Gesamtanteil der homosexuellen Lebensgemeinschaften von 1997 bis 2013.
b ◐ Nenne den Anteil der homosexuellen Frauen und Männer im Jahr 2007.

2 ◐ Stelle Vermutungen zu den Gründen der Veränderungen von 1997 bis 2013 an.

3 ◐ Die Daten werden nach Befragungen erhoben. Erkläre wie verlässlich die Daten aufgrund dieser Tatsache sind.

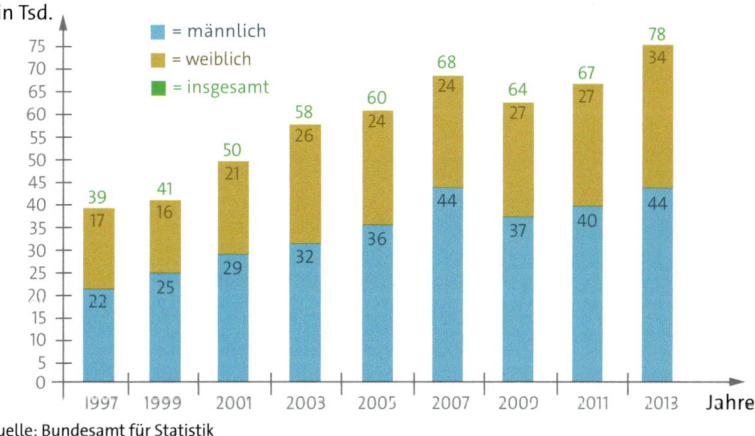

Quelle: Bundesamt für Statistik

4 Homosexuelle Partnerschaften in Deutschland

Die Geschlechtsorgane

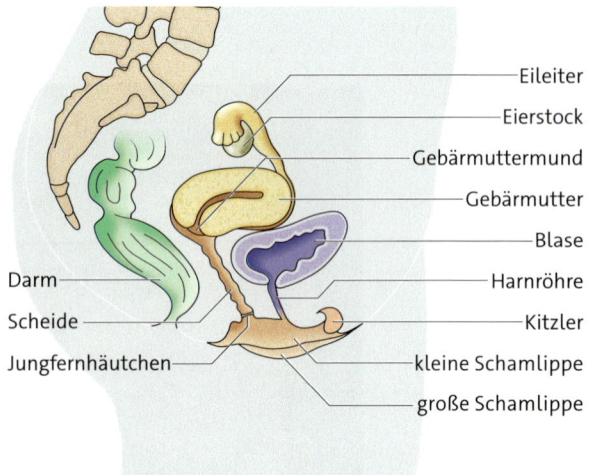

Die weiblichen Geschlechtsorgane (von der Seite):
Eileiter, Eierstock, Gebärmuttermund, Gebärmutter, Blase, Harnröhre, Kitzler, kleine Schamlippe, große Schamlippe, Jungfernhäutchen, Scheide, Darm

1 Die weiblichen Geschlechtsorgane (von der Seite)

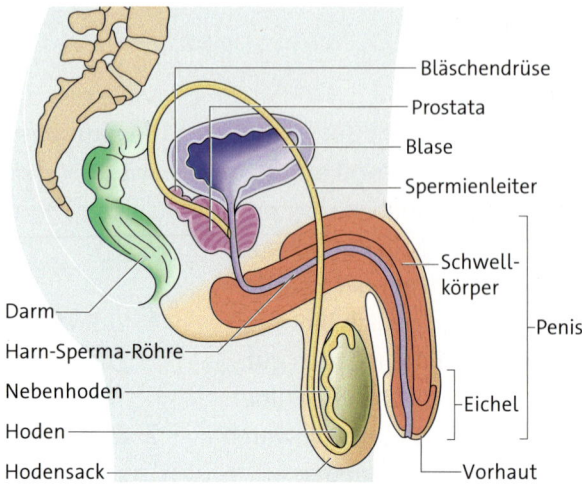

Die männlichen Geschlechtsorgane (von der Seite):
Bläschendrüse, Prostata, Blase, Spermienleiter, Schwellkörper, Penis, Eichel, Vorhaut, Hodensack, Hoden, Nebenhoden, Harn-Sperma-Röhre, Darm

2 Die männlichen Geschlechtsorgane (von der Seite)

Die weiblichen Geschlechtsorgane •
Die großen und kleinen Schamlippen umgeben den Scheideneingang und die Öffnung der Harnröhre. Darüber
5 liegt der berührungsempfindliche Kitzler. Die Scheide nimmt während des Geschlechtsverkehrs den Penis des Mannes auf. Kurz hinter dem Scheideneingang befindet sich ein dehnbares,
10 löchriges Häutchen, das Jungfernhäutchen. Am Ende der Scheide befindet sich der Gebärmuttermund. Die Gebärmutter liegt wie die Eierstöcke und die Eileiter in der Bauchhöhle. In den
15 beiden walnussgroßen Eierstöcken befinden sich etwa 400 000 winzige Eizellen. Die reife Eizelle wird aus dem Eierstock in den Eileiter abgegeben.

Die männlichen Geschlechtsorgane •
20 Die berührungsempfindliche Eichel an der Spitze des Penis wird von der Vorhaut geschützt. Im Penis liegen die Schwellkörper, in denen bei Erregung durch Muskeln Blut gestaut wird, was
25 den Penis aufrichtet. Im Hodensack befinden sich die Hoden, die täglich mehrere Millionen Spermienzellen bilden. Diese werden in den Nebenhoden gesammelt. Zusammen mit
30 den Flüssigkeiten der Prostata und der Bläschendrüsen bilden sie das Sperma. Muskeln können das Sperma durch den Spermienleiter und die Harn-Sperma-Röhre nach außen drücken.
35 Die weiblichen und männlichen Geschlechtsorgane werden als primäre, also als die entscheidenden Geschlechtsmerkmale bezeichnet.

> Die Geschlechtsorgane unterscheiden sich bei Frau und Mann. Sie werden als primäre Geschlechtsmerkmale bezeichnet.

Aufgabe

1 🖋 Erkläre, wo Eizellen und Spermien gebildet werden.

Material A

Die weiblichen Geschlechtsorgane

1 ○ Schreibe die Zahlen 1–7 in dein Heft. Beschrifte sie mit den richtigen Fachbegriffen.

2 ◐ Beschreibe die Lage des Jungfernhäutchens.

3 ◐ Beschreibe jeweils die Aufgaben der Schamlippen, des Kitzlers und der Eierstöcke.

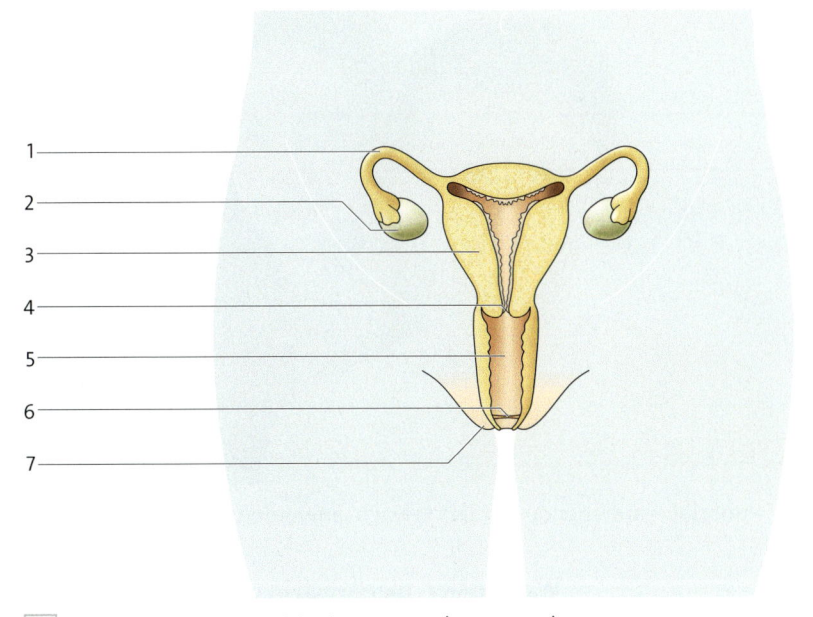

3 | Die weiblichen Geschlechtsorgane (von vorne)

Material B

Die männlichen Geschlechtsorgane

1 ○ Schreibe die Zahlen 1–12 in dein Heft. Beschrifte sie mit den richtigen Fachbegriffen.

2 ◐ Beschreibe jeweils die Aufgaben der männlichen Geschlechtsorgane.

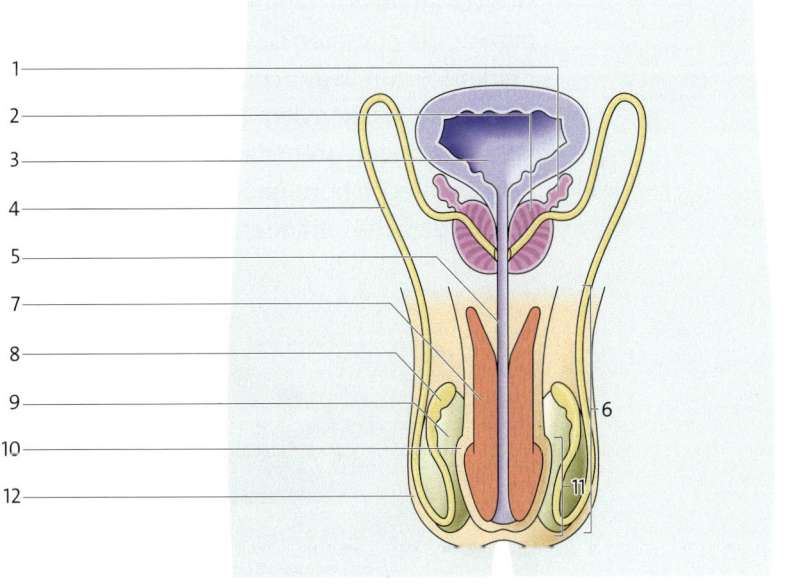

4 | Die männlichen Geschlechtsorgane (von vorne)

Geschlechtshormone

1 Pubertät – aufregende Zeit des Erwachsenwerdens

Was passiert eigentlich in der Pubertät?

Die Pubertät • Während der Kindheit sind die Körper von Mädchen und
5 Jungen fast gleich. Sie unterscheiden sich vor allem durch ihre Geschlechts-organe, die primären Geschlechts-merkmale. Mit Beginn der Pubertät, meistens zwischen dem 11. und 14. Le-
10 bensjahr, finden unter dem Einfluss der Geschlechtshormone seelische und körperliche Veränderungen statt.

2 Auseinandersetzungen mit den Eltern

Aufbruchsstimmung • Die seelischen Veränderungen äußern sich in Aus-
15 einandersetzungen mit erwachsenen Bezugspersonen wie Eltern oder Leh-rern. → 2 Freunde und Gleichaltrige sind oft wichtiger. Gleichzeitig er-wacht das Gefühlsleben. Mädchen
20 und Jungen beginnen sich füreinander zu interessieren und zeigen Interesse an Sexualität.

Körperliche Veränderungen • Beim Mädchen wachsen Scham- und Ach-
25 selhaare, die Brüste mit den Milch-drüsen entwickeln sich, das Becken wird runder und breiter.
Bei den Jungen wachsen ebenfalls Scham- und Achselhaare, zudem setzt
30 der Bartwuchs ein. Der Kehlkopf ver-größert sich, der Junge kommt in den Stimmbruch, die Stimme wird tiefer. Die Muskulatur wird stärker, die Schultern breiter.

35 Diese während der Pubertät ausge-
prägten Merkmale werden auch als
sekundäre Geschlechtsmerkmale
bezeichnet.

Unsichtbare Veränderungen • Die be-
40 deutendsten Veränderungen vollziehen
sich in den Geschlechtsorganen. Die
Geschlechtszellen reifen und sind funktionsfähig. Bei Mädchen bildet sich die
erste reife Eizelle. → 3 Danach setzt
45 die erste Regelblutung ein. Bei Jungen
entwickeln sich reife Spermienzellen in
den Hoden. → 4 Mädchen und Jungen
sind nun geschlechtsreif. Sie können
Kinder bekommen oder zeugen.

50 **Wie „entsteht" die Pubertät?** • Das Zwischenhirn regt die Hirnanhangsdrüse
an, Hormone zu bilden. → 5 Dies sind
Botenstoffe, die über das Blut im Körper
verteilt werden und an speziellen Ziel-
55 orten, beispielsweise den Hoden oder
Eierstöcken, wirken. Sie bewirken dort
die Bildung der weiblichen oder männlichen Geschlechtshormone. In den
Eierstöcken wird das bei Frauen über-
60 wiegende Östrogen und Progesteron
gebildet. Die Hoden produzieren das
bei Männern überwiegende Testosteron. In den Geschlechtsorganen bewirken die Hormone das Heranreifen der
65 Geschlechtszellen. Sie haben aber auch
auf das Gefühlsleben Einfluss und führen zu Stimmungsschwankungen.

> In der Pubertät verändern sich
> Verhalten und Körper der Heran-
> wachsenden. Dies wird durch
> Geschlechtshormone ausgelöst.

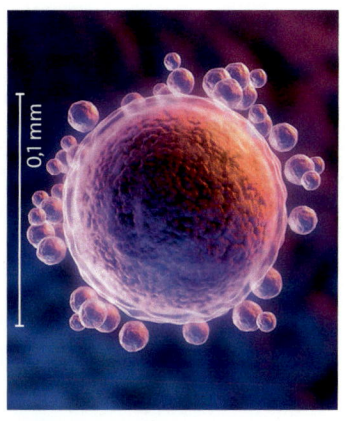

0,1 mm

3 Die Eizelle

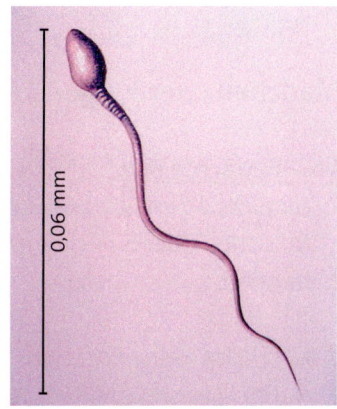

0,06 mm

4 Die Spermienzelle

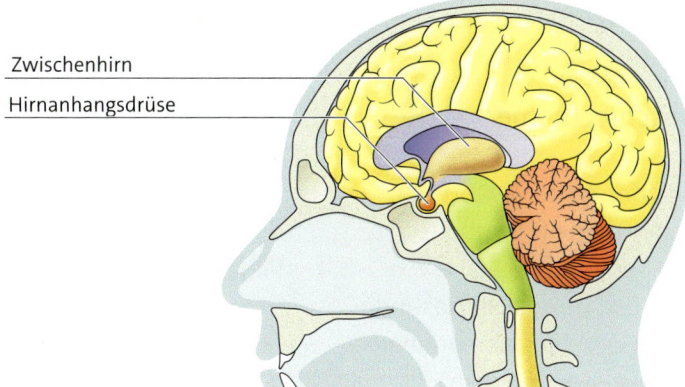

Zwischenhirn
Hirnanhangsdrüse

5 Gehirn mit Hirnanhangsdrüse

Aufgaben

1 ○ Erkläre den Unterschied zwischen primären und sekundären
Geschlechtsmerkmalen.

2 ◖ Nenne die Geschlechtshormone
für Frau und Mann.

3 ◖ Erkläre die Ursachen für die
Veränderungen in der Pubertät.

Geschlechtshormone

Material A

Mädchen oder Junge?

1 ○ Betrachte Bild 1. Entscheide, ob es sich um ein Mädchen oder einen Jungen handelt.

2 ◔ Erkläre deine Entscheidung.

3 ○ Sammelt die Entscheidungen aller Mitglieder eurer Klasse in einer Strichliste. Diskutiert die unterschiedlichen Zuordnungen.

4 ◔ Nenne Gründe, weshalb eine eindeutige Geschlechtszuordnung nicht möglich ist.

Material B

Sekundäre Geschlechtsmerkmale

An öffentlichen Toiletten findet man oft Symbole.

1 ○ Erkläre, welche sekundären Geschlechtsmerkmale dargestellt werden.

2 ◔ Liste die sekundären Geschlechtsmerkmale bei Mädchen und Jungen in einer Tabelle auf. Markiere Veränderungen, die beide Geschlechter betreffen.

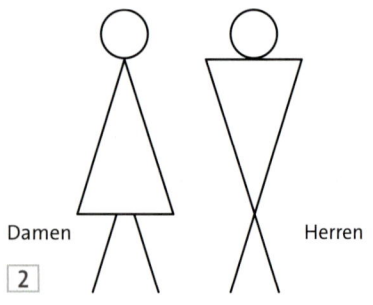

Damen   Herren

2

Material C

Bildung und Wirkung der Geschlechtshormone

Das Gehirn steuert die Bildung der weiblichen und männlichen Geschlechtshormone.

1 ◔ Erkläre die Bildung der Geschlechtshormone.

2 ◔ Beschreibe die Wirkung der Geschlechtshormone auf die Geschlechtsorgane.

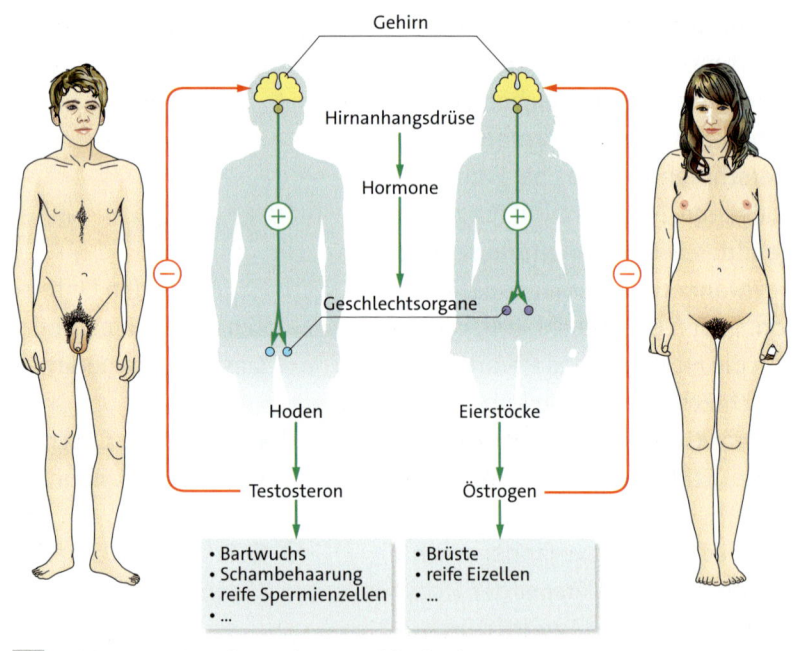

3 Bildung und Wirkung der Geschlechtshormone

Der Regelkreis der Hormone

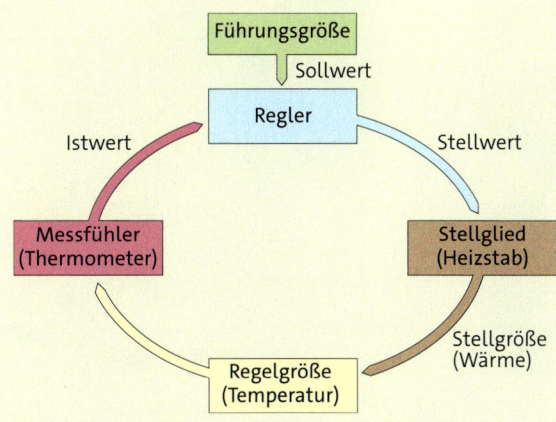

4 Regelkreis in der Technik

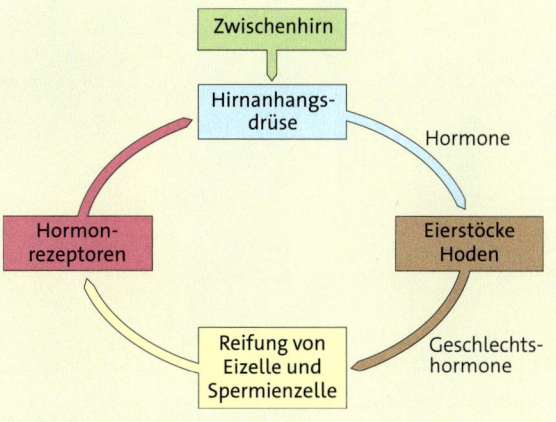

5 Regelkreis der Hormone

Hormonelle Steuerung • In der Pubertät schüttet die Hirnanhangsdrüse Hormone in den Blutkreislauf aus. Unter dem Einfluss dieser Hormone werden in den Geschlechts-
5 organen die Geschlechtshormone gebildet. Damit nicht unendlich viele Geschlechtshormone gebildet werden, wird ihre Menge im Blut über einen Regelkreis gesteuert.

Technische Steuerung • Steuerungsprozesse
10 werden in Regelkreisen dargestellt. Die Heizungsanlage eines Hauses hält eine konstante Temperatur in den Räumen. Ein Messfühler, das Thermometer, kontrolliert permanent den Istwert. Dieser Wert wird an den Regler gelei-
15 tet und mit der angeforderten Temperatur, dem≈Sollwert, abgeglichen. Kontrolliert wird der Regler durch eine Führungsgröße, einen Computer. Liegt die Temperatur in einem Raum unter dem Sollwert, leitet der Regler diese
20 Information an das Stellglied, den Heizstab. Der Heizstab beheizt dann den Raum.→ 4

Modellübertragung • Das Prinzip der Technik lässt sich auf biologische Prozesse übertragen. Die Hirnanhangsdrüse kontrolliert per-
25 manent die Menge der im Blut vorhandenen Geschlechtshormone. Wenn viel Östrogen oder Testosteron im Blut vorhanden ist, bildet die Hirnanhangsdrüse weniger Hormone. Daraufhin produzieren die Eierstöcke weniger
30 Östrogen und die Hoden weniger Testosteron.
→ 5

Die Ausschüttung der Geschlechtshormone wird durch einen Regelkreis gesteuert.

Aufgaben

1 ● Erkläre das Prinzip eines Regelkreises.

2 ● Vergleiche den technischen Regelkreis mit dem hormonellen Regelkreis.

Der weibliche Zyklus

1   Endlich eine Frau ...

2   Hilfe bei Beschwerden

Wenn Mädchen zu Frauen werden, dann setzt auch bald eine monatliche Blutung ein. Was passiert dabei im Körper?

Jeden „Monat" wieder ... • In den Eier-
5 stöcken von Mädchen liegen bei der Geburt etwa 400 000 unreife Eizellen vor. In der Pubertät bewirken die Geschlechtshormone bei Mädchen den Beginn der monatlichen Eireifung in 10 den Eierstöcken. Zwischen dem 9. und 14. Lebensjahr erfolgt die erste Eireifung, die eine Blutung auslöst. Diese Eireifung erfolgt daraufhin etwa 40 Jahre lang regelmäßig und 15 wird deshalb als Regelblutung oder Menstruation bezeichnet. Die Menstruation wiederholt sich, daher spricht man von einem Kreislauf, einem Zyklus. Der Zyklus hat meist eine Länge von 20 25 bis 32 Tagen. Er kann durch Stress, Krankheiten und Medikamente aber auch deutlich länger oder kürzer sein.

Der weibliche Zyklus • In den Eierstöcken liegen unreife Eizellen in Bläs-
25 chen, den Follikeln, vor. Die Hormone der Hirnanhangsdrüse bewirken das Heranreifen einer unreifen Eizelle in einem der beiden Eierstöcke. Wenn der Follikel wächst, produziert er 30 Östrogen. Das führt zu einer besseren Durchblutung der Gebärmutterschleimhaut. Nach 14 Tagen platzt der Follikel,

Abbildung 3

1.–4. Tag   unreife Eizelle   5.–10. Tag   reifende Eizelle

11.–12. Tag

13.–15. Tag

Follikel   Gelbkörper   Eisprung   Eileiter

3   Die Eireifung

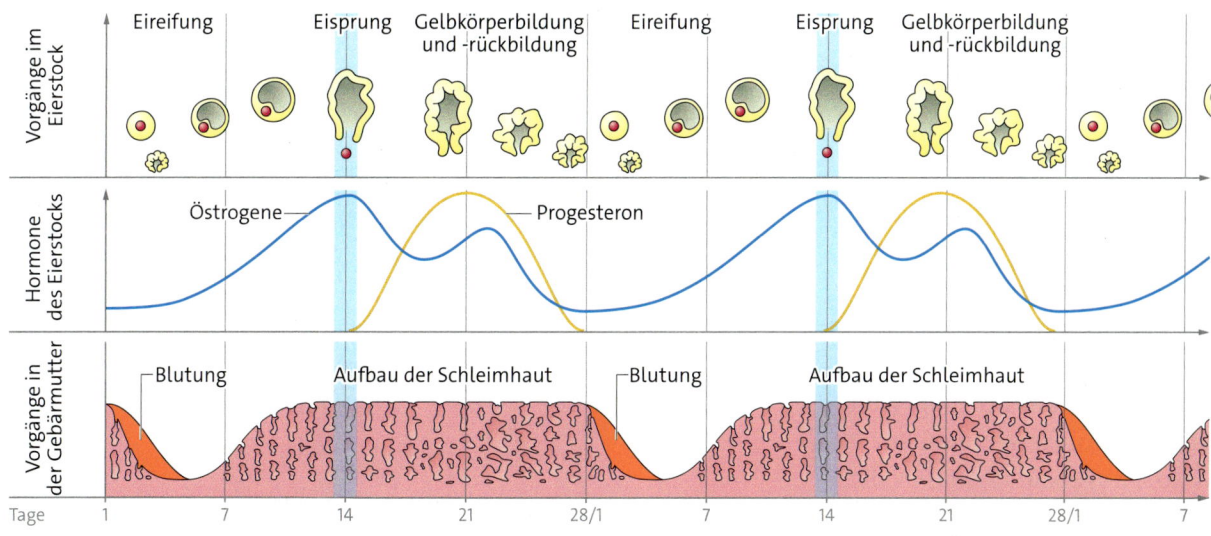

4 Der Menstruationszyklus

die Eizelle wird in den Eileiter abgegeben. Dieser Vorgang wird als Eisprung

35 bezeichnet. → 3 Nach dem Eisprung
wird der geplatzte Follikel gelblich.
Er wird daher Gelbkörper genannt.
Der Gelbkörper produziert nun kaum
Östrogen mehr, sondern Progesteron.

40 Durch Ausschüttung des Progesterons
wird die Gebärmutterschleimhaut
noch stärker durchblutet und aufgebaut. Jetzt könnte sich eine befruchtete Eizelle einnisten. Falls hier keine

45 Befruchtung erfolgt, löst sich der Gelbkörper auf. Es wird kein Progesteron
mehr produziert. Die aufgebaute Gebärmutterschleimhaut löst sich ab
und wird zusammen mit der nicht be-

50 fruchteten Eizelle durch die Scheide
ausgeschieden. Die einsetzende Regelblutung dauert meist 4 bis 5 Tage.

Menstruationsbeschwerden • Viele
Mädchen verspüren kurz vor Einsetzen

55 der Regelblutung ein Unwohlsein und
ein Ziehen im Unterleib und Rücken.
Mit Kräutertees, Wärme und Ruhe können die Beschwerden gelindert werden. Helfen diese Mittel nicht, kann

60 man einen Frauenarzt um Rat fragen.

Monatshygiene • Das Blut der Menstruation wird mit Binden oder Tampons
aufgefangen. Tampons verletzen bei
sachgemäßer Anwendung das Jung-

65 fernhäutchen nicht, da es ein oder
mehrere Löcher hat.

> Der weibliche Zyklus wird durch
> Östrogen und Progesteron gesteu-
> ert. Die aufgebaute Gebärmutter-
> schleimhaut wird als Blutung, die
> Menstruation, ausgeschieden.

Aufgabe

1 ● Erkläre die Aufgabe von Östrogen
und Progesteron.

Der weibliche Zyklus

Der Zyklusverlauf

Der Zyklus wiederholt sich regelmäßig. Durch Hormone gesteuert baut sich die Gebärmutterschleimhaut monatlich einmal auf, um eine befruchtete Eizelle aufzunehmen. Erfolgt keine Befruchtung, wird die Gebärmutterschleimhaut wieder abgebaut und durch die Scheide ausgeschieden.

1 ◗ Ordne die Bilder zum Verlauf des Zyklus in die richtige Reihenfolge.

2 ◗ Beschreibe die jeweils abgebildeten Vorgänge in den weiblichen Geschlechtsorganen.
Benutze folgende Fachbegriffe: Eizelle, Eierstock, Eileiter, Eisprung, Gebärmutterschleimhaut.

3 ◗ Erkläre, wieso sich die Gebärmutterschleimhaut ablöst.

4 ◗ Nenne die Zeitspanne, in der sich eine befruchtet Eizelle einnisten kann.

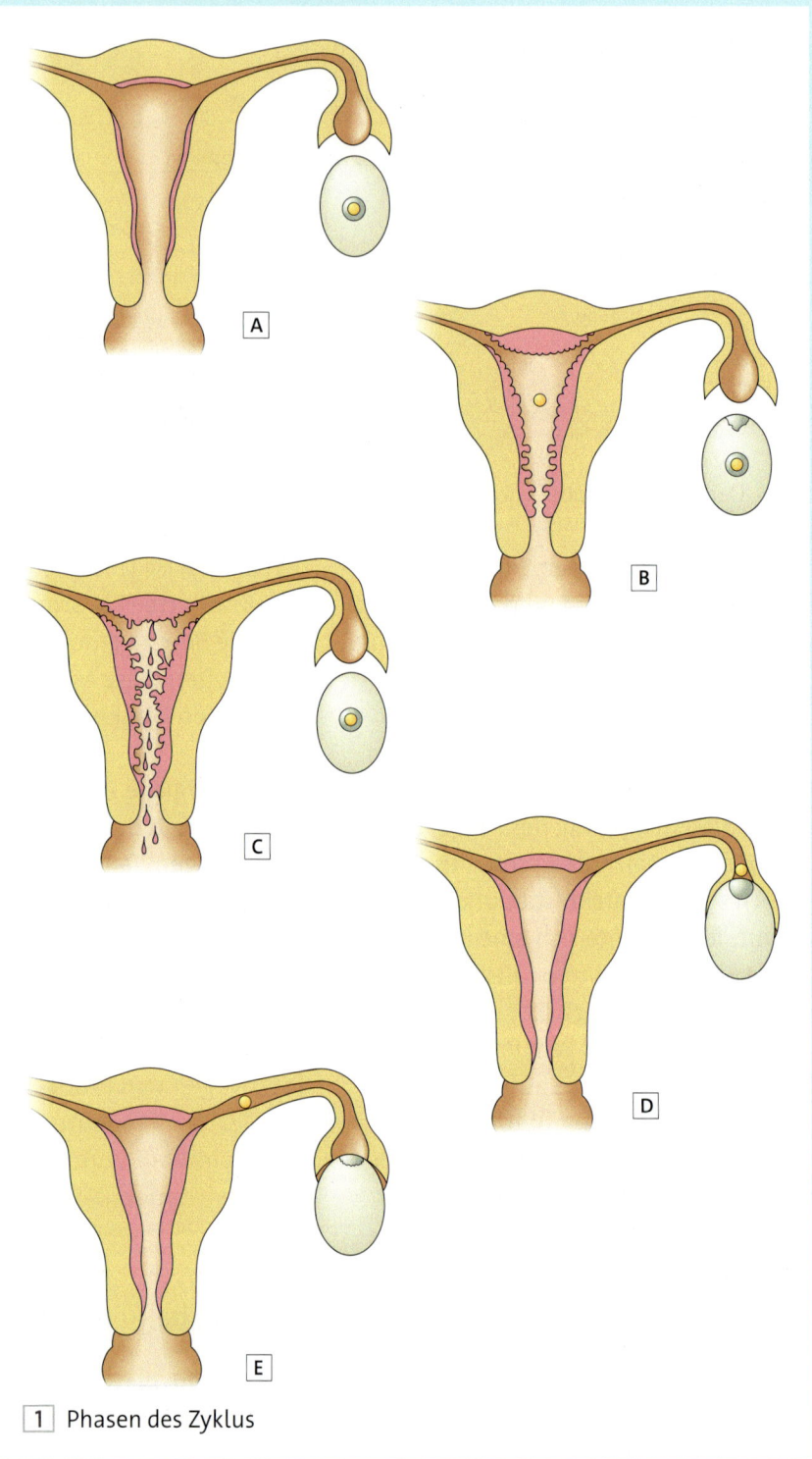

1 Phasen des Zyklus

Material B

Binden und Tampons

Viele Mädchen denken, dass sie während der Menstruation sehr viel Blut verlieren. Dabei sind es nur 50 bis 150 ml. Zudem befürchten sie, dass Binden oder Tampons das Blut nicht sicher auffangen.

Materialliste:
Binden (normal), Tampons (mini, normal), Becherglas (200 ml), Wasser

1 ○ Untersuche die Binde.
a Notiere, wie die Binde verpackt ist. Erkläre.
b Notiere die Materialien die verwendet werden in ihrer Abfolge von oben nach unten. Trage dafür Schicht für Schicht ab.
c Erkläre, wodurch die Binde einen sicheren Schutz gegen Durchblutung bietet.

2 ○ Untersuche den Tampon (normal).
a Notiere, wie der Tampon verpackt ist. Erkläre.
b Notiere die Materialien, die verwendet werden.
c Überprüfe die Reißfestigkeit des Rückholfadens.

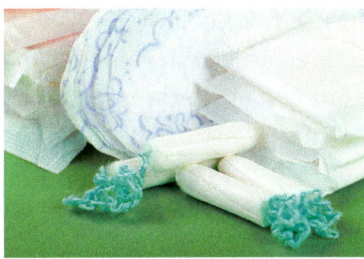

2 Binden und Tampons

Material C

Die Steuerung des Zyklus

1 ● Beschreibe die Steuerung der Vorgänge und die Auswirkungen auf Follikel und Gebärmutterschleimhaut.

2 ● Beschreibe die Reifung der Eizelle und den Eisprung unter Mitwirkung des Östrogens und Progesterons.

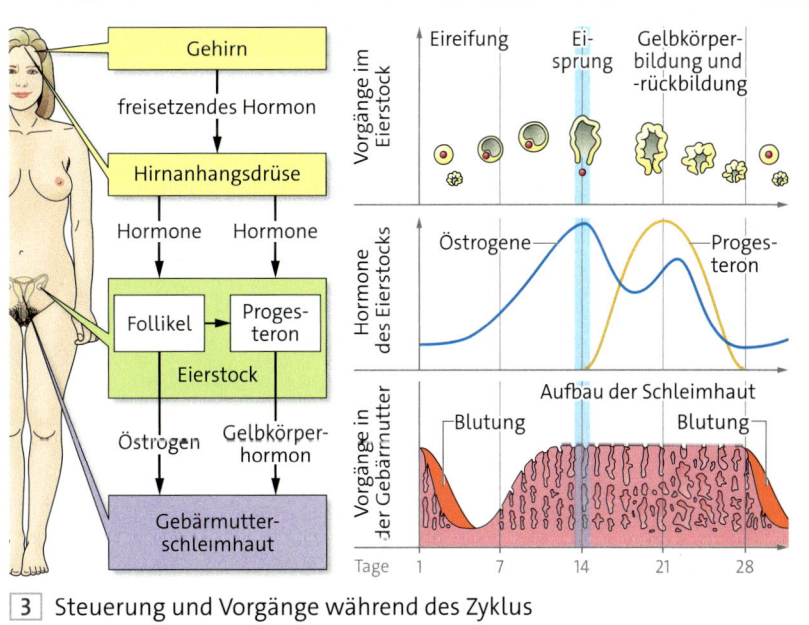

3 Steuerung und Vorgänge während des Zyklus

Geschlechtsverkehr

1 Miteinander schlafen

Verliebte möchten sich nahe sein und miteinander schlafen.

Küssen, streicheln, Erregung • Verliebte suchen die körperliche Nähe ihres
5 Partners. Sie küssen und streicheln sich, auch an intimen Körperstellen. Dann nennt man es Petting. Die gesteigerte sexuelle Erregung erweckt den Wunsch, sich zu vereinen, mitei-
10 nander zu schlafen. → 1 Sie wirkt auf die Geschlechtsorgane: Durch das Anspannen von Muskeln wird Blut in den Schwellkörpern gestaut. Das führt zu einer Erektion. Über den Penis wer-
15 den schon bei Erregung sogenannte Lusttropfen abgegeben, die bereits Spermien enthalten können. Auch bei der Frau werden Kitzler und Schamlippen stärker durchblutet. Spezielle
20 Drüsen sondern eine Flüssigkeit ab, die die Scheide feucht und gleitfähig macht. Somit kann der Penis leichter in die Scheide gleiten.

Das erste Mal • Viele Mädchen fürch-
25 ten sich bei ihrem ersten Geschlechts-
verkehr vor dem Einreißen des Jungfernhäutchens und vor Schmerzen. Wird ein Penis eingeführt, kann das Jungfernhäutchen so weit gedehnt
30 werden, dass es einreißt. Das kann ein wenig bluten, meist sind es nur wenige Tropfen. Wenn beide Partner sich Zeit füreinander nehmen und sich aufeinander einlassen, sind beide entspannt.
35 Dann wird auch die Scheide feucht und es entstehen keine Schmerzen.

Orgasmus • Durch die Bewegungen beim Geschlechtsverkehr kann sich die sexuelle Erregung bis zum Höhepunkt,
40 dem Orgasmus, steigern. Hierbei ziehen sich die Muskeln der Geschlechtsorgane rhythmischen zusammen. Beim Mann kommt es dabei zum Ausstoßen des Spermas. Bei der Frau zie-
45 hen sich Scheiden- und Gebärmuttermuskulatur zusammen. Beide Partner empfinden ein Lust- und Glücksgefühl. Manchmal müssen sich die Partner erst aufeinander einstellen, um ge-
50 meinsam einen Orgasmus zu erleben.

> Beim Geschlechtsverkehr wird der Penis in die Scheide eingeführt. Beim Orgasmus des Mannes kommt es zur Ejakulation.

Aufgaben

1 ◗ Erkläre den Begriff „Petting".

2 ◗ Beschreibe die Vorgänge in den Körpern von Mann und Frau bei sexueller Erregung.

das Petting
die Erektion
das Jungfernhäutchen
die Ejakulation
der Orgasmus

Material A

Unsicherheit und Ängste

Jugendliche fühlen sich heute eigentlich gut aufgeklärt. Sie bekommen überall Informationen über Sexualität, werden dadurch aber manchmal eher verunsichert.

Der erste Geschlechtsverkehr und erste sexuelle Erfahrungen spielen eine wichtige Rolle. Erwartungen werden geweckt, bewusste und unbewusste Ängste erlebt.

1 ○ Lies alle Aussagen in Bild 2.

2 ● Wähle zwei Nachrichten aus und mache den Absendern Lösungsvorschläge.

Ich habe noch nie mit einem Jungen geschlafen. Ich habe Angst vor den Schmerzen. *Lucy*

Ich habe eine neue Freundin, wir machen fast alles zusammen. Jetzt, nach zwei Wochen, möchte sie mit mir schlafen. Ich bin mir aber noch unsicher. *Leon*

Mein Freund will mit mir schlafen. Was ist, wenn ich ihm nackt nicht gefalle? *Madeleine*

Wir haben schon öfters miteinander geschlafen. Wieso haben wir nicht immer einen Orgasmus miteinander? *Ella und Holger*

Wir sind seit zwei Monaten zusammen, nun möchten wir ganz zusammen sein und miteinander schlafen. Wir haben Angst, etwas falsch zu machen. *Markus u. Daniela*

2 Ich bin total verliebt, meine Freundin ist megatoll. Ich habe Angst, keinen hochzukriegen. *Manfred*

Material B

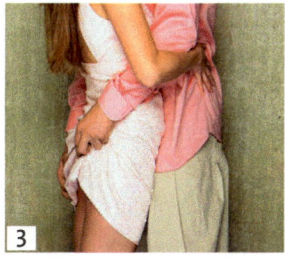 3
 4
 5
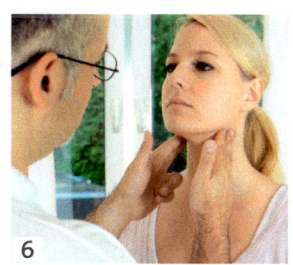 6

Anfassen erlaubt?

Körperliche Nähe wird von jedem anders empfunden. Sie wird je nach Situation gesucht oder abgelehnt.

1 ○ Beschreibe die Bilder 3–6. Erkläre die Situationen.

2 ◑ Nenne weitere Alltagssituationen, in denen das Anfassen erlaubt oder nicht erlaubt ist.

3 ● Nenne Möglichkeiten, um für dich unangenehme Situationen zu lösen.

4 ◑ Stelle eine Situation nach, in der du deutlich „Nein" sagst.

Verhütung

1 | Verhütung ist Aufgabe beider Partner

Lea und Kevin genießen die Liebe. Ein Kind ist momentan nicht gewünscht. Wie können sie sich vor einer ungewollten Schwangerschaft 5 **schützen?**

Verhüten – aber womit? • Es gibt eine große Vielfalt an Verhütungsmitteln. Beide Partner sollten sich über Verhütungsmethoden informieren und dann 10 gemeinsam über ihr Verhütungsmittel entscheiden. → 1

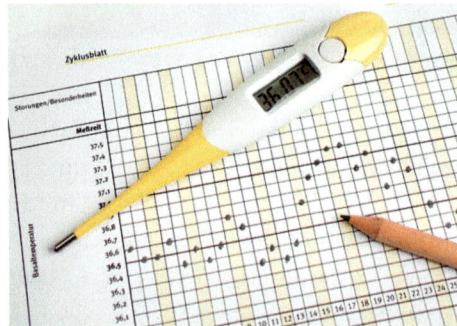

2 | Ein Temperaturkalender

„Ich passe schon auf" • Beim Coitus interruptus, dem unterbrochenen Geschlechtsverkehr, zieht der Mann 15 vor der Ejakulation den Penis aus der Scheide. Das ist jedoch keine Verhütungsmethode, denn schon vor dem Orgasmus werden über den Penis sogenannte Lusttröpfchen mit Sper- 20 mienzellen abgegeben.

Natürliche Methoden • Frauen, die einen sehr regelmäßigen Menstruationszyklus haben, können mithilfe eines Kalenders ihren Eisprung berechnen. Dabei wird 25 täglich die Körpertemperatur gemessen, denn mit dem Eisprung steigt diese leicht an. Durch dieses Überwachen kann ein Kinderwunsch erfüllt oder natürliche Verhütung organisiert wer- 30 den. Beide Methoden erfordern Disziplin, einen regelmäßigen Zyklus und Erfahrung. Sie sind als alleinige Verhütungsmethoden unsicher.

Das Kondom • Kondome bestehen aus
35 einer dünner Gummihaut und werden
über den steifen Penis gerollt. → 3
Die Spermienzellen können somit nicht
in die Scheide gelangen. Kondome
schützen nicht nur vor ungewollter
40 Schwangerschaft, sondern auch vor
sexuell übertragbaren Infektionen.

Verhütung mit Hormonen • Hormonpräparate sind die sichersten Verhütungsmittel. Pille und Minipille sind
45 die Mittel, die am häufigsten genutzt
werden. → 4 Die Minipille hat weniger Inhaltsstoffe. Sie muss deshalb
immer zur genau gleichen Uhrzeit eingenommen werden, damit sie einen
50 durchgängigen Empfängnisschutz
bietet. Hormonpräparate werden nur
vom Frauenarzt verschrieben.
Die Hirnanhangsdrüse bekommt aufgrund der Hormoneinnahme die Infor-
55 mation, dass ausreichend Hormone im
Blut sind. Die Eierstöcke bilden keine
eigenen Geschlechtshormone. Dadurch
wird das Heranreifen der Eizelle im
Eierstock verhindert, eine Befruchtung
60 ist nicht möglich. Die Gebärmutterschleimhaut wird nicht vollständig aufgebaut. Der Schleim am Muttermund
wird so verändert, dass Spermienzellen
nicht eindringen können. → 5

65 **Die Pille danach** • Für den Fall, dass
Verhütungsmethoden fehlgeschlagen
haben, gibt es die „Pille danach".
Sie wird auch als Notfallverhütung
bezeichnet und kann bei zeitnaher
70 Einnahme eine ungewollte Schwangerschaft verhindern.

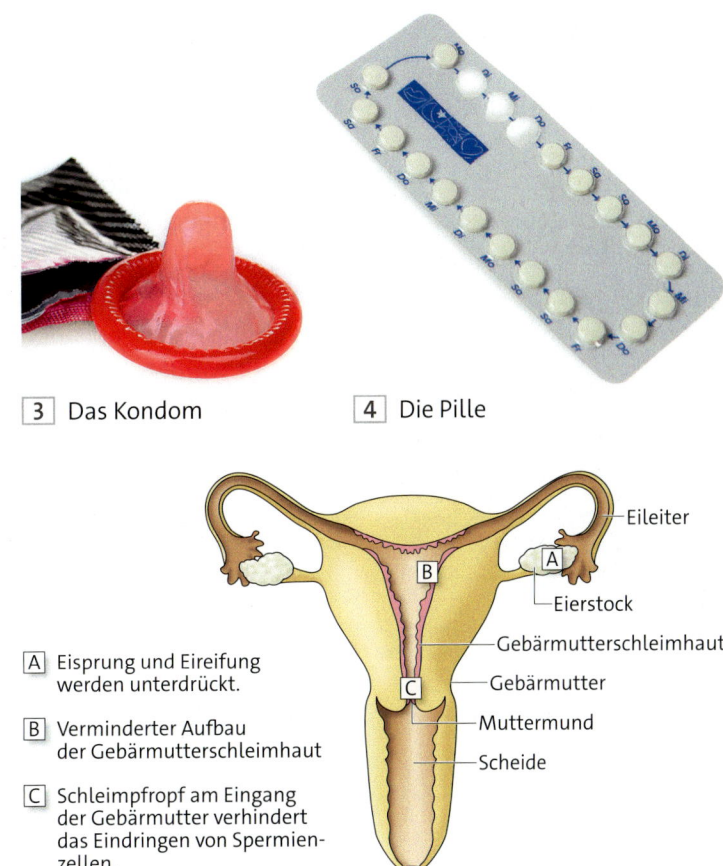

3   Das Kondom

4   Die Pille

A   Eisprung und Eireifung
werden unterdrückt.

B   Verminderter Aufbau
der Gebärmutterschleimhaut

C   Schleimpfropf am Eingang
der Gebärmutter verhindert
das Eindringen von Spermienzellen.

5   Die Wirkung der Pille

Verhütung ist die Aufgabe beider
Partner. Der verantwortungsvolle
Umgang mit Verhütungsmitteln
schützt vor einer ungewollten
Schwangerschaft.

Aufgaben

1 ◐ Nenne und bewerte die unterschiedlichen Verhütungsmethoden
bezüglich ihrer Sicherheit.

2 ◐ Erkläre die Wirkungsweise der
Pille. → 5

Verhütung

Material A

Verhütung – weshalb?

Verhütung ist wichtig, um die Sexualität zu genießen und den „richtigen" Zeitpunkt für Kinder planen zu können.

1

1 ○ Erstelle ein Plakat auf einem DIN-A 4 Blatt.
a ◗ Notiere in vielen kleinen Sprechblasen was ein Paar vor und beim Geschlechtsverkehr beachten sollte.
b ◗ Vergleicht und besprecht eure Notizen in der Gruppe.

2 ● Begründe, weshalb Verhütung grundsätzlich wichtig ist.

Material B

Das Kondom

Damit das Kondom sicher vor Schwangerschaft und Krankheiten schützt, muss es richtig angewendet werden. Das kann mithilfe eines Penismodells geübt werden.

> Das Kondom wird vor dem Geschlechtsverkehr über den steifen Penis gezogen. Dabei hält die eine Hand es an der Spitze fest, die andere Hand rollt es ab. Das Kondom bildet eine Barriere, indem es die Spermienzellen in einem Reservoir an der Spitze auffängt. Wenn der Penis aus der Scheide gezogen wird, muss das Kondom festgehalten werden.

Materialliste: Klassensatz Kondome, 6–8 Penismodelle

1 Arbeitet in Vierergruppen mit je einem Penismodell und vier Kondomen. Übt nacheinander:
a ○ das richtige Überstreifen des Kondoms. (verfahrt dabei wie vorgegeben) → 2
b ○ das richtige Entfernen des Kondoms vom Penis
c ◗ Erklärt, was bei Anwendung eines Kondoms zu beachten ist.

2 ◗ Erklärt, wann ein Kondom nicht mehr ausreichend schützt.

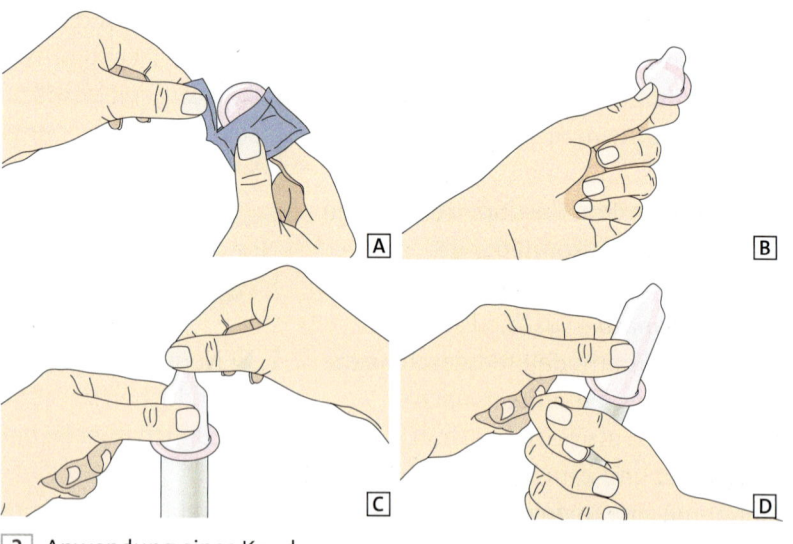

2 Anwendung eines Kondoms

Sexuell übertragbare Infektionen

Liebe erleben • Junge Erwachsene möchten ihre erwachende Sexualität genießen. Dabei kann es auch zu kurzfristigem Geschlechtsverkehr kommen. Ungeschützter Geschlechts-
5 verkehr birgt die Gefahr von sexuell übertragbaren Infektionen.

Ansteckung • Auch die Geschlechtsorgane können von Krankheitserregern wie Pilzen, Einzellern, Bakterien und Viren angegriffen
10 werden. Die Infektionen können durch Petting und ungeschützten Geschlechtsverkehr erfolgen. Aber auch auf Toiletten, in Schwimmbädern oder in öffentlichen Whirlpools besteht Infektionsgefahr.

15 **Pilzinfektion** • Canida-Pilze kommen natürlicherweise unter anderem im Mund, auf der Haut und in der Scheide vor. Sie können sich unter bestimmten Umständen stark vermehren und verursachen dann verschiedene
20 Symptome. Die Geschlechtsorgane müssen dann mit einem Antipilzmittel behandelt werden. Durch sexuellen Kontakt können die Pilze übertragen werden.

Bakterielle Infektionen • Bakterien lösen
25 Erkrankungen wie Tripper, Chlamydien oder Syphilis aus. Als Folge kann es zu Entzündungen im Unterleib von Mann und Frau kommen. Bei der Syphilis können die Erreger sogar die inneren Organe und das Nervensystem
30 schädigen. Unbehandelt führen diese bakteriellen Infektionen bei Frauen und Männern zu Unfruchtbarkeit.

3 Kampagne der Bundeszentrale für gesundheitliche Aufklärung zur Vermeidung von sexuell übertragbaren Infektionen

Virusinfektionen • Neben dem Aids-Erreger, dem HI-Virus, gibt es noch weitere Viren,
35 die sexuell übertragen werden können. Das Hepatitis-B-Virus greift die Leber an und zerstört sie schließlich vollständig. Das HP-Virus kann Gebärmutterhalskrebs hervorrufen.

Behandlung und Schutz • Bei den ersten An-
40 zeichen einer Infektion sollte so schnell wie möglich ein Arzt aufgesucht werden. Bakterielle Infektionen werden mit Antibiotika behandelt. Gegen einige Virusinfektionen helfen vorbeugend Schutzimpfungen. Kondome
45 schützen weitgehend vor sexuell übertragbaren Infektionen.

Aufgabe

1 🔍 Nenne und beschreibe Symptome und Folgen sexuell übertragbarer Infektionen.

Schwangerschaft und Geburt

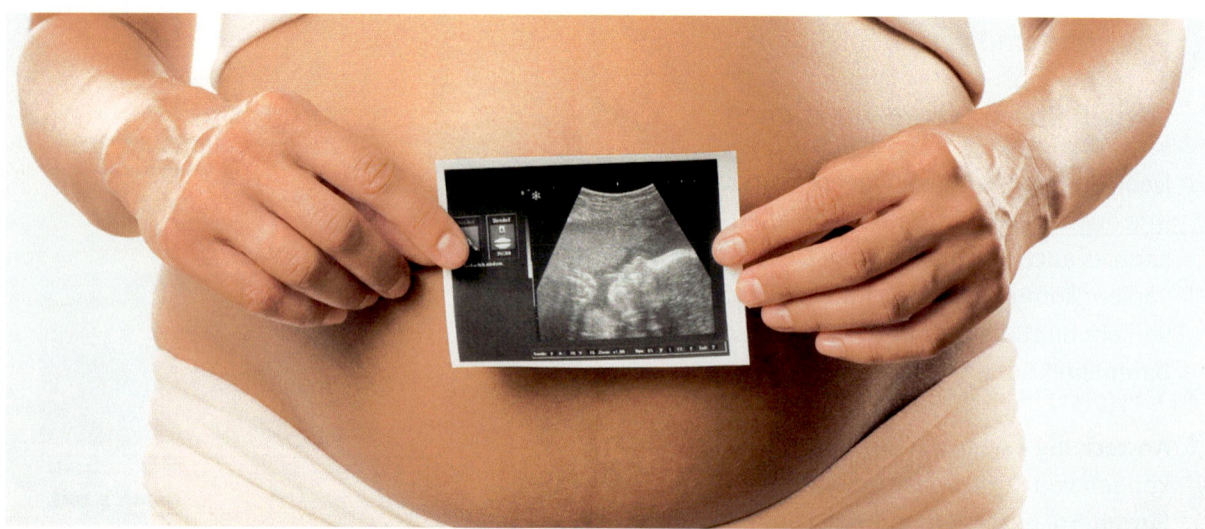

1 Im Bauch der schwangeren Frau wächst ein Kind heran.

Was passiert im Bauch einer Schwangeren? Wie verläuft die Entwicklung des Kindes bis zur Geburt?

Befruchtung, das Leben beginnt • Nach dem Eisprung wandert die Eizelle durch den Eileiter. Nur im Eileiter kann sie von einer Spermienzelle befruchtet werden. Bei der Verschmelzung von Eizelle und Spermienzelle entsteht die Zygote. Diesen Vorgang nennt man Befruchtung. Noch im Eileiter teilt sich die Zygote mehrfach, bis ein vielzelliger Keim entstanden ist. → 2 Die Flimmerhärchen des Eileiters transportieren ihn zur Gebärmutter. Der Keim entwickelt sich weiter zu einer hohlen Zellkugel, dem Bläschenkeim. Der Bläschenkeim nistet sich schließlich in der Gebärmutterschleimhaut ein.

Der Embryo • Die innere Zellschicht des Bläschenkeims entwickelt sich zum Embryo. Die äußere Zellschicht entwickelt sich zum Mutterkuchen, der Plazenta. → 2 Sie versorgt den Embryo über die Nabelschnur mit Nährstoffen. Der Embryo entwickelt sich gut geschützt im Fruchtwasser der Fruchtblase. Schon in der 3. Woche nach der Befruchtung schlägt sein Herz. Acht Wochen nach der Befruchtung sind die Gliedmaßen des Embryos deutlich sichtbar. Alle inneren Organe sind angelegt. → 3

Der Fetus • Ab der 9. Woche spricht man vom Fetus. Skelett und Gliedmaßen bilden sich aus. Er wird größer und nimmt an Gewicht zu. → 4 Der Fetus nimmt schon Reize aus der Umwelt, wie Geräusche und Helligkeitsunterschiede, wahr. Das Geschlecht des Kindes lässt sich über ein Ultraschallbild feststellen. Mit etwas Glück sieht man, wie der Fetus schluckt, am Daumen lutscht oder strampelt.

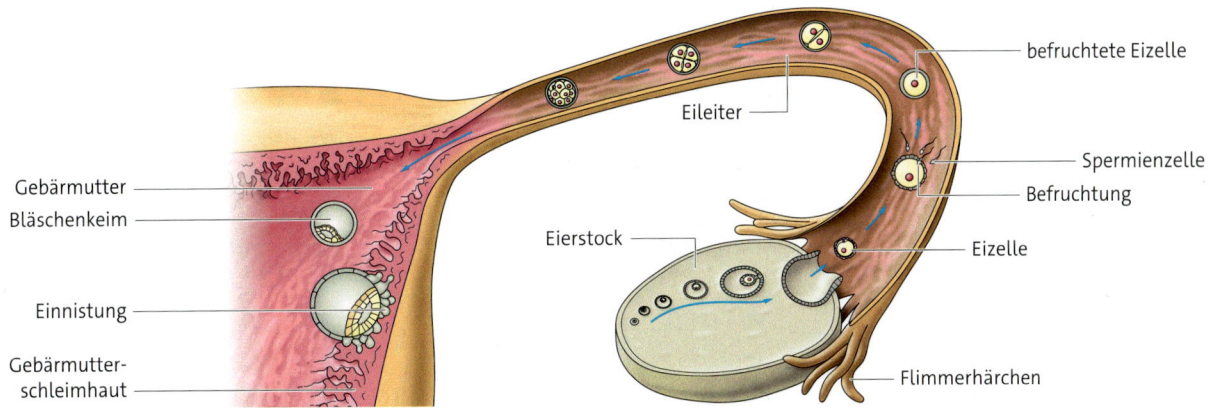

befruchtete Eizelle

Eileiter

Spermienzelle

Befruchtung

Gebärmutter

Bläschenkeim

Eierstock

Eizelle

Einnistung

Gebärmutter-
schleimhaut

Flimmerhärchen

| 2 | Von der Befruchtung bis zur Einnistung

Das Leben in der Fruchtblase • Die Plazenta besteht weitgehend aus Blutgefäßen. Die Blutgefäßsysteme von Mutter und Kind liegen in der Plazenta so
50 dicht nebeneinander, dass Nährstoffe,
Vitamine und Sauerstoff aus dem Blut
der Mutter an den Fetus abgegeben
werden. So wird die Versorgung des
Fetus gesichert. Die Versorgung des
55 Fetus erfolgt über die Nabelschnur.
Aber auch schädliche Stoffe wie Alkohol, Nikotin und Drogen werden über
die Nabelschnur weitergegeben.
Deshalb ist das Kind abhängig von der
60 gesunden Ernährung der Mutter. Eine
gesunde Lebensführung mit ausreichend Schlaf und wenig Stress fördert
die gesunde Entwicklung des Fetus.

Die Geburt • Nach etwa 38 Wochen
65 lösen Hormone die Wehen aus. Die
Gebärmuttermuskulatur zieht sich in
kürzer werdenden Abständen zusammen, der Muttermund öffnet sich. Der
Kopf des Babys wird in die Scheide ge
70 drückt. Presswehen schieben das Baby
durch den Geburtskanal nach außen.

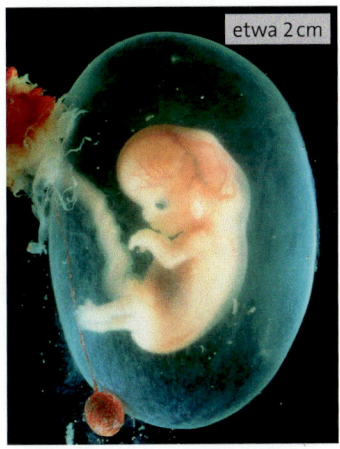

etwa 2 cm

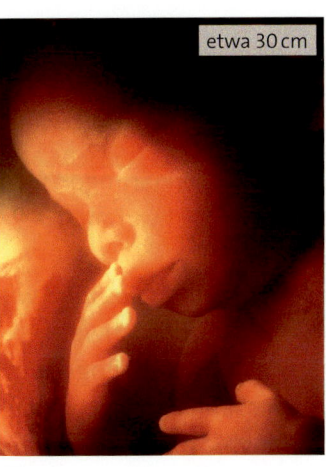

etwa 30 cm

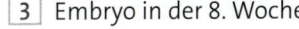

| 3 | Embryo in der 8. Woche | 4 | Fetus in der 23. Woche

Eine Schwangerschaft dauert etwa
38 Wochen. Die Plazenta versorgt
den Fetus mit lebenswichtigen Stoffen. Die Wehen leiten die Geburt ein.

Aufgaben

1 ◐ Beschreibe die Vorgänge von der
Befruchtung bis zur Einnistung. → | 2 |

2 ● Erkläre, wie der Stoffaustausch
zwischen Mutter und Kind erfolgt.

165

Schwangerschaft und Geburt

Material A

Veränderungen in der Schwangerschaft

Während einer Schwangerschaft verändert sich auch der Körper der Mutter.

1 ○ Beschreibe die körperlichen Veränderungen der Mutter. → ⬚1

2 In der Regel fällt Müttern das Atmen ab dem 7. Schwangerschaftsmonat schwerer.
◑ Finde Erklärungen für diesen Sachverhalt.

3 Ein ungeborenes Kind wiegt am Ende der Schwangerschaft etwa 3 Kilogramm. Werdende Mütter nehmen aber bis zu 10 Kilogramm mit dem Kind zusammen zu.
● Stelle Vermutungen für diesen Unterschied an.

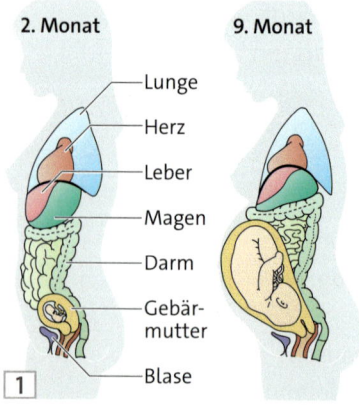

1

Material B

Plazenta-Schranke

1 ◐ Beschreibe Aufgabe und Funktion der Plazenta. Nimm Bild 2 zu Hilfe.

2 ● Erkläre anhand von Bild 2, welche Stoffe vom mütterlichen in den kindlichen Kreislauf übergehen und umgekehrt.

3 ● Erkläre, weshalb es wichtig ist, dass Nährstoffe, Vitamine oder auch Mineralstoffe von der Mutter zum Kind gelangen können.

4 ● Entwickle Verhaltensregeln für die werdende Mutter. Begründe deine Überlegungen.

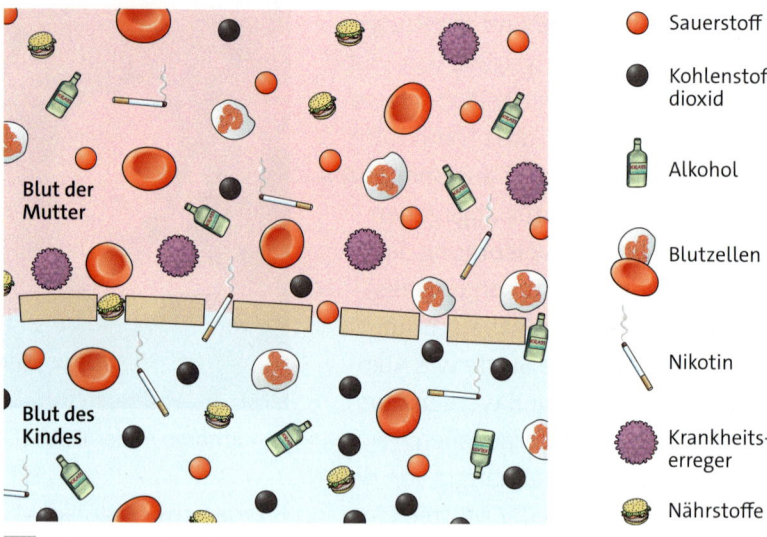

Blut der Mutter

Blut des Kindes

- ● Sauerstoff
- ● Kohlenstoffdioxid
- 🍶 Alkohol
- ◕ Blutzellen
- ⌇ Nikotin
- ⬤ Krankheitserreger
- 🍔 Nährstoffe

2 Plazentaschranke

Plazenta-Schranke In der Plazenta kommen sich mütterliche und kindliche Blutgefäße so nah, dass Stoffe durch die wenige Zellschichte dicke „Trennwand" ausgetauscht werden können. Aufgrund ihrer Größe und Struktur können nicht alle Stoffe durchgelangen. Diese Schutzfunktion für das Kind nennt man Plazentaschranke. Sie kann aber nicht alle schädlichen Stoffe herausfiltern. Alkohol, Nikotin und verschiedene Medikamente zum Beispiel können die Kindesentwicklung schwer schädigen.

Zwillinge

3 Zwillinge (A und B eineiig, C und D zweieiig)

Zwei auf einmal • Ist eine Frau gleichzeitig mit zwei Kindern schwanger, werden Zwillinge geboren. Eineiige Zwillinge sehen sich zum Verwechseln ähnlich. → 3A Zweieiige Zwil-
5 linge erkennt man oft nicht als Zwillingspaar, da sie sich nur wie Geschwister ähnlich sehen oder sogar Mädchen und Junge sind. → 3C

Eineiige Zwillinge • Sie entstehen aus einer befruchteten Eizelle. In einem frühen Stadium
10 nach der Befruchtung teilt sich der Keim vollständig. Je nach dem Zeitpunkt der Trennung teilen sich die Embryonen Plazenta und Fruchtblase. → 3B Plazenta und Fruchtblase können aber auch getrennt ausgebildet wer-
15 den. Es entwickeln sich zwei genetisch iden-tische Embryonen mit gleichem Geschlecht.

Zweieiige Zwillinge • Manchmal werden zwei Eizellen gleichzeitig reif, die dann von zwei verschiedenen Spermienzellen befruchtet
20 werden. Die Zygoten nisten sich in der Gebär-mutterschleimhaut ein. Die Embryos liegen jeder in einer Fruchtblase. → 3D Jeder Embryo wird über eine Plazenta versorgt.

Eineiige Zwillinge entwickeln sich aus derselben Zygote. Zweieiige Zwillinge entwickeln sich aus zwei Zygoten.

Aufgabe

1 ◐ Erkläre jeweils die Entwicklung von eineiigen und zweieiigen Zwillingen.

Fortpflanzung und Entwicklung

Zusammenfassung

Liebe und Partnerschaft • Aus Verliebtsein kann Liebe entstehen. Vertrauen und Respekt sind in einer Partnerschaft wichtig.

Formen der Sexualität • Es gibt Heterosexualität, Homosexualität, Bisexualität und Transsexualität. Jeder Form von Sexualität sollte mit Respekt und Toleranz begegnet werden.

Geschlechtsorgane und Geschlechtshormone • Die Geschlechtsorgane dienen der Fortpflanzung. In der Pubertät verändern Geschlechtshormone Verhalten und Körper. Die Geschlechtszellen reifen heran.

Der weibliche Zyklus • Er wird durch Östrogen und Progesteron gesteuert. Aufgebaute Gebärmutterschleimhaut wird als Blutung ausgeschieden.

Geschlechtsverkehr und Verhütung • Spermienzellen, die während des Geschlechtsverkehrs in die Scheide gelangen, können die Eizelle befruchten. Schutz vor ungewollter Schwangerschaft bieten die Pille und das Kondom. Das Kondom schützt zusätzlich vor sexuell übertragbaren Infektionen.

Schwangerschaft und Geburt • Aus der befruchteten Eizelle entsteht ein Embryo. Die Plazenta versorgt den Embryo über die Nabelschnur. Der Embryo entwickelt sich in der Fruchtblase weiter zum Fetus. Wehen leiten nach ungefähr 38 Wochen die Geburt ein.

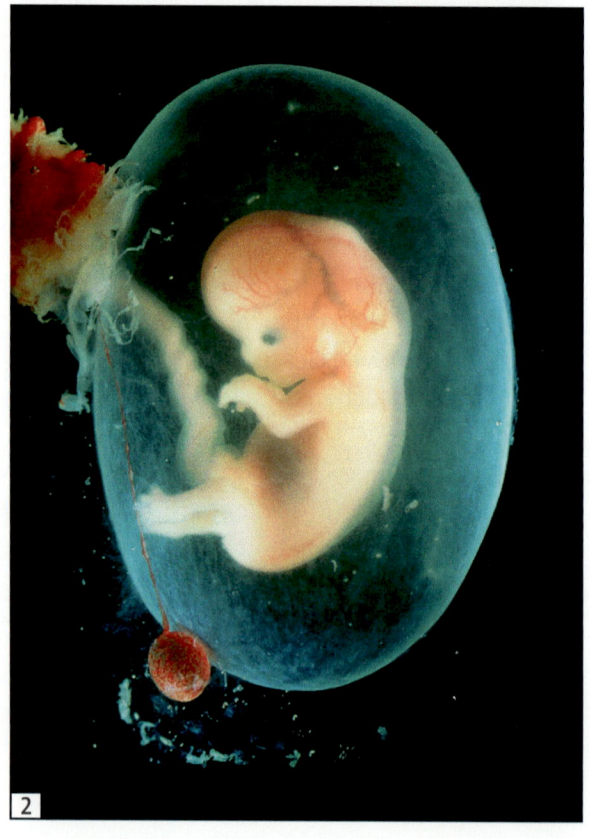

Formen der Sexualität

1 ◐ Erkläre die Begriffe Heterosexualität, Homosexualität, Bisexualität und Transsexualität.

Geschlechtshormone

2 ○ Nenne die Geschlechtshormone von Mann und Frau.

3 ◐ Beschreibe die Wirkung der Geschlechtshormone auf die Geschlechtsorgane.

Der weibliche Zyklus

4 ● Nenne die fehlenden Begriffe. → 3
Erläutere die Steuerung des Zyklus.

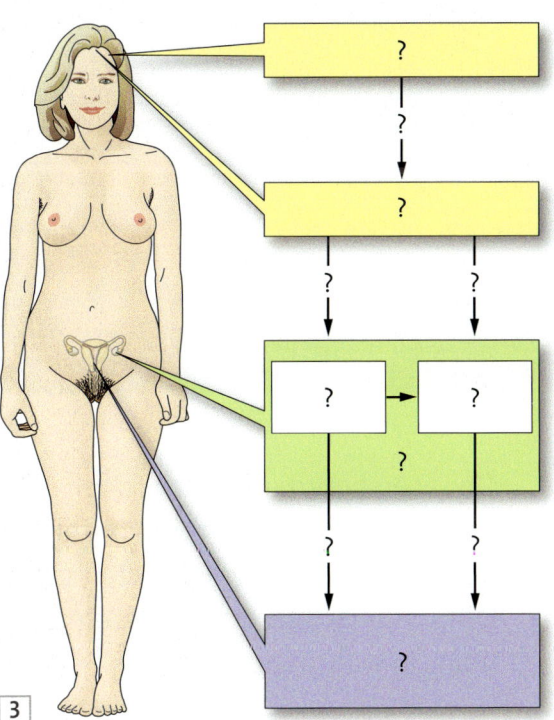

3

Verhütung

5 ◐ Erkläre den Begriff „Coitus interruptus". Bewerte ihn hinsichtlich der Sicherheit.

6 ● Erläutere die Wirkung der Pille. Erkläre jeweils genau, was bei A, B und C passiert. → 4

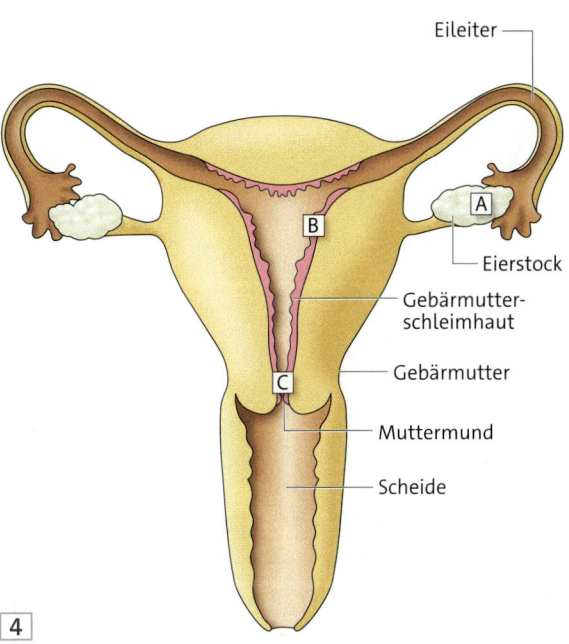

4

Schwangerschaft und Geburt

7 ◐ Beschreibe die Vorgänge von der Befruchtung bis zur Einnistung.

8 ◐ Erkläre, wie die Lebensweise der Mutter die Entwicklung des Kindes beeinflussen kann.

9 ◐ Beschreibe die Vorgänge während der Geburt.

Informationssysteme

Ob Lasershow, laute Musik oder Gedränge – auf einem Livekonzert ist man ununterbrochen vielen Einflüssen ausgesetzt. Wie kann man sie wahrnehmen?

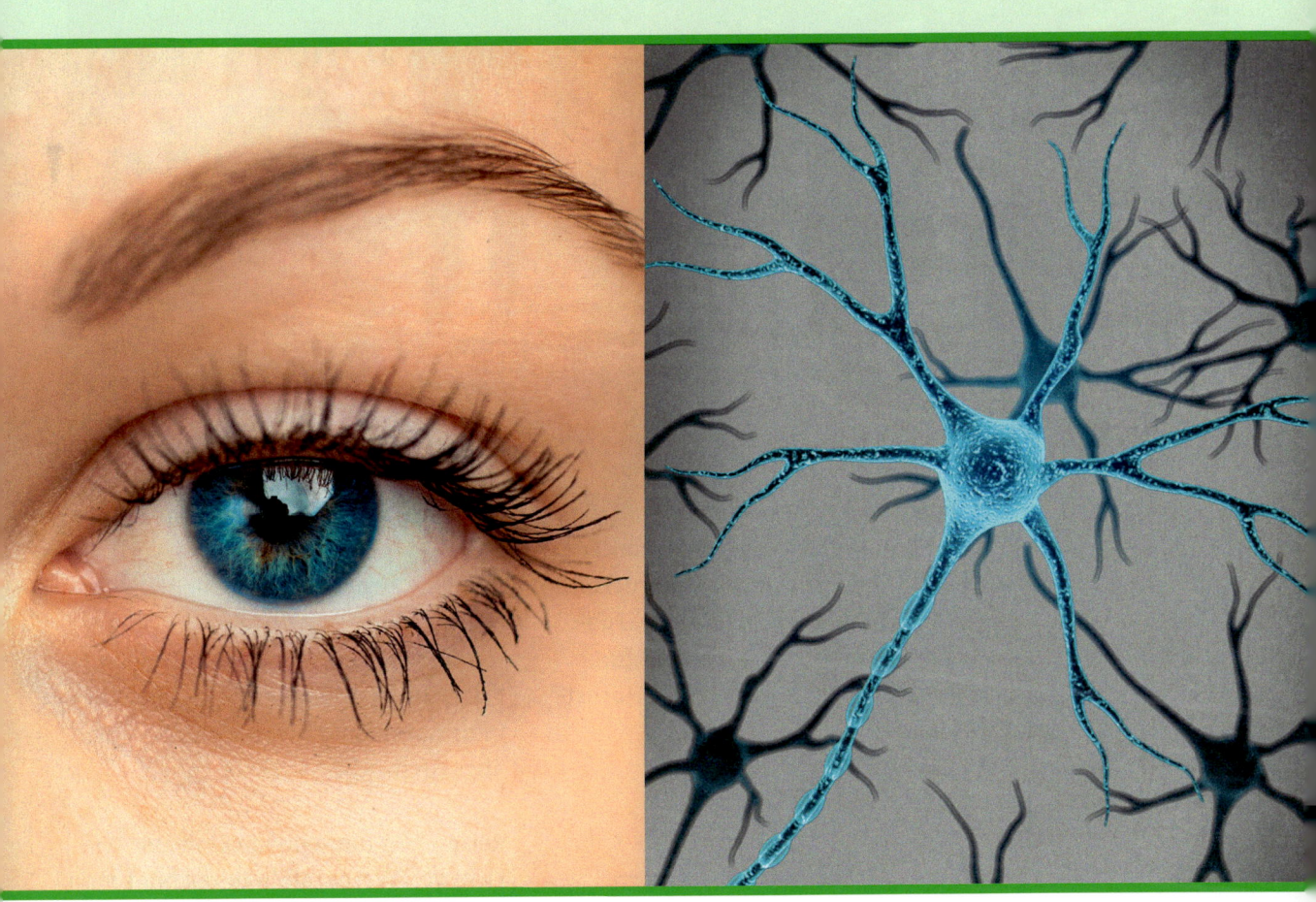

Das Auge dient dem Sehen. Viele Teile des Auges wirken an diesem komplexen Vorgang mit. Welches Bauteil erfüllt welche Aufgabe?

Unsere Nervengewebe bestehen aus Millionen von miteinander verbundenen Nervenzellen. Welche Vorgänge laufen in den Nervenzellen ab?

Vom Reiz zur Reaktion

1 Unser Körper ist vielen Einflüssen ausgesetzt.

Ähnlich einem Computer verarbeitet dein Körper in kürzester Zeit ununterbrochen eine Vielzahl von Eindrücken und Informationen, ohne dass du da-
5 rüber nachdenkst. Welche Strukturen ermöglichen dem Körper diese Höchstleistungen?

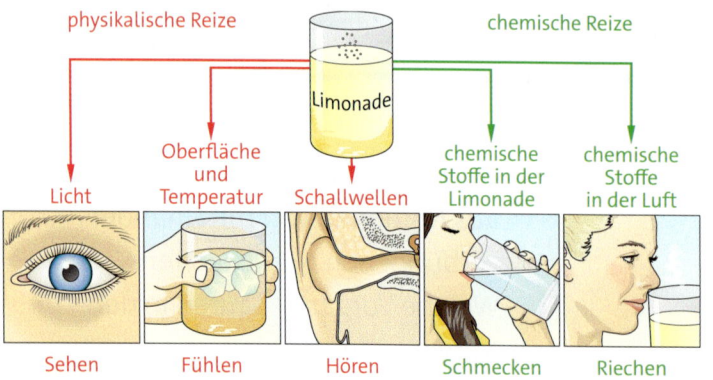

2 Adäquate Reize

Eingabe – Verarbeitung – Ausgabe • Wenn es um die Verarbeitung von
10 Informationen geht, folgt dein Körper dem gleichen Prinzip wie ein Computer. Dieses Prinzip beschreibt die Eingabe, Verarbeitung und Ausgabe von Informationen. Es wird als EVA-Prinzip
15 abgekürzt.

Reize • Uns umgebende Einflüsse wie Licht von Werbetafeln bezeichnet man als Reize. Sie stehen als Auslöser am Anfang der meisten Reaktionen. Sie ge-
20 hen von einer Reizquelle aus. Die verschiedenen Reize werden in chemische und physikalische Reize unterteilt. ➛ 2

Sinne, Sinnesorgane, Sinneszellen • Zur körperlichen Wahrnehmung der
25 Umwelt stehen dem Menschen seine

Sinne zur Verfügung. Hierzu zählen Sehsinn, Geruchssinn, Geschmackssinn, Tastsinn, Gehörsinn und Gleichgewichtssinn. Die Aufnahme der Reize
30 erfolgt durch die Sinnesorgane. Das Auge, die Nase, die Zunge, die Haut und das Ohr mit Innenohr werden den jeweiligen Sinnen zugeordnet. Die Sinnesorgane enthalten Sinneszellen.
35 Diese Rezeptoren sind auf bestimmte Reize spezialisiert. Eine Sinneszelle ist daher nur für einen bestimmten Reiz empfindlich. Man spricht von einem adäquaten Reiz. Die Nase nimmt bei-
40 spielsweise chemische Geruchsstoffe, aber keine Lichtreize auf. ➞ 2

System • Damit ein Mensch die Höchstleistung der Informationsverarbeitung vollbringen kann, müssen
45 Sinnesorgane, Nerven und das Gehirn eng zusammenarbeiten. Innerhalb des menschlichen Netzwerks spielen eigene Erfahrungen, Erinnerungen, Vorlieben, Angst oder Freude eine
50 wichtige Rolle.

Wahrnehmung • Spätestens wenn die Pizza auf dem Esstisch steht, gehen von ihr Reize, beispielsweise chemische Stoffe in der Luft, aus. Diese werden in
55 den Rezeptoren der Nase in elektrische Signale umgewandelt. Sensorische Nerven leiten die elektrischen Signale zur weiteren Verarbeitung ins Gehirn. Vorlieben und Erfahrungen werden
60 dabei berücksichtigt. Anschließend werden vom Gehirn Befehle über motorische Nerven an Erfolgsorgane, z. B. die Muskeln, gesendet. Du greifst nach

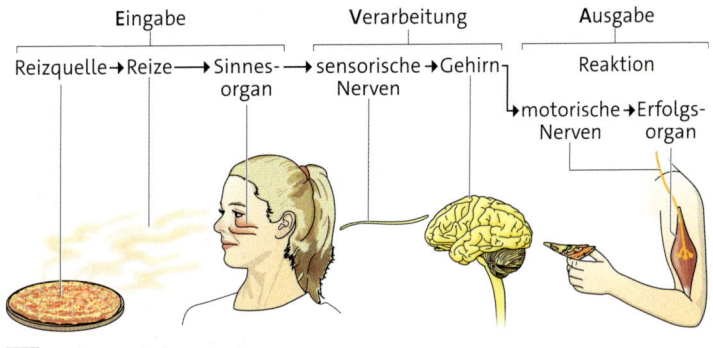

3　Reiz-Reaktions-Schema

der Pizza. Aus Informationen, die wir
65 durch die Sinneszellen aufnehmen, werden Reaktionen. Dieser Vorgang wird auch als Reiz- Reaktions-Schema bezeichnet. ➞ 3

Die Wahrnehmung zahlreicher Reize aus unserer Umwelt erfolgt nach dem EVA-Prinzip. Hierbei bilden die Sinneszellen, das Gehirn und die Nerven ein verknüpftes System. Aus Informationen werden Reaktionen.

Aufgaben

1 ○ Übertrage die unten stehende Tabelle in dein Heft. Ergänze sie mit den noch fehlenden Inhalten.

Sinn	Sinnesorgan	Reiz
Gleichge-wichtssinn	Innenohr	Lage des Körpers
...	...	...

2 ◐ „Dein Körper arbeitet wie ein Computer!" Erkläre diese Aussage mithilfe von Bild 3.

Vom Reiz zur Reaktion

Reize des Alltags

1 ○ Beschreibe, welchen Reizquellen und von ihnen ausgehenden Reizen die Personen in den Bildern ausgesetzt sind. → 1 2

2 ● Begründe, weshalb der menschliche Körper Höchstarbeit verrichtet.

Material B

Sinnesparcours

Materialliste: Augenbinde, Notizblock, Schreibmaterial

1 Sucht euch einen Partner und verteilt untereinander folgende Rollen: a) Begleiter, b) geführte Person.

2 Verbinde deinem Partner die Augen. Führe ihn vorsichtig aus dem Klassenraum hinaus auf den Schulhof. Begleite ihn bei einem Rundgang. Schreite als Begleiter bei Gefahr des Zusammenstoßes sofort ein. Nachdem der erste Rundgang abgeschlossen wurde, tauscht die Rollen. → 3

○ Nenne alle Reize, die du mit verbundenen Augen aus der Umwelt wahrnehmen kannst.

3 ◐ Welche Schwierigkeiten ergeben sich für einen blinden Menschen? Vergleiche deine Wahrnehmung mit verbundenen Augen und ohne Augenbinde.

4 ◐ Erkläre, weshalb blinde Menschen besonders auf ihren Gehörsinn angewiesen sind. → 4

Blinde Menschen müssen sich vermehrt mithilfe des Hör-, Tast- und Geruchssinns zurechtfinden. Die Sinneszellen reagieren empfindlicher auf eintreffende Reize. Das Gehirn ist enorm anpassungsfähig und verarbeitet zum Beispiel die Hörinformationen zusätzlich im Bereich, in dem normalerweise die Sehinformationen verarbeitet werden. Es verarbeitet schneller die eintreffenden Informationen. So können Blinde mit viel Übung die Blindenschrift erlernen.

4 Blindenschrift

Material C

Torwart

1 ○ Zeichne die Pfeildia-
gramme in dein Heft. → [5]

2 ◐ Trage die Aussagen
aus Bild 6 in der richtigen
Reihenfolge in das obere
Pfeildiagramm ein. → [5A]

3 ◐ Beschreibe die abgebildete
Reizreaktion des Torwarts.

4 ◐ Trage folgende Begriffe in
das untere Pfeildiagramm
ein: Weiterleitung (moto-
rische Nervenfasern), Weiterleitung (sensorische
Nervenfasern), Erfolgsorgan
(Reaktion), Sinnesorgan,
Verarbeitung, Reiz. → [5B]
Ordne sie den Begriffen aus
dem ersten Pfeildiagramm
sinnvoll zu.

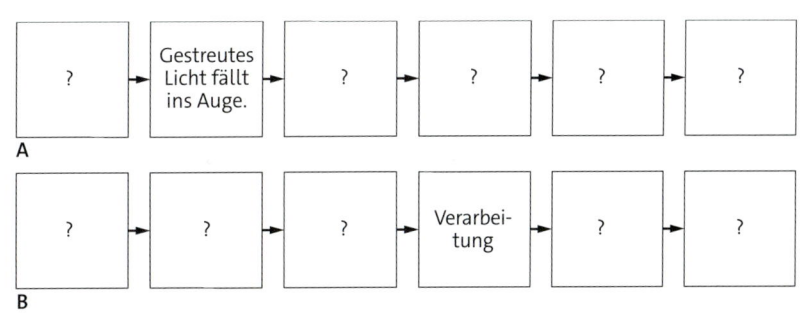

A

B

[5] Reiz-Reaktions-Schemata

Ball streut Licht.

Licht wird in elektrische
Signale umgewandelt
und ans Gehirn geleitet.

Abwehren des Balles

Gestreutes Licht
fällt ins Auge.

Wahrnehmung und
Reaktion veranlassen

Weiterleitung von
elektrischen Signalen
an Muskeln

[6]

Material D

Reiz-Reaktions-Schema

1 ○ Beschreibe die im Bild
dargestellte Situation. → [7]

2 ● Erstelle für die Situation
ein Reiz-Reaktions-Schema.

Das Auge – das Tor zur Welt

1   Das Auge als wichtigstes Tor zur Welt

Durch das Auge nehmen wir die meisten Reize aus der Umwelt wahr. Welche Bauteile des Auges ermöglichen uns das?

5   **Schutz des Auges** • Das Auge ist in die knöcherne Augenhöhle eingebettet. So ist es vor Stößen geschützt. Über die Augenbrauen wird abfließender Schweiß seitlich am Auge vorbei-
10   gelenkt. Berührt ein Gegenstand die Wimpern, schließen sich die Augenlider. Gelingt dies nicht schnell genug und ein Staubkorn gelangt ins Auge, wird sofort vermehrt Tränenflüssig-
15   keit gebildet. Das Staubkorn wird so herausgespült.

Die Schichten des Auges • Das Auge ist aus mehreren Schichten aufgebaut. Zur äußeren Schicht zählt die weiße und
20   stabile Lederhaut. Sie verleiht dem Auge seine Festigkeit. An ihr setzen Muskeln an, die das Auge bewegen. Im vorderen Bereich ist die Lederhaut durchsichtig. Diese etwa 0,5 Millimeter dicke Haut
25   nennt man Hornhaut. Dahinter liegt die Augenkammer. Sie ist mit einer nährstoffreichen Flüssigkeit gefüllt und versorgt so die Hornhaut und die Linse mit lebenswichtigen Stoffen. → 2

30   **Pupille** • Hinter der Augenkammer befindet sich die Regenbogenhaut oder Iris. Sie ist der von außen sichtbare farbige Anteil des Augapfels. In ihrer Mitte findet sich eine Öffnung, die Pupille.
35   Die Iris enthält Muskelfasern, mit denen sie den Durchmesser der Pupille reguliert. Durch die Pupille gelangt das Licht ins Innere des Auges. Durch das Vergrößern oder Verkleinern der
40   Pupille wird die ins Innere gelangende Lichtmenge reguliert. Diese Anpassung an die Lichtverhältnisse bezeichnet man als Adaptation.

Linse und Glaskörper • Hinter der Pu-
45   pille liegt die durchsichtige Linse. → 2 Sie ist über Linsenbänder am Ringmuskel befestigt und regelt so die Lichtbrechung. Den größten Teil des Auges nimmt der gelartige Glaskörper ein.
50   Er verleiht dem Auge Stabilität und entscheidet über die Augenform. Nach Hornhaut und Linse wird durch den Glaskörper ein drittes Mal eine Lichtbrechung erreicht. Dies sorgt für eine

55 bestmögliche Sehschärfe. Die Fähigkeit, die Brechkraft anzupassen, bezeichnet man als Akkommodation.

Netzhaut • Hinter dem Glasköper liegt
die Netzhaut. Sie wird auch als Retina
60 bezeichnet. In ihr befinden sich die
Lichtsinneszellen: die Stäbchen und die
Zapfen. Diese wandeln den Reiz in ein
Signal und geben es über Schaltzellen
an die zum Gehirn führenden Nerven-
65 zellen weiter. → 3 Die Stäbchen sind
für das Hell-Dunkel-Sehen zuständig,
die Zapfen dienen dem Farbensehen.
Zapfen und Stäbchen sind unterschiedlich dicht auf der Netzhaut verteilt.
70 Direkt gegenüber der Pupille befindet
sich der gelbe Fleck. In ihm befinden
sich ausschließlich Zapfen. Die Verbindung von Zapfen und Schaltzellen ist
hier sehr eng. Es ist daher die Stelle des
75 schärfsten Sehens. Dort, wo der Sehnerv das Auge verlässt, gibt es keine
Lichtsinneszellen. Man bezeichnet
diese Stelle als blinder Fleck. Hinter
den Lichtsinneszellen befindet sich
80 die Pigmentschicht. Sie bewirkt durch
einen schwarzen Farbstoff, dass das
Licht besser aufgenommen wird.
Zwischen der Pigmentschicht und der
Lederhaut liegt die Aderhaut. Sie ent-
85 hält viele Blutgefäße und versorgt so
die angrenzenden Schichten des Auges
mit Nährstoffen. → 2

> Das Auge ist aus mehreren Schich-
> ten aufgebaut. Die Iris steuert die
> Größe der Pupille. Dadurch wird
> die Menge des einfallenden Lichts
> reguliert.

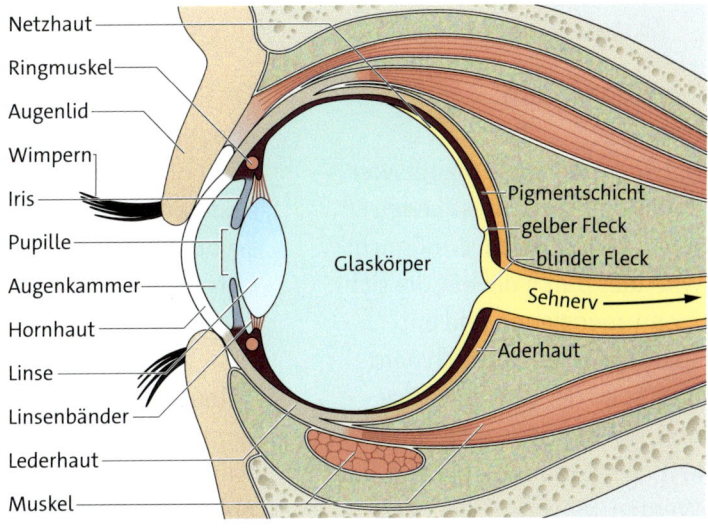

2 Bau des Auges

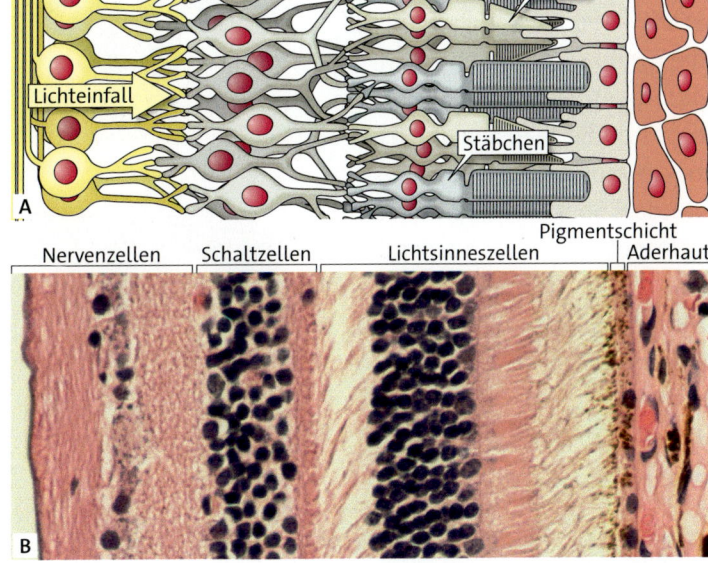

3 Bau der Netzhaut: **A** Schema, **B** lichtmikroskopische Aufnahme

Aufgabe

1 ○ Nenne die Bestandteile des Auges
mit ihren jeweiligen Aufgaben.
Erstelle dazu eine Tabelle.

Das Auge – das Tor zur Welt

Die Adaptation

Die Regulation der Menge von einfallendem Licht ist bedeutend für das Sehen. Ermöglicht wird dies durch die Iris, die sich zusammenziehen und entspannen kann. Dadurch wird die Größe der Pupille verändert. Diese Anpassungsfähigkeit nennt man Adaptation. Werden wir von zu viel Licht geblendet, können wir unsere Umwelt nicht mehr richtig wahrnehmen. Auch bestimmte Stoffe haben Auswirkungen auf die Fähigkeit der Adaptation des Auges. Sie sorgen dafür, dass nur die Teile, die die Iris zusammenziehen, aktiviert werden. So ist die Pupille weit geöffnet.

Material: Karton, handelsübliche LED-Taschenlampe

Arbeitet zu zweit zusammen.

1 Ein Partner hält sich für 10 Sekunden beide Augen zu. Danach öffnet er die Augen. Der andere Partner beobachtet sofort danach die Pupillen. ○ Notiere deine Beobachtung.

2 Beleuchte mit einer Taschenlampe kurz die Augen deines Partners. Beobachte die Pupillen erneut.

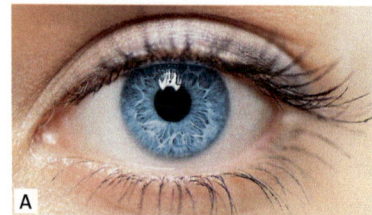
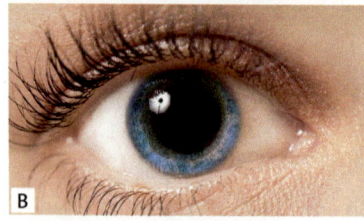

1 Adaptation: **A** bei starkem Licht, **B** bei schwachem Licht

◗ Formuliere einen Je-desto-Satz, der die Beobachtungen beschreibt. (Je ..., desto ... .)

3 Halte einen Karton zwischen deine Augen. Beleuchte ein Auge mit der Taschenlampe. Beobachte beide Pupillen. ○ Notiere deine Beobachtungen

4 ◗ Begründe, warum bei einer Verkehrskontrolle die Adaptation getestet wird.

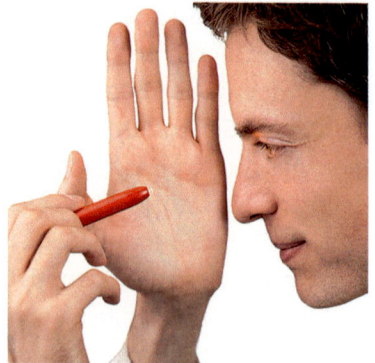

2 Kontrolle der Pupillenaktivität

Sehen mit einem Auge

3 Stern und Punkt

1 Halte dein rechtes Auge zu. Schaue mit dem linken Auge aus etwa 30 Zentimetern Entfernung auf den schwarzen Kreis. Nähere dich immer weiter dem Bild. Fixiere dabei den Kreis.

2 ○ Beschreibe deine Beobachtung.

3 ◗ Erkläre deine Beobachtung.

Grenzen der Sehfähigkeit

Die Leistung des menschlichen Auges hat Grenzen. Die Fähigkeit, feine Strukturen unterscheiden zu können, bezeichnet man als Auflösung. Je kleiner der wahrnehmbare Abstand zweier Punkte ist, desto besser ist das Auflösungsvermögen eines Auges.

Greifvögel haben im Vergleich zum Menschen eine viel höhere Auflösung der Augen. Der Mensch kann bereits die Punkte, aus denen ein gedrucktes Bild besteht, nicht mehr einzeln erkennen. Greifvögel dagegen sind in der Lage, aus einigen Kilometern Entfernung kleine Beutetiere wie Mäuse zu erkennen. Das Auflösungsvermögen ihrer Augen ist 3- bis 4-mal größer als das des menschlichen Auges. Die Gründe für das schärfere Sehen sind Unterschiede im Aufbau des Auges: Auf ihrer Netzhaut sind die Lichtsinneszellen gleichmäßiger verteilt. Außerdem besitzen sie zwei Bereiche auf der Netzhaut, in denen besonders viele Lichtsinneszellen eng beieinander stehen.

4

1 ○ Halte dieses Buch mit ausgestreckten Armen vor dich und betrachte die Flächen in Bild 4. Bei welcher Fläche kannst du die Punkte noch erkennen?

2 ◗ Beschreibe, warum eine hohe Auflösung für den Greifvogel wichtig ist.

3 ◗ Erkläre, wodurch die höhere Auflösung des Greifvogels ermöglicht wird.

Akkommodation

Die elastische Linse ist in der Lage, ihre Brechkraft anzupassen. Man bezeichnet diese Fähigkeit als Akkommodation.

1 ◗ Beschreibe die Vorgänge im Auge an den drei Teilen: Linse, Ringmuskel, Linsenband.

2 ● Erkläre, warum eine lange Nahakkommodation, wie etwa beim Lesen, die Augen „ermüdet".

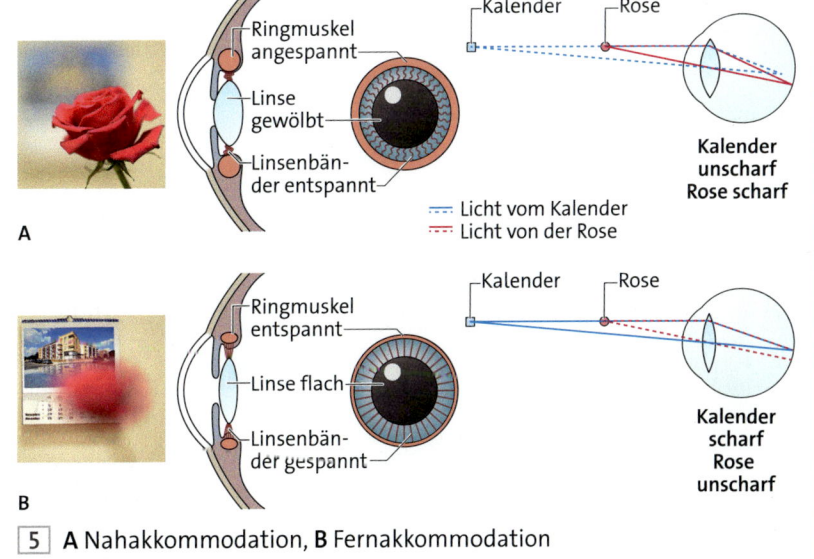

5 **A** Nahakkommodation, **B** Fernakkommodation

Das Auge – das Tor zur Welt

Methode

Präparation eines Schweineauges

Augenpräparation • Da ein Schwein ein Säugetier ist, sind viele Organe in Struktur und Funktion denen des Menschen sehr ähnlich.
Die Organe von Schweinen dienen deshalb in der Medizin häufig als Forschungshilfen. Auch das Auge des Schweins weist einen ähnlichen Aufbau wie das Menschenauge auf und die Funktionen der Bestandteile sind vergleichbar. Mithilfe einer Präparation des Schweineauges kannst du somit auch Erkenntnisse über das menschliche Auge gewinnen. So gehst du vor, wenn du ein Schweineauge präparieren willst:

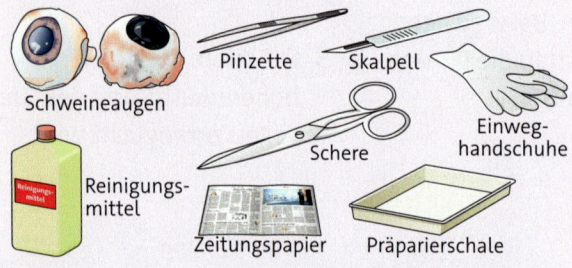

1 Materialien zur Präparation eines Schweineauges

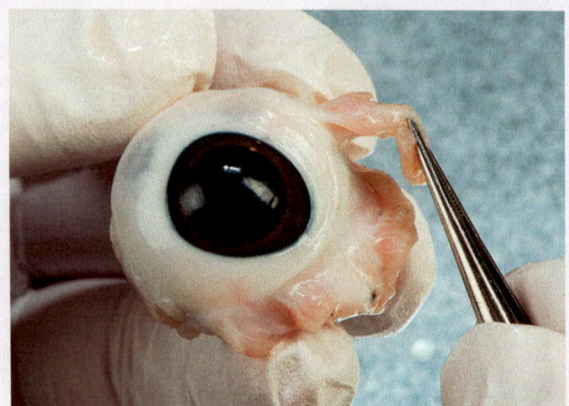

2 Schweineauge

1. Betrachten des äußeren Aufbaus
Zur Präparation sind grundsätzlich Einweghandschuhe zu tragen. Man legt das Schweineauge in eine Präparierschale. Zunächst wird der äußere Bau betrachtet und mit einem Modell oder einer Abbildung des menschlichen Auges verglichen. Das Erkennen folgende Bestandteile des Auges verschafft einen guten Überblick: Hornhaut, Lederhaut, Iris, Pupille, Ansätze für die Augenmuskeln und den Sehnerv. Auch die Form und Festigkeit des Auges kann untersucht werden.

2. Einen Querschnitt herstellen
Zunächst wird der Schweineauge mit Daumen und Zeigefinger festgehalten. ➡ 2 Mit dem Skalpell ritzt man an der Oberseite des Auges ein kleines Loch in die Lederhaut, sodass die Schere angesetzt werden kann. Durch einen Ringschnitt können die Augenhälfte voneinander getrennt werden. ➡ 3 Dabei ist darauf zu achten, dass man nicht ins Innere des Auges sticht, da sonst der Glaskörper beschädigt wird.

3. Betrachten des inneren Aufbaus
Nach dem Schnitt kann man das Auge auseinanderklappen. Man vergleicht die beiden Augenhälften miteinander, ebenso wie sich Lederhaut und Glaskörper anfühlen. Mithilfe von Bild 4 können die Teile zugeordnet werden.

3 Ringschnitt

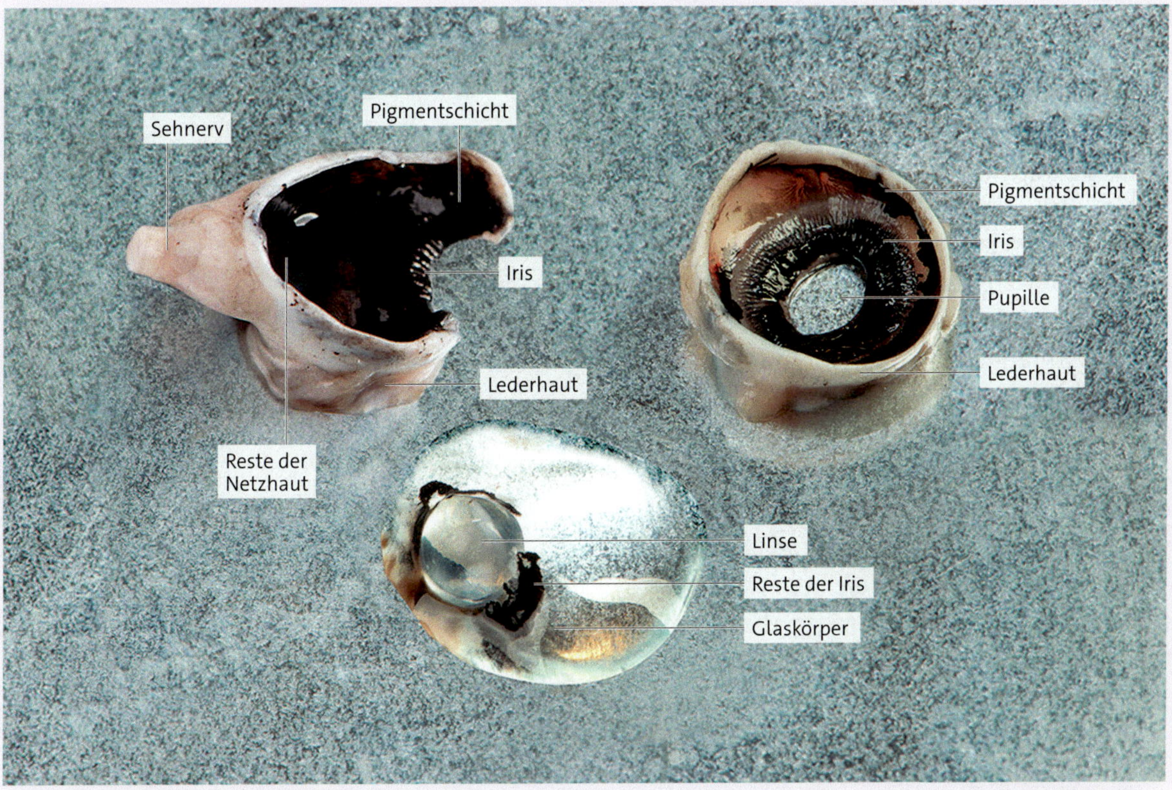

Sehnerv

Pigmentschicht

Pigmentschicht

Iris

Iris

Pupille

Lederhaut

Lederhaut

Reste der
Netzhaut

Linse

Reste der Iris

Glaskörper

4 | Bestandteile des Schweineauges

4. Funktionsweise der Linse untersuchen

Nun präpariert man die Linse herausheraus.
Wenn man die Linse auf ein Stück Zeitungs-
papier legt und sie vorsichtig mit einer Pinzette
über die Schrift zieht, kann man die Funktion
der Linse nachvollziehen.

5. Aufräumen

Wenn die Präparation abgeschlossen wurde,
werden die Reste der Schweineaugen verpackt
und entsorgt. Die Arbeitsmaterialien und der
Arbeitsplatz wird gründlich gereinigt.

Aufgaben

1 Führe die Präparation eines Schweineauges
durch.
○ Notiere jeweils deine Beobachtungen.

2 ○ Erkläre, warum sich das Schweineauge
besonders gut für den Vergleich mit dem
menschlichen Auge eignet.

Das Auge – das Tor zur Welt

Strahlengänge

Prisma und Linsen • Wenn ein Lichtstrahl schräg auf die Oberfläche eines Prismas aus Glas trifft, wird die Richtung des Lichts geändert: Das Licht wird gebrochen. ⮕ 1 Wenn
5 der Lichtstrahl aus dem Prisma wieder heraustritt, wird er erneut gebrochen. Sammellinsen brechen parallel einfallende Lichtstrahlen so, dass sie hinter der Linse zusammenlaufen. Zerstreuungslinsen brechen
10 parallel einfallende Lichtstrahlen so, dass sie hinter der Linse auseinanderlaufen.

Strahlengänge im Auge • Die Linse im Auge ist eine Sammellinse. Wir schauen uns den Lichtweg bei der Abbildung im Auge genauer an.
15 ⮕ 2 Zur Vereinfachung zeichnen wir nur eine Brechung des Lichts an der Mittelebene der Sammellinse:
- Vom Punkt A des Gegenstands geht Licht in viele Richtungen aus. Ein Teil davon trifft auf
20 die Linse. Dies gilt auch für den Punkt B und alle anderen Punkte des Gegenstands.
- Die Richtung der Mittelpunktstrahlen wird von der Linse nicht verändert.
- Die Parallelstrahlen werden so gebrochen,
25 dass sie hinter der Linse durch den Brennpunkt verlaufen.
- Der Bildpunkt A′ entsteht dort, wo sich die Lichtstrahlen vom Punkt A hinter der Linse kreuzen (Bildpunkt B′ entsprechend).
30 Alle Bildpunkte zusammen ergeben ein verkleinertes, auf dem Kopf stehendes und seitenverkehrtes Bild des Gegenstands. Man sieht den Gegenstand scharf, wenn sein Bild genau auf der Netzhaut liegt.

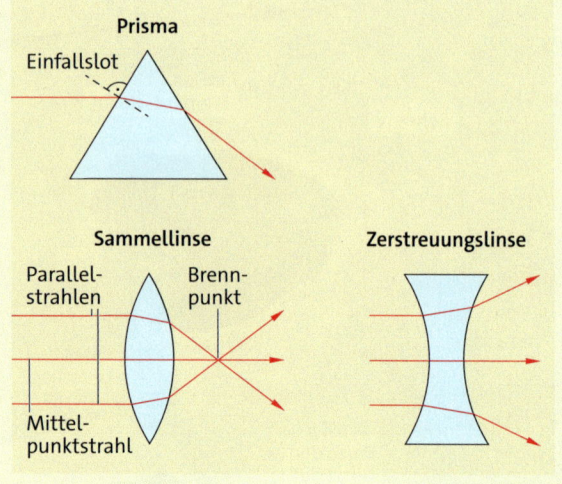

1 Prisma und Linsen

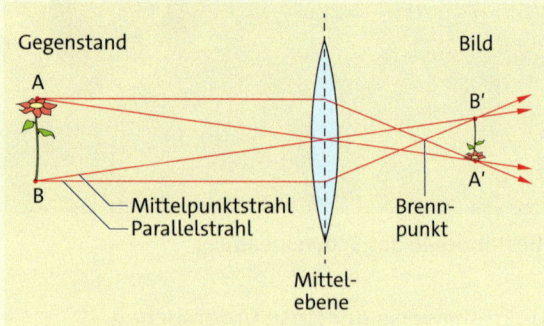

2 Strahlengänge an der Sammellinse

Aufgaben

1 ○ Vergleiche die Brechung von Parallelstrahlen bei einer Sammellinse und bei einer Zerstreuungslinse. ⮕ 1

2 ● Erkläre, warum hinter der Sammellinse ein umgedrehtes und verkleinertes Bild entsteht. ⮕ 2

Fehlsichtigkeit

Wird ein Bild auf der Netzhaut nicht scharf abgebildet, spricht man von Fehlsichtigkeit. Die Ursache liegt oft in der Länge des Augapfels. → 3

5 **Kurzsichtigkeit** • Wenn weit entfernte Gegenstände nur unscharf auf der Netzhaut abgebildet werden, liegt eine Kurzsichtigkeit vor. Gegenstände in der Nähe können jedoch scharf auf der Netzhaut abgebildet werden. Werden 10 weit entfernte Gegenstände betrachtet, findet Fernakkommodation statt. Die Linse wird flacher gezogen. Jedoch ist die Brechkraft der Linse zu groß, sodass kein scharfes Bild auf der Netzhaut erzeugt wird. Das scharfe Bild des 15 Gegenstands liegt sozusagen vor der Netzhaut. → 3 Damit man eine Kurzsichtigkeit ausgleicht, ist es notwendig, die Lichtstrahlen, die von einem weit entfernten Gegenstand ausgehen, zu streuen. Man braucht eine Brille 20 mit Zerstreuungslinsen. Damit wirkt man der zu großen Brechkraft der Linse entgegen.

Weitsichtigkeit • Bei einer Weitsichtigkeit können nah entfernte Gegenstände nicht scharf auf der Netzhaut abgebildet werden. Damit 25 man nah entfernte Gegenstände scharf wahrnimmt, ist es notwendig, dass die Linsenbänder erschlaffen und die Linse eine stark gewölbte Gestalt annimmt. Trotz der stärksten Linsenwölbung wird das scharfe Bild des Gegenstands 30 bei einer Weitsichtigkeit hinter der Netzhaut abgebildet. Weit entfernte Gegenstände können scharf abgebildet werden. Um Weitsichtigkeit auszugleichen, müssen die Lichtstrahlen

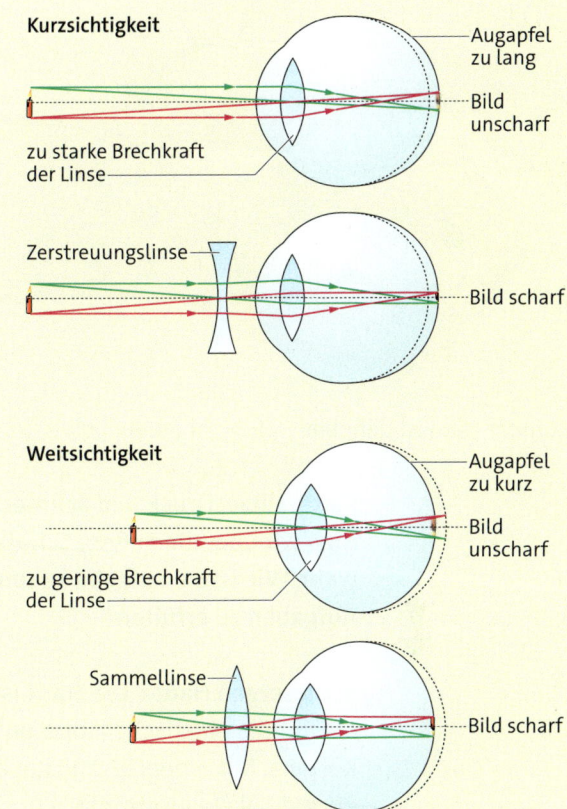

Kurzsichtigkeit

Augapfel zu lang

Bild unscharf

zu starke Brechkraft der Linse

Zerstreuungslinse

Bild scharf

Weitsichtigkeit

Augapfel zu kurz

Bild unscharf

zu geringe Brechkraft der Linse

Sammellinse

Bild scharf

3 Fehlsichtigkeiten

naher Gegenstände stärker gebrochen werden. 35 Man braucht eine Brille mit Sammellinsen. Bei älteren Menschen lässt oft die Elastizität der Linse nach. Sie leiden an Altersweitsichtigkeit.

Aufgaben

1 ○ Beschreibe, an welcher Stelle im Auge ein scharfes Bild bei einem kurzsichtigen und bei einem weitsichtigen Menschen entsteht.

2 ◗ Erkläre, wie man Kurzsichtigkeit und Weitsichtigkeit korrigieren kann.

Die Haut – unser größtes Sinnesorgan

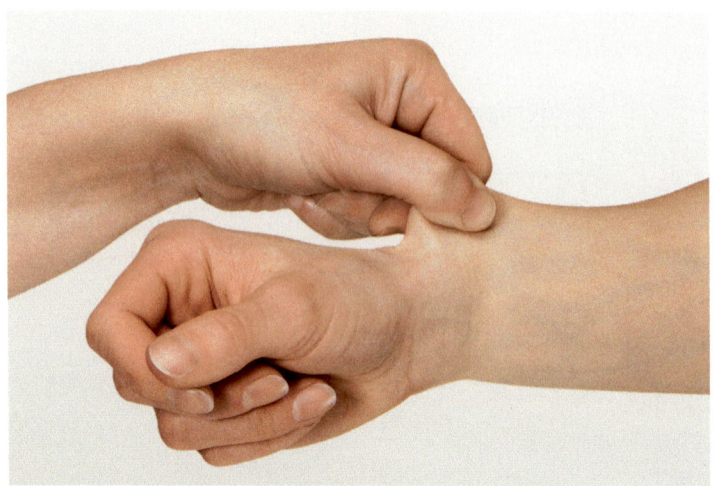

1 Unsere Haut ist dehnbar.

Kälte, Hitze, Druck und Schmerz nehmen wir über die äußere Schutzhülle wahr. Wie ist sie aufgebaut, um diese Aufgaben zu erfüllen?

5 **Sinnesorgan Haut** • Die Haut ist mehr als nur die elastische Hülle unseres Körpers. Mit einer Gesamtfläche von etwa zwei Quadratmetern und einem Gewicht von bis zu 10 kg ist sie das 10 größte Organ des Menschen. Sie umgibt unseren ganzen Körper und schirmt so zum Beispiel die empfindlichen inneren Organe von der Außenwelt ab. Haare und Fettpolster in der 15 Haut prägen das einzigartige Erscheinungsbild eines jeden Menschen.

Aufbau • Die Haut ist im Durchschnitt sieben bis neun Millimeter dick und besteht aus drei Schichten: der dünnen Oberhaut, der Lederhaut und der 20 dicken Unterhaut. → 2

Oberhaut • An den Lippen ist die Oberhaut so dünn wie eine Seite dieses Buches. Man kann deshalb das Blut 25 durchscheinen sehen. An den Handflächen und an den Fußsohlen wird sie über einen Millimeter dick. Auch die Nägel werden von ihr gebildet. Die Hornschicht begrenzt die Oberhaut 30 nach außen hin. Mit der Zeit wird sie in Form von Hautschuppen abgestoßen, wird aber gleichzeitig im unteren Bereich, der Keimschicht, nachgebildet. Das schützt vor Verletzungen und hält 35 Krankheitserreger ab.
So erneuert sich die gesamte Oberhaut alle vier Wochen. Die unterste Schicht der Oberhaut ist die Pigmentschicht, die vor Strahlung schützende 40 Farbstoffe enthält.

Lederhaut • Die Lederhaut bildet den Schutzmantel des Körpers. Sie ist dehnbar, elastisch und reißfest. Die Lederhaut enthält neben zahlreichen 45 Blutgefäßen auch Schweißdrüsen.

Talgdrüse

freie Nervenenden
Hornschicht
Keimschicht
Pigmentschicht
Oberhaut
Lederhaut
Unterhaut

Haar
Tastkörperchen
Kältepunkt
Wärmepunkt
Schweißdrüse

Nerven an der Haarwurzel
Haarwurzel

2 Querschnitt durch die Haut

Sie scheiden beim Schwitzen Schweiß aus. Zur Lederhaut gehören ebenso die Haarwurzeln, die bis in die Unterhaut reichen. Die Talgdrüsen sondern den
50 Talg aus, der die Haut fettet. Freie Nervenenden und Sinneskörperchen ermöglichen es uns, unterschiedlichste Sinneseindrücke wahrzunehmen.

Unterhaut • In die dickste Hautschicht
55 ist viel Fett eingelagert. Dies dient als Stoßdämpfer. Außerdem isoliert das Fett unseren Körper und verhindert, dass zu viel Wärme abgegeben wird.

Schutzfunktion • Temperatur- und
60 Schmerzreize werden über freie Nervenenden wahrgenommen. Bei großer Hitze, Kälte oder Druck auf eine Hautstelle senden die Nervenenden Signale an das Gehirn. Man empfindet
65 dann Schmerz. Er ist ein Warnsignal des Körpers. So kann man bei Gefahr schnell reagieren.

Überhitzung • Die gesunde Haut schützt unseren Körper vor Überhit-
70 zung. Die normale Körpertemperatur liegt bei 37 °C, durch körperliche Anstrengung erhöht sie sich. Bevor sie zu sehr ansteigt, reagiert unser Körper und gibt Wärme ab. Dazu erweitern
75 sich die feinen Blutgefäße in der Lederhaut. Durch sie strömt nun mehr Blut. Die Haut rötet sich und fühlt sich warm an. Mit dem Blut wird Wärme transportiert, welche nun vermehrt über die
80 Haut abgegeben wird. Zusätzlich geben Schweißdrüsen Schweiß ab, der auf der Haut verdunstet. Sie kühlt ab. ➙ 3

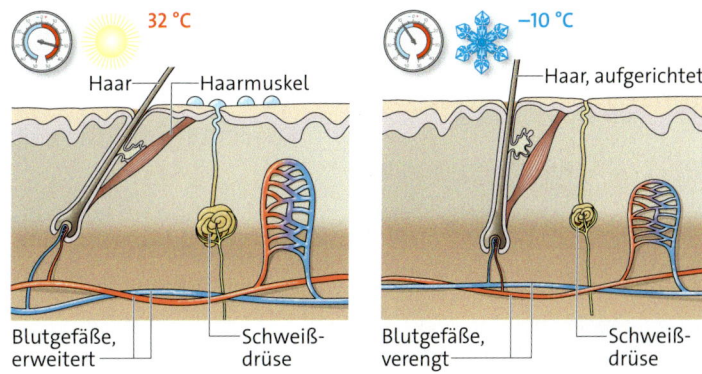

3 Schutz der Haut vor **A** Überhitzung, **B** Unterkühlung

Unterkühlung • Wenn wir frieren, verengen sich die Blutgefäße in der Haut.
85 Es fließt weniger Blut durch die Gefäße, die Haut wird blass. Es wird nun weniger Wärme nach außen abgegeben. Die „Gänsehaut" entsteht durch das Zusammenziehen von Haarmus-
90 keln. ➙ 3 Bei großer Kälte erzeugt der Körper zusätzlich durch ein Zittern der Muskeln Wärme.

> Die Haut ist das größte Sinnesorgan. Sie besteht aus der Ober-, Leder- und Unterhaut. Für unseren Körper übernimmt sie vielfältige Schutzfunktionen.

Aufgaben

1 ○ Beschreibe die Hauptaufgaben der drei Hautschichten.

2 ○ Beschreibe wie die Haut den Körper vor Überhitzung schützt.

3 ◗ Erkläre die Funktion des Muskelzitterns beim Frieren.

Die Haut – unser größtes Sinnesorgan

Material A

Stoffabgabe

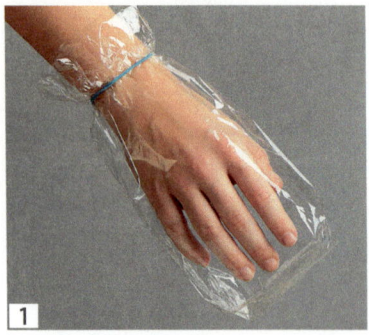

1

Materialliste: durchsichtige Kunststofftüte, Gummiband

1 Stecke deine Hand in eine Kunststofftüte.
a Verschließe die Tüte nicht zu fest mit einem Gummiband am Handgelenk. → 1
b Beobachte, was sich in der Tüte während der nächsten 10 Minuten verändert.

c ◯ Beschreibe deine Beobachtungen.
d ◖ Finde eine Erklärung.

2 Ziehe deine Hand wieder aus der Tüte heraus. Blase über den Handrücken.
◯ Beschreibe, was du spürst.

Material B

⚠

Wärme und Kälte empfinden

Sinneskörperchen helfen, den Körper vor Überhitzung und Unterkühlung zu schützen. Es gibt sie überall in der Haut. Ihre Anzahl schwankt aber von Körperregion zu Körperregion.

Materialliste: 2 Gläser, heißes Wasser, Eiswasser, Stifte (rot und blau), 2 Stahlstricknadeln

1 So geht ihr vor: → 2
a Zeichnet ein kleines Rechteck (1 cm lang, 2 cm breit) auf den Handrücken einer Versuchsperson.
b Erwärmt eine Stahlstricknadel in heißem Wasser. Die andere Nadel stellt ihr in das Eiswasser.

c Berührt ohne Druck abwechselnd mit der warmen und mit der kalten Nadel unterschiedliche Stellen der markierten Hautfläche.
d Die Versuchsperson gibt an, ob sie Kälte oder Wärme empfindet. Markiert die Sinneskörperchen rot (Wärme) oder blau (Kälte).

2 ◯ Zählt die Sinneskörperchen für Wärme und für

Kälte. Vergleicht ihre Anzahl. Notiert das Ergebnis.

3 ◖ An den Lippen befinden sich besonders viele Sinneskörperchen für Wärmeempfinden. Begründet.

4 ● Stelle Vermutungen an, warum es mehr Kälte- als Wärmepunkte gibt.

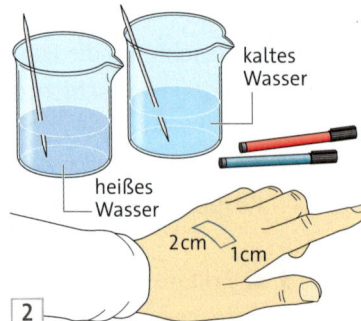

kaltes Wasser

heißes Wasser

2 cm 1 cm

2

Körperregion	Sinneskörperchen pro 10 Quadratzentimeter	
	Kälte	Wärme
Lippe	192	18
Handrücken	74	6
Oberschenkel	48	4

3 Verteilung der Sinneskörperchen

Material C

Eins oder zwei?

Materialliste: Büroklammern mit unterschiedlichen Abständen der Enden, Lineal, Augenbinde

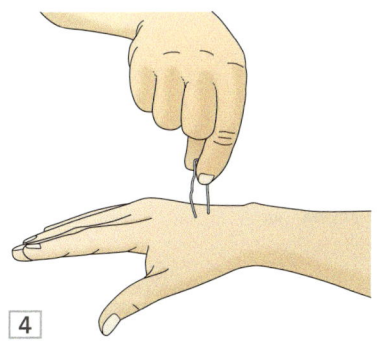

4

1 Verwendet für eure Versuche Büroklammern, deren Enden je einen Abstand von 5, 10, 20 und 30 mm zueinander haben. Bei einer weiteren Büroklammer wird nur ein Ende verwendet („0 mm").

2 Verbindet einer Testperson die Augen. Berührt dann mit den Enden der Büroklammern vorsichtig die Haut auf dem Handrücken der Testperson. ⇒ 4

3 ○ Notiert in einer Tabelle, bei welchen Abständen ein oder zwei Berührungspunkte wahrgenommen werden. ⇒ 5 Nutzt zwischendurch die Stäbchenklammer als Kontrolle.

4 ○ Testet auch andere Körperstellen, z. B. Lippen, Stirn, Fingerspitze oder Unterarm. Verändert dabei die Reihenfolge der Abstände und notiert die Ergebnisse in der Tabelle.

5 Wiederholt den Versuch mit anderen Testpersonen.

6 ○ Beschreibt anhand der Ergebnisse in eurer Tabelle, an welchen Körperstellen die Haut besonders empfindlich ist.

7 ◗ Begründet die Unterschiede im Tastempfinden an unterschiedlichen Körperstellen.

8 ● Überlegt, ob es sinnvoller ist, bei verschiedenen Testpersonen die gleiche Körperstelle zu testen oder unterschiedliche. Begründet eure Entscheidung.

Körperteil:	
Abstand (mm)	1 oder 2 Punkte
0	
5	
10	
20	
30	

5 Muster für eure Tabelle

Material D

Kleidung statt Fell

Bei Kälte stellen Säugetiere ihre Fellhaare auf. Dadurch entsteht eine Luftschicht über der Haut, durch die der Körper weniger auskühlt. Obwohl Menschen kein Fell haben, sondern sich mit Kleidung gegen Kälte schützen, gibt es bei uns eine vergleichbare Reaktion: Die feinen Härchen an unseren Armen und Beinen können durch Muskeln aufgestellt werden. Dadurch zieht sich die Haut, die das Haar umgibt, etwas zusammen, und es entstehen kleine Erhebungen. Wir nennen das dann: „eine Gänsehaut bekommen". ⇒ 6

1 ○ Beschreibt eine Situation, in der ihr eine „Gänsehaut" bekommen habt.

2 ● Erkläre, welche Funktion die Gänsehaut beim Menschen hat.

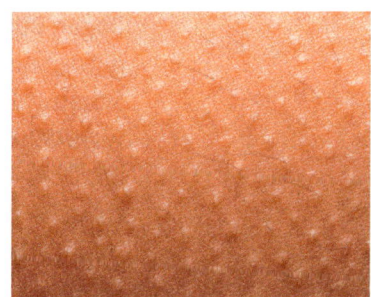

6 „Gänsehaut"

Das Ohr – der Schallempfänger

1 Hanna übt auf ihrer Geige

Ständig sind wir Geräuschen ausgeliefert. Musik, Straßenlärm, aber
auch leise Töne, wie etwa ein Flüstern
nehmen wir wahr. Wie hören wir?

5 **Ohr** • Neben den Augen zählt das Ohr
zu den wichtigsten Sinnesorganen. Das
Hörorgan benötigt besonderen Schutz
und liegt deshalb tief im Schädel. Unser Ohr wird in drei Bereiche geglie-
10 dert: Außen-, Mittel- und Innenohr. Neben dem Hörorgan liegt im Innenohr
außerdem das Geleichgewichtsorgan.

Schallwellen • Streicht man mit dem
Bogen über die Saiten einer Geige be-
15 ginnen diese zu schwingen. Sie senden
Schallwellen aus, die wir als Schall
wahrnehmen. Schallwellen sind Ver-
dichtungen und Verdünnungen der
Luft, die sich in alle Richtungen ver-
20 breiten. Je stärker eine Schallquelle
schwingt, desto lauter ist der Ton.
Je schneller die Schwingung ist, desto

höher ist der Ton. Unsere Ohren dienen
als Schallempfänger.

25 **Vom Schall zum Hören** • Die Ohrmuschel ist der sichtbare Teil des Ohrs
und gehört, wie auch der Gehörgang,
zum Außenohr. Sie fängt den Schall
auf und leitet ihn über den Gehörgang
30 zum Trommelfell. Das Trommelfell ist
eine dünne Haut, welche Außen- und
Mittelohr voneinander abgrenzt. Es
wird von den Schallwellen in Schwingungen versetzt. Im Mittelohr befinden
35 sich die winzigen Gehörknöchel Hammer, Amboss und Steigbügel. Sie nehmen die Schwingungen des Trommel-
fells auf, verstärken sie und leiten sie
an das Innenohr weiter. Am Übergang
40 von Mittelohr zu Innenohr befindet
sich das ovale Fenster. Über dieses
Fenster werden die Schallwellen auf
die im Innenohr liegende Hörschnecke
übertragen. Sie ist das eigentliche Hör-
45 organ und ist mit Flüssigkeit gefüllt.

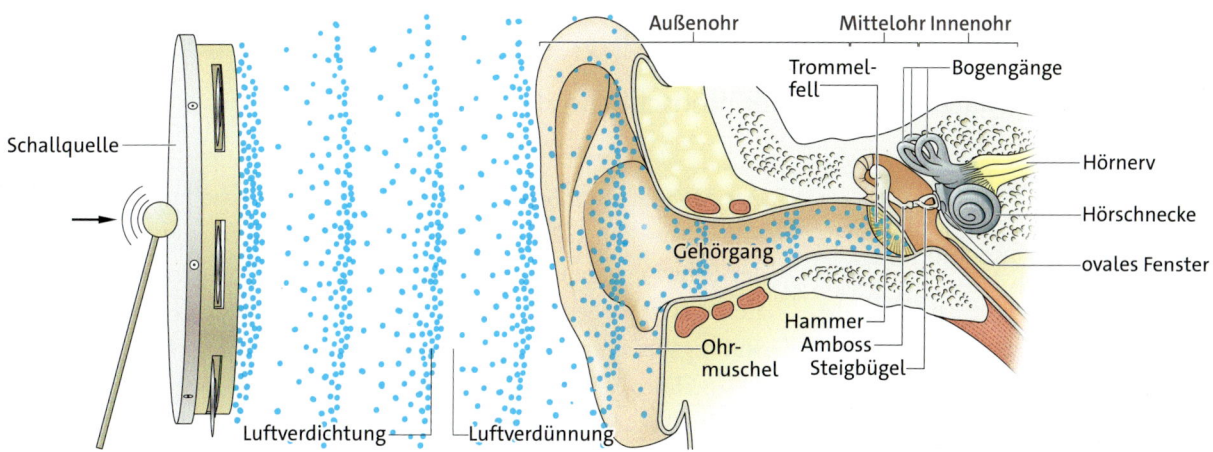

Außenohr   Mittelohr Innenohr

Schallquelle

Trommel-
fell

Bogengänge

Hörnerv

Hörschnecke

ovales Fenster

Gehörgang

Hammer
Amboss
Steigbügel

Ohr-
muschel

Luftverdichtung   Luftverdünnung

2 | Aufbau des Ohrs

Die Schwingungen werden auf die
Flüssigkeit in der Schnecke übertragen.
In der Hörschnecke befinden sich die
Hörsinneszellen mit ihren feinen Här-
50 chen. Durch die Druckwellen in der
Flüssigkeit werden die Härchen gebogen und lösen hierdurch Signale aus,
die über den Hörnerv an das Gehirn
weitergeleitet werden. Das Gehirn
55 wertet die ankommenden Signale
aus und erkennt, was wir hören. Das
Hören ist also ein Zusammenspiel
von Ohren und Gehirn.

Schutz • Ohrenschmalz finden viele
60 Menschen eklig. Er übernimmt jedoch
eine wichtige natürliche Schutzfunktion. So wird die Haut im Gehörgang
befeuchtet, Schmutz und abgestorbenen Hautzellen werden gebunden und
65 entfernt. Zudem hält er Schädlinge
vom Innenohr fern. Eine unsachge-
mäße Reinigung mit Wattestäbchen
schwächt das gesunde Ohr. Das Mittelohr ist mit dem Rachen verbunden.
70 Diese Verbindung dient dem Druck-

ausgleich mit der Außenluft. Beim
Schlucken wird diese kurz geöffnet. Ist
dieser Druckausgleich nicht möglich,
führt dies zu einer Gehörminderung.
75 Außer dem Ohrenschmalz besitzt das
Ohr kaum natürliche Schutzvorrichtungen. Es ist also äußeren Einflüssen
ohne Schutz ausgeliefert.

> Das Ohr besteht aus Außen-, Mittel-
> und Innenohr. Es nimmt den Schall
> auf und ermöglicht zusammen mit
> dem Gehirn das Hören. Es besitzt
> nur wenige Schutzvorrichtungen.

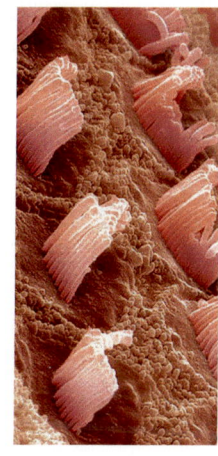

3 | Hörsinnes-
zellen

Aufgaben

1 🔊 Beschreibe den Weg des Schalls
durch das Ohr.

2 🔊 Nenne Verhaltensregeln für den
Besuch einer Diskothek.

3 🔊 Erkläre die Vorgänge am ovalen
Fenster.

Das Ohr – der Schallempfänger

Material A

Schall sichtbar machen

Materialliste: Plastikbecher, Luftballon, Gummiband, Reiskörner, Kochtopf, Kochlöffel

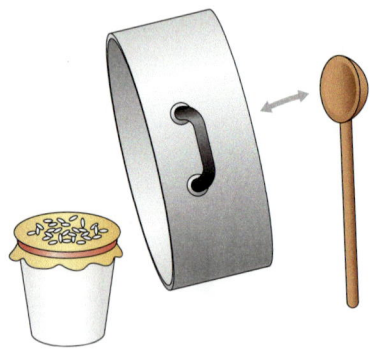

[1] Versuchsaufbau

1 Stülpe einen abgeschnittenen Luftballon über den Plastikbecher, sodass eine straffe Oberfläche entsteht. Befestige ihn mit Gummiband. Lege dann die Reiskörner auf die Ballonhaut.

2 Halte den Kochtopf mit der Öffnung in Richtung Becher. Schlage mit dem Kochlöffel von außen an den Boden. Beobachte dabei die Reiskörner auf der Ballonhaut. ◖ Beschreibe deine Beobachtungen.

3 ◖ Übertrage das Modell auf die Vorgänge im Ohr.

Material B

Der menschliche Hörbereich

Der Mensch kann Schall nur hören, wenn die Schallquelle in einer Sekunde zwischen 20 und 20 000 Schwingungen erzeugt. Die Anzahl der Schwingungen pro Sekunde nennt man Frequenz, sie wird in Hertz (Hz) angegeben. 1 000 Hertz sind 1 Kilohertz (kHz). Eine Stimmgabel mit einer Frequenz von 322 Hz schwingt beispielsweise 322-mal pro Sekunde. Je höher die Frequenz ist, desto höher klingt der Ton. Wenn eine Schallquelle mit mehr als 20 kHz schwingt, spricht man von Ultraschall. Diese Frequenz kann das menschliche Ohr nicht mehr wahrnehmen. Allerdings gibt es einige Lebewesen, die diese Frequenzen hören können. Dazu gehören zum Beispiel Hunde (15 Hz bis 50 kHz), Delfine (150 Hz bis 280 kHz) und Fledermäuse (20 kHz bis 150 kHz). Das menschliche Ohr ist für verschiedene Frequenzen unterschiedlich empfindlich. Ältere Menschen und Menschen, die in ihrem Beruf häufig starkem Lärm ausgesetzt sind, nehmen hohe Töne oft nicht mehr wahr.

Materialliste: Tongenerator (über das Internet verfügbar oder als App), Kopfhörer

[2] Tonfrequenzgenerator

1 Findet euren Hörbereich heraus. Beginnt mit niedrigen Frequenzen (20 Hz) und steigert bis etwa 20 kHz. ○ Notiert euren persönlichen Hörbereich.

2 Gibt es Unterschiede im Hörbereich verschiedener Schüler? ◖ Stellt Vermutungen an, warum das so sein könnte. Einen Hinweis auf eine mögliche Erklärung findet ihr in Bild 3.

3 ◖ Überlegt euch Maßnahmen zum Schutz eures Gehörs.

[3]

Gehörlose Menschen

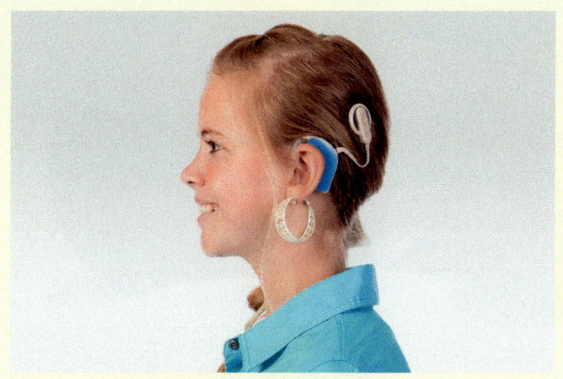

4 Julia trägt eine Hörprothese.

5 Unterhaltung in deutscher Gebärdensprache

Ohne Gehörsinn • Die Ohren sind unsere emp-
findlichsten Sinnesorgane. Mit ihnen können
wir bis zu 400 000 Töne unterscheiden und
sogar die Richtung, aus der sie kommen. Ge-
5 hörlose Menschen können keine Geräusche
aus ihrer Umwelt wahrnehmen und verhalten
sich daher in manchen Situationen anders als
Hörende. Das Martinshorn der nahenden Feu-
erwehr beispielsweise können sie nicht hören.
10 In Deutschland leben etwa 80 000 gehörlose
Menschen. Gehörlosigkeit kann angeboren
oder durch eine Krankheit verursacht sein.

Hilfsmittel • Bei allen Neugeborenen wird
heute kurz nach der Geburt ein Hörtest durch-
15 geführt. Mithilfe von Hörgeräten können Hör-
verluste ausgeglichen werden. Sie bestehen
aus einem Mikrofon, einem Verstärker und
einem Lautsprecher und geben Sprache und
Geräusche lauter an das Innenohr weiter.
20 Alternativ gibt es auch Hörprothesen, die die
mit einem Mikrofon aufgenommenen Reize
in ein elektrisches Signal umwandelt.

Dieses gibt sie direkt an den Hörnerv weiter.
Die Hörprothese muss durch eine Operation
25 eingesetzt werden.

Kommunikation • Gehörlose Kleinkinder können nicht wie Hörende sprechen lernen, weil
sie keine Sprache hören. Sie können jedoch
lernen, die Worte des Gesprächspartners an
30 dessen Lippenbewegungen abzulesen.
Gehörlose verständigen sich außerdem mithilfe der Gebärdensprache. Dazu werden
mit den Händen Zeichen gebildet und durch
Mimik und Körperhaltung unterstützt. ➔ **5**

Aufgaben

1 ◯ Nenne drei für dich wichtige Dinge, für
die du nur deine Ohren benötigst.

2 ◗ Überlege, welche Gefahren mit der
ständigen Verwendung von Kopfhörern
im Alltag verbunden sind.

Sinnesorgane brauchen Schutz

1 Sonnenbaden ohne Schutz

Die Leistung der Sinnesorgane fällt im Alltag kaum auf. Wir nehmen sie als selbstverständlich hin und setzen die Sinnesorgane ständig unbewusst
5 **Gefahren aus. Wie können wir unsere Sinnesorgane schützen?**

Belastungen für das Auge • Mit dem Sehsinn nehmen wir bis zu 90 Prozent der Informationen aus unserer Umwelt
10 auf. Und doch setzen wir das Auge ständig Gefahren aus: Angespanntes Starren auf das Handy, Fernsehen bei schlechtem Licht, kalter Wind der Klimaanlage, Chlorwasser im Schwimm-
15 bad, Zigarettenrauch oder kleine umherfliegende Späne auf der Arbeit. Schnell ist es passiert: Die Augen fühlen sich trocken an, sie jucken und brennen. Das Gefühl einen Fremdkör-
20 per im Auge zu haben entsteht. Nicht alle Gefahren haben eine langfristige Schädigung zur Folge. Setzt man sich ihnen aber ständig aus, können sie zu

2 Brille mit CE-Siegel

ernsten Erkrankungen führen. Das
25 Auge selbst kann sich nur in gewissem Maße selbst schützen.

Schutz des Auges • In vielen Fällen reichen das Lid und die Wimpern als Schutz vor Fremdkörpern, sowie die
30 natürliche Befeuchtung durch die Tränenflüssigkeit nicht aus. Mit einfachen Hilfsmitteln und Verhaltensregeln lassen sich jedoch viele Gefahren abwenden. Zum Schutz vor dem gefährlichen
35 UV-Licht ist das Tragen einer geprüften Sonnenbrille mit CE-Siegel ratsam. → 2 Diese filtert die gesamte gefährliche Strahlung und verhindert so Horn- und Netzhautschäden. Gleichzeitig
40 kann sie vor starkem Wind schützen. Beim Arbeiten mit Geräten, bei dem es zu Funkenflug oder umherfliegenden Spänen kommen kann, werden Visiere eingesetzt. Beim Arbeiten mit ätzen-
45 den Stoffen können Schutzbrillen oder Visiere zum Einsatz kommen.

Durch ausreichende Pausen beim Benutzen von PC oder Handy kann sich
das ermüdete Auge erholen.

50 **Schutz der Haut** • Mechanische oder
chemische Einflüsse sind große Gefahren für die Haut. Im Alltag und auch
im Beruf verhindert Schutzkleidung
Beschädigungen der Haut durch spitze
55 oder scharfkantige Gegenstände.
Schutzhandschuhe wenden Gefahren
beim Umgang mit hautgefährdenden
Stoffen ab. Sie verhindern Verätzungen,
die von geröteten Hautstellen bis hin
60 zu schmerzhaften nässenden Bläschen
reichen.

Gefahr durch die Sonne • Gegen die
schädliche unsichtbare ultraviolette
Strahlung im Sonnenlicht kann sich
65 unser Körper schützen: In der Oberhaut bilden sich dunkle Farbstoffe, sogenannte Pigmente. Sie hindern einen
Teil der UV-Strahlen daran, in tiefere
Hautschichten einzudringen. Je nach
70 Hauttyp vertragen Menschen die Sonne unterschiedlich lange. Ein zu langes
Sonnenbad schädigt jedoch die Haut
und es entzündet sich die Unterhaut,
ein Sonnenbrand entsteht. Es kann
75 außerdem Hautkrebs entstehen.
Einen guten Schutz bietet sonnen-
dichte Kleidung. Der Schutz der Haut
lässt sich mit Sonnenschutzmitteln
verlängern.

80 **Ohr** • Besonders beim wiederholten,
lang anhaltenden Lärm werden die
feinen Haarsinneszellen im Innenohr
dauerhaft geschädigt. Man wird

3 Im Beruf ist passender Schutz der Sinnesorgane wichtig

schwerhörig oder sogar taub. Außer-
85 dem kann das Gleichgewichtsorgan,
welches sich ebenfalls im Innenohr befindet, geschädigt werden. Dies führt
zu weiteren körperlichen Störungen,
wie zum Beispiel Schwindelgefühl.
90 Das Tragen eines geeigneten Gehörschutzes und die Verminderung der
Lautstärke ist der einzig mögliche
Schutz des Ohres.

Der Eigenschutz unserer Sinnesorgane reicht oft nicht aus. Ein verantwortungsbewusster Umgang mit
Gefahren und der aktive Schutz sind
wichtig für die Sinnesorgane.

Aufgaben

1 ◯ Nenne je zwei Gefahren für Auge,
Ohr und Haut.

2 ◑ Überlege und begründe, in
welchen Berufen mehrere Schutzvorrichtungen nötig sind.

Sinnesorgane brauchen Schutz

Material A

Schutz der Augen

In bestimmten Situationen müssen die Augen geschützt werden.

1 ○ Beschreibe, vor was die abgebildeten Gegenstände das Auge schützen.

2 ◐ Begründe, warum man beim Kauf einer Sonnenbrille auf das CE-Siegel achten sollte.

3 ◐ Erkläre, warum man nicht in ganz helle Lichtquellen schauen sollte.

Material B

Gehörschutz

Die Lautstärke wird durch die Stärke der Schallwellen bestimmt. Die Einheit der Lautstärke ist Dezibel (dB). Hat eine Geräuschquelle dauerhaft mehr als 65 dB, empfindet man sie als unangenehm. Ab einer Lautstärke von 85 dB wird das Tragen eines Gehörschutzes empfohlen. Die dauerhafte Überschreitung der Grenze ohne Hörschutz führt zu schwerwiegenden gesundheitlichen Beeinträchtigungen.

1 ○ Begründe warum es sinnvoll ist, beim Rasenmähen einen Gehörschutz zu tragen. → 4

2 ◐ Begründe, warum es sinnvoll für Bauarbeiter an Autobahnen ist, einen Gehörschutz zu tragen. → 5 6

3 Das Ohr wird täglich Geräuschen unterschiedlicher Lautstärke und Dauer ausgesetzt. → 7
◐ Entwickle Verhaltensregeln für deinen Alltag zum Schutz des Gehörs.

	Lautstärke
Autoverkehr an Autobahn	85 dB
Flugzeug, Presslufthammer	130 dB
Regen, Gespräch	50 dB
Ticken einer Armbanduhr	20 dB
Rasenmäher, Fernseher	75 dB
Diskomusik, Motorsäge	110 dB

8 Lautstärke verschiedener Geräuschquellen

Hauttypen und Sonnenschutzmittel

Man unterscheidet mehrere Hauttypen je nach Menge der Pigmente, die die Haut bilden kann. Deren Eigenschutzzeit lässt sich mit Hilfe von Sonnenschutzmitteln verlängern. Dazu werden Mittel mit unterschiedlichem Lichtschutzfaktor angeboten. Wie lange deine Haut durch das Sonnenschutzmittel geschützt ist, kann man berechnen. Dazu nimmt man die Eigenschutzzeit mal den Lichtschutzfaktor des Sonnenschutzmittels.

1 ○ Betrachte die 6 unterschiedlichen Hauttypen. Beschreibe ihr Erscheinungsbild.

2 ○ Begründe, warum Hauttyp 1 sehr schnell und Hauttyp 4 nur selten einen Sonnenbrand bekommt.

3 Dein Hauttyp.
a ○ Bestimme deinen Hauttyp.
b ○ Berechne, wie lange dir ein Sonnenschutzmittel mit dem Schutzfaktor 20 maximal Schutz bietet.

Hauttyp 1 Eigenschutzzeit: bis 10 min	Hauttyp 2 Eigenschutzzeit: 10–20 min	Hauttyp 3 Eigenschutzzeit: 20–30 min	Hauttyp 4 Eigenschutzzeit: 30–60 min	Hauttyp 5 Eigenschutzzeit: 60–90 min	Hauttyp 6 Eigenschutzzeit: über 90 min

9 Hauttypen und ihre Eigenschutzzeit der Haut vor Sonnenstrahlung

Sonnenbrand

Beim Sonnenbrand wird die Haut ähnlich wie bei Kontakt mit Feuer geschädigt.

Letztlich entzündet sich die Unterhaut. Durch die Erweiterung der Blutgefäße wird die Haut warm und rot. Die geschädigten und abgestorbenen Hautzellen werden als große Hautschuppen abgestoßen. Zu viel Sonnenstrahlung kann zu Brandblasen und sogar Hautkrebs führen.

1 ○ Erkläre, warum zu langes Sonnenbaden schädlich ist.

2 ◐ Erkläre, warum Sonnenbrand starke Schmerzen verursachen kann.

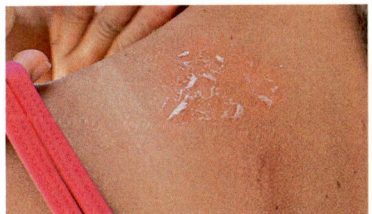

10 Sonnenbrand

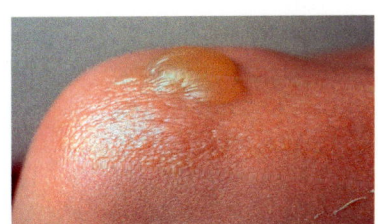

11 Brandblase

Sinneszellen als Signalwandler

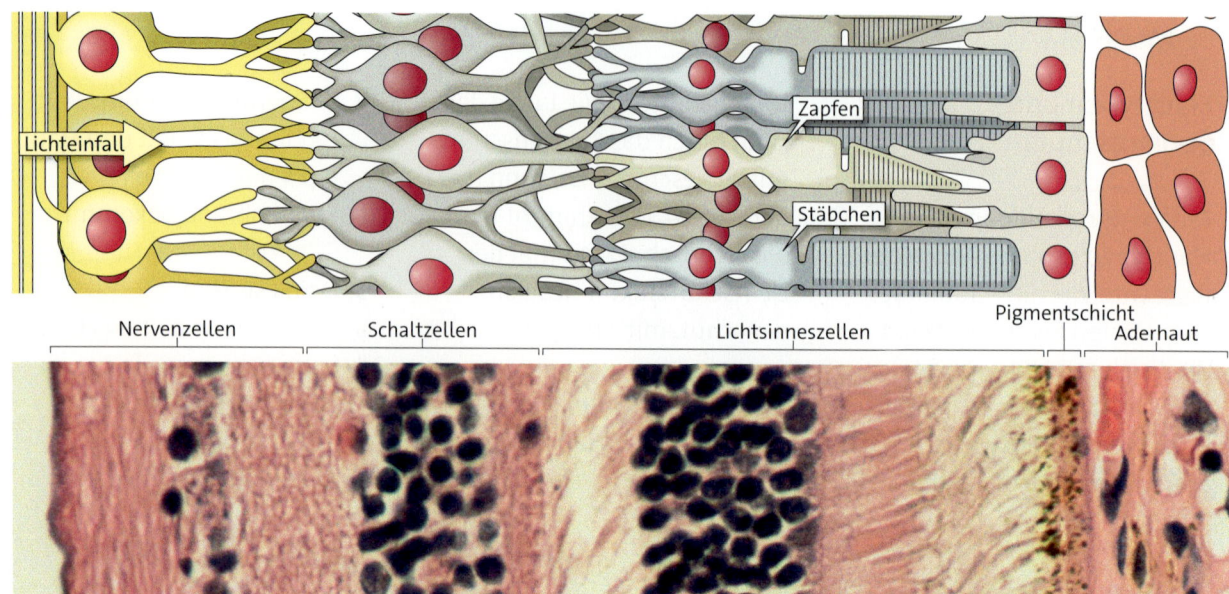

Lichteinfall

Zapfen

Stäbchen

Pigmentschicht

Aderhaut

Nervenzellen | Schaltzellen | Lichtsinneszellen

1 Bau der Netzhaut: **A** Schema, **B** lichtmikroskopische Aufnahme

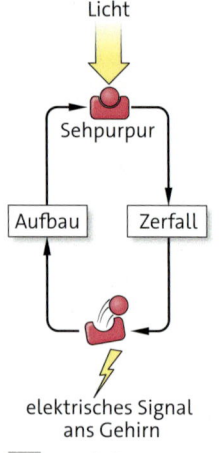

Licht

Sehpurpur

Aufbau ← → Zerfall

elektrisches Signal
ans Gehirn

2 Zerfall und Recycling des Sehpurpurs in einem Stäbchen

Licht, Berührung, Temperaturunterschiede, Schmerz, Kaffeeduft, ein leises Flüstern - all dies sind Reize, die man ständig aufnimmt. Wie wird aus Ihnen
5 **eine verständliche Information für unseren Körper?**

Signalumwandlung • Alle Sinnesorgane besitzen hochspezialisierte Zellen die in der Lage sind, bestimmte
10 Reize aufzunehmen. Man spricht von den Sinneszellen oder Rezeptoren. Sie übersetzen die erhaltenen Informationen und geben den nachfolgenden Zellen ein Signal, auch Impuls ge-
15 nannt, zur Weiterleitung ans Gehirn.

Sehpurpur • Die Stäbchen des Auges enthalten einen lichtempfindlichen Sehfarbstoffe, das Sehpurpur oder Rhodopsin. Unter Lichteinfluss zerfällt
20 es in zwei Bestandteile. Dabei entste-

hen Signale, die durch die nachfolgenden Zellen als übersetzte Information an das Gehirn weitergeleitet werden. Dort werden sie weiter verarbeitet –
25 der Sinneseindruck entsteht.
Nach dem Zerfall wird der Sehfarbstoff verzögert aus seinen Bestandteilen wieder aufgebaut. Der Sehfarbstoff wird so recycelt und steht für
30 den nächsten einfallenden Lichtreiz zur Verfügung.

> Sinneszellen wandeln mithilfe von verschiedenen Reaktionen Reize in Signale um.

Aufgabe

1 ○ Beschreibe mithilfe der Abbildung 2 die Signalumwandlung in den Lichtsinneszellen des Auges.

Material A

Signalwandlung beim Hören

Beim Hören werden Schallwellen in elektrische Signale umgewandelt.

1 ◐ Bringe die Aussagen aus Bild 3 in die richtige Reihenfolge. Erstelle ein Fließschema und notiere es in dein Heft.

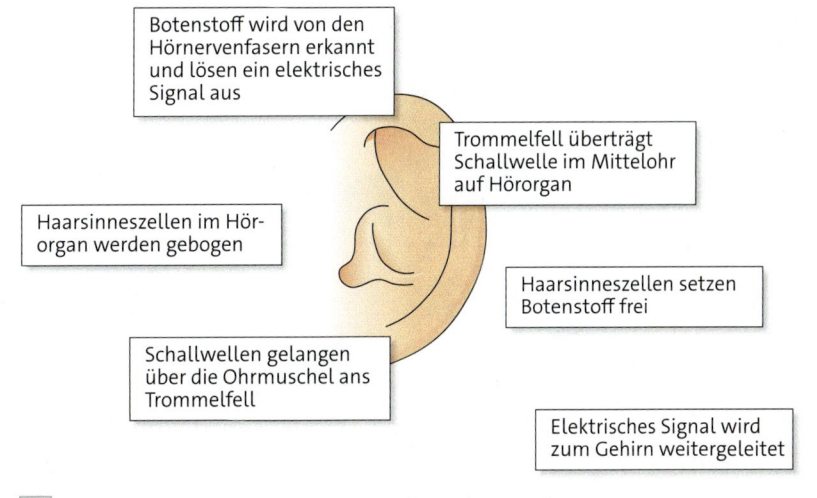

Botenstoff wird von den Hörnervenfasern erkannt und lösen ein elektrisches Signal aus

Trommelfell überträgt Schallwelle im Mittelohr auf Hörorgan

Haarsinneszellen im Hörorgan werden gebogen

Haarsinneszellen setzen Botenstoff frei

Schallwellen gelangen über die Ohrmuschel ans Trommelfell

Elektrisches Signal wird zum Gehirn weitergeleitet

... → ... →

3 Vorgänge bei der Signalumwandlung beim Hören

MaterialB

Trägheit des Auges

Das Sehen wird in den Lichtsinneszellen durch den Zerfall und den anschließendem Wiederaufbau des Rhodopsins

Vorderseite   Rückseite

4

ermöglicht. Dieser Zyklus dauert eine Achtzehntel Sekunde. Erst wenn das Rhodopsin wieder aufgebaut wurde, kann ein neuer Reiz verarbeitet werden.

Materialliste: ein Stück weißen Karton, Stift, Locher, 20 cm langes Stück Schnur, Gummring

1 Zeichne mit dem Stift auf den Karton ein kleines Motiv in die linke untere Ecke. Male ein zweites Motiv in die rechte obere Ecke der Rückseite.

2 Stanze mit dem Locher oben und unten ein Loch aus.

3 Befestige am oberen Loch die Schnur, am unteren Ende das Gummiband.

4 Verdrille das Gummiband zehn Mal. Schau beim Loslassen der Pappe auf die Pappe.

5 ○ Beschreibe deine Wahrnehmung beim Drehen des Bildes.

6 ◐ Finde eine Erklärung für deine Wahrnehmung. Verwende dabei die Wörter: einzelne Bilder, Lichtsinneszellen und Rhodopsin.

7 ● Stelle Vermutungen an, wo dieses Prinzip wichtig ist.

Das Nervensystem

1 Aufschlag beim Volleyball

Volleyballspielen ist eine Sportart, die neben Schnelligkeit, Kraft und Ausdauer auch Präzision verlangt. Welche Teile des Körpers steuern die ₅ **komplexen Bewegungsabläufe?**

Zentrales Nervensystem • Zusammen mit dem Rückenmark bildet das Gehirn das zentrale Nervensystem (ZNS).

Hier sind besonders viele Nervenzellen ₁₀ gebündelt. Das zentrale Nervensystem bildet das Steuerungssystem aller wichtigen Vorgänge im Körper. Zum einen laufen hier alle auf den Körper einwirkenden Reize zusammen und ₁₅ werden verarbeitet, zum anderen werden sämtliche Bewegungen des Körpers hier gesteuert. Neben unbewussten Vorgängen wie der Steuerung der Organtätigkeit ist das zentrale Nerven- ₂₀ system auch der Ort für das Lernen, Fühlen und Denken.

Peripheres Nervensystem • Alle außerhalb des zentralen Nervensystems liegenden Teile bezeichnet man als ₂₅ peripheres Nervensystem (PNS). Vom Rückenmark ausgehend verzweigen sich die Nerven in alle Körperregionen, also auch bis in die Fingerspitzen. Sie durchziehen den gesamten Körper. ₃₀ → ⬛ 2 Hierzu gehören Nerven, die die elektrischen Signale von den Sinneszellen zum zentralen Nervensystem leiten. Sie werden als sensorische Nerven bezeichnet. Elektrische Signale ₃₅ vom zentralen Nervensystem werden über motorische Nerven zu den Körperzellen geleitet. So werden beispielsweise Muskeln bewegt.

Das Gehirn • Das beim Menschen im ₄₀ Durchschnitt 1,3 kg schwere Gehirn besteht aus über 100 Milliarden Nervenzellen. Jede Nervenzelle kann mit bis zu 10 000 weiteren verbunden sein. Dieses dichte Geflecht ermöglicht eine ₄₅ rasche Weiterleitung von elektrischen Signalen. Das Gehirn ist vollständig

Rücken-mark — **Gehirn**

Nerv

Bindegewebsband

Sehnen-scheiden

Fingerknochen

■ ZNS
□ PNS

2 Das Nervensystem

das zentrale Nervensystem
das Großhirn
das periphere Nervensystem
das Kleinhirn
der Hirnstamm

vom Schädelknochen umgeben. Weiteren Schutz bieten Hirnhäute, die sich zwischen dem Schädelknochen
50 und dem Gehirn befinden. Das Gehirn ist von Flüssigkeit umgeben, was es gegen Erschütterungen schützt. Zudem ist es in verschiedene Teile gegliedert, die unterschiedliche Funk-
55 tionen erfüllen.

Das Großhirn • Beim Menschen ist das sogenannte Großhirn besonders stark entwickelt. Seine äußere Schicht ist von Furchen durchzogen, die der Ver-
60 größerung der Oberfläche dienen. So hat in der Großhirnrinde eine große Anzahl von Nervenzellen Platz. Die gut erkennbaren zwei Großhirnhälften sind über den Balken miteinander ver-
65 bunden und besitzen unterschiedliche Aufgaben: Sprache und logisches Denken erfolgen überwiegend in der linken Großhirnhälfte, die rechte ist für räumliches Vorstellungsvermögen, Musika-
70 lität und Kreativität zuständig.

Das Kleinhirn • Im Bereich des Hinterkopfs liegt der zweitgrößte Teil des Gehirns, das Kleinhirn. Es ist zuständig für die Koordination und das Erlernen
75 von Bewegungsabläufen. → ⬚1

Zwischenhirn und Hirnstamm • Unter dem Großhirn verborgen liegt das Zwischenhirn. Es steuert zusammen mit dem Großhirn Gefühle wie Angst, Wut
80 und lebenswichtige Vorgänge wie die Erhaltung der Körpertemperatur. Das Zwischenhirn ist außerdem mit der erbsengroßen Hirnanhangsdrüse, der

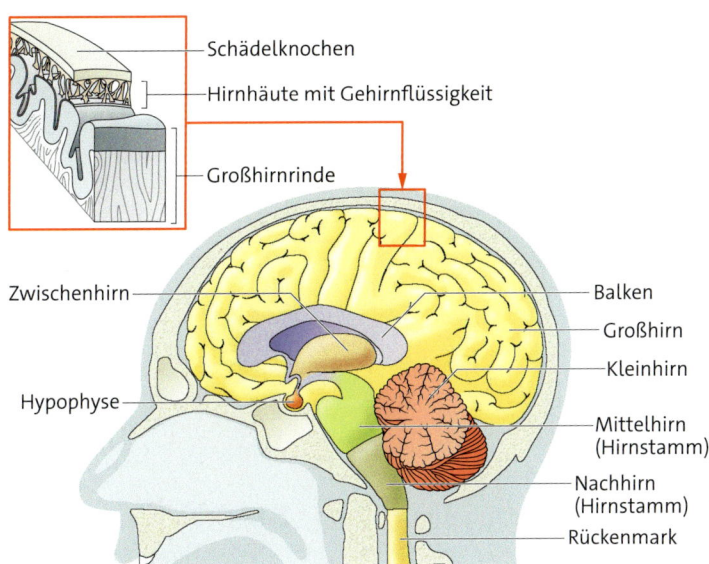

Schädelknochen
Hirnhäute mit Gehirnflüssigkeit
Großhirnrinde
Zwischenhirn
Hypophyse
Balken
Großhirn
Kleinhirn
Mittelhirn (Hirnstamm)
Nachhirn (Hirnstamm)
Rückenmark

⬚3 Das Gehirn

Hypophyse, verbunden. Beide zusam-
85 men regulieren Vorgänge im Hormonsystem. Unter dem Zwischenhirn liegt der Hirnstamm. Dieser besteht aus dem Mittelhirn und dem Nachhirn. Das Mittelhirn dient als Umschaltstelle
90 zwischen Sinnesorganen und dem Zwischen- und Großhirn. Das Nachhirn steuert Vorgänge, die wir nicht willkürlich beeinflussen können, wie Atmung und Herztätigkeit.

Das Nervensystem des Menschen besteht aus peripherem und zentralem Nervensystem. Gehirn und Rückenmark bilden zusammen das ZNS.

Aufgabe

1 ⬚ Erkläre die Aufgabe von sensorischen und motorischen Nerven. → ⬚2

Das Nervensystem

Material A

Gehirnteile

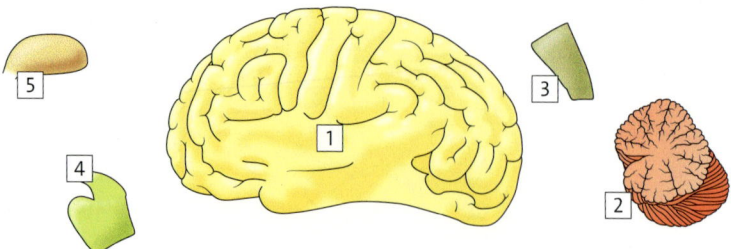

1 Gehirnteile

A	Verschaltung von Sinnes-organen und Großhirn
B	Denken, Sprache, Kreativität
C	Koordination, Erlernen von Bewegungsabläufen
D	Steuerung der Atmung und der Herztätigkeit
E	Steuerung lebenswichtiger Körperfunktionen, Gefühle

1 ○ Benenne die mit den Ziffern 1–5 gekennzeichneten Hirnteile in Bild 1.

2 ◐ Ordne den Hirnteilen ihre jeweiligen Aufgaben aus den Textboxen A–E zu.

Material B

Gehirnfelder

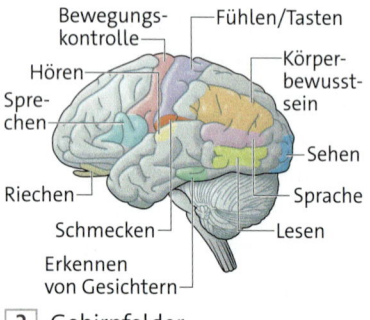

2 Gehirnfelder

Die äußere Schicht des Großhirns, die Großhirnrinde, lässt sich in verschiedene Felder einteilen. Beim Sprechen ist ein anderes Feld aktiv als beim Sehen. Bei komplexen Tätigkeiten sind mehrere Felder aktiv. Mit einer besonderen Technik lassen sich Bereiche der Großhirnrinde, die besonders aktiv sind, sichtbar machen. → 3

1 ○ Beschreibe Bild 2.

2 Auf den Bildern 3 A und B sind verschiedene aktive Bereiche der Großhirnrinde dargestellt.
◐ Ordne die beiden Situationen A und B den passenden Bildern zu und begründe deine Auswahl.

A Jonas liegt gemütlich auf seinem Bett und hört Musik. Dabei isst er ein Stück Pizza.

B Sandra und Judith lesen sich ihre Notizen durch, weil morgen ein Test geschrieben wird. Sie versuchen sich gegenseitig die Funktion des Nervensystems zu erklären.

3 Gehirnaktivität

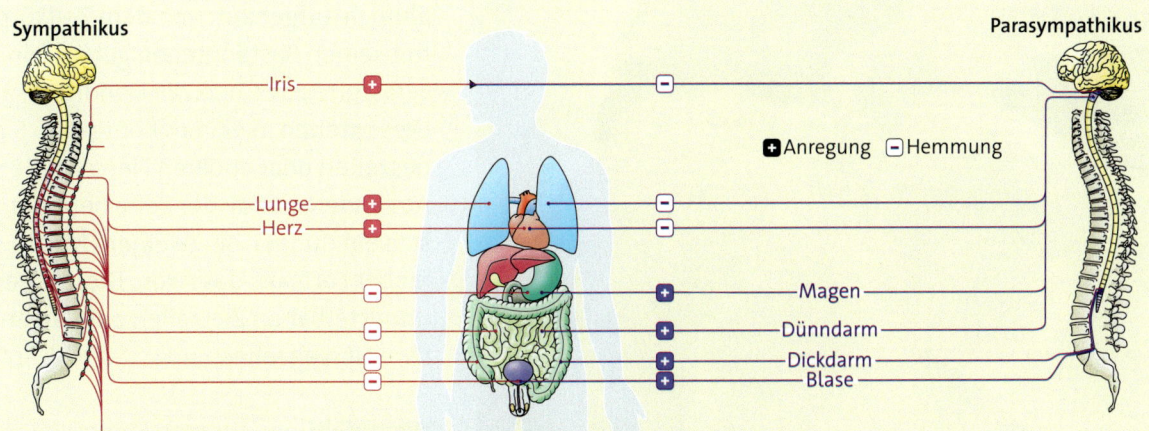

Sympathikus

Parasympathikus

➕ Anregung ➖ Hemmung

Iris
Lunge
Herz
Magen
Dünndarm
Dickdarm
Blase

4 Funktionen des vegetativen Nervensystems

Das vegetative Nervensystem

Unwillkürliches Nervensystem • Viele Vorgänge des Körpers werden nicht wie Bewegungen bewusst gesteuert. Dazu zählen die Tätigkeiten der inneren Organe und das Schwitzen. Diese
5 werden vom unwillkürlichen, dem vegetativen Nervensystem, gesteuert. Den Teil des vegetativen Nervensystems, der für die Aktivierung des Körpers verantwortlich ist, nennt man Sympathikus. Die Sympathikusnerven treten
10 aus dem Rückenmark aus und verlaufen beidseits der Wirbelsäule. Von dort ziehen die Nerven in die inneren Organe. Den Teil des vegetativen Nervensystem, der für die Entspannung des Körpers zuständig ist, nennt man Para-
15 sympathikus. Seine Nerven gehen vom Gehirn und Rückenmark aus und führen in die gleichen Organe wie beim Sympathikus.

Sympathikus und Parasympathikus • Bei einem Wettkampf ist der Körper auf Leistung einge-
20 stellt. Die Atmung geht schneller, der Herz-

schlag ist erhöht. Die Leber gibt viel Glukose ins Blut ab. So gelangt viel Glukose und auch Sauerstoff zu den Muskeln. Die Schweißdrüsen geben vermehrt Schweiß ab, damit die entste-
25 hende Wärme abgeführt wird. Die Bewegungen des Magens und Darms werden zurückgefahren. Der Sympathikus steuert also die Organe, die notwendig sind, wenn der Körper Leistung bringen muss. Der Parasympathikus
30 fördert die Entspannung des Körpers sowie den Aufbau von Energiereserven. Er fördert die Aktivität des Verdauungssystems und der Ausscheidungsorgane. Im Gegenzug hemmt er die Aktivität der Lunge, des Herzens und
35 der Schweißdrüsen. Der Sympathikus und Parasympathikus wirken also beide auf das Herz ein, der eine anregend, der andere hemmend. Sie sind Gegenspieler.

Aufgabe

1 ◐ Erkläre das Gegenspielerprinzip beim vegetativen Nervensystem. → **4**

Nerven und Synapsen

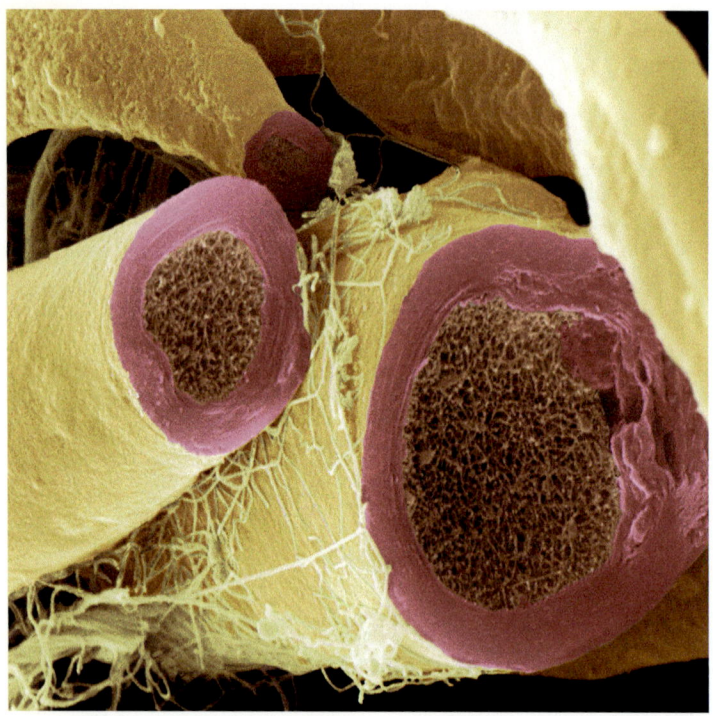

1 Mikroskopische Aufnahme eines Nervs

Das Neuron • Die als Neuronen bezeichneten Nervenzellen im Körper sind alle ähnlich aufgebaut: Von dem Zellkörper mit seinen Bestandteilen gehen fein
10 verästelte Fortsätze, die Dendriten, ab. Diese stehen in engem Kontakt zu Sinneszellen oder anderen Nervenzellen. Am anderen Ende der Zelle befindet sich ein dünner, bis zu einem Meter
15 langer Fortsatz, das Axon. Dieses grenzt unmittelbar an Zielzellen oder an andere Nervenzellen.

Weiterleitung • Werden Sinneszellen wie die Lichtsinneszellen im Auge an
20 geregt, so geben sie ein elektrisches Signal ab. Die Dendriten eines Neurons nehmen das Signal auf. Er gelangt über den Zellkörper und das Axon wie in einer Einbahnstraße zu den End
25 knöpfchen. Dort wird das Signal auf eine Zielzelle übertragen. Diese Zielzelle wird angeregt. So ziehen sich Muskelzellen zusammen, Drüsenzellen geben Sekrete ab und Nervenzellen
30 leiten das Signal wieder weiter.

Die von außen auf den Körper einwirkenden Reize werden an das Gehirn weitergeleitet und dort verarbeitet. Wie erfolgt diese Weiterleitung durch
5 **den Körper?**

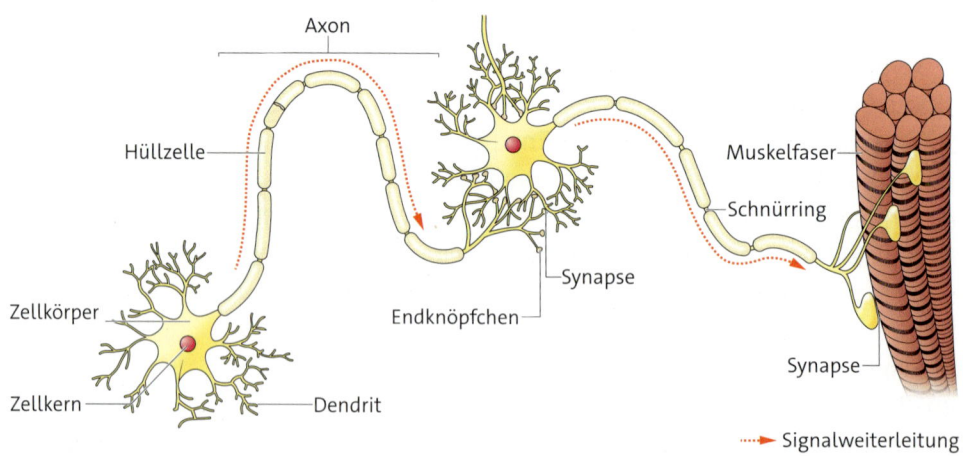

2 Bau eines Neurons

Isolation • Das Axon ist von einer Hüllzelle umwickelt. → 2 Diese dient
wie bei einem Kabel der elektrischen
Isolation, was die Weiterleitung des
35 elektrischen Signals in der Nervenzelle
ermöglicht. Das Axon mit der umge-
benden Hüllzelle bildet eine Nerven-
faser. Diese Umhüllung wird in regelmäßigen Abständen von den Schnür-
40 ringen unterbrochen. Die elektrischen
Signale springen von Schnürring zu
Schnürring. Die Axone mit ihren Hüllzellen sind von einer weiteren isolie-
renden Bindegewebshülle umgeben.

45 **Synapse** • Zwischen den Endknöpfchen
und der Zielzelle befindet sich ein
Spalt. Die elektrischen Signale können
diesen nicht überspringen. Um den sogenannten synaptischen Spalt über-
50 winden zu können, werden chemische
Überträgerstoffe genutzt. Diese werden Transmitter genannt. Sie befinden
sich in Bläschen im Endknöpfchen.
Kommt ein Signal von der Nervenzelle
55 zum Endknöpfchen, so verschmelzen
die Bläschen mit der Zellmembran.
Das führt dazu, dass die Transmitter
in den synaptischen Spalt gelangen.
Sie durchqueren den synaptischen
60 Spalt und lagern sich an Empfängerstellen der Zielzellen, welche Rezeptoren genannt werden. Diese Bindung
löst in der Zielzellen, welche Rezeptoren genannt werden. Die Transmitter
65 lösen sich wieder vom Rezeptor und
werden durch Enzyme zerlegt. Die
Bruchstücke werden wieder von dem
Endknöpfchen aufgenommen und zu
neuen Transmittern aufgebaut.

3 Informationsweiterleitung an einer Synapse

Die Übertragung der elektrischen
Signale von Nervenzellen auf eine
Zielzelle findet an der Synapse
statt. Das Endknöpfchen des Axons,
den synaptischen Spalt und den angrenzenden Bereich der Zielzelle
bezeichnet man als Synapse.

Aufgaben

1 ◯ Beschreibe mithilfe von Bild 2
die Signalweiterleitung an einer
Nervenzelle.

2 ● Beschreibe die unterschiedlichen
Vorgänge in Bild 3 A und 3 B.

Nerven und Synapsen

Material A

Synapse

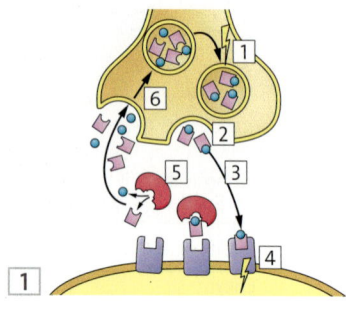

1 ○ Ordne den Zahlen in Bild 1 die passenden Textbausteine zu. Notiere sie in der richtigen Reihenfolge in dein Heft.

A Das synaptische Bläschen verschmilzt mit der Membran des Endknöpfchens. Die Transmitter werden in den synaptischen Spalt freigesetzt.

B Ein elektrisches Signal wird an der Zielzelle ausgelöst.

C Die Bruchstücke der Transmitter wandern zurück ins Endknöpfchen. Dort werden sie wieder aufgebaut und gespeichert.

D Spaltungsenzyme lösen die Transmitter vom Rezeptor und zerlegen sie.

E Transmitter gelangen über den Spalt zu den Rezeptoren der Zielzelle und lagern sich an.

F Elektrische Signale bewirken, dass die synaptischen Bläschen mit den Transmittern zur Membran des Endknöpfchens gelangen.

Material B

Nervengifte

1 In Bild 2 ist ein Endknöpfchen am Muskel dargestellt.

a ○ Nenne die Wirkorte der verschiedenen Gifte. → **2**

b ◐ Erkläre, wie die verschiedenen Gifte an der Synapse wirken.

c ● Erläutere die unterschiedlichen Auswirkungen von Botulinumtoxin und Parathion auf den Muskel.

Botulinumtoxin (Botox) Dieses Gift stammt von speziellen Bakterien. Es verhindert das Verschmelzen der synaptischen Bläschen mit der Membran des Endknöpfchens. Es lähmt die Muskulatur. Die Muskeln können sich nicht mehr anspannen.

Curare Von den Ureinwohnern Südamerikas wurde dieses Gemisch aus Pflanzengiften früher genutzt, um zu jagen. Es wurde auch bei Operationen zur Muskelentspannung eingesetzt. Curare blockiert die Rezeptoren der Zielzelle dauerhaft.

Parathion Es wurde als Insektenvernichtungsmittel E 605 verwendet. Es ist für den Menschen hochgiftig und verboten. Es kann bei Hautkontakt zur Verkrampfung der Muskulatur führen. Parathion hemmt das Enzym, das die Überträgerstoffe wieder abbaut.

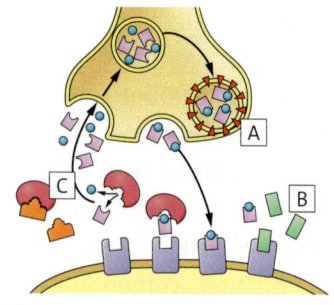

2 Wirkorte von Giften

Schnürringe

Die meisten Axone im Körper sind von Hüllzellen umgeben. Diese enthalten fettartige Stoffe, die das Axon elektrisch isolieren. Die Zwischenräume der Hüllzellen bezeichnet man als Schnürringe. Diese werden durch Bindegewebe isoliert. Die Leitungsgeschwindigkeit der elektrischen Signale erreicht beim Menschen etwa 120 Meter pro Sekunde. In den Bildern ist ein Modell zur Erregungsleitung bei weniger hoch entwickelten Tieren und höher entwickelten Tieren, zu denen auch der Mensch gehört, dargestellt. → 5

1 ◐ Vergleiche die beiden Modelle in Bild 5 A. Nenne Gemeinsamkeiten und Unterschiede.

2 ◐ Vergleiche die Axone. Nenne Gemeinsamkeiten und Unterschiede. → 5 B

3 ● Erkläre, welche Auswirkungen Schnürringe auf die Erregungsleitung beim Menschen haben.

4 ● Stelle Vermutungen an, welche Vorteile höher entwickelte Tiere dadurch besitzen.

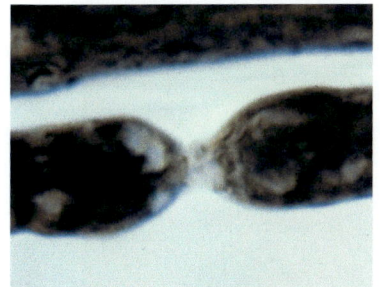

3 Schnürring an einem Axon

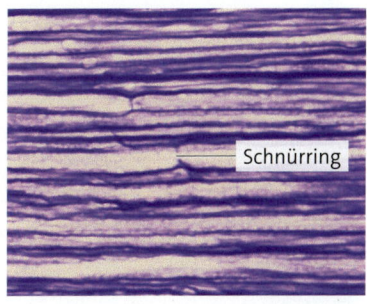

Schnürring

4 Nervengewebe (Längsschnitt)

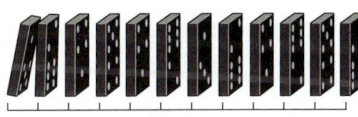

A langsame Zurücklegung des Weges

schnelle Zurücklegung des Weges

50 cm

Strohhalm

50 cm

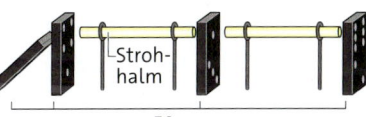

B

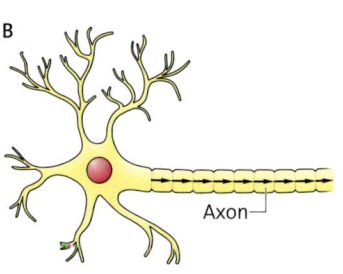

Axon

25 Meter pro Sekunde

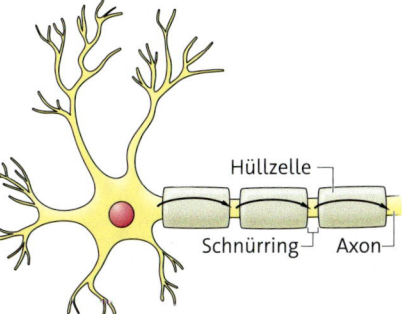

Hüllzelle

Schnürring Axon

120 Meter pro Sekunde

→ Signalweiterleitung

5 Signalleitung und Geschwindigkeit bei Tintenfisch und Mensch: A Modelle, B Axone

Regulation des Blutzuckerspiegels

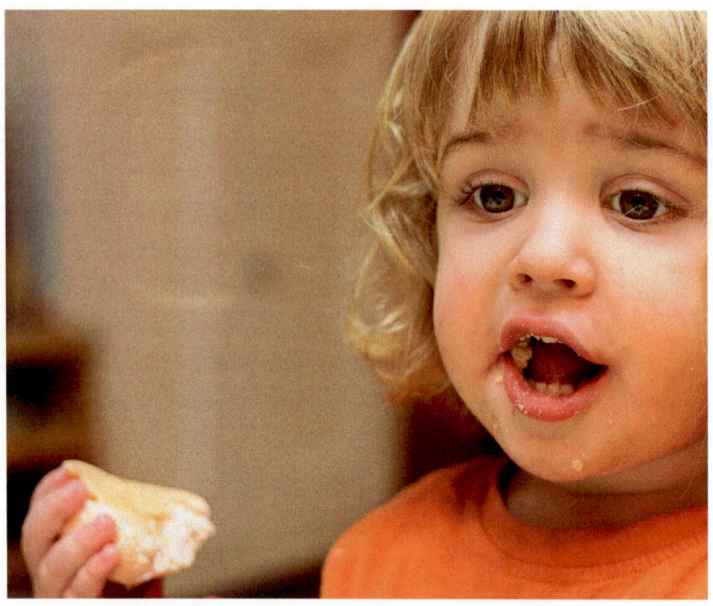

1 Kind isst ein Brötchen.

Nach einer kohlenhydratreichen Mahlzeit entsteht durch die Verdauung viel
Glukose, die ins Blut aufgenommen
wird. Je nach Aktivität der Körperzellen
5 ist der Glukosebedarf unterschiedlich.
Wie wird die verfügbare Menge an
Zucker im Blut konstant gehalten?

Hormone • Neben der Informationsverarbeitung mithilfe des Nervensystems
10 gibt es ein weiteres Informationssys-
tem des Körpers. Hier werden Signale
mithilfe von chemischen Stoffen, den
Hormonen, über den Blutkreislauf im
gesamten Körper weitergegeben. Hor-
15 mondrüsen schütten diese Hormone
bei Bedarf aus. Ein Hormon wirkt nur
auf bestimmte Zellen, die die passenden Rezeptoren tragen. Die Rezeptoren sind die Empfängerstellen für die
20 Botenstoffe. Die Zielzellen mit den
passenden Rezeptoren erzeugen eine
Reaktion auf das Signal. Ist die Reaktion ausgeführt, merkt der Körper,
dass eine weitere Ausschüttung der
25 Hormone nicht mehr nötig ist. Die
Produktion wird dann eingestellt.
Dies nennt man einen Regelkreis. → **2**

Blutzuckerregulierung • Nach einer
kohlenhydratreichen Mahlzeit steigt
30 der Zuckergehalt des Blutes an. Nach
sportlicher Aktivität sinkt er, da viel
Glukose durch die Zellatmung abgebaut wird. Bei einem gesunden Menschen bewegt sich der Blutzuckerge-
35 halt zwischen 0,7 und 1,1 g Glukose pro
Liter Blut. Bestimmte Glukoserezeptoren im Blut messen ständig den Blutzuckerspiegel und melden dem Gehirn
die Werte. Daraufhin wird die Bauch-
40 speicheldrüse vom Gehirn veranlasst,
Hormone auszuschütten. Die Regulation des Glukosegehalts im Blut wird
durch zwei Hormone, das Insulin und
das Glukagon, bestimmt.
45 Beide Hormone werden in den Zellen
der Bauchspeicheldrüse, den Langer-

Signal zur
Einstellung
der Hormon-
ausschüttung

Hormondrüse   Zielzelle

Hormone

Rezeptor

Blutgefäß

2 Hormone: **A** Schlüssel-Schloss-Prinzip, **B** Regelkreis

hans- Inseln, gebildet. Insulin senkt den Blutzuckerspiegel, Glukagon hebt ihn an. Sie wirken wie Gegenspieler.

50 **Insulin** • Durch die Aufnahme kohlenhydrathaltiger Nahrung steigt der Blutzuckerspiegel an. Dieser Anstieg regt die Ausschüttung des Insulins in der Bauchspeicheldrüse an. Das Insulin
55 gelangt über das Blut zu allen Körperzellen und lagert sich an spezifische Rezeptoren an. Diese Bindung folgt dem Schlüssel-Schloss-Prinzip und macht die Zellmembran durchlässiger
60 für Glukose. Die Glukose aus dem Blut kann in die Zellen aufgenommen und als Glykogen gespeichert werden. Als Folge sinkt der Blutzuckerspiegel wieder. Das Signal zur Ausschüttung des
65 Insulins nimmt ab, da die Glukoserezeptoren im Blut dem Gehirn ein Absinken des Glukosespiegels gemeldet haben. Ist die Regulierung des Blutzuckerspiegels gestört, spricht man von der Er-
70 krankung Diabetes (→ E&V-Seite 208).

Glukagon • Bei hohem Energieverbrauch, zum Beispiel beim Sport, sinkt der Blutzuckerspiegel unter ein normales Level ab. Dann schüttet die
75 Bauchspeicheldrüse das Hormon Glukagon in die Blutbahn. Das bewirkt den Abbau des in der Leber gespeicherten Glykogens. Dieses besteht aus vielen Glukosebausteinen und dient
80 als Glukosespeicher. Glukagon regt Enzyme an, Glykogen zu Glukose abzubauen. Glukose wird dann ins Blut abgegeben, der Blutzuckerspiegel steigt wieder an.

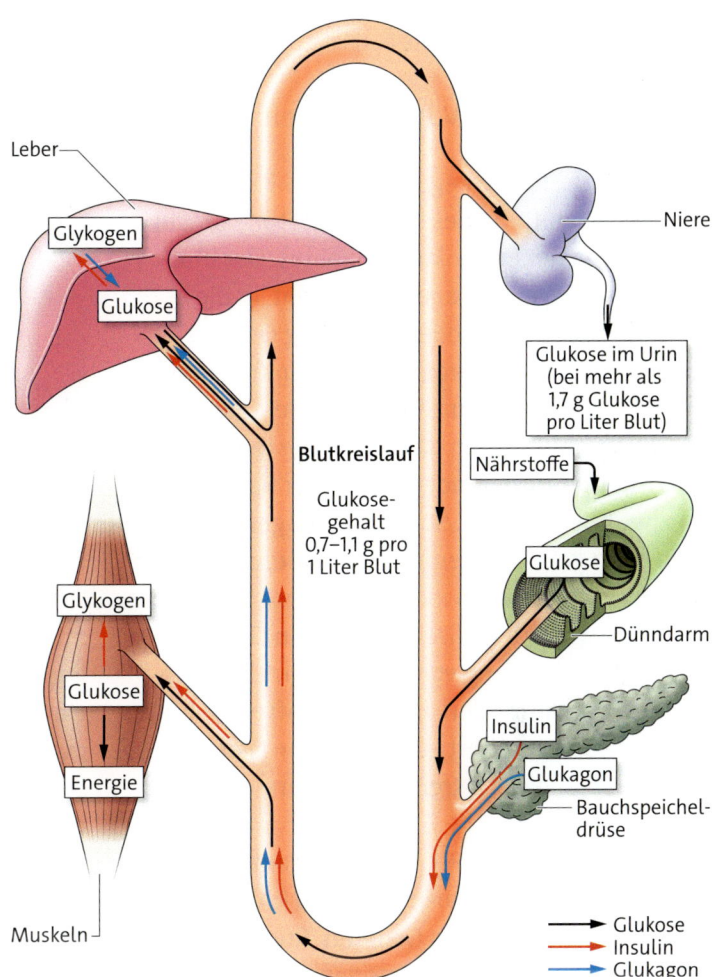

3 Regelung des Blutzuckerspiegels

Die Bauchspeicheldrüse produziert die beiden blutzuckerregulierenden Hormone Insulin und Glukagon. Insulin senkt den Blutzuckerspiegel, Glukagon hebt ihn an. Die Hormone wirken als Gegenspieler.

Aufgabe

1 ◐ Erkläre mithilfe von Bild 2 die Wirkungsweise von Hormonen.

Regulation des Blutzuckerspiegels

Diabetes – eine Volkskrankheit

Diabetes • Ist die Regulierung des Blutzuckerspiegels mithilfe des Insulins gestört, spricht man von der Erkrankung Diabetes. Der Blutzuckerspiegel ist dauerhaft erhöht. In die
5 Zellen kann keine oder nur wenig Glukose aufgenommen werden. Bei dieser Krankheit unterscheidet man zwei Typen: Bei Diabetes Typ 1 werden durch das Immunsystem die insulinproduzierenden Zellen der Bauchspei
10 cheldrüse zerstört. So kann nicht genügend Insulin gebildet werden. Bei Diabetes Typ 2 ist die Funktion der Insulinrezeptoren der Körperzellen gestört. In diesem Fall kann Glukose nicht mehr richtig von den Körperzellen auf
15 genommen werden. Der dauerhaft hohe Blutzuckerspiegel führt zu Schäden an Nieren, Nerven und Herz-Kreislauf-System.

Eine Volkskrankheit • Etwa 7 Prozent der Weltbevölkerung, also etwa 380 Millionen
20 Menschen, leiden an Diabetes. Rund 95 Prozent der betroffenen Personen leiden an Diabetes Typ 2. Von dieser Form des Diabetes sind vor allem Menschen mit Übergewicht und schlechter Lebensführung betroffen. Unge
25 sunde Ernährung und zu wenig sportliche Betätigung spielen eine große Rolle. Dies gilt besonders auch für Kinder, die zunehmend vom Diabetes Typ 2 betroffen sind. Früher nahm man einen „Alters-Diabetes" an, da
30 viele ältere Menschen Diabetes haben. Das hängt damit zusammen, dass sie lange Zeit einen zu hohen Zucker- und somit auch Insulinspiegel im Blut hatten. Die Schäden traten aber erst im Alter auf.

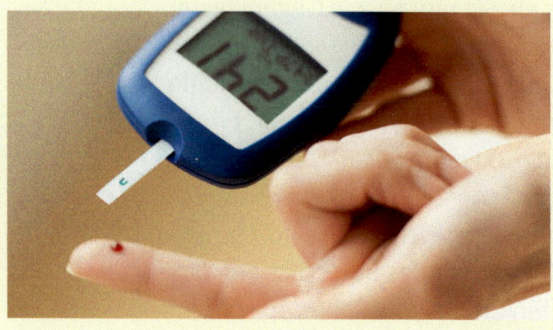

1 Messen des Blutzuckerspiegels

35 **Therapie •** Patienten mit Diabetes Typ 1 müssen sich das Insulin spritzen.
40 Um die Insulinmenge anpassen zu können, wird mithilfe eines Blutzuckermessgeräts

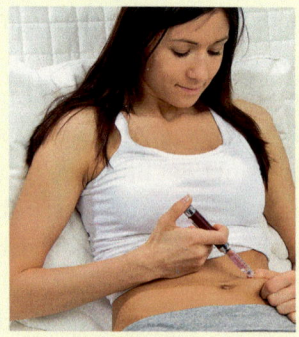

2 Einspritzen von Insulin

45 der Blutzuckerspiegel mehrmals täglich gemessen. Patienten mit Diabetes Typ 2 müssen sich kohlenhydratarm ernähren. Meist unterstützen sie die Therapie durch Medikamente.

> Bei Diabetes steht den Körperzellen nicht genügend Glukose zur Verfügung.

Aufgaben

1 ◐ Vergleiche die beiden Diabetes-Typen.

2 ● Stelle Vermutungen an, weshalb Diabetes-Erkrankungen voraussichtlich zunehmen werden.

Kooperation von Insulin und Glukagon

1 ○ Beschreibe die Wirkung von Insulin mithilfe des Schemas in Bild 3.

2 ◓ Ergänze das Schema ⟶ 4 für Glukagon und seiner Wirkung in deinem Heft.

3 ● Erkläre die wechselseitigen Aufgaben der Hormone Insulin und Glukagon im Körper.

4 Hat ein Patient einen zu niedrigen Blutzuckerspiegel, bezeichnet man dies als Unterzuckerung.
● Erläutere mögliche Folgen für den Körper.

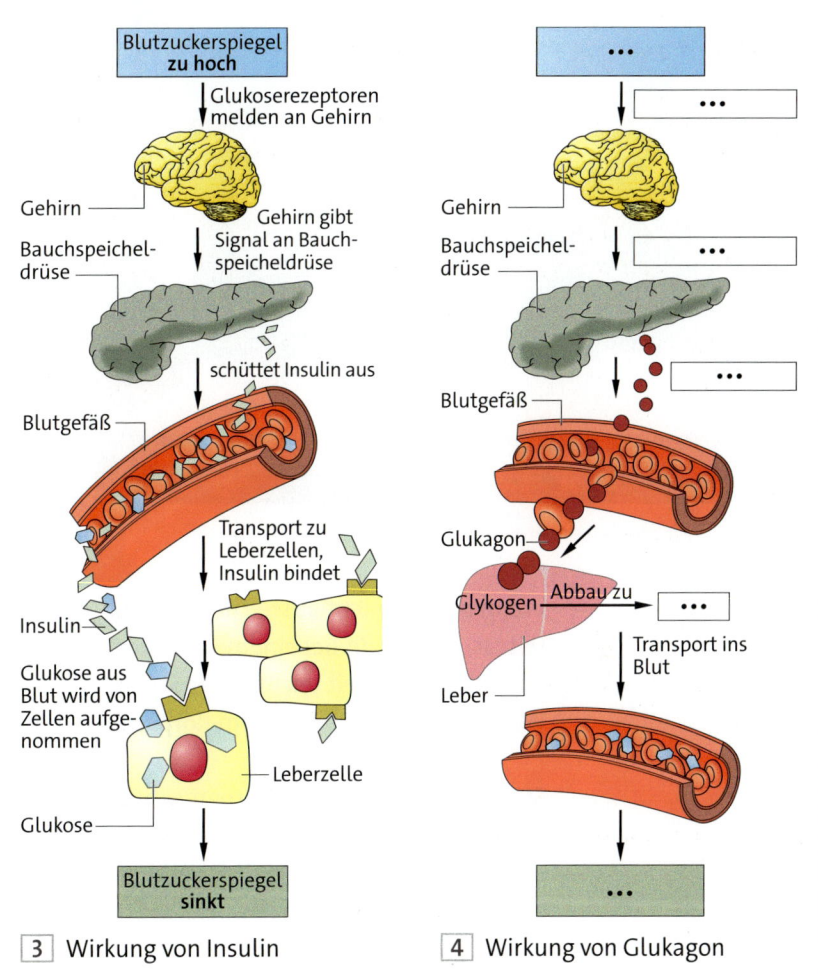

3 Wirkung von Insulin

4 Wirkung von Glukagon

Zuckerbelastungstest

Bei einem Zuckerbelastungstest tranken zwei Personen, Martin und Yusuf, Glukoselösung. Bei ihnen wurde in regelmäßigen Abständen die Höhe des Blutzuckerspiegels gemessen. ⟶ 5

1 ◓ Vergleiche die Werte des Zuckerbelastungstests der beiden Personen. ⟶ 5

2 ◓ Erkläre, welche der beiden Personen an Diabetes leidet.

Zeit	Martin	Yusuf
→ Trinken der Glukoselösung		
9 Uhr	1,50	0,90
10 Uhr	2,65	1,30
11 Uhr	2,90	1,05
12 Uhr	2,50	0,90

5 Blutzuckergehalt des Blutes in Gramm pro 1 Liter

Stress

1 Jugendliche bei einer Klassenarbeit

Wenn du dich nicht ausreichend vorbereitest, gerätst du bei einem Test oder einer Klassenarbeit leicht unter Stress. Was passiert dann in deinem Körper?

Stress • Bei einer Klassenarbeit schlägt das Herz schneller, die Atmung ist rascher. Man hat das Gefühl, hellwach zu sein. Oft verspürt man auch Angst. Alle Veränderungen des Körpers auf eine belastende Situation bezeichnet man als Stress. Der Körper reagiert so auf Reize in der Umwelt. Er kann sich auch selbst unter Stress setzen, wenn man zum Beispiel unbedingt ein gutes Ergebnis bei einer Klassenarbeit schreiben möchte.

Kurzzeitstress • In einer Stresssituation reagiert der Körper. Von einem Bereich des Zwischenhirns, dem Hypothalamus, läuft die Erregung über das Rückenmark zu den Organen. Das Herz schlägt schneller. Auch die Hormondrüsen werden angeregt. Auf beiden Nieren sitzen wie kleine Kappen die Nebennieren. Sie geben ihre Hormone Adrenalin und Noradrenalin in die Blutbahn ab. Sie wirken an vielen Stellen des Körpers. So erhöhen sie die Herzfrequenz, fördern den Abbau von Glykogen in Muskeln und der Leber und erweitern die Bronchien, sodass mehr Sauerstoff aufgenommen werden kann. Dadurch können die Zellen besser mit Glukose versorgt werden. Vorgänge im Körper, die viel Energie verbrauchen, können so schneller ablaufen. Die Blutgefäße von Gehirn, Herz und Muskulatur werden erweitert, die der Verdauungsorgane jedoch verengt. Dadurch werden die Organe besser versorgt, die in einer Stresssituation leistungsfähiger sein müssen. Eine Stresssituation kann lebensrettend sein. Die Ausschüttung von Adrenalin erhöht für kurze Zeit die Leistungsfähigkeit. So konnten unsere Vorfahren sich besser einem angreifenden Tier stellen oder aber flüchten. Man bezeichnet dies als Fight-or-flight-Reaktion.

Stress ist auf Dauer schädlich • Im Alltag begegnet man oft Situationen, die dauerhaft stressig sind — wenn man zum Beispiel ständig in der Schule überfordert ist oder auch wenn es in der Familie ständig Streitigkeiten gibt. Auch lange Krankheiten oder Mobbing fördern Stress. Alle aufgezählten Situationen dauern längere Zeit an. Es kommt im Körper zu Stress, man nennt dies Langzeitstress.

Cortisol • Der Hypothalamus ist ein Teil des Zwischenhirns und eine Hormondrüse. Er regt eine andere Hormondrüse, die Hypophyse, an. Diese schüttet das
65 Hormon ACTH aus. Es regt die Nebennierenrinde an, das Stresshormon Cortisol, auszuschütten. Stehen wir unter Dauerstress, wird zu viel Cortisol ausgeschüttet. Was normalerweise unse-
70 rem Körper hilft, mit Stresssituationen kurzfristig klarzukommen, wird nun zur Gefahr. In den dauerhaft verengten Blutgefäßen kann es zu Ablagerungen kommen. Der Blutdruck steigt. Dies
75 kann in den schlimmsten Fällen zu einem Herzinfarkt oder auch einem Schlaganfall führen. Cortisol hat auch Auswirkungen auf die Sexualhormone. Bei Frauen, die unter langen Stresssitu-
80 ationen leiden, kann der Eisprung ausbleiben, bei Männern kann dies sogar zur Impotenz führen. Cortisol schwächt auch das Abwehrsystem des Körpers, sodass man öfter krank wird. Der Lang-
85 zeitstress hat also immer negative Folgen für den Körper. Wenn man unter Langzeitstress leidet, sollte man sich unbedingt an Ärzte und Psychologen wenden. Regelmäßiges Sporttreiben
90 kann helfen, Stress abzubauen. → ⬜3

> Alle Veränderungen des Körpers auf eine belastende Situation bezeichnet man als Stress.

Aufgabe

1 ⭕ Beschreibe die Wirkung von Adrenalin auf den Körper. → ⬜2

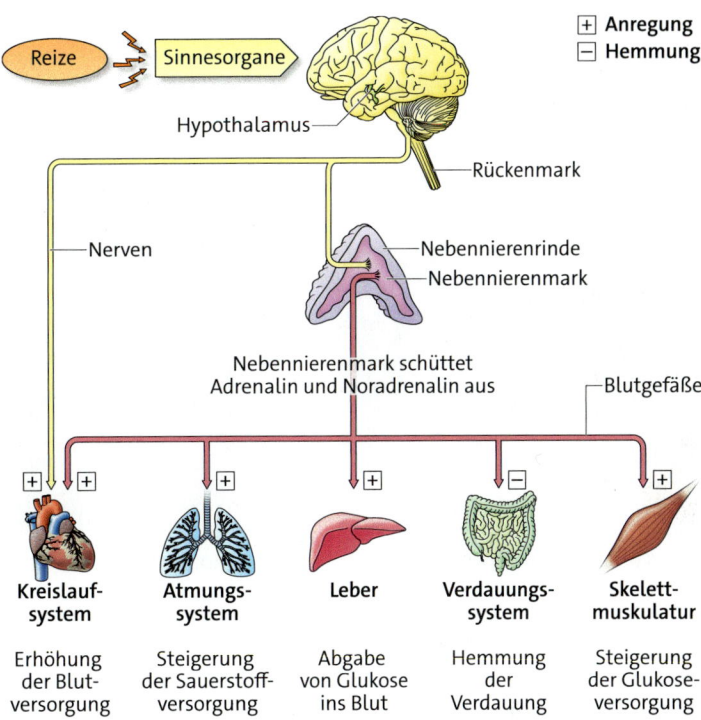

2 Wirkung von Kurzzeitstress

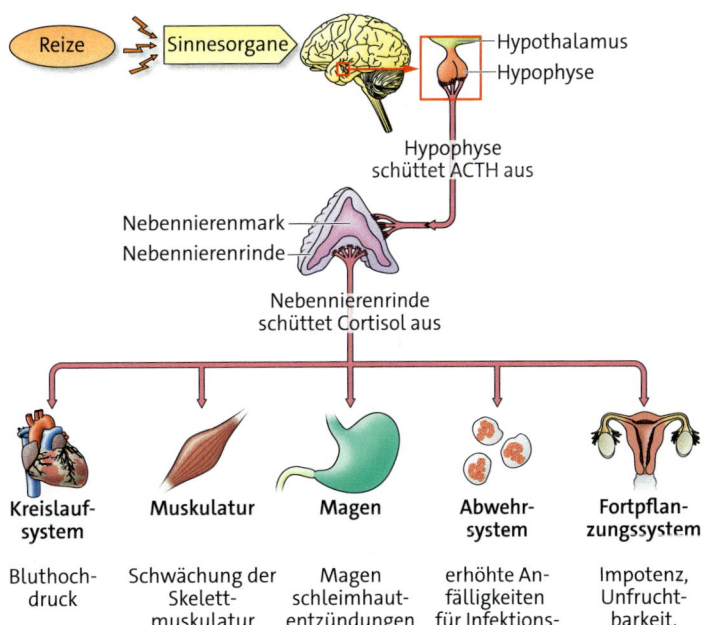

3 Wirkung von Langzeitstress

Stress

Stresssituationen

1 Geburtstagsparty

2 Mobbing in der Schule

3 Clubbesuch

Man empfindet Stress persönlich nicht immer belastend. Für manche ist der Sportunterricht oft angenehm. Wenn man zum Beispiel am Startblock des 100-Meter-Laufs steht und auf den Startschuss wartet, spürt man Veränderungen des Körpers. Der Herzschlag und die Atmung sind schneller und auch die Aufmerksamkeit ist erhöht. Die Leistungsfähigkeit des Körpers wird dadurch erhöht. Man bezeichnet eine solche positive Belastung als Eustress. Eine belastende Situation, wie enormer lang anhaltender Leistungsdruck in der Schule, wirkt sich negativ auf den Körper aus. Reize aus der Umwelt, die auf den Körper also unangenehm, bedrohlich oder überfordernd wirken, bezeichnet man als Disstress.

1 ○ Ordne die in den Bildern 1–3 dargestellten Situationen folgenden Stressformen zu: Eustress oder Disstress.

2 ○ Ordne die in der Liste dargestellten Stresssituationen nach Eu- oder Disstress.
→ 4

3 ● Erkläre die Stressreaktion im Körper, wenn man beim Spicken erwischt wird. Nimm das Bild 2 auf Seite 211 zu Hilfe.

4 ○ Nenne Situationen in deinem Schulalltag, wann du Stress empfindest.

5 ◐ Überlege dir Maßnahmen, durch die du Stress im Schulalltag vermeiden kannst.

Liste von Stresssituationen

1) Dauererkrankung

2) verliebt sein

3) ungewollter Schulwechsel

4) Überprüfung in einem schwachen Fach

5) Tod der Großmutter

6) Konzertbesuch

7) in der Schule gemobbt werden

8) beim Spicken erwischt werden

4

Hormone im Überblick

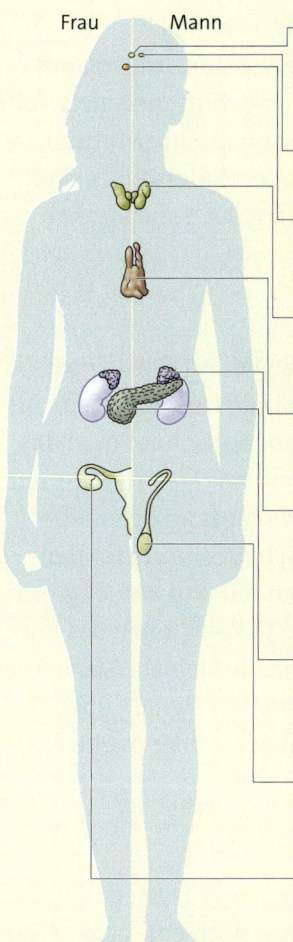

Frau   Mann

Hypothalamus: Der Hypothalamus ist eine Region des Zwischenhirns, die die Verbindung zwischen dem zentralen Nervensystem und dem Hormonsystem ist. Er produziert Hormone, welche die Hypophyse entweder hemmen oder anregen, Steuerungshormone für andere Hormondrüsen auszuschütten.

Epiphyse: Die Epiphyse befindet sich oberhalb des Zwischenhirns. Sie bildet das Hormon Melatonin, das den Schlaf-Wach-Rhythmus reguliert.

Hypophyse: Die unter dem Zwischenhirn gelegene Hypophyse schüttet Wachstumshormone und Steuerungshormone aus. Wachstumshormone regulieren das Körperwachstum. Steuerungshormone regen andere Hormondrüsen an, ihre Hormone auszuschütten.

Schilddrüse: Die Schilddrüse liegt unterhalb des Kehlkopfs – wie ein Schild – vor der Luftröhre. Sie produziert Thyroxin, welches das Körperwachstum, die Gehirnentwicklung und Stoffwechselvorgänge beeinflusst.

Thymus: Die Thymusdrüse befindet sich hinter dem Brustbein. Thymosin, das Hormon der Thymusdrüse, steuert das Körperwachstum und reguliert die Differenzierung der Zellen des Immunsystems.

Nebennieren: Die Nebennieren liegen wie Kappen an beiden Seiten der Nieren. Sie bestehen aus Nebennierenrinde und Nebennierenmark. Das Nebennierenmark bildet Adrenalin und Noradrenalin, welche die Herz-Kreislauf-Aktivität steigern und Energiereserven freisetzen, zum Beispiel bei Stresssituationen. Die Nebennierenrinde setzt Cortisol frei, das den Stoffwechsel von Kohlenhydraten reguliert und Entzündungsreaktionen im Körper hemmt.

Bauchspeicheldrüse: Die Bauchspeicheldrüse liegt quer unter dem Magen. Sie produziert Insulin und Glukagon. Insulin sorgt für die Versorgung der Zellen mit Glukose und senkt somit den Blutzuckerspiegel. Glukagon ist der Gegenspieler des Insulin, indem es den Blutzuckerspiegel anhebt.

Hoden: Hoden sind die männlichen, außerhalb des Bauchraumes befindlichen Geschlechtsdrüsen. Sie bilden männliche Geschlechtshormone, welche die Entwicklung der männlichen Geschlechtsmerkmale fördern und die Bildung von Spermien stimulieren.

Eierstöcke: Eierstöcke sind die weiblichen Geschlechtsdrüsen und befinden sich im Unterleib der Frau. Die von den Eierstöcken gebildeten weiblichen Geschlechtshormone fördern die Entwicklung der weiblichen Geschlechtsmerkmale. Außerdem regeln sie den Menstruationszyklus, die Freisetzung von Eizellen und die Schwangerschaft.

5 | Hormone im Überblick

Aufgabe

1 ○ Erstelle in deinem Heft eine Tabelle. Ergänze die Tabelle für die in Bild 5 dargestellten Hormondrüsen und ihrer Hormone. Ergänze die Wirkungen der Hormone mit Stichworten. Nutze die Vorlage. → 6

Hormondrüse	Lage im Körper	Hormone	Wirkung
Epiphyse	oberhalb des Zwischenhirns	Melatonin	Regulation des Schlaf-Wach-Rhythmus
6 ...	...	...	...

Informationssysteme

Zusammenfassung

Vom Reiz zur Reaktion • Aus unserer Umwelt wirken ständig unterschiedliche Reize auf unseren Körper ein. Deren Wahrnehmung erfolgt nach dem EVA-Prinzip. Die von den Sinneszellen aufgenommenen Reize werden dabei über Nerven zum Gehirn geleitet. Dort erfolgt die Verarbeitung. Anschließend sendet das Gehirn über Nerven Signale an Zielorgane wie Muskeln. Es kommt zur Reaktion auf den Reiz.

Das Auge • Unser wichtigstes Sinnesorgan ist das Auge. Das Licht aus der Umgebung gelangt durch die Pupille, welche die einfallende Lichtmenge reguliert. Anschließend passiert es die Linse, welche für eine scharfe Abbildung auf der Netzhaut sorgt. In der Netzhaut befinden sich die Lichtsinneszellen. Durch sie werden die Lichtreize in elektrische Signale umgewandelt. Diese werden über den Sehnerv zum Gehirn geleitet. Dort werden die Signale zu einem Bild verarbeitet. Die Auswertung findet im Gehirn statt.

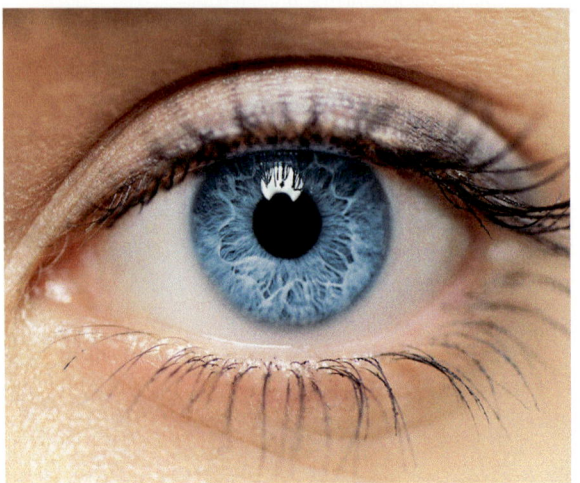

1 Das Auge

Sinnesorgane brauchen Schutz • Die natürlichen Schutzvorrichtungen unserer Sinnesorgane reichen heutzutage oft nicht aus.
Ein verantwortungsbewusster Umgang mit Gefahren und der aktive Schutz, beispielsweise durch Schutzbrillen, Sonnenschutzmitteln, Schutzhandschuhen oder Gehörschutz sind wichtig für die Sinnesorgane. Sonst drohen bleibende Schäden.

Das Nervensystem • Es gliedert sich in das periphere und das zentrale Nervensystem. Als zentrales Nervensystem bezeichnet man das Gehirn und das Rückenmark. Das Rückenmark leitet die Signale des Gehirns an den Körper weiter, ist aber auch Schaltzentrale für den Körper. Reflexe sind schnell und immer gleich ablaufende, unbewusste Reaktionen des Körpers. Nervenzellen sind die kleinste Einheit des Nervensystems. Sie nehmen Signale über die Dendriten auf und leiten sie über Axone zu den Endknöpfchen.

Hormone • Neben dem Nervensystem gibt es im menschlichen Körper noch eine zweite Möglichkeit, Informationen weiterzuleiten: das Hormonsystem. Die verschiedenen Hormone werden über den Blutkreislauf transportiert und wirken jeweils nur an bestimmten Geweben oder Zellen. Manche Hormone werden durch die Einwirkung äußerer Reize vom Körper ausgeschüttet, zum Beispiel wenn wir unter Stress stehen. Stress ist eine Reaktion unseres Körpers auf belastende Situationen. Er macht uns kurzzeitig leistungsfähiger, kann uns auf Dauer aber schädigen.

Vom Reiz zur Reaktion

1 ○ Nenne die Aufgaben von motorischen und sensorischen Nervenfasern.

2 ◖ Erkläre, was man unter einem adäquaten Reiz versteht.

3 ● Erläutere an einem Beispiel, wie es zur Wahrnehmung eines Reizes aus der Umwelt kommt. Gehe dabei auf das EVA-Prinzip ein.

Die Sinnesorgane

4 ○ Benenne die in Bild 2 nummerierten Bestandteile des Auges und ordne ihnen ihre jeweiligen Aufgaben zu.

5 ● Erkläre die Vorgänge der Akkommodation im Auge.

6 ○ Nenne Gefahren, sowie natürliche und künstliche Schutzeinrichtungen der Haut.

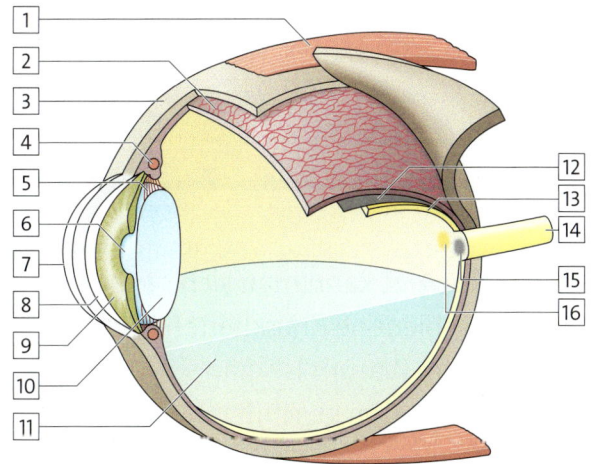

2 | Bau des Auges

7 ◖ Erläutere Auswirkungen von langem, ungeschütztem Sonnenbaden.

Das Nervensystem

8 ○ Benenne die mit Ziffern gekennzeichneten Bauteile eines Neurons. → ⎣3⎦

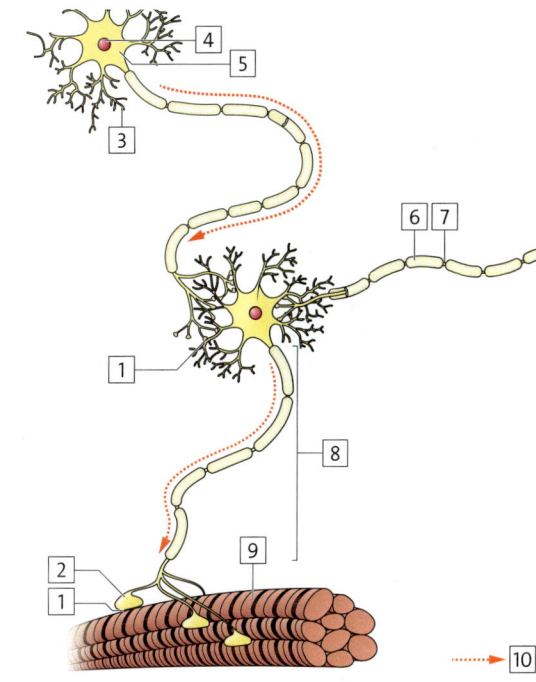

3 | Bau eines Neurons

9 ◖ Erkläre, wie die Informationsübertragung an einer Synapse funktioniert.

Hormone

10 ◖ Erkläre die Wirkungsweise von Hormonen mit dem Schlüssel-Schloss-Prinzip.

11 ◖ Erkläre, was man unter Stress versteht.

Immunbiologie

Beim Arzt kann man sich gegen verschiedene Krankheiten impfen lassen. Warum ist man so vor Krankheiten geschützt?

Besonders im Süden Deutschlands wird vor Zecken gewarnt.
Was macht einen Zeckenbiss so gefährlich?

Ein Kampf zwischen Zellen.
Das Immunsystem bekämpft eingedrungene Erreger. Wie arbeitet unser Immunsystem?

Infektionskrankheiten – ein Überblick

1 Krankheitserreger im Körper machen sich bemerkbar.

Jeder hat es schon einmal erlebt: Man wacht morgens mit leichten Halsschmerzen und einer verstopften Nase auf. Zwei Tage später kommen
5 **erhöhte Körpertemperatur, Husten und Kopfschmerzen hinzu. Wie konnte es zu einer Ansteckung mit Krankheitserregern kommen und welche Auswirkungen haben sie auf den Körper?**

2 Menschen auf Rolltreppe

3 Niesende Frau

10 **Krankheitserreger sind überall** • Krankheiten, die durch Erreger hervorgerufen werden, nennt man Infektionskrankheiten. Dabei handelt es sich bei den meisten Krankheitserregern um
15 Bakterien oder Viren. Aber auch Pilze, Parasiten oder einzellige Lebewesen können Krankheiten verursachen. Sie befinden sich in der Luft, im Boden und Wasser, in Nahrungsmitteln, auf
20 der Kleidung und auf nahezu allen Gegenständen, die wir anfassen. → 2

Ansteckung • Gelangen Krankheitserreger in den Körper, spricht man von Ansteckung oder Infektion. Häufig gelan-
25 gen Erreger durch Husten oder Niesen eines Infizierten mit feinsten Flüssigkeitströpfchen in die Luft und können so von anderen Menschen über die Atemluft aufgenommen werden. Man
30 nennt dies Tröpfcheninfektion. → 3

Weitere Infektionswege • Die Haut schützt vor dem Eindringen von Krankheitserregern. Ihr Säureschutzmantel verhindert, dass sich Krankheitserreger
35 ansiedeln und vermehren. Ist dieser etwa durch Wunden geschädigt, wird ihr Eindringen erleichtert. Berührt man dann mit Erregern verunreinigte Flächen oder Lebensmittel, spricht
40 man von einer Schmierinfektion. Auch über Körperflüssigkeiten, etwa beim Stillen, Küssen und beim Sex kann es zu Infektionen kommen. Auch werden Krankheitserreger über
45 Tiere, beispielsweise durch Bisse oder Insektenstiche, auf den Menschen übertragen.

Verlauf und Symptome • Auf die Infektion folgt die sogenannte Inkubationszeit, in der sich die Erreger vermehren. Diese Phase kann wenige Stunden bis zu mehreren Jahren dauern.

Erst wenn die Infektionskrankheit ausbricht, zeigen sich bestimmte Krankheitserscheinungen, die man Symptome nennt. Typische Symptome einer Erkrankung können Fieber, Schmerzen, Schwellungen, Rötungen oder Juckreiz sein. Wie stark die Symptome auftreten ist auch abhängig vom Zustand des Immunsystems, dem Abwehrsystem des Körpers. Wenn der Körper es schafft, die weiteren Vermehrungen der Krankheitserreger zu verhindern und sie abzutöten, werden die Symptome mit der Zeit schwächer. Der Körper erholt sich dann und man wird gesund. → 4 Der Krankheitsverlauf kann durch Einnahme von Medikamenten beeinflusst werden.

Behandlung und Vorbeugung • Damit man erst gar nicht mit Krankheitserregern in Kontakt kommt, sollte man den Umgang mit infizierten Personen meiden. Um die körpereigene Abwehr zu stärken, ist eine gesunde Ernährung und genügend Bewegung, besonders an der frischen Luft, sehr wichtig. Lebensmittel müssen richtig gelagert werden und bei der Verarbeitung von Lebensmitteln sollte auf Sauberkeit geachtet werden. Dazu gehört auch die körpereigene Hygiene wie Hände waschen. Darüber hinaus kann man sich zum Schutz gegen bestimmte Infektionskrankheiten impfen lassen.

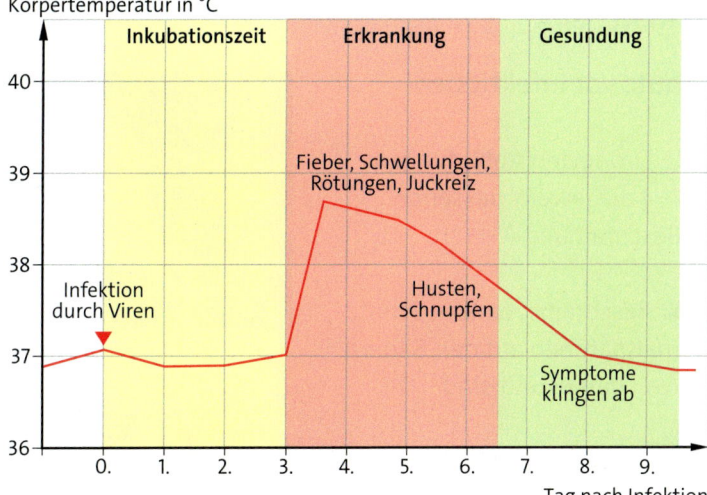

Körpertemperatur in °C

4 Krankheitsverlauf des grippalen Infekts

Infektionskrankheiten verlaufen in vier Phasen: Infektion, Inkubationszeit, Erkrankung und Gesundung.

Aufgaben

1 ○ Nenne Wege, wie Krankheitserreger in den Körper gelangen können.

2 ◐ Erkläre die Schutzfunktion des Säureschutzmantels der Haut.

3 Bild 4 zeigt die vier Phasen eines grippalen Infekts. Welche Informationen bezüglich der zugehörigen Symptome und Zeitspanne für jede Phase kannst du entnehmen?
◐ Ergänze die Tabelle.

Phase	Symptome	Zeitspanne in Tagen
Infektion	keine	0 Tage
...	...	...

Fieber:
Unter Fieber versteht man die Erhöhung der Körpertemperatur über 38 °C. Fieber ist eine Reaktion des Körpers auf eindringende Krankheitserreger. Das Immunsystem kann bei höheren Körpertemperaturen schneller die Erreger bekämpfen.

Infektionskrankheiten – ein Überblick

Schutz vor Infektionen

1 ○ Ordne den Abbildungen 1–4 die jeweils passende Beschreibung A–H zu.

2 ✎ Beschreibe, welche Schutzmaßnahmen auf den Bildern A–H dargestellt sind.

3 ✎ Ordne den Infektionsmöglichkeiten 1–4 die entsprechenden Schutzmaßnahmen A–H zu. Lege dazu eine Tabelle in deinem Heft an und vervollständige sie. (Beachte, dass mehrere Zuordnungen möglich sind!)

Infektionsweg	Schutz
Tröpfcheninfektion	Man sollte ...

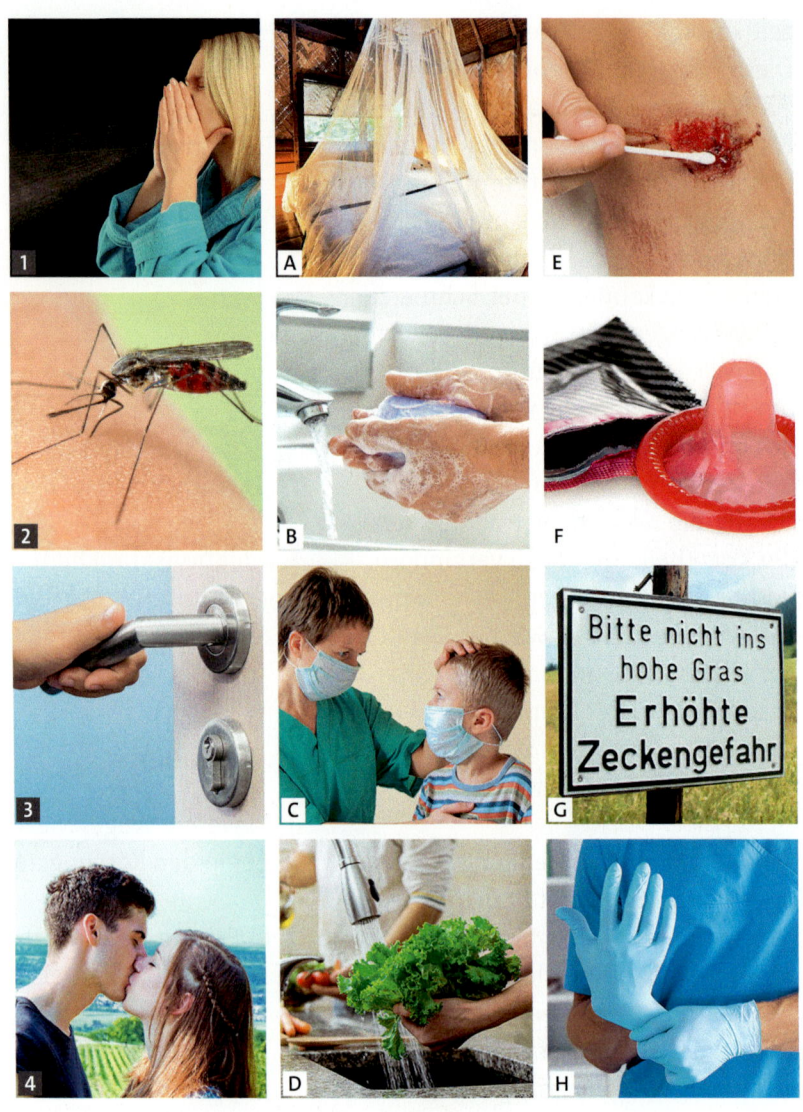

a Übertragung erfolgt über Kontakt beispielsweise verunreinigte Lebensmittel oder Gegenstände. (Schmierinfektion)

b Zecken und blutsaugende Insekten übertragen durch ihren Stich die Krankheitserreger.

c Infektion über Aufnahme von Körperflüssigkeiten.

d Die Übertragung erfolgt durch Tröpfchen, die über die Luft verbreitet werden. (Tröpfcheninfektion)

Infektionskrankheiten

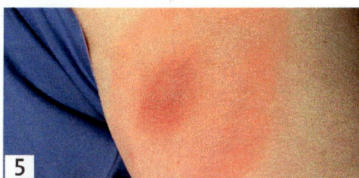

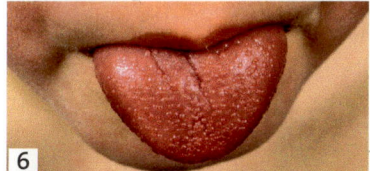

Tripper (Gonorrhoe) ist eine der am häufigsten auftretenden Geschlechtskrankheiten und wird durch Geschlechtsverkehr übertragen. Dabei verursacht diese Bakterieninfektion etwa 2–3 Tage nach der Infektion bei Männern schmerzhafte Entzündungen der Harnröhre, häufiges Brennen beim Wasserlassen und bei Frauen eitrige Ausflüsse aus der Scheide. Bleibt die Krankheit unbehandelt, kann sie durch Verkleben der Eileiter zu Unfruchtbarkeit führen.

Scharlach tritt meist im Kindesalter auf, weshalb man hierbei von einer typischen Kinderkrankheit spricht. Symptome der Krankheit sind ein roter Rachen, eine „Himbeerzunge", Fieber, Kopfschmerzen und Schmerzen beim Schlucken. Scharlach wird von Bakterien verursacht, die durch feinste Flüssigkeitströpfchen in die Luft gelangen und so von anderen Menschen aufgenommen werden können. Die Krankheit bricht etwa 2–4 Tage nach der Infektion aus.

Masern ist eine Virusinfektion, die durch eine Tröpfchen- oder Schmierinfektion übertragen werden kann. Sie ist sehr ansteckend. Etwa 8–10 Tage nach der Infektion bricht die Krankheit aus. Bei Masern sind die Infizierten bereits ansteckend bevor sich die typischen Symptome zeigen. Die Krankheit läuft in mehreren Phasen ab, wobei für jede Phase typische Symptome wie Fieber, Husten, Lichtempfindlichkeit und Bindehautentzündung auftreten. Außerdem bildet sich ein Hautausschlag, der für die Krankheit typisch ist und nach etwa einer Woche wieder abklingt. Masern kann zu einer Lungen- oder Hirnhautentzündung führen. Wer einmal die Masern hatte, bekommt sie nicht mehr.

Tollwut wird von einem Virus verursacht, das durch den Biss von infizierten Tieren, meist Hunden oder Füchsen, übertragen wird. Infizierte Wildtiere erkennt man daran, dass sie ihre Scheu vor Menschen verlieren und aus ihrem Mund vermehrt Speichel tropft. Nach einem Biss bricht die Krankheit erst nach 1–3 Monaten aus. Beim Menschen macht sich die Krankheit durch Kopfschmerzen, Krämpfe der Atemmuskulatur und starken Durst bemerkbar. Auch hier tritt dann starker und schäumender Speichelfluss auf. Unbehandelt führt die Tollwut zum Tod.

1 ○ Ordne den geschilderten Krankheiten die Bilder zu. Begründe deine Zuordnungen.

2 ◐ Fertige zu zwei Krankheiten einen Steckbrief an. Informiere darin über die Art des Erregers, den Übertragungsweg, die Inkubationszeit und die Symptome.

3 ● Stelle Vermutungen an, wie man sich vor einer Infektion mit den beschriebenen Krankheiten schützen kann.

Bakterien sind überall

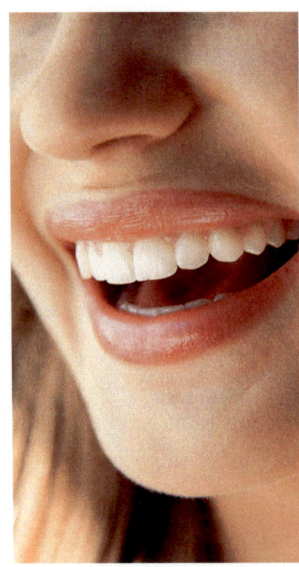

1 | Bakterien begegnen uns überall.

Bakterien sind so winzig klein, dass wir gar nicht bemerken, dass wir ihnen ständig und überall ausgesetzt sind. Welche verschiedenen Rollen spielen
5 **Bakterien in unserer Umwelt?**

Bakterien sind überall • Bei jedem Atemzug den wir machen, bei allen Gegenständen, die wir anfassen, beim Essen und Trinken kommen wir stets
10 mit Bakterien in Kontakt. → 1 Dabei sind die meisten für Menschen, Tiere und Pflanzen harmlos und erfüllen, entgegen ihrem Ruf, äußerst wichtige Aufgaben.
15 Milliarden von Bakterien unterstützen die Verdauung im Darm oder sorgen auf der Haut und Schleimhäuten, beispielsweise im Mund, dafür, dass andere Krankheitserreger nicht in den
20 Körper gelangen. Andere Bakterien können auch wirtschaftlich genutzt werden. Mit ihnen kann man aus

Milch zum Beispiel Joghurt oder Käse herstellen. In der Natur spielen Bakte-
25 rien eine wichtige Rolle bei Zersetzungsprozessen von organischem Material wie abgestorbenen Pflanzenteilen oder toten Tieren. Sie sichern somit den Kreislauf der Stoffe. Einige
30 Bakterien verursachen allerdings auch Krankheiten wie Hirnhautentzündung, Tuberkulose oder auch Geschlechtskrankheiten wie die Syphilis. → 3

Der Bau eines Bakteriums • Bakterien
35 sind winzige Lebewesen, die aus nur einer Zelle bestehen. Da sie meist nur wenige Tausendstel Millimeter groß sind, zählen sie zu den Mikroorganismen. Die äußere Schicht eines Bakteri-
40 ums ist die Zellwand. Manche Bakterien sind zusätzlich mit einer schleimigen Hülle umgeben. An der Innenseite der Zellwand liegt die Zellmembran an. Im Gegensatz zu pflanzlichen oder tieri-

45 schen Zellen besitzen Bakterien keinen
Zellkern. Die Erbinformation liegt hier
frei im flüssigen Zellinneren, dem Zellplasma. Manche Bakterien besitzen
eine oder mehrere Geißeln, mit denen
50 sie sich fortbewegen können.

Bakterienformen • Nach der äußeren
Form unterscheidet man mehrere
Bakteriengruppen: Stäbchenbakterien
(Bazillen), Kugelbakterien (Kokken),
55 Schraubenbakterien (Spirillen oder
Spirochäten) und die kommaförmigen
Vibrionen. → 2 3

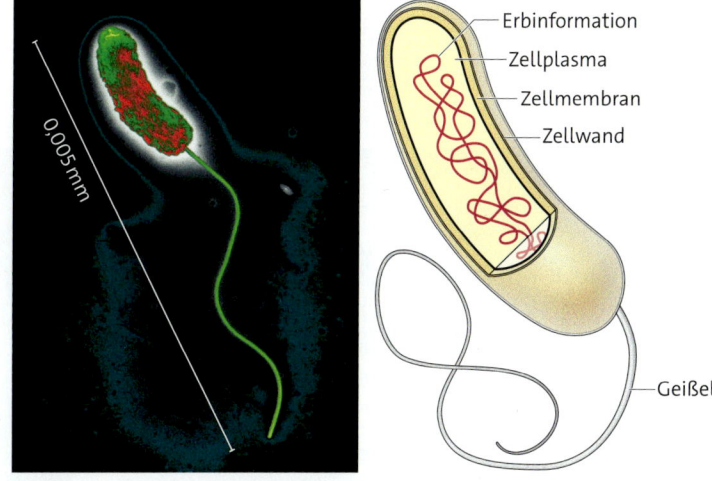

2 Bau eines Bakteriums (Vibrion)

Vermehrung von Bakterien • Unter
günstigen Bedingungen wie Feuchtig-
60 keit, Wärme und Nahrung vermehren
sich Bakterien etwa alle 20 Minuten
durch Zellteilung. Schon nach wenigen Stunden entstehen dann Bakte-
rienkolonien, die aus unzähligen dicht
65 beiananderliegenden Einzelbakterien
bestehen und mit bloßem Auge erkennbar sind. Bei ungünstigen Bedingungen wie extremer Hitze, Kälte oder
Trockenheit können Bakterien Sporen
70 bilden. Eine Spore ist eine harte Kapsel,
die man auch als Überdauerungsform
von Bakterien bezeichnet.

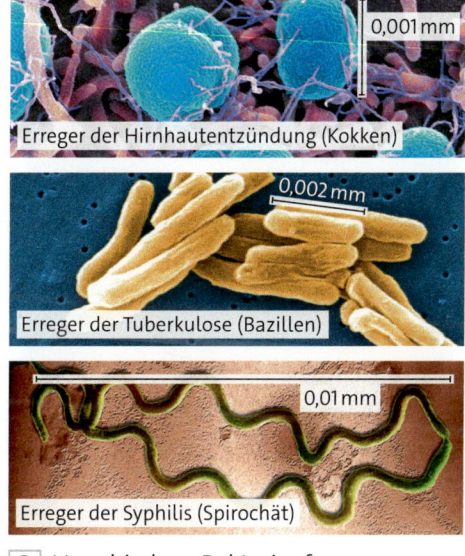

3 Verschiedene Bakterienformen

> Bakterien sind kleine einzellige
> Lebewesen. Sie können sich durch
> Zellteilung schnell vermehren.
> Neben ihrer Rolle als Zersetzer von
> organischem Material in der Natur
> und beim Verdauungsvorgang sind
> sie als Krankheitserreger für eine
> Vielzahl von Krankheiten verant-
> wortlich.

Aufgaben

1 ○ Beschreibe den Bau eines
Bakteriums.

2 ◐ Erstelle eine Mindmap zur
Bedeutung der Bakterien.

Bakterien sind überall

Antibiotika

1 Alexander Fleming

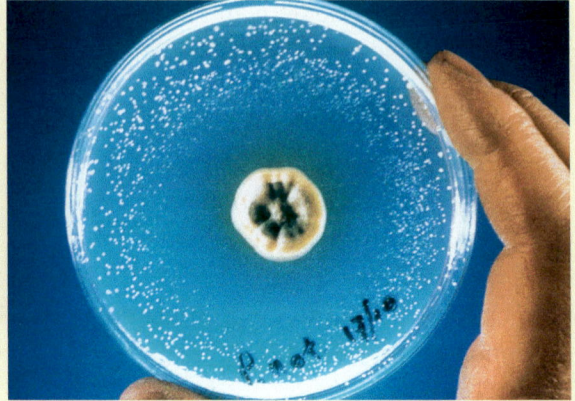

2 Schale mit Bakterien und Schimmelpilzen

Eine zufällige Entdeckung • Der schottische Mediziner Alexander Fleming forschte an verschiedenen Bakterien und beimpfte dafür Nährböden mit Bakterienkulturen, um deren
5 Vermehrung zu beobachten. Dabei entdeckte er 1928, dass einer seiner Nährböden, den er wochenlang beiseitegestellt hatte, durch Wachstum von Schimmelpilzen verunreinigt war. Flemming fiel auf, dass in der näheren
10 Umgebung der Schimmelpilze keine Bakterien zu finden waren. Daraufhin untersuchte er den Pilz näher und fand heraus, dass dieser einen bakterientötenden Stoff abgibt. Diesen Stoff nannte er Penicillin. Der Name stammt vom
15 wissenschaftlichen Artnamen des Schimmelpilzes: *Penicillium notatum*.

Penicillin rettete Leben • Fleming ebnete mit der Entdeckung des Penicillins den Weg zur effektiven Bekämpfung von bakteriellen Infek-
20 tionen, die besonders während des Zweiten Weltkriegs zahlreiche Todesopfer forderten.

Viele Soldaten starben während des Krieges nicht direkt an ihren Verwundungen, sondern an den Infektionen durch Bakterien, die über
25 die Wunden in den Körper gelangten.
Als Anerkennung für seine Entdeckung erhielt Fleming 1945 den Nobelpreis für Medizin.

Industrielle Herstellung • Ab 1941 war es möglich, Penicillin in großen Mengen herzustellen.
30 Heute gibt es mehr als 8 000 antibakteriell wirkende Medikamente. Man fasst sie unter dem Begriff Antibiotika zusammen.
Einige Antibiotika kann man von Stoffwechselendprodukten anderer Bakterien oder von
35 Pilzen direkt gewinnen. Andere werden künstlich hergestellt. Antibiotika können Bakterien abtöten, das Wachstum dieser hemmen oder ihre Vermehrung verhindern.
Es gibt Antibiotika, die nur gegen bestimmte
40 Bakterien wirken. Solche, die gegen viele verschiedene Bakterien wirksam sind, nennt man Breitbandantibiotika.

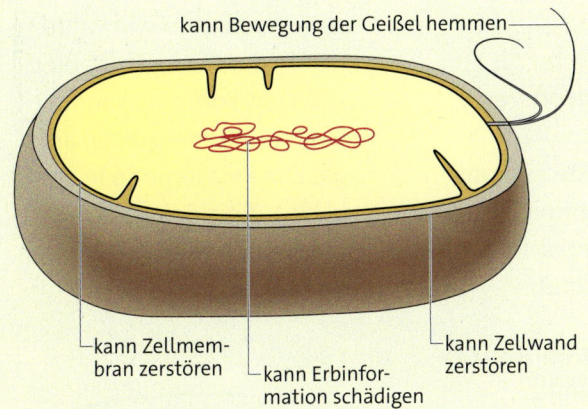

kann Bewegung der Geißel hemmen

kann Zellmem-
bran zerstören

kann Erbinfor-
mation schädigen

kann Zellwand
zerstören

3 Wirkung von Antibiotika

Die Wirkung von Antibiotika • Antibiotika schädigen Bakterien auf unterschiedliche Weise:
45 Einige zerstören die Zellmembran oder die Zellwand von Bakterien, andere verlangsamen die Beweglichkeit der Geißel und somit die Fortbewegung des Bakteriums. Es gibt außerdem Antibiotika, welche die Erbinformation einer
50 Bakterienzelle schädigen können. Menschliche Zellen werden durch Antibiotika nicht geschädigt. Allerdings kann es bei der Einnahme von Antibiotika manchmal zu Nebenwirkungen kommen. Hierbei ist oft das Verdauungssystem
55 betroffen, da das Antibiotikum nicht nur die krank machenden Bakterien abtötet, sondern auch die nützlichen Bakterien des Darms.

Antibiotika werden wirkungslos • Zu häufige oder falsche Einnahme von Antibiotika führt
60 dazu, dass mit der Zeit immer mehr Bakterien unempfindlich gegen ein Antibiotikum werden. Grund hierfür ist, dass sich die Erbinformation der Bakterien bei jeder Zellteilung verändern

kann. Dadurch kann es sein, dass ein Antibioti-
65 kum ein Bakterium nicht mehr schädigen kann. Man bezeichnet dies als Widerstandsfähigkeit, die Resistenz. Teilt sich das Bakterium, gibt es diese an die Tochterzellen weiter. So kann im Laufe der Zeit eine gesamte Bakterienkultur
70 gegenüber einem Antibiotikum resistent werden. Ist man an einer bakteriellen Infektion erkrankt, sollte man das verschriebene Antibiotikum regelmäßig und immer bis zum Schluss einnehmen. Tut man dies nicht, werden nicht
75 alle Bakterien abgetötet. Die verbliebenen können gegen das Antibiotikum resistent werden und auch weitere Resistenzen entwickeln. So entstehen Bakterien, die gegen eine Vielzahl von Antibiotika resistent sind. Sie sind multi-
80 resistent.

> Antibiotika werden zur Bekämpfung bakterieller Infektionskrankheiten eingesetzt. Unter bestimmten Bedingungen können Bakterien Resistenzen entwickeln, wodurch Antibiotika unwirksam werden können.

Aufgaben

1 ○ Beschreibe, wie Alexander Fleming das Penicillin entdeckt hat. Nutze Bild 2.

2 ◖ Erkläre ausführlich mit Hilfe von Bild 3, wie Antibiotika Bakterien schädigen können.

3 ● Erkläre, was man unter einer Resistenz versteht und welche Auswirkungen Resistenzen auf die Wirkung von Antibiotika haben.

Bakterien sind überall

Material A

Antibiotikum-Test

In eine Petrischale mit Nährboden, auf dem Bakterien wachsen, wird ein Stück Papier mit einem Antibiotikum gelegt. Das Antibiotikum verteilt sich dann im Umkreis des Papierstückens im Nährboden. Die Schale wird im Wärme-schrank bebrütet. So können die Bakterien auf dem Nährboden wachsen.

1 ◖ Werte das Ergebnis aus.

2 Nach vielen Versuchen mit dem gleichen Antibiotikum kann man ein Ergebnis wie in Bild 3 beobachten.

a ◖ Werte auch dieses Ergebnis aus und erkläre , wie es zum Wachstum von Bakterien in der Nähe des Papierstückens kommen kann.
b ● Stelle Vermutungen an, welche Probleme so in Hinblick auf die Behandlung von bakteriellen Infektionen entstehen.

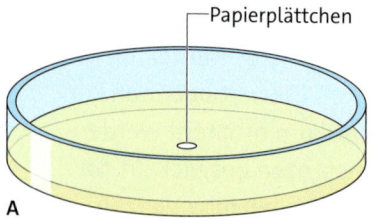
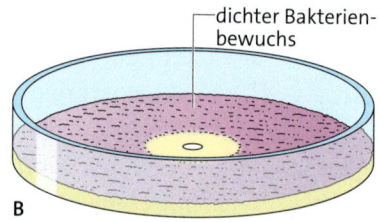
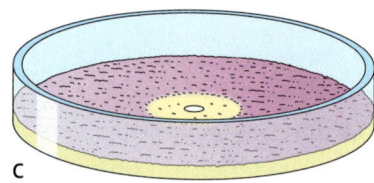

1 Nährboden: **A** vor dem Bebrüten, **B** nach dem Bebrüten, **C** nach mehreren Versuchen

Material B

Vermehrung von Bakterien

Zeit in Minuten	0	20	40	60	80	100	120
Anzahl der Bakterien	1	2	...	...	...	...	...

1 ○ Übernimm die Tabelle und das Koordinatensystem aus Bild 2 dein Heft.

2 ◖ Berechne, wie viele Bakterienzellen sich nach 120 Minuten entwickeln. Ergänze die Tabelle.

3 ◖ Erstelle aus den Werten der Tabelle ein Liniendiagramm.

4 ◖ Vermute, wie die Kurve weiter verlaufen wird.

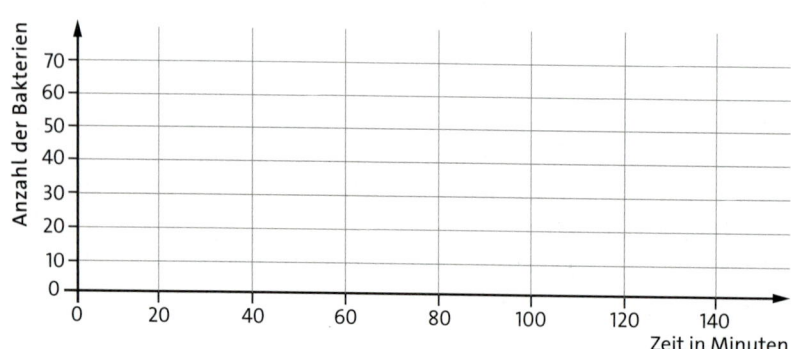

2 Vermehrung von Bakterien (bei ausreichend Platz und Nahrung)

Infektionswege der Salmonellose

3 Infektionswege der Salmonellose

Die Salmonellose ist eine durch Bakterien, den Salmonellen, hervorgerufene Krankheit, die häufig durch das Essen von nicht ausreichend erhitzten Eier- oder Milchspeisen, Mayonnaise, Fleisch- und Wurstwaren übertragen wird, weil sich darin Salmonellen sehr schnell vermehren können. Tiere infizieren sich über die Aufnahme von verseuchtem Futter und Abwasser.

Die genannten Bakterien setzen sich nach dem Verzehr in Magen und Darm fest und scheiden Giftstoffe aus, die die Schleimhäute angreifen. Dadurch kommt es neben Symptomen wie Kopfschmerzen und Übelkeit zu Erbrechen und Durchfall. Durch das Berühren von infiziertem Kot oder Urin können die Bakterien auch in seltenen Fällen von Mensch zu Mensch übertragen werden.

1 ○ Beschreibe mithilfe von Bild 3, wie man sich mit Salmonellose anstecken kann.

2 ◐ Erkläre, wie man den Infektionskreislauf durchbrechen kann, um sich vor einer Infektion zu schützen.

3 ● Du hast einige Lebensmittel zur Auswahl. → 4 Wähle davon drei aus, die du im Sommer bei hohen Temperaturen eher ablehnen würdest. Begründe deine Wahl.

4 Verschiedene Lebensmittel

Viren als Krankheitserreger

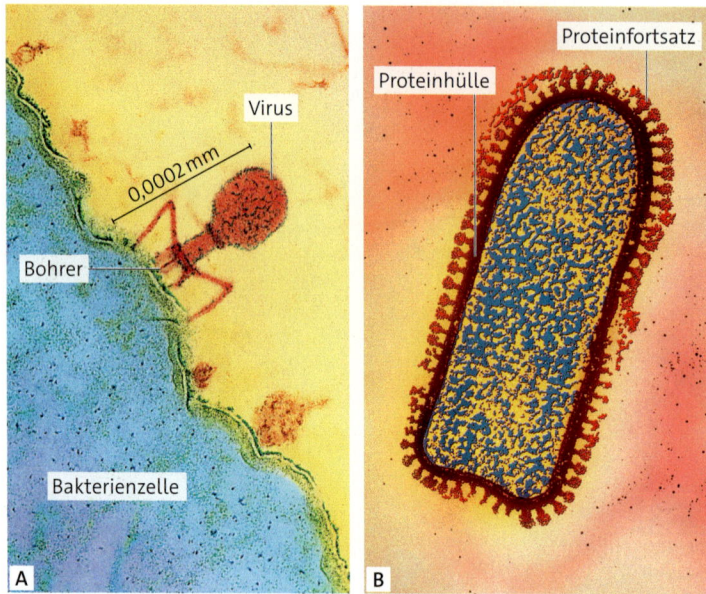

1 | Viren: **A** Virus befällt Bakterienzelle, **B** Tollwutvirus

Bau von Viren • Viren sind wesentlich kleiner als Bakterien. Sie haben einen
10 Durchmesser von nur knapp einem zehntausendstel Millimeter und können deshalb nur mithilfe eines Elektronenmikroskops betrachtet werden. Solch ein Mikroskop hat eine fast
15 1000-fach stärkere Vergrößerung als ein Lichtmikroskop. Alle Viren haben einen ähnlichen Grundbauplan: Sie bestehen nur aus Erbinformation und einer Proteinhülle mit zahlreichen
20 Fortsätzen. → 2 Trotzdem gibt es eine riesige Vielfalt an Viren, die sich in ihrer Form und in ihren Erbinformationen voneinander unterscheiden.

Sind Viren Lebewesen? • Viren besitzen
25 keinen eigenen Stoffwechsel und sind somit nicht in der Lage, sich selbstständig zu vermehren. Hierfür sind sie auf andere Bakterien-, Pflanzen- oder Tierzellen, auf sogenannte Wirtszellen, an-
30 gewiesen. Viren sind keine Lebewesen.

Vermehrung • Ein Virus heftet sich an eine Zelle, bohrt diese an und gibt seine Erbinformation in die Zelle ab. → 3A Manche Viren werden auch komplett
35 aufgenommen. Die Erbinformation enthält den Bauplan des Virus. Die befallene Zelle wird zur sogenannten Wirtszelle. Der Stoffwechsel der Wirtszelle wird dann so umgestellt, dass sie in
40 kürzester Zeit zahlreiche neue Virusbausteine herstellt, die sich dann zu neuen Viren zusammensetzen. → 3C Durch Platzen der Wirtszelle stirbt diese ab und es werden die Viren frei, die dann
45 wieder andere Zellen befallen. → 3D

Neben Bakterien gelten Viren als häufigste Verursacher für verschiedene Krankheiten beim Menschen. Allerdings ist meistens der Einsatz von Medika-
5 menten bei durch Viren verursachten Krankheiten nutzlos. Worin unterscheiden sich Viren von Bakterien?

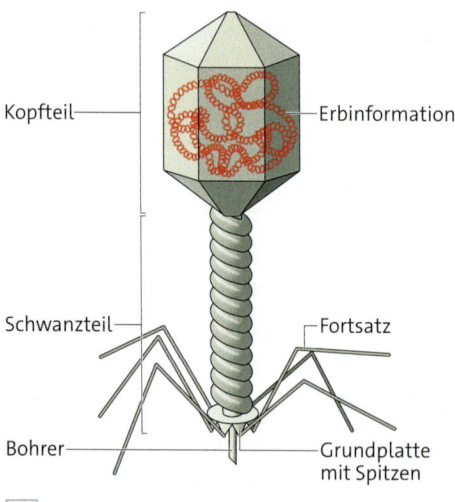

2 | Bau eines Virus

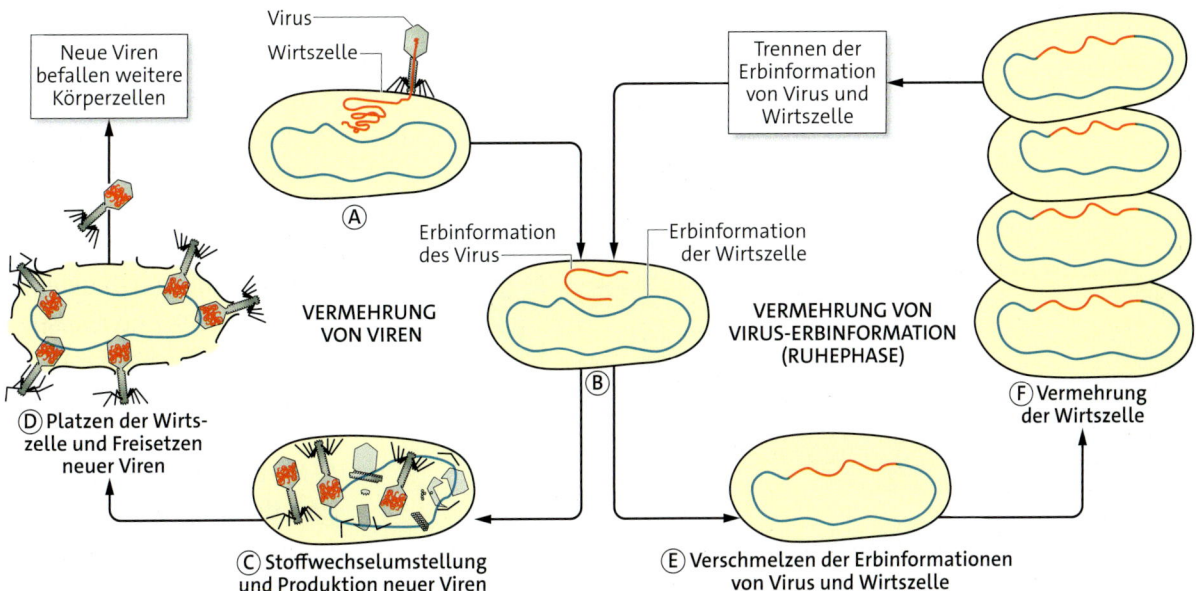

Neue Viren befallen weitere Körperzellen

Virus
Wirtszelle

Trennen der Erbinformation von Virus und Wirtszelle

Ⓐ

Erbinformation des Virus

Erbinformation der Wirtszelle

VERMEHRUNG VON VIREN

VERMEHRUNG VON VIRUS-ERBINFORMATION (RUHEPHASE)

Ⓑ

Ⓕ Vermehrung der Wirtszelle

Ⓓ Platzen der Wirtszelle und Freisetzen neuer Viren

Ⓒ Stoffwechselumstellung und Produktion neuer Viren

Ⓔ Verschmelzen der Erbinformationen von Virus und Wirtszelle

3 Vermehrungswege eines Virus

Ruhephase • Es kann manchmal sein, dass die Erbinformation des Virus und die Erbinformation der Wirtszelle miteinander verschmelzen. → 3E Die Zelle
50 wird nicht beeinflusst und es werden zunächst keine Viren hergestellt. Deshalb nennt man dies Ruhephase. Nach einiger Zeit teilt sich die Wirtszelle und die Erbinformation der Zelle wird zu-
55 sammen mit der Erbinformation des Virus weitergegeben. → 3F Das kann mehrere Male ablaufen. Irgendwann trennen sich die Erbinformationen der Wirtszelle und des Virus wieder. Die
60 Erbinformation des Virus stellt den Stoffwechsel der Zelle wieder so um, dass wieder neue Viren hergestellt werden, die Ruhephase ist dann beendet.

Spezialisierung • Die verschiedenen
65 Viruserkrankungen werden von unterschiedlichen Viren hervorgerufen.

Sie greifen jeweils die für sie spezifischen Wirtszellen an. Viren sind also wirtsspezifisch.

> Viren sind kleine Krankheitserreger, die aus Erbinformation und einer Proteinhülle bestehen. Sie zählen nicht zu den Lebewesen und benötigen zur Vermehrung bestimmte Wirtszellen, die dabei zerstört werden.

Aufgaben

1 ◗ Begründe mithilfe der Kennzeichen des Lebendigen, ob Viren Lebewesen sind.

2 ● Stelle Vermutungen an, welche Vorteile die Ruhephase für die Vermehrung von Viren hat.

Viren als Krankheitserreger

Bakterien und Viren

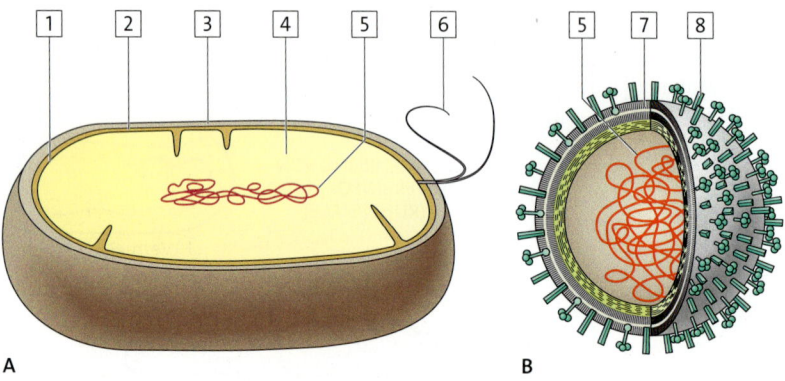

A

B

[1] Bau eines Bakteriums (A) und Virus (B)

1 ◯ Nenne die Fachbegriffe für die mit Zahlen gekennzeichneten Teile der Bakterienzelle und eines Virus.

2 ◐ Vergleiche den Bau der Bakterienzelle und eines Virus in Hinblick auf ihre Bestandteile.

3 ◐ Vergleiche die Bedingungen, die Bakterien und Viren brauchen, um sich zu vermehren.

Vermehrung von Viren

1 ◯ Ordne die Beschreibungen der Phasen des Vermehrungszyklus A–E den Bildern 2–6 zu.

2 ◐ Bringe die Beschreibungen A–E in eine sinnvolle Reihenfolge und notiere sie in dein Heft.

3 ◐ Ein Virus ist immer wirtsspezifisch. Erkläre diesen Sachverhalt.

A Die Wirtszelle produziert neue Virusbausteine.

B Das Virus befällt eine gesunde Zelle.

C Die Wirtszelle platzt und die neuen Viren werden freigesetzt.

D Das Virus wurde von der Wirtszelle aufgenommen.

E Die Erbinformation des Virus wird freigesetzt und programmiert so den Stoffwechsel der Wirtszelle um.

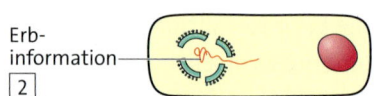

Erbinformation

[2]

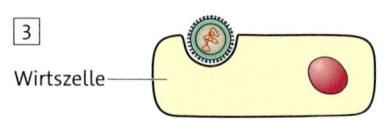

[3]

Wirtszelle

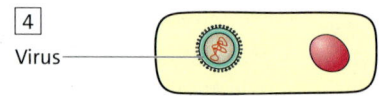

[4]

Virus

[5]

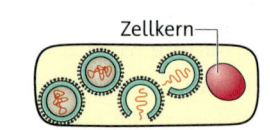

Zellkern

[6]

Viren können sich verändern

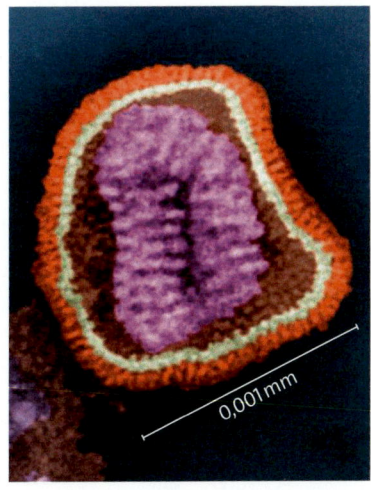

[7] Influenzavirus (Elektronen-mikroskopische Aufnahme)

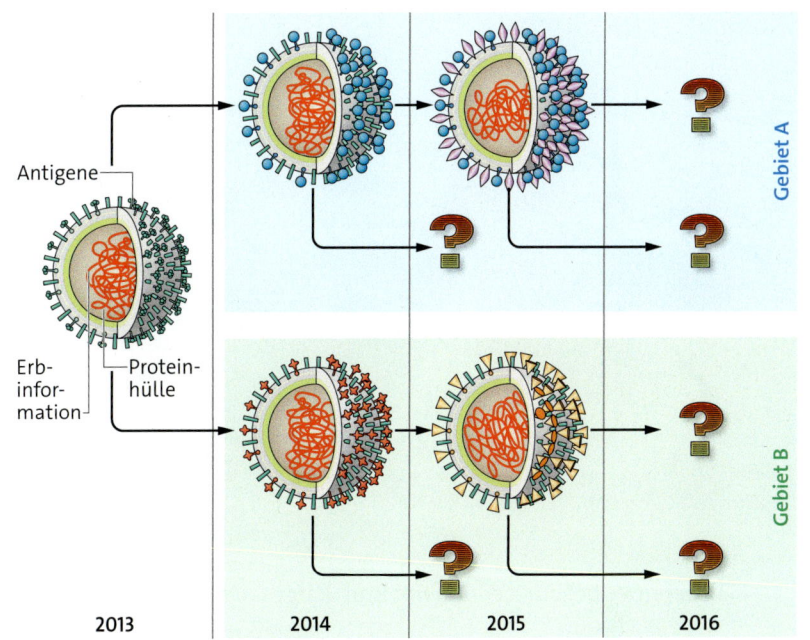

Antigene

Erb-infor-mation

Protein-hülle

Gebiet A

Gebiet B

2013   2014   2015   2016

[8] Veränderungen der Influenza-Viren

Viren verändern häufig ihre Oberfläche. Bekannt dafür ist vor allem das Grippe- oder Influenzavirus. Es kann sich jedes Jahr verändern.

1 ◕ Betrachte Bild 8 und beschreibe, wie sich im Laufe der Jahre das ursprüngliche Influenzavirus verändert hat.

2 ◕ Vermute, welche Probleme sich bei der Bekämpfung der Influenza aus der stetigen Veränderung der Viren ergeben.

9

Influenza

Die Influenza oder Virusgrippe ist eine schwere Infektionskrankheit der Schleimhäute der Atmungsorgane. Sie wird beim Menschen und bei Tieren durch Influenzaviren ausgelöst. Die Infektion mit den Viren erfolgt meist über kleinste Flüssigkeitströpfchen, die beim Atmen, Husten, Niesen oder Sprechen entstehen und in der Luft schweben. Eine Influenzainfektion führt zu hohem Fieber, Kopf- und Gliederschmerzen und Schüttelfrost. Häufig läuft die Krankheit in einer schwachen Form ab, die ähnlich einer Erkältung ist. Doch durch nachfolgende bakterielle Infektion kann es zu einer Lungenentzündung oder einer Hirnhautentzündung kommen. Vor allem ältere und geschwächte Menschen können daran sterben. Eine Impfung im Vorfeld oder eine überstandene Influenza beugen auch einer erneuten Infektion nur unzureichend vor. Die Antigene auf der Oberfläche der Influenzaviren ändern sich immer wieder. Die Vielfalt der einzelnen Viren ist sehr groß und ständig in Veränderung. Deshalb hilft eine Impfung meist nicht. Jedes Jahr ist eine neue Impfung notwendig.

Parasiten schädigen Menschen

1 Ein Zeckenweibchen: leer und mit Blut vollgesaugt

Leben von anderen Tieren • Es gibt Tiere, die auf oder in anderen Lebewesen leben und sich von diesen ernähren. Solche Tiere nennt man Parasiten.

10 Ein Lebewesen, das von einem Parasiten befallen und geschädigt wird, bezeichnet man als Wirt. Der Parasit kann auch Krankheitserreger in sich tragen, die er an den Wirt überträgt.

15 Zu den Parasiten zählen Zecken, Bandwürmer, bestimmte Einzeller, Flöhe und Läuse.

Zecken übertragen Krankheiten • Zecken sitzen meist an Grashalmen

20 und halten sich an Haaren und Haut von vorbeilaufenden Tieren und Menschen fest. An einer geeigneten Stelle bohren sie dann mit ihrem Stechsaugrüssel in die Haut und saugen Blut.

25 So kann ihr Gewicht auf das 100- bis 200-Fache ansteigen. → **1**

Beim Blutsaugen können Krankheitserreger wie Borreliosebakterien übertragen werden. Die Borreliose ist an

30 einem charakteristischen Hautausschlag erkennbar und kann mit Antibiotika behandelt werden. Ohne Behandlung können Gehirn und Herz dauerhaft geschädigt werden.

> Parasiten ernähren sich von anderen Lebewesen. Häufig schädigen sie dabei den Wirt oder es werden Krankheitserreger übertragen.

Nach einem Spaziergag im Wald oder einem Picknick im Gras sollte die Haut nach Zecken abgesucht werden. Welche Gefahren gehen von diesen

5 unscheinbaren Spinnentieren aus?

4 mm

A

B 3 mm

2 Parasiten: **A** Floh, **B** Kopflaus

Aufgabe

1 ◗ Erkläre den Begriff Parasit.

Material A

Schutz vor Parasiten

1 ○ Ordne die Bilder 3–6 der Anophelesmücke (Überträger der Malaria in Tropen), der Zecke, der Kopflaus und dem Floh zu.

2 ◖ Beschreibe, welche Schutzmaßnahmen auf den Bildern A–H dargestellt sind.

3 ◖ Ordne den Parasiten entsprechende Schutzmaßnahmen zu. Lege dazu eine Tabelle in deinem Heft an und vervollständige sie. (Beachte, dass mehrere Zuordnungen möglich sind!)

Schutz vor …	Maßnahmen
… Zecken	Man sollte …

4 ● Stelle für jeden Parasiten Vermutungen an, an welchen Orten eine erhöhte Gefahr des Befalls besteht.

Bitte nicht ins hohe Gras
Erhöhte Zeckengefahr

Kopfläuse leben zwischen den Kopfhaaren des Menschen. Mit ihren Mundwerkzeugen ritzen sie die Kopfhaut an und lecken das austretende Blut auf. Diese Tiere lösen juckende Quaddeln und Pusteln auf der Haut aus. An Plätzen und Einrichtungen, wo viele Menschen zusammen sind, können sich Kopfläuse und auch Flöhe schneller ausbreiten.

Flöhe haben ähnlich wie Zecken einen Stechsaugrüssel, mit dem sie in die Haut ihrer Wirte stechen und deren Blut saugen. Beim Menschen leben sie meist zwischen den Haaren auf dem Kopf. Flöhe können von Haustieren auf den Menschen überspringen. Man kann Haustieren vorbeugend ein Flohhalsband anlegen.

Stark in der Abwehr

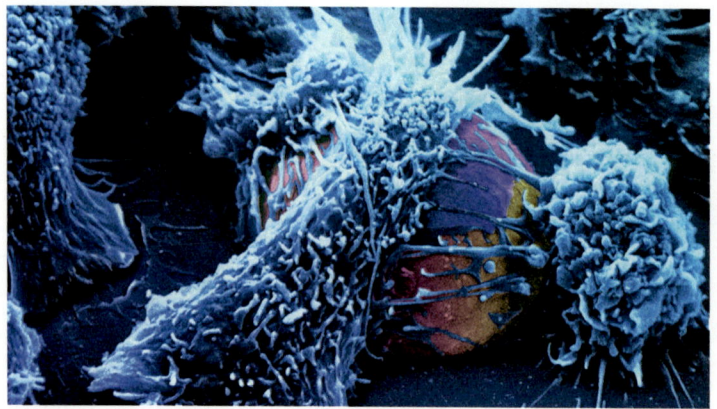

1 Riesenfresszelle (blau) frisst Bakterium.

Obwohl im Alltag unzählige Krankheitserreger lauern, sind wir trotzdem meistens gesund. Wie setzt sich der Körper zur Wehr?

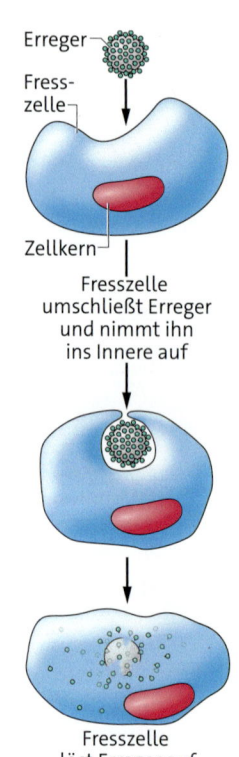

Erreger
Fresszelle
Zellkern

Fresszelle umschließt Erreger und nimmt ihn ins Innere auf

Fresszelle löst Erreger auf

2 Fresszelle baut Erreger ab.

5 **Die erste Abwehr •** Um überhaupt in den Körper zu gelangen, müssen Krankheitserreger einige Barrieren überwinden: Die Schleimhäute an unseren Körperöffnungen wie Mund, Nase und 10 Geschlechtsorgane produzieren eine feuchte Schutzschicht, die Abwehrstoffe enthält. Die mit der Nahrung aufgenommenen Krankheitserreger werden größtenteils von der Magensäure 15 im Magen abgetötet. Zudem ist die menschliche Haut mit einem Säureschutzmantel überzogen, der die Ansiedlung und Vermehrung von Krankheitserregern verhindert. Dennoch 20 gelingt es einigen Bakterien, Viren oder Pilzen, diese Barrieren zu durchbrechen.

Das Immunsystem greift ein • Wenn es Krankheitserregern tatsächlich gelingt, weiter in den Körper vorzudringen, be- 25 ginnt das Abwehrsystem des Körpers,

das Immunsystem, mit seiner Arbeit. Die Hauptfunktion in der Abwehr übernehmen die weißen Blutzellen, die Leukozyten. Es gibt unterschiedliche Arten, 30 die verschiedene Aufgaben erfüllen. Fresszellen erkennen Krankheitserreger beim Eindringen in den Körper und machen sie unschädlich. Sie nehmen die Erreger ins Zellinnere auf, wo sie aufge- 35 löst werden. → **2** Fresszellen können auch die Blutbahn verlassen und sich im Gewebe zwischen den Zellen auf die Suche nach Fremdkörpern machen. Zudem beseitigen sie auch abgestor- 40 bene oder verletzte Körperzellen. Da die Fresszellen alle möglichen Erreger aufnehmen, bezeichnet man diese Vorgänge auch als unspezifische Abwehr.

Spezifische Abwehr • Wesentlich effek- 45 tiver ist aber die spezifische Immunabwehr, die sich am Beispiel eines Virus als Erreger nachvollziehen lässt. Durch das Zusammenspiel spezialisierter Zellen werden Erreger gezielt bekämpft. Diese 50 Zellen werden im Knochenmark gebildet. Einige reifen dort, andere in der Thymusdrüse heran. Gelangen Viren ins Blut, werden sie von Riesenfresszellen zerlegt. Diese präsentieren Bruchstücke 55 des Virus, die Antigene, auf ihrer Außenseite. So informieren sie andere Zellen des Immunsystems, die T-Helferzellen, über die Art des Eindringlings. Die T-Helferzellen aktivieren daraufhin Plasma- 60 zellen. Diese bilden spezifische Antikörper gegen die Viren im Blut und im Gewebe. Sie sind so geformt, dass sie genau auf die Antigene des Virus passen und diese so unschädlich machen. Diese

das Immunsystem
die Fresszelle
die unspezifische Abwehr
die spezifische Abwehr

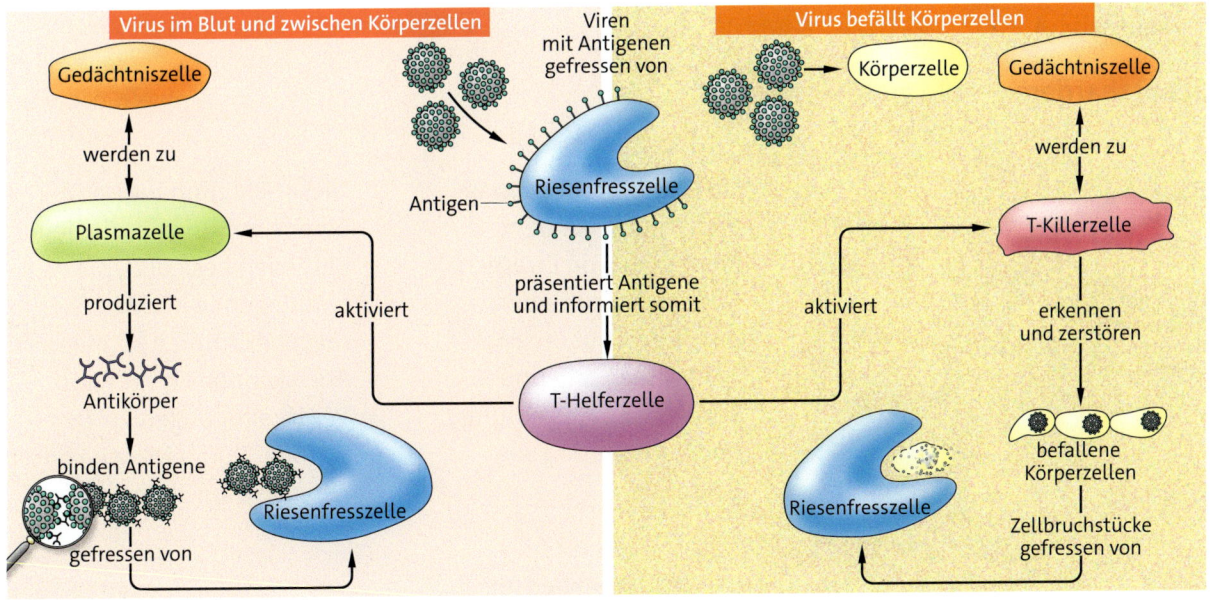

3 Ablauf der spezifischen Immunabwehr am Beispiel von Viren

spezifische Reaktion von Antigen und Antikörper erfolgt nach dem Schlüssel-Schloss-Prinzip. Riesenfresszellen vernichten dann die verklumpten Viren. Befallen Viren Körperzellen aktivieren die T-Helferzellen T-Killerzellen. Diese erkennen befallene Körperzellen und töten sie ab. Die zerstörten Körperzellen und Virusbausteine werden dann von den Riesenfresszellen beseitigt. Da die aktivierten T-Killerzellen und die gebildeten Antikörper gezielt nur eine bestimmte Art von Krankheitserregern abwehren, bezeichnet man diese Art der Abwehr als spezifische Immunabwehr.

Erreger bleiben im Gedächtnis • Einige der aktivierten T-Killerzellen und Plasmazellen wandeln sich in Gedächtniszellen um. Diese speichern Informationen über die Eigenschaften des bekannten Erregers, sodass bei einem erneuten Befall mit dem gleichen Erreger sofort sehr viele passende Antikörper und T-Killerzellen gebildet werden können. Die Krankheit bricht in der Regel nicht wieder aus. Man ist gegenüber dieser Krankheit unempfindlich und daher immun.

Bei der unspezifischen Abwehr werden Eindringlinge jeglicher Art von den Fresszellen bekämpft. Dagegen sind bei der spezifischen Abwehr verschiedene Zellen des Immunsystems beteiligt, die gezielt nur eine Art von Krankheitserregern bekämpfen.

Aufgabe

1 🔵 Erstelle eine Tabelle aller beteiligten Zellen der spezifischen Immunabwehr mit ihren jeweiligen Aufgaben.

Stark in der Abwehr

Schutzbarrieren – Die erste Abwehr

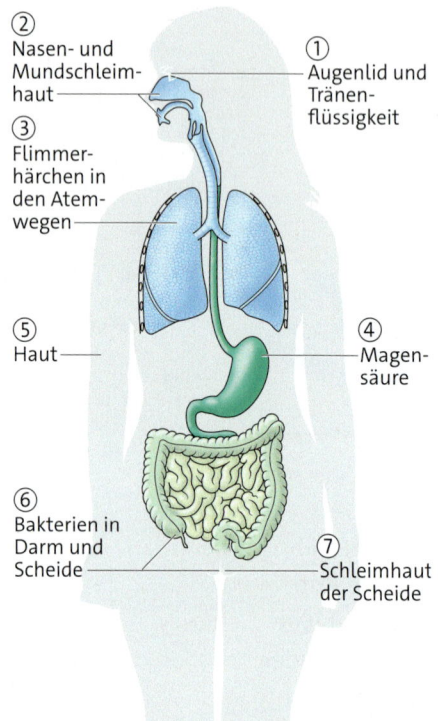

② Nasen- und Mundschleim- haut
③ Flimmer- härchen in den Atem- wegen
⑤ Haut
⑥ Bakterien in Darm und Scheide
① Augenlid und Tränen- flüssigkeit
④ Magen- säure
⑦ Schleimhaut der Scheide

1 Schutzbarrieren unseres Körpers

Sie ist das größte Organ und schützt vor dem Eindringen von Erregern. Außerdem verhindert ihr Säureschutzmantel aus Wasser, Talg und Schweiß die Ansiedlung und Vermehrung von Bakterien. (a)

Sie tötet Krankheitser- reger ab, die mit der Nahrung aufgenommen werden. (b)

Es schützt das Auge vor Trockenheit und säubert es von Erregern und Verunreinigungen. (c)

Diese Schleimhäute sind bereits mit ungefährlichen Bakterien besiedelt, die eindringende Krankheitser- reger bekämpfen können. Auch können Erreger und Verunreinigungen haften bleiben. Durch Niesen kön- nen diese aus dem Körper transportiert werden. (d)

Verunreinigungen und Krankheitserreger, die im Nasen- und Rachenraum noch nicht festgehalten wurden, werden von ihnen zum Kehlkopf transportiert und dort herunterge- schluckt. (e)

Sie besiedeln diese Be- reiche, um zu verhindern, dass sich schädliche Krank- heitserreger dort ansiedeln können. (f)

Sie ist mit einem pH-Wert von 4 bis 4,5 leicht sauer und verhindert somit die Vermehrung von einge- drungenen Krankheits- erregern und tötet sie ab. (g)

1 ◗ Ordne den mit Ziffern 1–7 gekennzeichneten Schutz- barrieren unseres Körpers → 1 jeweils eine Funktion von a–g zu. Nutze dafür die Tabelle. Beschreibe die ein- zelnen Funktionen in eige- nen Worten.

2 ◗ Formuliere in einem Satz, welche Bedeutung die Schutzbarrieren für den Körper haben.

3 ◖ Zwei Schüler unterhalten sich. Nimm Stellung zu deren Aussage:
„Es ist nicht gut, wenn man jeden Tag mehrmals duscht. Das schadet der Gesundheit!"

Nr.	Schutz- barriere	Buch- stabe	Funktion
1	Augenlid	c	Es schützt das …

Spezifische Immunabwehr

1 ○ Ordne den Ziffern des Pfeilschemas die passenden Zellen zu.

2 ◐ Erkläre mit dem Schlüssel-Schloss-Prinzip, weshalb man hier von der spezifischen Immunabwehr spricht.

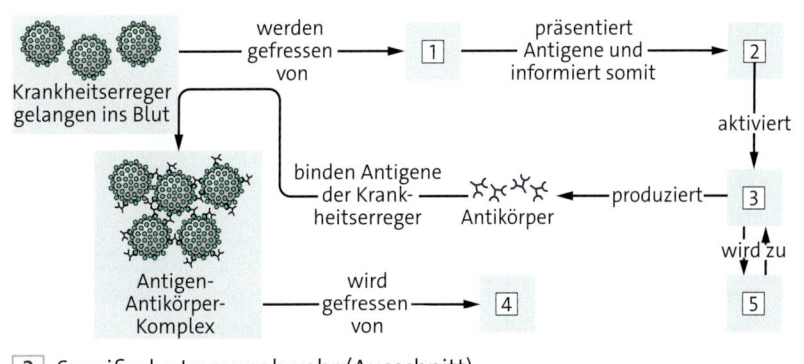

2 Spezifische Immunabwehr (Ausschnitt)

Entzündungsreaktion

Wenn man sich zum Beispiel einen Holzsplitter einfängt, kann es richtig schmerzen. Man spricht von einer Entzündung. Was ist das genau?

1 ○ Beschreibe den Ablauf einer Entzündungsreaktion in einem Fließschema. → 4

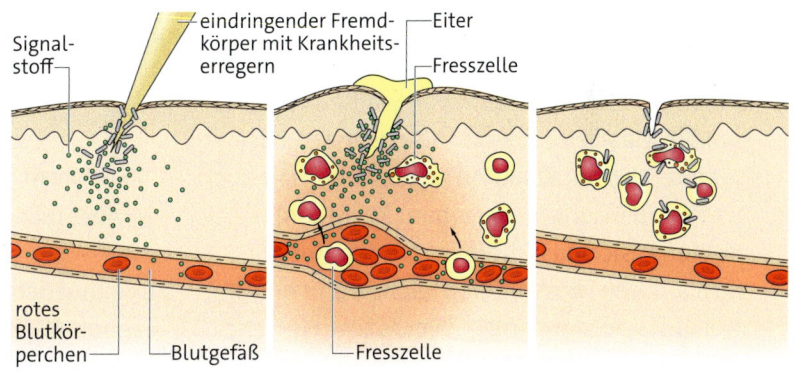

4 Entzündungsreaktion

2 ◐ Begründe, ob die Entzündungsreaktion Teil der spezifischen oder unspezifischen Immunabwehr ist.

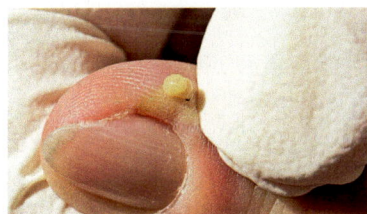

3 Eiter

Entzündungsreaktion Sie entsteht, wenn viele Krankheitserreger auf einmal in den Körper eindringen und auch Gewebe verletzt ist. Das Gewebe schwillt an, rötet sich und schmerzt. Dies entsteht dadurch, dass die verletzten Körperzellen Signalstoffe freisetzen. Dadurch werden Abwehrmechanismen des Körpers ausgelöst: Die Blutgefäße werden durchlässiger, so können die Fresszellen leichter ins geschädigte Gewebe gelangen. Die Fresszellen zerstören die eingedrungenen Krankheitserreger. Durch aufgenommene Giftstoffe sterben die Fresszellen ab. Körpereigene Zellen, Krankheitserreger und abgestorbene Fresszellen bilden zusammen eine gelbliche Flüssigkeit, den Eiter. → 2 Dieser wird nach außen abgegeben.

Stark in der Abwehr

Allergien

Abwehr harmloser Stoffe • Bei Menschen
mit einer Allergie wehrt der Körper eigentlich
harmlose Stoffe ab, da das Immunsystem
diese als gefährliche Eindringlinge einstuft.
5 Stoffe, die allergische Reaktionen auslösen,
nennt man Allergene. Dazu zählen neben Pol-
len von Pflanzen auch Tierhaare, verschiedene
Lebens- und Arzneimittel, Duftstoffe, Insekten-
gifte oder auch Ausscheidungen von Milben,
10 die zur Hausstauballergie führen können.

Vorgänge im Körper • Beim ersten Kontakt mit
einem Allergen stellt das Immunsystem passende Antikörper her. ➝ 2A Diese haften sich
auf eine bestimmte Form von weißen Blutzel-
15 len, die Mastzellen. ➝ 2B Diese erste Phase
der allergischen Reaktion bezeichnet man auch
als Sensibilisierung. Bei einem Zweitkontakt
verbindet sich das Allergen mit den Antikörpern auf den Mastzellen, welche dann ein Hor-
20 mon ausschütten. ➝ 2C Dieses löst typische
allergische Reaktionen wie das Anschwellen
der Schleimhäute, erhöhte Produktion von
Schleim sowie Atembeschwerden durch Verengung von Luftröhre und Bronchien aus. Es
25 kann auch zu Juckreiz und Rötungen der Haut
und in manchen Fällen zu Verdauungsproble-
men kommen.

Diagnose • Mit einem Allergietest findet man
heraus, ob und wie stark man auf verschiedene
30 Stoffe reagiert. Ein Arzt tropft verschiedene
Testsubstanzen mit unterschiedlichen Aller-
genen auf die Haut. Mit einer Nadel sticht er
durch die Tropfen in die Haut. Durch eine Rö-

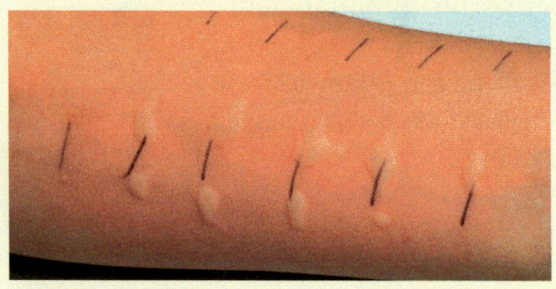

1 Allergietest

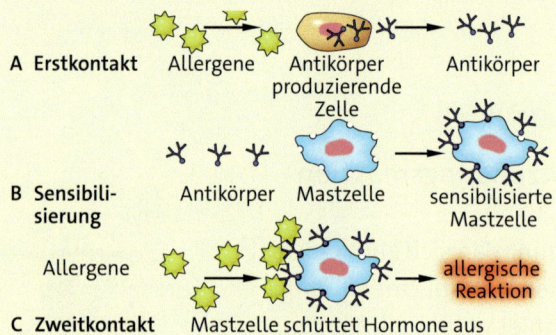

2 Allergische Reaktion im Körper

tung und Schwellung erkennt der Arzt das aus-
35 lösende Allergen. Zur Milderung einer allergischen Reaktion können Medikamente helfen.
Ohne Beschwerden leben Allergiker nur, wenn
sie den Kontakt mit dem Allergen vermeiden.

> Eine Allergie ist eine Überreaktion des
> Immunsystems, ausgelöst durch Allergene.

Aufgabe

1 ○ Beschreibe den Ablauf einer allergischen
Reaktion mithilfe von Bild 2.

2 ◗ Erkläre, was die Hormonausschüttung
der Mastzellen im Körper bewirkt.

Autoimmunerkrankungen

Autoimmunerkrankungen • Das Immunsystem erkennt und bekämpft Fremdkörper und Krankheitserreger im Körper. Es gibt jedoch auch Krankheiten, bei denen das Immunsystem irr-
5 tümlicherweise körpereigene Zellen als Fremdkörper erkennt. Diese werden dann angegriffen, was zur Zerstörung ganzer Gewebe führen kann. Solche Krankheiten bezeichnet man als Autoimmunerkrankungen. Sie sind meist gene-
10 tisch veranlagt.

Multiple Sklerose • Bei dieser Krankheit zerstört das Immunsystem die Hüllzellen der Nervenzellen. → 3 Dadurch kann der elektrische Impuls nur noch langsam weitergeleitet werden.
15 So kann es zu Muskelschwäche, Sprach- und Sehstörungen, Einschränkung der Wahrnehmung und Koordinationsproblemen kommen. Die Krankheit ist derzeit unheilbar, Medikamente mildern lediglich die Symptome.

20 **Morbus Crohn** • Bei dieser Erkrankung handelt es sich um eine dauerhafte Entzündung der Schleimhaut des Verdauungstrakts. Dabei werden vor allem Teile der Speiseröhre, und des Dünn- und Dickdarms angegriffen. → 4
25 Meist leiden die Erkrankten unter lang anhaltenden Durchfällen, Bauchkrämpfen und Müdigkeit. Der Gewichtsverlust ist erheblich.

Diabetes Typ 1 • Bei Diabetes Typ 1 zerstört das Immunsystem die insulinproduzierenden
30 Zellen der Bauchspeicheldrüse. Dies führt zu einem zunehmenden Insulinmangel. Die Zellen können nur wenig Glukose aufnehmen.

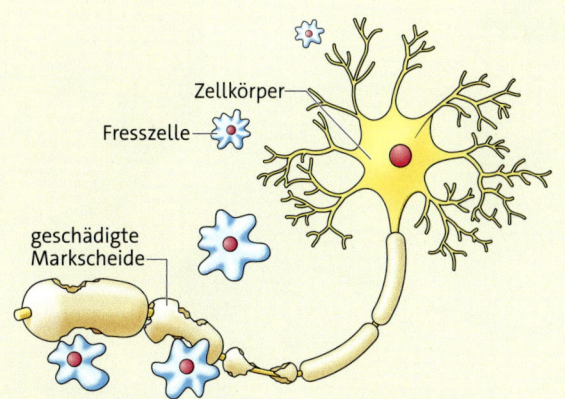

Zellkörper

Fresszelle

geschädigte
Markscheide

3 Zerstörte Markscheiden bei der Multiplen Sklerose

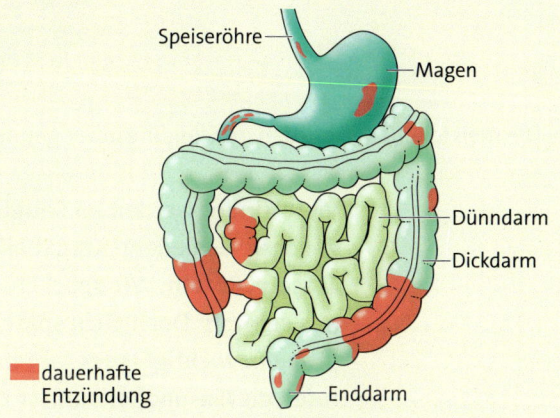

Speiseröhre

Magen

Dünndarm

Dickdarm

■ dauerhafte
Entzündung

Enddarm

4 Entzündungen des Verdauungstrakts bei Morbus Crohn

Bei Autoimmunerkrankungen greift das Immunsystem körpereigene Zellen an. Viele Autoimmunerkrankungen sind genetisch bedingt, was eine Heilung derzeit unmöglich macht.

Aufgabe

1 ◖ Erkläre, was man unter einer Autoimmunerkrankung versteht.

Impfen kann Leben retten

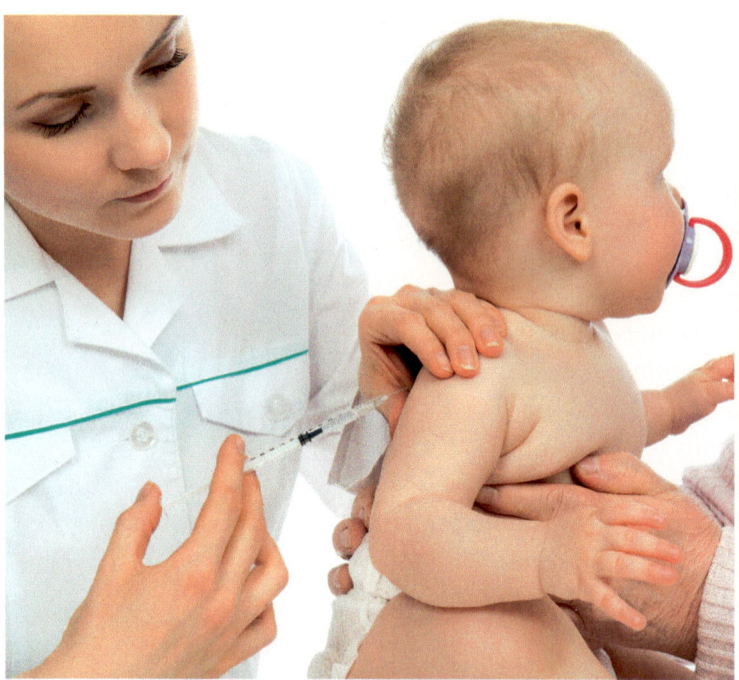

1 Die meisten Kinder werden im Säuglingsalter geimpft.

Viele Kinder werden im Säuglingsalter gegen verschiedene Krankheiten wie Masern, Röteln, Windpocken oder Tetanus geimpft. Doch auch später sind Im-
5 **pfungen wichtig. Jedes Jahr im Herbst rufen die Gesundheitsämter zur Grippeimpfung auf. Was passiert im Körper nach einer Impfung?**

Aktive Immunisierung • Beim Impfen
10 werden künstlich hergestellte oder abgeschwächte Erreger, manchmal auch künstlich hergestellte Antigene ins Gewebe gespritzt. Diese Impfstoffe verursachen zwar keine Krankheit, lösen
15 aber eine Abwehrreaktion im Körper aus. Dadurch werden zu dem Erreger passende Antikörper und dann auch Gedächtniszellen gebildet. Gelangen nun „echte" Krankheitserreger, gegen
20 die geimpft wurde, in den Körper, kann er schneller reagieren: Die gespeicherten Gedächtniszellen vermehren sich sehr schnell und es können sofort passende Antikörper gebildet werden. Der
25 Vermehrung der Erreger wird schnell entgegengewirkt und die Krankheit bricht gar nicht oder nur schwach aus. Die Gedächtniszellen werden nach einigen Jahren wieder abgebaut, sodass
30 manche Impfungen wiederholt werden sollten. Da das Immunsystem bei dieser Impfung selbst Antikörper bildet und den Erreger somit aktiv bekämpft, nennt man diese Art der Impfung aktive
35 Immunisierung oder Schutzimpfung. Manche Impfungen benötigen mehrere Teilimpfungen innerhalb eines bestimmten Zeitraums, um den kompletten Impfschutz zu ermöglichen.

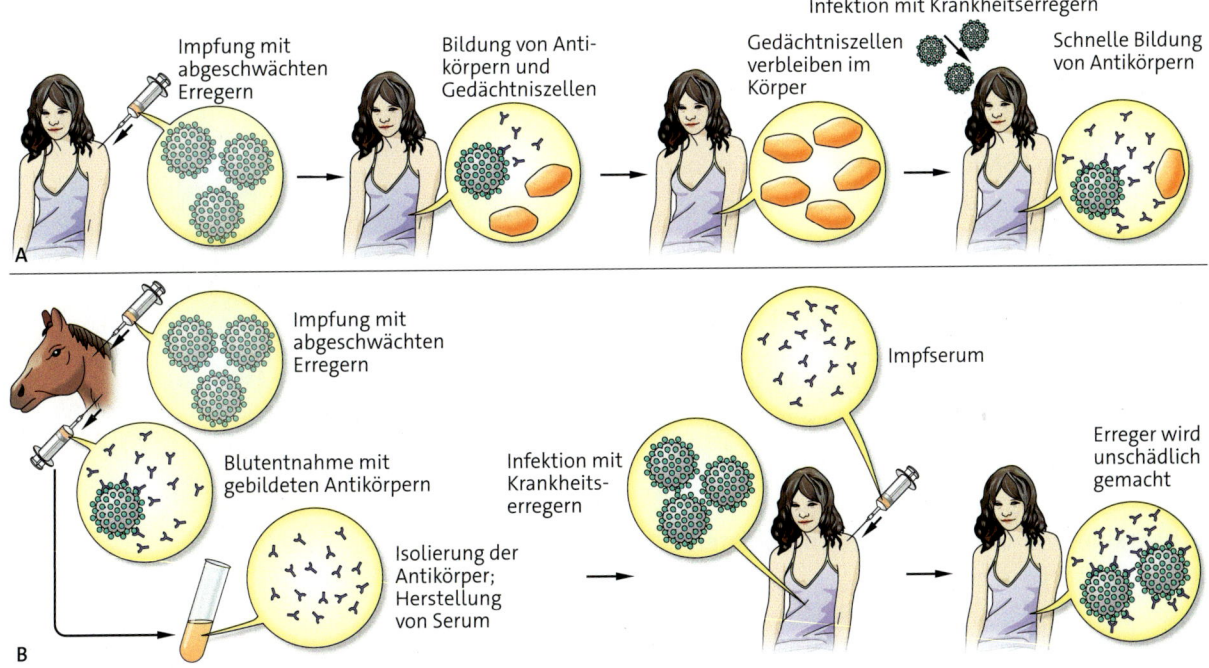

Infektion mit Krankheitserregern

Impfung mit abgeschwächten Erregern

Bildung von Anti- körpern und Gedächtniszellen

Gedächtniszellen verbleiben im Körper

Schnelle Bildung von Antikörpern

A

Impfung mit abgeschwächten Erregern

Impfserum

Blutentnahme mit gebildeten Antikörpern

Infektion mit Krankheits- erregern

Erreger wird unschädlich gemacht

Isolierung der Antikörper; Herstellung von Serum

B

2 A aktive Immunisierung, B passive Immunisierung

40 **Passive Immunisierung** • Schafft es der Körper nicht, die Krankheitserreger selbst zu bekämpfen, werden direkt die passenden Antikörper gespritzt. Diese bekämpfen unmittelbar den Krank-
45 heitserreger und tragen somit zur schnelleren Heilung bei. Man bezeich- net diese Art der Impfung als passive Immunisierung oder auch Heilimp- fung. Die Antikörper werden gewon-
50 nen, indem man größeren Säugetieren abgeschwächte Erreger ins Blut spritzt. Daraufhin produzieren diese Antikör- per. Die gebildeten Antikörper werden entnommen und zu einem Impfserum
55 verarbeitet, das im Fall einer Erkran- kung dem Patienten verabreicht wird. Da der Körper bei dieser Art von Imp- fung die Antikörper nicht selbst bildet, spricht man auch von passiver Immuni-

60 sierung. Im Gegensatz zur aktiven Immunisierung besteht hier kein Lang- zeitschutz, da der Körper keine Ge- dächtniszellen bildet und speichert.

> Bei der aktiven Immunisierung bildet der Körper durch Spritzen ab- geschwächter Erreger Gedächtnis- zellen, die bei einer erneuten Infek- tion schnell Antikörper bilden. Bei der passiven Immunisierung werden Antikörper gespritzt, die den Krank- heitserreger direkt bekämpfen.

Aufgabe

1 ◗ Erkläre den Vorgang der aktiven Immunisierung mithilfe von Bild 2.

241

Impfen kann Leben retten

Material A

Impfen gegen FSME

Zecken können FSME (Frühsommer-Meningoen-zephalitis) übertragen. Diese Viruserkrankung löst grippeähnliche Symptome aus und kann ohne medizinische Behandlung zu bleibenden Schäden wie Hirnhautentzündung und Läh-mungen führen. Im Süden Deutschlands ist das Virus weit verbreitett. Deshalb wird eine Impfung empfohlen. Diese besteht aus drei Teilimpfungen.

1 🔵 Erkläre, warum in betroffenen Gebieten eine Vorsorge wichtig ist.

2 🔵 Vermute was passiert, wenn nicht alle Teilimpfungen durchgeführt werden.

3 🔵 Begründe, ob es sich um eine aktive oder eine passive Immunisierung handelt.

1 FSME-Risikogebiete in Deutschland

Material B

Historisches Experiment

2 Edward Jenner

Im Jahre 1798 wagte der englische Arzt Edward Jenner ein gefährli-ches Experiment. Er infizierte einen Jungen mit harmlosen Pocken-viren. Wenige Wochen danach verabreichte er demselben Jungen die gefährlichen, echten Pockenviren. Diese waren ähnlich wie die harm-losen Pockenviren aufgebaut. Der Junge erkrankte nicht. Im Jahr 1798 veröffentlichte Jenner seine Ergebnisse, wurde jedoch zunächst nicht ernst genommen. Seine Methode setzte sich dennoch durch.

1 ⚪ Nenne die Methode, die Edward Jenner „erfunden" hat.

2 🔵 Erkläre, weshalb der Junge durch die Infektion mit Pocken-viren auch gegen die gefährlichen Pockenviren geschützt war.

Impfen – ja oder nein?

Spätestens seit dem Ausbruch der sogenannten Schweinegrippe im Jahr 2009 ist die Unsicherheit in der Bevölkerung groß: Soll man sich – und vor allem den Nachwuchs – gegen alles impfen lassen?

Hier sind einige Argumente der Impfbefürworter und Argumente der Impfgegner dargestellt.

1 ○ Ordne die abgebildeten Argumente den Impfbefürwortern und den Impfgegnern zu.

2 ◐ Erstelle ein Werbeplakat eines Medikamentenherstellers und ein Protestplakat eines Impfgegners über das Impfen.

Schutz Dritter Ein weiteres Argument greift bei der Rötelnimpfung: Für Kinder ist die Infektion an sich ungefährlich. Erkranken aber Schwangere, kann dies zu schweren Fehlbildungen des ungeborenen Kindes führen.

Nebenwirkungen (1) Ein Impfstoff soll die körpereigene Abwehr anregen. Oft kommt es zur Rötung und Schwellung der Einstichstelle. Auch allgemeine Krankheitszeichen wie Fieber oder Gelenkschmerzen können auftreten. Bei anfälligen Kindern kann das Fieber auch starke Fieberschübe auslösen. Solche Impfreaktionen beobachtet man bei jeder 30. Impfung. Es bleibt meist kein dauerhafter Schaden.

Ausbreitung verhindern Die meisten Seuchen sind bei uns zwar selten, aber noch nicht endgültig besiegt. Nur wenn weiterhin der größte Teil der Bevölkerung geimpft ist, kehren Kinderlähmung oder Diphtherie nicht zurück oder können sogar endgültig ausgerottet werden. Durch ungeimpfte Reisende können Krankheiten jederzeit wieder eingeschleppt werden.

Religion Manche Menschen lehnen Impfungen aus religiösen Gründen ab, da sie glauben, alles was ihnen widerfährt, sei Gottes Wille.

Schutz vor Krankheit Impfungen sollen vor Gefahren einer Krankheit schützen. Der Tetanus-Erreger kommt überall in unserer Umwelt vor. Durch Verletzungen kann der Erreger in den Körper eindringen. Tetanus kann zu lebensgefährlichen Lähmungen führen. Daher sollte man sich gegen Tetanus impfen lassen.

Geld Ein Impfstoff ist um vieles günstiger als die wochenlange Behandlung von schwer kranken Patienten.

Nebenwirkungen (2) In ganz seltenen Fällen haben Impfungen schwerste Nebenwirkungen, die dauerhafte Schäden oder Behinderungen verursachen können.

Impfkrankheit Wenn das Immunsystem des Geimpften geschwächt ist, zum Beispiel bei alten und kranken Menschen, kann eine sogenannte Impfkrankheit entstehen. Das bedeutet, dass genau die Krankheit, gegen die man den Körper schützen wollte, ausbricht. Meist verläuft diese Impfkrankheit vergleichsweise schwach. Das ist zum Beispiel nach einer Masernimpfung möglich, allerdings nur in 2 Prozent der Fälle, oft in einer leichten Form mit Fieber und abgeschwächtem Hautausschlag.

HIV – Angriff auf das Immunsystem

1 Plakat zum Welt-Aids-Tag am 1. Dezember

Aids gehört zu den Infektionskrankheiten, die durch Viren ausgelöst werden.
Es sind weltweit bereits über 40 Millionen Menschen an dieser bedrohlichen
5 Krankheit gestorben. Warum ist Aids
so gefährlich?

Aids und HIV • Die englische Ab-
kürzung Aids kann mit „erworbene
Immunschwäche-Beschwerden"
10 übersetzt werden. Hierbei handelt es
sich um eine Infektionskrankheit, bei
der das Immunsystem geschädigt
wird. Es funktioniert nicht mehr
richtig. Erreger anderer Krankheiten
15 können daher von dem geschädigten
Immunsystem nicht mehr effektiv
bekämpft werden. Infektionen, die
bei gesunden Menschen nach kurzer
Zeit auskuriert sind, lösen bei Aids-
20 Patienten schwerwiegende Folgen
aus. Aids wird durch das menschliche
oder humane Immunschwächevirus,
kurz HIV verursacht.

Infektionswege • Verschiedene Kör-
25 perflüssigkeiten wie Blut, Sperma,
Scheidenflüssigkeit und Muttermilch
können bei infizierten Patienten das
HI-Virus in großen Mengen enthalten.
Wenn diese infektiösen Körperflüssig-
30 keiten mit Schleimhäuten oder kleineren Verletzungen von gesunden Menschen in Kontakt kommen, kann das
HI-Virus übertragen werden. Speichel,
Tränen oder Urin enthalten dagegen
35 nur sehr wenige HI-Viren, weshalb eine
Übertragung über diese Körperflüssigkeiten unwahrscheinlich ist. Das Virus
ist außerhalb des Körpers nur kurze
Zeit überlebensfähig und kann durch
40 hygienische Maßnahmen zuverlässig
unschädlich gemacht werden.

Angriff auf die T-Helferzellen • Wie alle
Viren benötigt das HI-Virus für seine
Vermehrung Wirtszellen. Dafür benutzt
45 das HI-Virus vor allem die T-Helferzellen
des Immunsystems. Nach einem Befall
mit einem HI-Virus wird die T-Helferzelle zerstört und es gelangen viele
neue HI-Viren in die Blutbahn. Mit der
50 Dauer der Infektion steigt die Zahl der
HI-Viren im Körper so immer weiter an,
während die Anzahl der T-Helferzellen
dagegen stetig abnimmt. Die immer
weniger werdenden T-Helferzellen
55 können ihre Aufgabe im Immunsystem
nicht mehr wahrnehmen. Deshalb
werden bei einer Infektion mit einem
anderen Krankheitserreger die Abwehr-
zellen des Immunsystems nicht mehr
60 aktiviert. Das HI-Virus macht das Immunsystem also anfällig für alle möglichen Krankheitserreger.

Akute Phase • Auf die Ansteckung folgt die akute Phase. Dabei produzieren die
65 befallenen T-Helferzellen immer mehr HI-Viren, die Anzahl der T-Helferzellen nimmt dagegen ab. Es treten häufig grippeähnliche Beschwerden wie Fieber, Durchfall, Müdigkeit oder Kopfschmer-
70 zen auf, die nach zwei bis drei Wochen wieder verschwinden.

Verborgene Phase • Die zweite Phase, die verborgene Phase, verläuft zunächst ohne Beschwerden und kann
75 sich über mehrere Jahre erstrecken. In dieser Zeit schafft es das Immunsystem, die Virusvermehrung so weit zu kontrollieren, dass keine Beschwerden auftreten. Die Anzahl der T-Helferzel-
80 len sinkt nur langsam, aber stetig.

Aids-Phase • Die letzte Phase der HIV-Infektion ist die Aids-Phase. Durch die Abnahme der T-Helferzellen wird das Immunsystem so stark geschwächt,
85 dass selbst harmlose Krankheitserreger nicht mehr bekämpft werden können. Die Symptome der akuten Phase zeigen sich erneut. Es treten nun viele Krankheiten auf, sowie verschiedene
90 Krebsarten und lebensbedrohliche Infektionskrankheiten wie Lungenentzündung. Darüber hinaus kommt es zu Nervenentzündungen und Gehirnschädigungen. Letztlich verursachen diese
95 Erkrankungen den Tod des Patienten.

Behandlung • Mittlerweile gibt es zahlreiche Medikamente, die die Vermehrung der HI-Viren unterdrücken und so das Immunsystem entlasten.

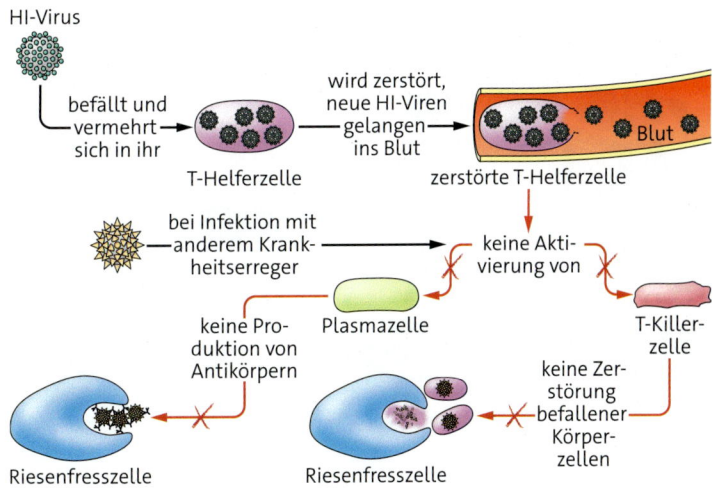

2 Wirkung des HI-Virus im Körper

100 Betroffene können Jahrzehnte mit HIV beschwerdefrei leben. Allerdings gelingt es damit nicht, das Virus aus dem Körper zu entfernen. Eine HIV-Infektion ist derzeit unheilbar.

> Aids ist eine unheilbare Krankheit, die durch HI-Viren verursacht wird. Diese befallen die T-Helferzellen, wodurch das Immunsystem stark geschwächt wird. Der Körper kann sich nicht mehr gegen andere Krankheitserreger wehren.

Aufgaben

1 ○ Erkläre die Begriffe HIV und Aids.

2 ◗ Begründe mithilfe von Bild 2, warum sich HIV-Infizierte wenig gegen Krankheitserreger wehren können und so öfter krank werden.

HIV – Angriff auf das Immunsystem

Material A

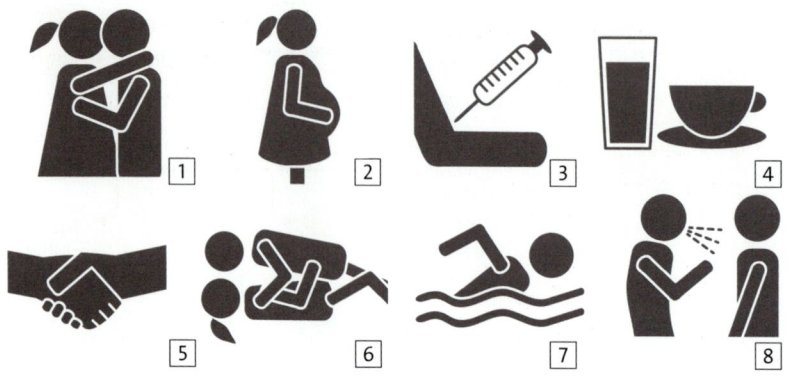

1 Übertragungswege von HIV

Übertragungswege von HIV

1 Erstelle eine Tabelle zu den Übertragungswegen von HIV. → **2**

a ○ Nenne die dargestellten Situationen. → **1**

b ◗ Begründe, ob man sich in den dargestellten Situationen mit HIV infizieren kann.

Nr.	Situation	Risiko	Begründung
1	Küssen	sehr gering	Die Anzahl an HI-Viren ist so gering, dass eine Infektion unwahrscheinlich ist.
2	...	...	...

2

Material B

HIV-Test

1 ○ Nenne den Bestandteil des Blutes, der mit dem HIV-Test nachgewiesen wird.

2 ◗ Erkläre mithilfe von Bild 3, wann ein HIV-Test positiv verläuft.

3 ● Begründe, warum man ein HIV-positives Ergebnis auch schon vor Ablauf der 12 Wochen erhalten könnte.

HIV-Test Der HIV-Antikörpertest stellt immer noch das gebräuchlichste Verfahren zum Nachweis einer HIV-Infektion dar. Nach einer Ansteckung mit HI-Viren bildet der Körper wie bei anderen Infektionen spezielle Antikörper, die genau auf die HI-Viren passen und diese unschädlich machen sollen. Dies kann bei verschiedenen Menschen unterschiedlich lange dauern, meist etwa 3 bis 12 Wochen. Das Testergebnis wird als „positiv" bezeichnet, wenn Antikörper im Blut nachgewiesen wurden. Durch eine mögliche Verzögerung in der Bildung von Antikörpern kann man von einem zuverlässigen HIV-negativen Testergebnis erst nach 12 Wochen sprechen. Man kann sich anonym bei Ärzten, der Aidshilfe oder Gesundheitsämtern auf HIV testen lassen.

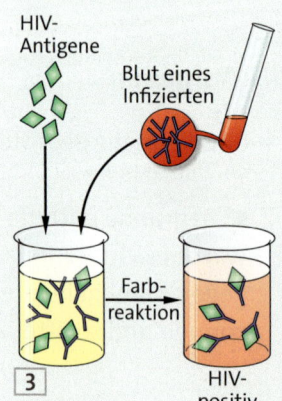

3

HIV-Antigene · Blut eines Infizierten · Farbreaktion · HIV-positiv

Material C

Verlauf einer HIV-Infektion

1 ○ Beschreibe die beiden Diagramme. → 4A 4B

2 ◑ Erkläre den Zusammenhang zwischen der Anzahl von T-Helferzellen und HI-Viren während der Phasen einer HIV-Infektion.

Bei einer HIV-Infektion werden die T-Helferzellen allmählich zerstört. Es findet dennoch eine Immunantwort statt. Es werden Antikörper gebildet, die die HI-Viren verklumpen. Jedoch kann dies die Vermehrung der HI-Viren nicht stoppen.

3 ● Begründe, weshalb die Krankheitserscheinungen in der Aids-Phase schwerwiegender sind als in der akuten Phase.

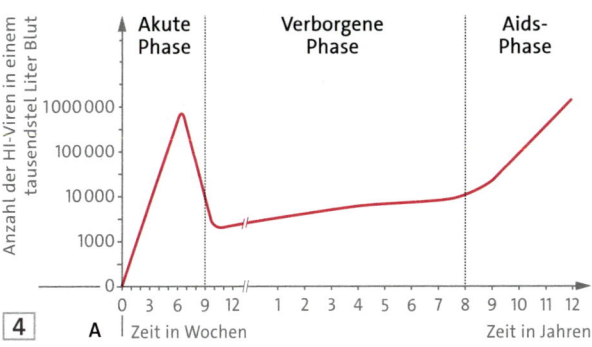

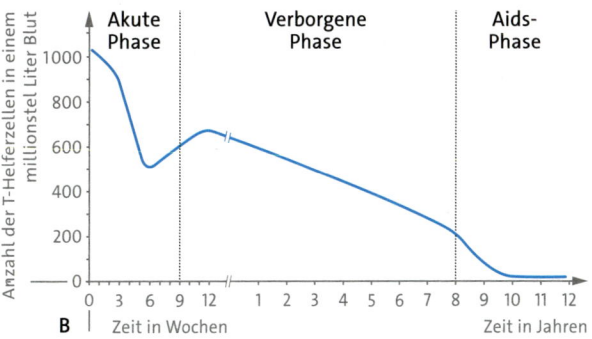

4 A Zeit in Wochen / Zeit in Jahren   B Zeit in Wochen / Zeit in Jahren

Material D

Die Gesellschaft und HIV

1 ○ Notiere Alltagssituationen, in denen HIV-Infizierte Vorurteilen und Zurückhaltung anderer Menschen begegnen.

2 ◑ Überlege, woher diese Vorurteile kommen könnten.

3 ◑ Überlege, wie man die Gesellschaft besser über HIV und Aids aufklären könnte.

„Obwohl ich dachte, dass sich die meisten Menschen ein bisschen mit HIV und Aids auskennen, bekam ich nach meinem Outing trotzdem täglich zu spüren, dass mich die Menschen anders sahen als vorher. Auch meine Freunde entfernten sich von mir und fragten mich nicht mehr, ob ich mit ins Schwimmbad oder ins Kino kommen will. Von anderen erfuhr ich, dass sie Angst hatten, sich anzustecken. Meine Familie dagegen brach eher in Panik aus. Alle dachten, ich würde schon bald sterben. Ich zog mich immer mehr zurück und irgendwann glaubte ich selbst daran, dass ich für andere eine Gefahr darstellte. Als meiner Mutter bewusst wurde, wie sehr mich das alles belastet, ließ sie sich in den verschiedensten Einrichtungen über HIV und Aids informieren und las viel darüber. Sie trommelte den Rest der Familie und meine Freunde zusammen und versuchte sie aufzuklären und ihnen die Angst zu nehmen. Seitdem ist es wieder besser geworden. Meinen Freunden konnte ich verzeihen, weil ich denke, dass die meisten Menschen, auch wahrscheinlich ich, erst mal so reagieren."

Norbert, 23 Jahre, vor 5 Jahren mit HIV infiziert

Immunbiologie

Zusammenfassung

Infektionskrankheiten • Sie werden durch viele unterschiedliche Krankheitserreger verursacht. Ein grippaler Infekt verläuft in vier Phasen: Das Eindringen der Krankheitserreger in den Körper wird als Ansteckung oder Infektion bezeichnet. In der darauffolgenden Inkubationszeit vermehren sie sich, ohne Krankheitserscheinungen, die Symptome, auszulösen. Mit dem Ausbruch der Krankheit treten typische Symptome wie Husten oder Schnupfen auf, bis es schließlich zur Gesundung des Körpers kommt. Infektionskrankheiten kann man durch Hygiene, gesunde Ernährung und Bewegung teilweise vorbeugen.

1 Niesende Frau

Bakterien, Viren und Parasiten • Bakterien sind winzig kleine, einzellige Lebewesen. Oft sind sie nur einen tausendstel Millimeter groß. Sie vermehren sich durch Zellteilung und spielen eine wichtige Rolle als Zersetzer von organischem Material oder beim Verdauungsvorgang des Menschen. Als Krankheitserreger sind sie auch für eine Vielzahl von Krankheiten verantwortlich. Viren sind noch kleiner als Bakterien. Sie bestehen aus einer Proteinhülle, die die Erbinformation umschließt. Sie betreiben keinen Stoffwechsel und können sich nicht eigenständig vermehren, sie sind deshalb keine Lebewesen. Für ihre Vermehrung sind sie auf Wirtszellen angewiesen, die dabei geschädigt werden. Parasiten sind Lebewesen, die sich von einem anderen Lebewesen, einem Wirt, ernähren. Zu den Parasiten zählen Lebewesen wie Läuse, Zecken, Bandwürmer, aber auch bestimmte Einzeller. Meist schädigen sie ihren Wirt und können Krankheiten verursachen.

Immunsystem • Das Immunsystem schützt uns vor Krankheitserregern und sorgt dafür, dass wir nach einer Erkrankung wieder gesund werden. Bei der unspezifischen Immunabwehr bekämpfen Fresszellen jegliche Art von Eindringlingen. Bei der spezifischen Immunabwehr werden Krankheitserreger durch spezialisierte Zellen gezielt bekämpft. Durch die Bildung von Gedächtniszellen kann bei einer erneuten Infektion die Immunabwehr schneller ablaufen. Durch eine Impfung kann man sich vor Krankheiten schützen. Bei der aktiven Immunisierung werden abgeschwächte Erreger gespritzt, die zur Bildung von Gedächtniszellen führen. Die passive Immunisierung wird bei bereits erkrankten Menschen eingesetzt. Es werden passende Antikörper gespritzt, die die Krankheitserreger bekämpfen.

Aids • Diese Krankheit wird durch HI-Viren verursacht. Sie befallen die T-Helferzellen, wodurch die körpereigene Abwehr zunächst geschwächt und schließlich zerstört wird.

Infektionskrankheiten

1 ○ Nenne die vier Phasen einer Infektionskrankheit.

2 ◐ Erkläre, wie und warum sich die Körpertemperatur bei einem grippalem Infekt ändert.

3 ◐ Erkläre, was man unter Tröpfcheninfektion versteht.

Bakterien, Viren und Parasiten

4 In Bild 2 ist eine Salmonelle dargestellt, die sich gerade teilt.
a ○ Ordne die Salmonelle einer der folgenden Bakterienformen zu: Kugelbakterien, Stäbchenbakterien, Vibrionen oder Spirochäten.
b ◐ Beschreibe Möglichkeiten, wie Antibiotika auf ein Bakterium wirken können.

5 ◐ Erkläre, warum Viren auf eine Wirtszelle angewiesen sind.

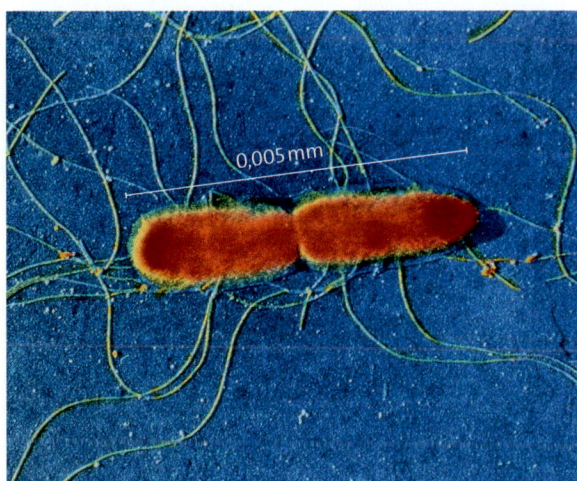

0,005 mm

2 Salmonelle

6 ○ Nenne Beispiele für Parasiten des Menschen.

7 ◐ Beschreibe Möglichkeiten, sich vor Parasiten zu schützen.

Abwehr von Krankheitserregern

8 ○ Beschreibe, wie sich der Körper gegen das Eindringen von Krankheitserregern schützt.

9 ◐ Beschreibe die Vorgänge bei der unspezifischen Immunabwehr.

10 ◐ Nenne die Aufgaben folgender Zellen bei der spezifischen Immunabwehr: T-Helferzelle, Riesenfresszelle, Gedächtniszelle, T-Killerzelle.

11 ● Erkläre, wie es zur Bildung von Gedächtniszellen kommt.

12 ● Erläutere das Schlüssel-Schloss-Prinzip am Beispiel der spezifischen Immunabwehr.

13 ● Begründe, warum man die aktive Immunisierung als Schutzimpfung und die passive Immunisierung als Heilimpfung bezeichnet.

14 Auf vielen Plakaten wird für den Gebrauch von Kondomen geworben, um sich vor HIV zu schützen.
a ◐ Nenne die 3 Phasen einer HIV-Infektion und beschreibe sie kurz.
b ● Erkläre, ab wann man vom Krankheitsbild Aids spricht.

Ökologie – der Wald

Oft kann man auf Lichtungen und an Waldrändern Rehe und Hirsche beim Fressen beobachten. Hier finden sie andere Kräuter als im Wald. Warum ist das so?

Steinkäuze sind häufig vorkommende Eulen die sich von Mäusen
ernähren. In welcher Beziehung
stehen Lebewesen zueinander?

Der Mensch nutzt die Wälder.
Welche Auswirkungen hat dies
auf den Wald und wie kann eine
nachhaltige Nutzung gewähr-
leistet werden?

Der Wald

1 Ein Waldweg

Wenn man im Sommer im Wald spazieren geht, sieht man viele verschiedene Pflanzen und Tiere, aber auch Boden und Steine. Man spürt den
5 Wind und die Sonne. Welche Zusammenhänge gibt es zwischen ihnen, und wie beeinflussen sie einander?

Umweltfaktoren • Die Waldohreule brütet ihre Eier in verlassenen Nestern
10 anderer Vögel aus. Sie hält sich am Waldrand auf. Nachts jagt sie kleine Vögel und verschiedene Mäusearten. Das Vorhandensein oder Fehlen von Bäumen, leeren Nestern, Mäusen,
15 sowie die Dunkelheit beeinflusst das Überleben der Eule. Alles, was das Überleben eines Organismus beeinflusst, nennt man Umweltfaktoren.

Lebensraum • Sonnenlicht, Tempera-
20 tur, Niederschlag, Wind, Neigung eines Hanges oder Berges — all das sind Umweltfaktoren. Zum Beispiel jagt die Eule nur in der Dämmerung oder in der Nacht. Würde die Sonne
25 auch nachts scheinen, hätte das einen negativen Einfluss auf das Überleben der Eule.
Weil diese Umweltfaktoren nicht lebendig sind, spricht man von
30 abiotischen, also unbelebten, Umweltfaktoren. Alle abiotischen Faktoren an einem bestimmten Standort zusammen ergeben einen Lebensraum, ein Biotop.

35 **Lebensgemeinschaft** • Im Wald leben Waldohreulen auf den Bäumen. Borkenkäfer leben unter der Rinde der Bäume. Auf der Rinde wächst Moos. Rehe leben auf dem Boden und fres-
40 sen Kräuter und zarte Baumtriebe. Der Dachs hat seinen Bau unter der Erde. Im Boden leben lichtscheue Lebewesen wie Regenwürmer, Asseln und Tausendfüßer.
45 Da jedes Lebewesen von anderen Lebewesen beeinflusst wird, sind auch die Lebewesen Umweltfaktoren für andere Lebewesen. Zum Beispiel kann die Eule das Leben einer Maus
50 schnell beenden, indem sie sie fängt und frisst. Die Eule ist auf Mäuse und kleine Vögel als Nahrung angewiesen. Lebewesen sind biotische, also lebende, Umweltfaktoren. Alle Lebewe-
55 sen, die in einem Lebensraum leben, bilden eine Lebensgemeinschaft, eine Biozönose.

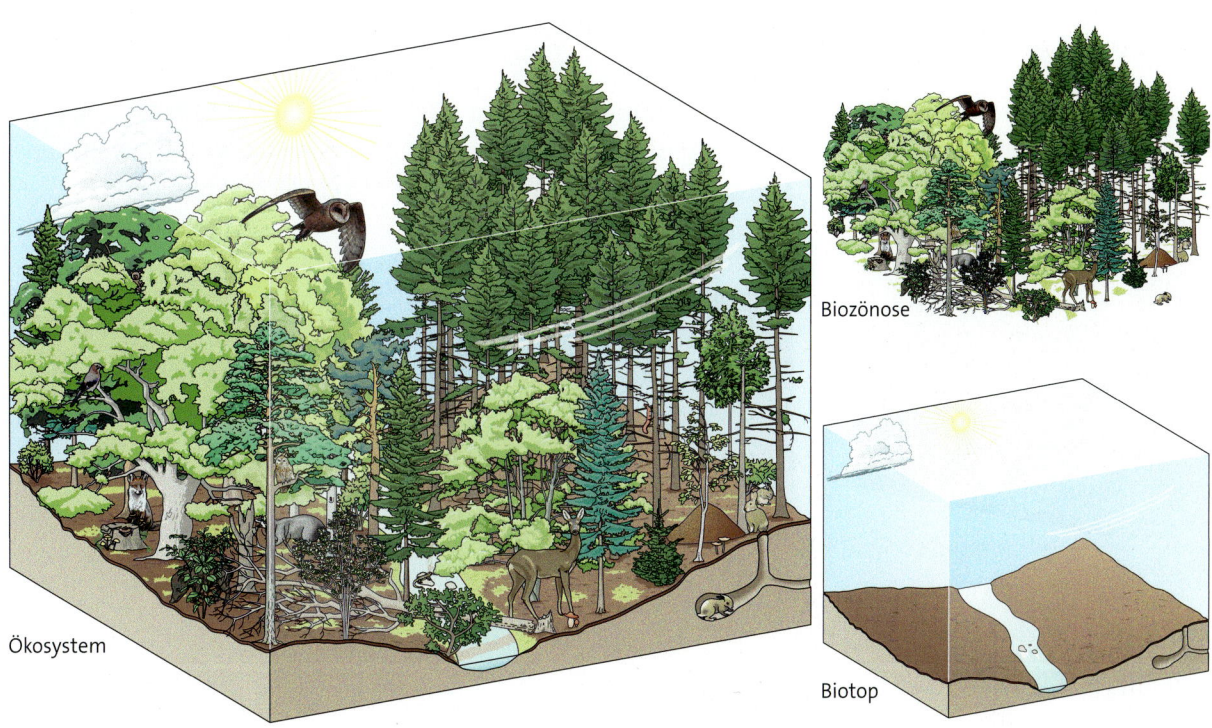

Biozönose

Biotop

Ökosystem

2 Ökosystem Wald

Ökosystem • In Wäldern herrschen andere abiotische Umweltfaktoren
60 als auf einer Wiese. Zum Beispiel ist der Wiesenboden Wind, Sonne und Niederschlägen viel mehr ausgesetzt als der Waldboden, wo die Baumkronen Schutz bieten. Auf der Wiese
65 findet man andere Lebewesen als im Wald. Man sieht viele Gräser und Blumen, aber keine Bäume. Es gibt Feldlerchen und Grashüpfer, aber keine Rehe und Dachse. Jedes Biotop beher-
70 bergt eine ganz bestimmte Biozönose. Das ist so, weil die Umweltfaktoren einander beeinflussen. Die Einheit aus dem Biotop und der dort lebenden Biozönose nennt man auch Öko-
75 system. Alle Ökosysteme zusammen bilden die Biosphäre.

Alle unbelebten oder abiotischen Umweltfaktoren an einem bestimmten Standort formen einen Lebensraum, ein Biotop.
Alle lebendigen oder biotischen Umweltfaktoren an einem bestimmten Standort bilden eine Lebensgemeinschaft, eine Biozönose.
Biotop und Biozönose zusammen werden als Ökosystem bezeichnet.

Aufgaben

1 ○ Beschreibe mit Hilfe von Bild 2 die abiotischen Umweltfaktoren in einem Wald.

2 ◐ Erkläre den Begriff Ökosystem.

Der Wald

Material A

Ökosystem – ja oder nein?

1 Aquarium

In den drei Bildern sind drei Orte dargestellt, die du bestimmt kennst: ein Aquarium, ein Schulhof und der Mond.

2 Mond

3 Schulhof

1 ○ Begründe, ob es sich bei den Bildern 1–3 jeweils um ein Ökosystem handelt.

Material B

Tiere des Bodens

Mithilfe einer speziellen Apparatur kann man Kleintiere des Bodens sammeln. In einem Versuch wurde die Apparatur auf zwei Arten aufgebaut: mit und ohne Licht.

1 ○ Beschreibe den Versuchsaufbau. → 4A 4B

2 ◐ Vergleiche die Versuchsergebnisse. → 4A 4B

3 ◐ Erkläre, wie es zu den unterschiedlichen Ergebnissen kommt.

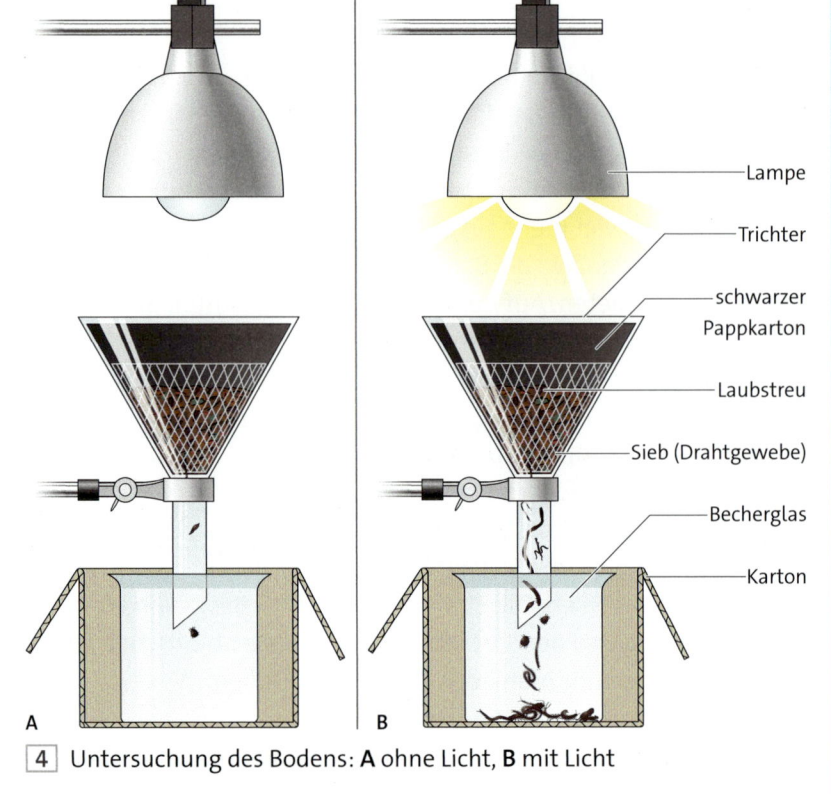

Lampe

Trichter

schwarzer Pappkarton

Laubstreu

Sieb (Drahtgewebe)

Becherglas

Karton

A   B

4 Untersuchung des Bodens: **A** ohne Licht, **B** mit Licht

Laubstreuuntersuchung

Die oberste Schicht eines Waldbodens nennt man Laubstreuschicht.

Materialliste: Laubstreu, Messbecher (500 mL), Binokular und Lupe, weiße Wanne, Petrischale, Pinsel, Einweghandschuhe

1 Fülle einen Messbecher mit 500 mL Laubstreu. Gib die Laubstreu in eine weiße Wanne und verteile die Laubstreu großflächig. Suche nach kleinen Lebewesen in der Laubstreu. Nimm dazu den Pinsel.

2 Setze die gefundenen Tiere vorsichtig in die Petrischale.

3 Betrachte nun die Tiere mit der Lupe. Bei ganz kleinen Tieren kannst du auch ein Binokular benutzen.
○ Bestimme die Bodenlebewesen mithilfe von Bild 5.

4 ● Ermittle die Häufigkeit der einzelnen Tiere in deiner Probe. Zähle sie aus. Erstelle ein Säulendiagramm.

5 Betrachte Bild 6 und lies den Text.
a ◓ Beschreibe den Stoffkreislauf im Waldboden.
b ● Erläutere die Bedeutung der Bodenlebewesen für das Ökosystem Waldboden.
c ● Erkläre, warum man den Stoffkreislauf auch als Recycling bezeichnen kann.

> 8 Beine			Tausendfüßer
8 Beine			Spinnentiere
6 Beine	Körper wurmartig langgestreckt		Larven von Insekten
	Körper in 3 Teile gegliedert		Insekten, Springschwänze
0 Beine	gegliederter Körper		Ringelwürmer
	ungegliederter Körper	keine Fühler	Fadenwürmer
		mit Fühlern	Schnecken

5

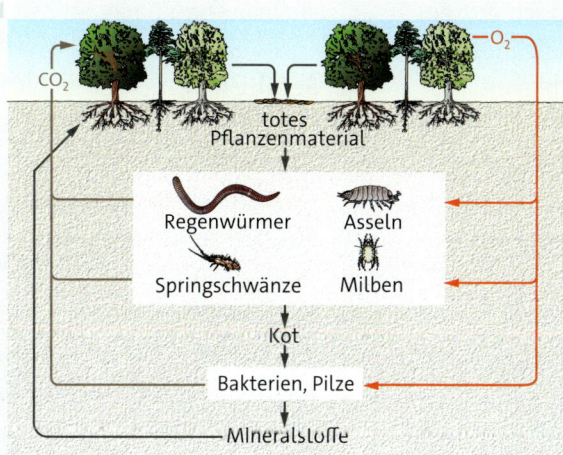

Jedes Jahr fallen pro Hektar (100 m × 100 m) Waldboden mehrere Tonnen Laub. Der Abbau der Laubblätter erfolgt durch die große Zahl an Bodenlebewesen. Schnecken, Asseln und Regenwürmer ernähren sich von den heruntergefallenen Blättern. Sie scheiden kleine Blattreste vermischt mit Bodenteilchen wieder aus. Die im Kot der Tiere enthaltenen Stoffe werden von Bakterien und Pilzen unter Verbrauch von Sauerstoff (O_2) abgebaut. Sie setzen Kohlenstoffdioxid (CO_2) frei und Mineralstoffe bleiben im Boden zurück. Die Mineralstoffe können nun von den Pflanzen über ihre Wurzeln aus dem Boden aufgenommen werden.

6 Stoffkreislauf

Der Wald

Untersuchung abiotischer Faktoren

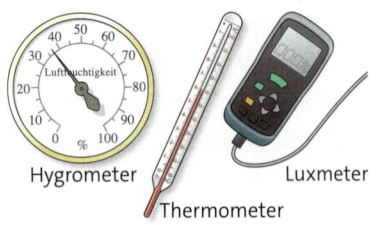

1 Geräte

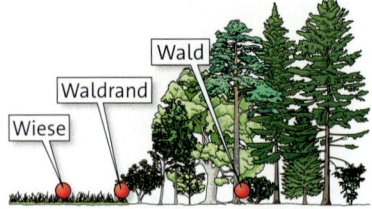

2 Standorte

Um die Lebensbedingungen in einem Ökosystem beurteilen zu können, kann man die Umweltfaktoren des Ökosystems untersuchen. Besonders aussagekräftig sind Messungen, wenn man sie an unterschiedlichen Standorten misst und miteinander vergleicht.

1 Miss mit einem Hygrometer → 1 die Luftfeuchtigkeit an drei unterschiedlichen Standorten. → 2 Platziere das Hygrometer immer ein eine Höhe von einem Meter. Warte 3 min, bevor du die Luftfeuchtigkeit abliest.

2 Miss mit einem Thermometer → 1 ebenfalls in jeweils einem Meter Höhe die Temperatur an drei Standorten. Achte darauf, dass auf das Thermometer die Sonne nicht direkt scheint. Warte auch hier 3 min, bevor du die Temperatur abliest.

3 Miss die Lichtstärke mit einem Luxmeter oder mit einem Smartphone mit einer Luxmeter-App → 1 an drei Standorten. Du kannst die Werte sofort ablesen.

4 ○ Stelle deine Messwerte in einer Tabelle dar.

Wasserhaltefähigkeit

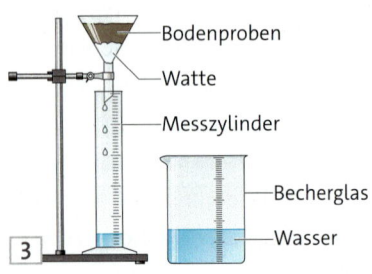

- Bodenproben
- Watte
- Messzylinder
- Becherglas
- Wasser

3

Wasser wird von verschiedenen Böden unterschiedlich gut gespeichert. Das bezeichnet man als Wasserhaltefähigkeit.

Materialliste: Bodenproben (Waldboden, Sand, Kies), Stativ, Trichter, Messzylinder, Becherglas, Watte, Wasser

1 Baue den abgebildeten Versuchsaufbau nach. → 3

2 Befülle den Trichter je mit einer Bodenprobe. Gieße 100 ml Wasser darauf und warte, bis kein Wasser mehr aus dem Trichter läuft.

3 ◐ Stelle deine Werte in einer Tabelle dar und vergleiche die eingefüllte und die ausgetropfte Wassermenge der verschiedenen Bodenproben. → 4

	Waldboden	Sand	Kies
eingefüllte Wassermenge	100 ml	100 ml	100 ml
ausgetropfte Wassermenge	...	...	...

4

Ein Wald – viele Lebensgemeinschaften

Verschiedene Lebensgemeinschaften im Wald · Wenn man sich den Wald genauer ansieht wird klar, dass es dort verschiedene Lebensräume mit besonderen Lebensgemeinschaften gibt.

5 Blaumeise mit erbeuteter Raupe

5 **Lebensgemeinschaft Baum ·** Die Blätter eines Baumes dienen Insekten als Futter. Die Blätter dienen Vögeln zum Nestbau, die Raupen werden von Vögeln gefressen. ➝ 5 Vögel nisten auf den Ästen oder in Höhlen im Baumstamm.
10 Der Baumstamm dient Kletterpflanzen wie dem Efeu als Stütze. Unter der Rinde leben Borkenkäfer.

Lebensgemeinschaft Moospolster · Auf Bäumen, Steinen und dem Waldboden wachsen
15 Moospolster. Sie saugen sich mit Wasser voll und sind sehr gute Wasserspeicher. Die Samen mancher Blütenpflanzen wachsen deshalb besonders gut auf Moospolstern. Für viele Kleinlebewesen wie das Bärtierchen ist das
20 Moospolster der Lebensraum. ➝ 6

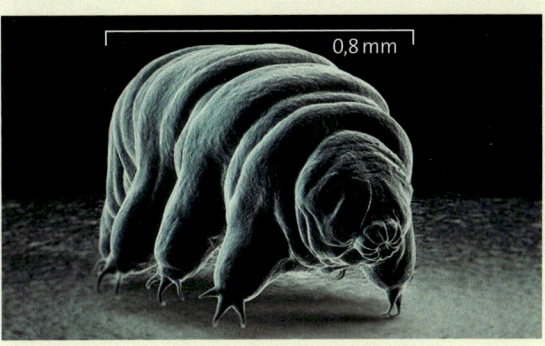

0,8 mm

6 Das Bärtierchen lebt im Moospolster

Lebensgemeinschaft Boden · Der Waldboden kann aus unterschiedlichen Bestandteilen bestehen. In einem 1 Meter langen, tiefen und breiten „Würfel" Waldboden gibt es mehr Lebe-
25 wesen als Menschen auf der Erde. Der Boden ist Baugrundlage für die Gänge des Maulwurfs und der Maulwurfsgrille. ➝ 7 Regenwürmer, und Insekten leben genauso im Boden wie winzige Bakterien und Pilze.

7 Maulwurfsgrille im Boden

| Ein großes Ökosystem wie der Wald besteht aus vielen Lebensgemeinschaften.

Aufgaben

1 ○ Nenne Tiere und Pflanzen, die in den Ökosystemen Baum, Moospolster und Boden leben.

2 Welche anderen großen Ökosysteme beinhalten viele kleine Lebensgemeinschaften? ◗ Stelle begründete Vermutungen an.

Die Stockwerke des Waldes

1 Sonneneinstrahlung in einem naturnahen Mischwald

Ein Wald besteht aus vielen verschiedenen Pflanzenarten. Aufgrund der unterschiedlichen Größe von Bäumen, Sträuchern, Moosen und Kräutern
5 **bilden sie einen Stockwerkbau. Wie kann man die einzelnen Stockwerke charakterisieren?**

Wurzelschicht • Über einer tief liegenden Gesteinsschicht befindet sich der
10 Erdboden. Er besteht aus biologischem Material wie abgestorbenen Pflanzenfasern und aus nicht biologischen Bestandteilen wie Ton, Sand und Mineralstoffen. Die Zusammensetzung
15 und somit auch die Bodentemperatur und -feuchtigkeit sind je nach Boden sehr verschieden. Der Erdboden ist die Grundlage für alle Pflanzen, da hier ihre Wurzeln sind.

20 Damit verankern sie sich im Erdboden, halten ihn aber auch zusammen. So verhindern die Wurzeln der Pflanzen an Hängen, dass die Erde durch Regen weggespült wird. Der Erdboden ist
25 Lebensraum für viele Tiere wie Regenwürmer und Waldmäuse.

Moosschicht • Nur wenig Licht dringt bis in die flach auf dem Erdboden liegende Moosschicht vor. Da viele
30 Moose Wasser speichern können, ist die Feuchtigkeit in dieser Schicht hoch. Durch die Dunkelheit und die Feuchtigkeit ist es in der Moosschicht auch kalt.
35 In den Moospolstern leben Einzeller wie Pantoffeltierchen und Tiere wie Spinnen und Tausendfüßer.

Krautschicht • Etwa 1 m hoch ist die Krautschicht. Ihre Ausprägung vom
40 Lichteinfall abhängt. In lichten Wäldern ist sie oft üppig. In dunklen Wäldern wachsen nur wenige Kräuter, die auch mit einer geringen Lichtmenge überleben können. Die Temperatur ist
45 hier höher und es ist trockener als in der Moosschicht. Viele Kräuter werden von Pflanzenfressern wie dem Reh gefressen und sind so eine wichtige Lebensgrundlage. Man findet hier die
50 Pilze und Ameisennester. Zu den bekanntesten Pflanzen der Krautschicht gehören Farne, Buschwindröschen und Waldmeister.

Strauchschicht • Die etwa 5 m hohe
55 Strauchschicht wird von Sträuchern und jüngeren Bäumen gebildet. Sie ist oft sehr dicht bewachsen. Hier ist es wärmer, heller und etwas windiger als in der Krautschicht. Junge Bäume
60 und viele Sträucher wie Hasel, Roter Holunder oder Eberesche sind mit ihren Früchten eine wichtige Nahrungsquelle für Eichhörnchen und viele Vogel- und Insektenarten.

65 **Baumschicht** • Die Höhe der Baumschicht hängt von den Baumarten, vom Boden und Klima ab. Die Baumkronen sind dem Wind und der Sonne komplett ausgesetzt. Hier leben viele
70 Insekten wie Wanzen und Käfer sowie einige Vogelarten, die man am Boden fast nie sieht. An den Baumstämmen suchen auf das Klettern spezialisierte Vögel wie Kleiber, Baumläufer und
75 Spechte nach Nahrung.

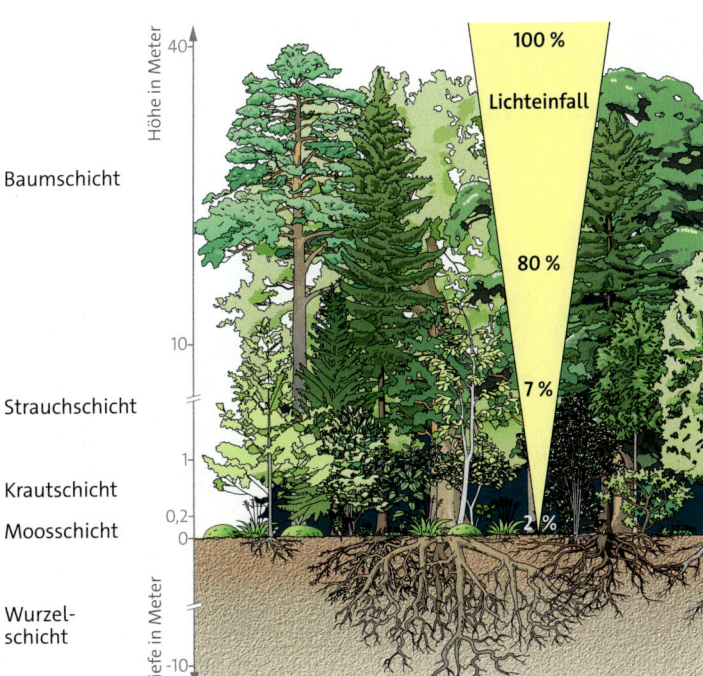

2 Stockwerkbau des Waldes

Der Wald gliedert sich in Wurzel-, Moos-, Kraut-, Strauch- und Baumschicht. Jede Schicht ist jeweils durch typische Pflanzen und bestimmte Bedingungen gekennzeichnet.

Aufgaben

1 ○ Beschreibe den Umweltfaktor Licht in einem Wald mithilfe von Bild 2.

2 ◑ Erkläre, weshalb es in der Krautschicht wärmer ist als in der Moosschicht. → 2

3 Viele Kräuter blühen nur zu Beginn des Frühjahrs in einem Mischwald.
● Begründe diesen Sachverhalt.

Die Stockwerke des Waldes

Material A

Pflanzen des Waldes

1 ○ Ordne die abgebildeten Pflanzen den Stockwerken des Waldes zu. Begründe deine Zuordnung.

40 m — Stieleiche

17 cm — Maiglöckchen (giftig!)

3,5 m — Hasel

34 m — Bergahorn

12 cm — Buche als Keimling

2 m — Esche als junger Baum

30 m — Hainbuche

90 cm — Tollkirsche (giftig!)

20 cm — Waldmeister

42 m — Rotbuche

32 cm — Bärlauch

5 m — Schwarzer Holunder

1 Verschiedene Pflanzenarten

Material B

Umweltfaktor Licht

In Bild 4 ist ein junger Mischwald dargestellt und in Bild 5 derselbe Mischwald etwa 20 Jahre später.

Die Lichtmenge wurde jeweils in drei Höhen gemessen.

1 ○ Vergleiche die Ausprägung der Stockwerke. → [2] [3]

2 ◐ Erkläre die unterschiedliche Ausprägung der Kraut- und Strauchschicht. Beachte dafür die Angaben zum Lichteinfall.

40 m
5 m
1 m

2 Junger Mischwald

40 m
5 m
1 m

3 Mischwald

Entwicklung des Waldes

Das Holz alter Bäume ist oft weich und morsch. Ein Windstoß genügt, um sie umzuwerfen. So entstehen Lichtungen im Wald, auf denen das Sonnenlicht bis zum Boden vordringt. Dort keimen die Samen von Kräutern aus. Auf Lichtungen findet man deshalb Huflattich, Roten Fingerhut und Walderdbeeren. Die Kräuter bieten beispielsweise Rehen und Wildschweinen Nahrung. Im Fell der Tiere können Samen und Früchte aus dem Wald haften, die sie auf der Lichtung verlieren. Auch im Kot der Tiere können Pflanzensamen sein, die auf der Lichtung auskeimen. Nach ein paar Jahren breiten sich Brombeeren und Holunder aus und überdecken die Kräuter. Sträucher und junge Bäume werden größer und schließlich ist die Lichtung im Wald zugewachsen.

1 ○ Beschreibe die Entstehung einer Waldlichtung.

2 ◐ Erkläre, wie Pflanzensamen auf die Lichtung kommen.

3 ● Erkläre, warum auf Waldlichtungen auch Pflanzen wachsen, die im Wald nicht vorkommen.

geschlossener Wald

Lichtung im ersten Jahr

nach wenigen Jahren

nach vielen Jahren

nach Jahrzehnten

4 Eine Lichtung entsteht und „verschwindet" wieder.

Wälder haben viele Gesichter

1 | Buchen- und Fichtenwälder nebeneinander

Schaut man sich die Wälder der rheinischen Tiefebene an, so wird man feststellen, dass hier ganz andere Baumarten wachsen als im Odenwald.
5 Doch auch hier gibt es Wälder mit unterschiedlichen Baumarten. Wie kann man sich diese verschiedenen Wälder erklären?

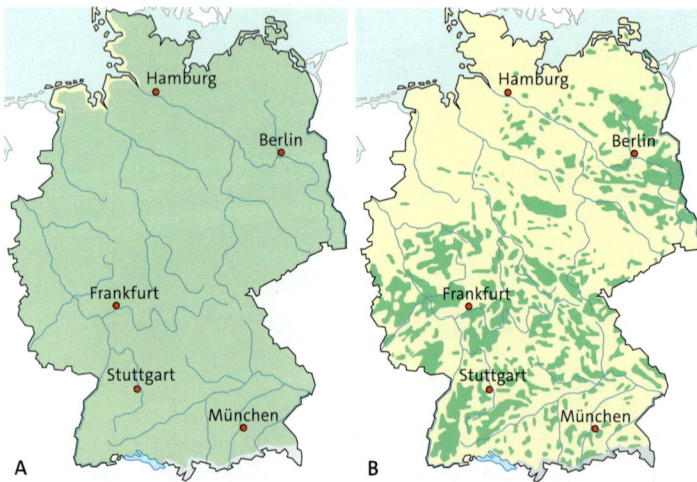

A   B

2 | Waldfläche: **A** vor 5000 Jahren, **B** im Jahr 2010

Vom Urwald zum Forst • Unsere heu-
10 tigen Wälder werden vor allem durch den Einfluss des Menschen bestimmt. Wirklich unberührte Urwälder gibt es bei uns nicht mehr. Vor 12.000 Jahren begann der Mensch, die unberührten
15 Urwälder großflächig abzuholzen, weil die Bevölkerung wuchs und Acker-flächen, Bau- und Brennholz benötigt wurden. Eine geregelte Forstwirt-schaft gibt es aber erst seit Anfang
20 des 19. Jahrhunderts. Seither wurden abgeholzte Flächen wieder mit neuen Bäumen bepflanzt. Dabei verwendete man oft andere Baumarten als jene, die vorher anzutreffen waren. Besonders
25 beliebt sind dabei Fichten, Kiefern und heute auch amerikanische Douglasien. Diese wachsen schneller und liefern so mehr Holz als Eichen und Buchen, die sonst auf diesen Flächen wachsen wür-
30 den. Man spricht dann von einem Forst.

Der Forst • Durch das Anpflanzen ande-rer Baumarten verändert sich der Wald ganz erheblich. Die dicht gepflanzten Bäume verdunkeln den gesamten
35 Wald, sodass unter ihnen nur sehr we-nige andere Pflanzen wachsen können. Deshalb fehlt die Kraut- und Strauch-schicht. Tiere finden hier kaum Nah-rung oder Versteckmöglichkeiten. Des-
40 halb ist ein Forst artenarm. Wind kann ungehindert durch den Forst strömen, was zu großen Windschäden führen kann. Schädlinge wie der Borkenkäfer können sich schnell ausbreiten und so
45 große Schäden verursachen. Der Forst ist ein Nutzwald, der auf Holzproduk-tion ausgelegt ist.

Zurück zum Wald • Heute versucht man, zunehmend Forste wieder in naturnahe Wälder umzuwandeln. Man bezeichnet dies als Renaturierung. Dazu pflanzt man gezielt wieder verschiedene natürlich vorkommende Baumarten oder man überlässt Teile des Waldes der Natur. Der Artenreichtum nimmt dann zu und die Wälder sind nicht mehr so anfällig gegenüber Schädlingen und Windschäden.

Der Mischwald • In einem natürlichen Wald kommen sowohl Laubbaumarten wie Eiche, Buche und Ahorn als auch Nadelbäume wie Fichten, Tannen und Kiefern vor. Man spricht dann von einem Mischwald. Der Mischwald ist je nach Geländestruktur sehr vielfältig: Lichtungen, Gewässer, Schluchten, Hänge und Hügel wechseln sich ab. Deshalb können hier viele verschiedene Tier- und Pflanzenarten leben.

Der Auwald • Als Aue bezeichnet man flache Landschaften an fließenden Gewässern, die immer wieder überflutet werden. Durch den ständigen Wechsel zwischen Überflutung und Austrocknung entsteht ein ganz besonderer Lebensraum. Nur speziell angepasste Tier- und Pflanzenarten können hier leben. Laubfrösche sind gute Schwimmer, sie klettern aber auch in Bäume. Weiden und Erlen sind Baumarten der sich daran anschließenden Auwälder. Sie haben biegsames, weiches Holz und können so kaum durch Wasser und das mit ihm transportierte Geröll verletzt werden. Sie bilden die Weichholzaue. → 3

3 Weichholzaue

Je weiter man sich vom Fluss entfernt, umso trockener wird das Gelände. Dann ändert sich auch das Aussehen des Waldes: Hier gibt es Eschen und Eichen, die die sogenannte Hartholzaue bilden. Den faszinierenden Lebensraum Aue kann man heute an einigen Stellen in der Oberrheinischen Tiefebene zwischen Rastatt und Mannheim finden.

> Wälder aus wenigen angepflanzten Baumarten werden Forst genannt. Naturnahe Wälder sind Mischwälder. Der Auwald ist ein besonderer Wald an Flussauen.

Aufgabe

1 ◐ Erkläre, was man unter Renaturierung versteht und welche Bedeutung dies für die Artenvielfalt hat.

Wälder haben viele Gesichter

Material A

Umweltfaktor Wind

Ein natürlicher Waldrand nimmt langsam an Höhe zu. Er lässt sich parallel zu den Stockwerken des Waldes nach seiner Höhe in Kraut-, Strauch- und Waldzone gliedern. Dieser fließende Übergang von offenem Gelände und Wald bietet einer Vielzahl von Tieren und Pflanzen Lebensraum. Bei einem Forst fehlt der Waldrand.

1 ○ Vergleiche mithilfe von Bild 1, wie der Waldrand eines Forstes und eines natürlichen Waldes aussieht.

2 ◓ Erkläre, welche Auswirkungen die unterschiedliche Gestalt des Waldrands von Forst und natürlichem Wald auf den Wind hat.

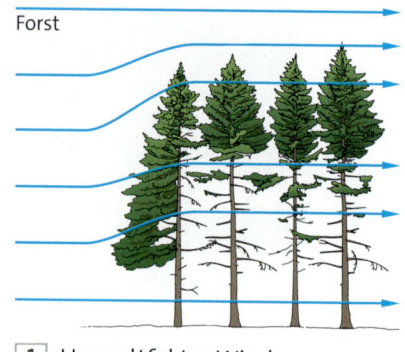 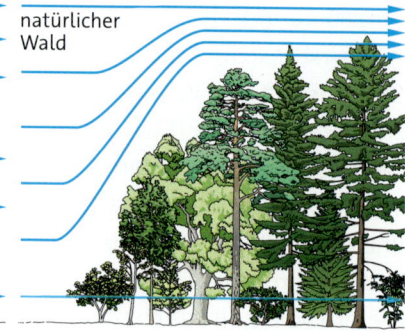

1 Umweltfaktor Wind

Material B

Forst und Mischwald

Seit dem 19. Jahrhundert wird der Wald stark wirtschaftlich genutzt. Man benötigte Holz als Baustoff und Energieträger. Die meisten Wälder in Deutschland sind heutzutage Nutzwälder. Sie werden als Forste bezeichnet.

Dort werden gezielt Bäume angepflanzt, die einen hohen Holzertrag bringen.

1 ○ Vergleiche die Bilder.
→ 2 3 Beachte dabei vor allem die Ausprägung der Stockwerke und die Artenvielfalt der Bäume.

2 ◓ Erkläre die Auswirkungen menschlicher Bewirtschaftung auf die Artenvielfalt in einem Wald.

3 ● Stelle Vermutungen an, weshalb in einem naturnahen Mischwald mehr Tiere leben können.

2 Forst

3 Naturnaher Mischwald

Material C

Lichtmenge im Wald

Die Lichtmenge ist ein entscheidender Umweltfaktor im Ökosystem Wald. Die einzelnen Baumarten beeinflussen die Menge des Lichteinfalls. Je nachdem, ob im Wald Laub- oder Nadelbäume dominieren, wird auch die Lichtmenge am Waldboden beeinflusst. Ein weiterer Faktor ist, wie dicht die Bäume im Wald stehen.

1 ◐ Vergleiche die Lichtmenge der jeweiligen Waldtypen in den beiden Monaten.

2 ◐ Erkläre die beiden Werte des Forstes.

3 ● Erkläre die unterschiedliche Lichtmenge im März und August beim Buchen- und Eichenwald.

4 ● Erkläre, warum man das Licht auf dem Freiland als Bezugsgröße braucht.

Waldtypen	Anteil der Lichtmenge am Boden in Prozent	
	im März	im August
Buchenwald	70	4
Eichenwald	75	12
Kiefernwald	7	16
Fichtenforst	1	1
Freiland	100	100

4   Waldtypen und Lichtstärke

Material D

Artenzahl im Wald

Die Anzahl der Pflanzen- und Tierarten in einem Wald hängt stark davon ab, wie sich der Wald zusammensetzt. Um das zu untersuchen, kann man die Verteilung der Biomasse heranziehen. Als Biomasse wird die Gesamtmasse aller Lebewesen, also der gesamten Biozönose, bezeichnet. Dazu zählen Blätter, Stämme, Äste, aber auch Tiere.

1 ○ Vergleiche die Verteilung der Biomasse in einem Mischwald und in einem Forst.

2 ◐ Erkläre die unterschiedliche Verteilung der Biomasse im Mischwald und im Forst.

3 ○ Vergleiche die Artenvielfalt in einem Mischwald und in einem Forst.

4 ● Begründe die unterschiedliche Artenvielfalt in einem Mischwald und in einem Forst.

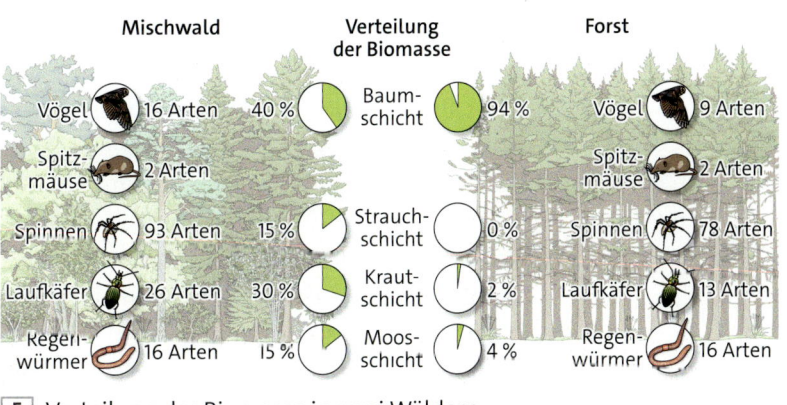

5   Verteilung der Biomasse in zwei Wäldern

Nahrungsbeziehungen im Wald

1 Der Luchs tötet seine Beute durch einen Biss in die Kehle

Der Luchs war bei uns fast ausgestorben, wurde in den letzten Jahren aber wieder erfolgreich angesiedelt. Seit kurzem streifen die ersten Luchse auch ₅ **wieder durch Baden-Württemberg. Seine Hauptbeute sind Rehe. Welche Bedeutung haben sie für ihn?**

Nahrungsbeziehungen • Die Lebewesen eines Ökosystems sind miteinan- ₁₀ der verbunden.
Meist sind dies Nahrungsbeziehungen, also die Beziehungen, die mit fressen und gefressen werden zu tun haben.

Jagdverhalten • Der Luchs ernährt sich ₁₅ hauptsächlich von Rehen. Vor allem in der Nacht spürt er sie mit seinem guten Geruchs- und Gehörsinn auf. Hat er ein mögliches Opfer gefunden, so schleicht er sich heran. Mit weni- ₂₀ gen Sätzen springt er auf seine Beute und hält sie mit seinen Krallen fest. Er tötet das Beutetier durch einen gezielten Biss in den Kehle.

Räuber-Beute-Beziehung • Weil der ₂₅ Luchs Rehe frisst, wird er in dieser Beziehung „Räuber" und das Reh „Beute" genannt. Aber nicht nur der Räuber hat eine Auswirkung auf die Zahl der Beutetiere. Auch die Beutetiere beein- ₃₀ flussen die Zahl der Räuber: Wenn es viele Luchse gibt, werden viele Rehe gefressen. Das hat wiederum Folgen für die Luchse: Wenn es nur wenige Rehe gibt, finden nur wenige Luchse ₃₅ genug Beutetiere. Also nimmt die Zahl der Luchse wieder ab. Es werden weniger Rehe gefressen. Die Zahl der Rehe steigt wieder. Daraufhin finden wieder mehr Luchse genug Beutetiere und ₄₀ deshalb gibt es wieder mehr Luchse. So schwankt die Zahl von Räubern und Beute, weil sie sich gegenseitig beeinflussen.

Nahrungskette • Eine einzelne Räuber- ₄₅ Beute-Beziehung zeigt nur einen Ausschnitt der Wirklichkeit. Tatsächlich werden junge Luchse vom Uhu gefressen, der Luchs ist also selbst auch Beute. Und natürlich frisst auch das ₅₀ Reh etwas, nämlich Kräuter. Pflanzen sind die Grundlage für alle Nahrungsbeziehungen. Sie sind in der Lage, während der Fotosynthese Glukose herzustellen, die dann in pflanzliches ₅₅ Material umgebaut werden kann. Solche Abfolgen von Nahrungsbezie-

hungen, in denen jeweils ein Lebewesen die Nahrungsgrundlage für ein
anderes Lebewesen ist, bezeichnet
60 man als Nahrungskette.

Nahrungsnetz • Die meisten Lebewesen haben aber nicht nur eine Nahrungsgrundlage. So frisst das Reh Blätter und Knospen von Bäumen. Der
65 Luchs frisst zudem auch Waldmäuse
und Wildkaninchen. Beide, Reh und
Luchs, sind Beutetiere des Uhus.
Die einzelnen Nahrungsketten eines
Ökosystems überlappen und kreuzen
70 sich also an vielen Stellen. Zusammen
bilden sie ein Nahrungsnetz.

Konkurrenz • Manche Tiere stehen
nicht in einer Räuber-Beute-Beziehung
zueinander. Sie beeinflussen sich trotz-
75 dem gegenseitig. Sowohl der Fuchs
als auch der Waldkauz fressen Mäuse.
Gäbe es keine Füchse, könnten die
Waldkäuze mehr Mäuse fressen und
umgekehrt. Da es aber Waldkäuze und
80 Füchse gibt und die Zahl der Mäuse begrenzt ist, stehen der Waldkauz und
der Fuchs in Konkurrenz zueinander.
Verschiedene Angepasstheiten können
die Konkurrenz abmildern. Dachs und
85 Baummarder haben ähnliche Beutetiere. Der Dachs jagt aber am Boden,
der Baummarder in den Bäumen.

Die Lebewesen eines Ökosystems
stehen in Nahrungsbeziehungen
zueinander. Das Nahrungsnetz des
Ökosystems besteht aus vielen sich
kreuzenden und überlappenden
Nahrungsketten.

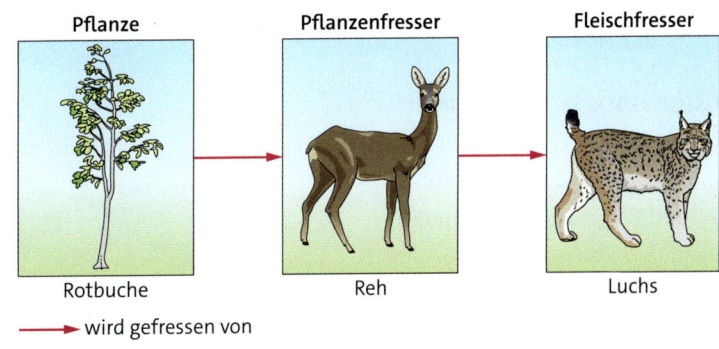

Pflanze — Pflanzenfresser — Fleischfresser
Rotbuche — Reh — Luchs

→ wird gefressen von

2 Nahrungskette im Wald

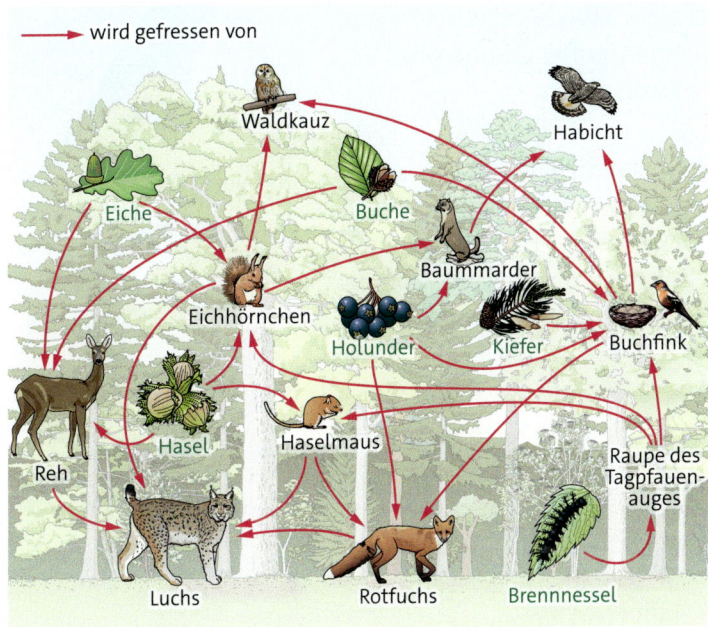

→ wird gefressen von

3 Nahrungsnetz im Wald

Aufgaben

1 ○ Erkläre die Begriffe Nahrungskette und Nahrungsnetz.

2 ◐ Erkläre, durch welche Angepasstheiten sich Konkurrenz vermeiden
lässt.

Nahrungsbeziehungen im Wald

Material A

Alles hängt zusammen

In einem Wald leben viele verschiedene Lebewesen zusammen. Sie stehen miteinander in
Beziehung und sind teilweise
auch voneinander abhängig.

1 ○ Ordne die Tiere aus Bild 1 in
einer Tabelle in Fleischfresser,
Pflanzenfresser und Allesfresser.

2 ◖ Erstelle aus den Lebewesen
in Bild 1 zwei verschiedene
Nahrungsketten. Verwende
Pfeile, um zu zeigen, wer oder
was von wem gefressen wird.

3 ◖ Begründe, weshalb Pflanzen die Grundlage von Nahrungsketten sind.

4 ● Erstelle ein Nahrungsnetz,
in dem alle Lebewesen aus
Bild 1 vorkommen.

5 Stell dir vor, in einem Wald
werden alle Stieleichen
gefällt.
● Erläutere die Auswirkungen dieser Veränderung
für die Anzahl der Großen
Puppenräuber und der
Waldkäuze. Verwende dazu
das von dir erstellte Nahrungsnetz. Begründe deine
Antwort.

Grüner Eichenwickler
Nahrung: junge
Eichenblätter

Großer Puppenräuber
Nahrung: Raupen

Eichelhäher
Nahrung: Eicheln, Bucheckern,
Früchte, Vogeleier, Jungvögel,
Mäuse, Eidechsen

Buchfink
Nahrung: Samen, Beeren,
Insekten, Spinnen

Waldkauz
Nahrung: Mäuse, kleine
Vögel, Eichhörnchen

Eichhörnchen
Nahrung: Früchte, Samen,
Insekten, Jungvögel,
Vogeleier

Haselmaus
Nahrung: Eicheln, Bucheckern,
Früchte

Wildschwein
Nahrung: Früchte, Wurzeln,
Insekten, Pilze, Mäuse, Jung-
vögel, tote Tiere

Hainbuche

Schwarzer Holunder

Stieleiche

1

Material B

Räuber-Beute-Beziehung

Auf einer Versuchsfläche wurden Eichhörnchen und Baummarder gehalten. Den Eichhörnchen wurde eine konstante Menge an Nahrung zur Verfügung gestellt. Die Baummarder fressen die Eichhörnchen. Regelmäßig wurden die Tiere gezählt. → 2

1 ◗ Beschreibe das Diagramm.

2 ● Erkläre, warum sich die Anzahl an Eichhörnchen und Baummardern auf diese Weise entwickelt.

3 In einem natürlichen Wald folgt die Entwicklung der beiden Arten nicht dem dargestellten Kurvenverlauf.

● Begründe diese Aussage. Denke dabei an ein Nahrungsnetz.

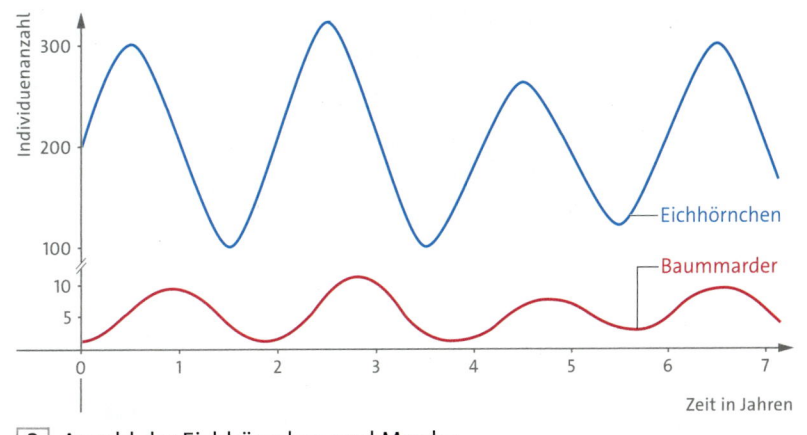

2 Anzahl der Eichhörnchen und Marder

Material C

Konkurrenz bei Raubvögeln

1 ○ Beschreibe mithilfe der Tabelle mögliche Konkurrenzsituationen der beiden Vögel.

2 ◗ Erkläre, ob die Waldohreule und der Habicht im gleichen Wald leben können.

	Waldohreule	Habicht
Aufenthalts-ort	Rand von Mischwäldern und Nadelwäldern mit angrenzenden Wiesen und Feldern	Laub- und Mischwälder mit angrenzenden Wiesen und Feldern
Brutplatz	verlassene Nester von Greifvögeln, Krähen oder Elstern	Kronen hoher alter Bäume
Ernährungs-weise	kleine Vögel, Feld- und Rötelmäuse	kleine Vögel, Feld- und Rötelmäuse
Aktivitätszeit	Dämmerung, Nacht	Tag
Körperbau	bis 370 g, bis 36 cm	bis 1 500 g, bis 63 cm

3 Konkurrenz zwischen Raubvögeln

Nahrungsbeziehungen im Wald

1 Der Buntspecht

2 Der Grünspecht

Buntspecht – Spezialist des Waldes

Angepasstheiten • Wie alle Spechte kann sich der Buntspecht mit seinen Kletterfüßen am Baumstamm festkrallen. Zwei Zehen sind nach vorn, zwei nach hinten gerichtet.
5 Mit seinem Stützschwanz stützt er sich am Baumstamm ab. Mit dem Meißelschnabel kann er die Gänge von Insektenlarven im Holz freilegen. Beutetiere spießt der Buntspecht mit der Spitze seiner langen Schleuderzunge
10 auf. Mit dem Meißelschnabel kann er auch Bruthöhlen in Baumstämme schlagen und trommeln.

Vermeidung von Konkurrenz • Der Buntspecht teilt sich seinen Lebensraum mit dem Grün-
15 specht. Dieser jagt aber am Boden nach Insekten, was eine direkte Konkurrenz mit dem Buntspecht vermeidet. Mit seiner Schleuderzunge dringt er beispielsweise in die Gänge von Ameisenhaufen ein. Der Grünspecht brü-
20 tet in verlassenen Höhlen anderer Spechtarten.

Meißelschnabel

Schleuderzunge

Kletterfuß

Stützschwanz

3 Angepasstheiten des Buntspechtes

> Mit Meißelschnabel, Kletterfuß, Stütz-
> schwanz und Schleuderzunge kann der
> Buntspecht sehr gut auf Bäumen leben.

Aufgabe

1 ◖ Erkläre die Angepasstheiten des Buntspechts an das Leben im Wald.

Symbiose und Parasitismus

Symbiose • Viele Blütenpflanzen sind zur Fortpflanzung darauf angewiesen, dass Insekten ihre Blüten besuchen und sie bestäuben. → 4
Die bestäubenden Insekten können sich im
₅ Gegenzug vom Nektar der Blüte ernähren. Eine solche Beziehung, von der beide Partner profitieren, bezeichnet man als Symbiose.

Ameisen und Blattläuse • Blattläuse sind winzig kleine Insekten, die sich von Pflanzen-
₁₀ säften ernähren. Dafür stechen sie mit ihrem Stechrüssel in den Stängel von Pflanzen. Überschüssigen Zucker scheiden die Blattläuse über den After wieder aus. Das lockt Ameisen an, die sich von diesem Honigtau
₁₅ ernähren. Oft kann man Ameisen beim „Melken" der Blattläuse beobachten. → 5
Um die Blattläuse zu schützen, verteidigen die Ameisen mit ihren kräftigen Kiefern die Blattläuse gegen Angreifer wie Marienkäfer.

₂₀ **Parasitismus •** Im Wald lauern im hohen Gras auch Zecken. Diese beißen sich an der Haut von größeren Tieren fest und ernähren sich von deren Blut. So können auch Krankheitserreger übertragen werden. Eine Beziehung zwi-
₂₅ schen Lebewesen, bei der nur ein Partner von der Beziehung profitiert, der andere dagegen geschädigt wird, nennt man Parasitismus.

Brutparasitismus • Eine andere Form des Parasitismus betreibt der Kuckuck. Er baut keine
₃₀ eigenen Nester, sondern legt seine Eier in die Nester anderer Vögel. Die brüten dann den Nachwuchs aus und ziehen ihn groß. → 6

4 Biene bestäubt Wiesensalbei

5 Ameise „melkt" Blattlaus

6 Der Kuckuck ist ein Brutparasit

Aufgabe

1 ◐ Erkläre die Begriffe Symbiose und Parasitismus.

Stoffkreisläufe im Wald

1 | Heizen mit Holz

Bei einem Kaminfeuer benutzt man oft Holz aus dem Wald. Beim Verbrennen des Holzes wird Energie frei. Wie kam die Energie in das Holz?

Produzenten • Die Energieumwandlung findet in den Blättern statt. Die meisten Blattzellen enthalten kugelförmige grüne Gebilde, die Chloroplasten. Sie sind der Ort der Fotosynthese. In den Chloroplasten wird mithilfe von Lichtenergie aus Wasser und Kohlenstoffdioxid Glukose und Sauerstoff gebildet. Die grünen Pflan-

zen sind die einzigen Lebewesen, die mithilfe der Strahlungsenergie zunächst Glukose und aus dieser dann viele andere energiereiche Stoffe wie Holz, Stärke oder Fette herstellen können. Deshalb werden grüne Pflanzen als Produzenten bezeichnet. Einen Teil dieser Stoffe brauchen die Pflanzen für ihre eigenen Lebensprozesse.

Konsumenten • Menschen und Tiere nehmen energiereiche Stoffe auf. Sie sind Konsumenten. Die Nahrung wird zu energieärmeren Stoffen abgebaut. Dazu benötigen Konsumenten Sauerstoff aus der Luft und geben Wasser, Kohlenstoffdioxid und Reststoffe ab. Pflanzenfresser sind Konsumenten 1. Ordnung. Sie werden von kleinen Fleischfressern, den Konsumenten 2. Ordnung, gefressen. Große Fleischfresser sind Konsumenten 3. Ordnung. Diese Beziehung der Tiere lässt sich als Nahrungskette darstellen. Da sich die meisten Tiere aber nicht nur von einer Nahrungsquelle ernähren und oft auch verschiedenen Räubern als Beute dienen, ergibt sich ein Nahrungsnetz.

Destruenten • Totes organisches Material wie Falllaub, Kot und Aas wird zunächst von Tieren wie Regenwürmern, Spingschwänzen und Asseln zerkleinert. Sie sind im eigentlichen Sinn also Konsumenten. Man bezeichnet sie als Zersetzer. Pilze und Bakterien bauen das zerkleinerte organische Material zu Wasser, Kohlenstoffdioxid und Mineralstoffen ab. Man bezeichnet sie deshalb als Mineralisierer.

Kohlenstoffdioxid   **Lichtenergie**

Chemische Energie

Wasser   Sauerstoff   Glukose   Holz

2 | Energieumwandlung bei Pflanzen

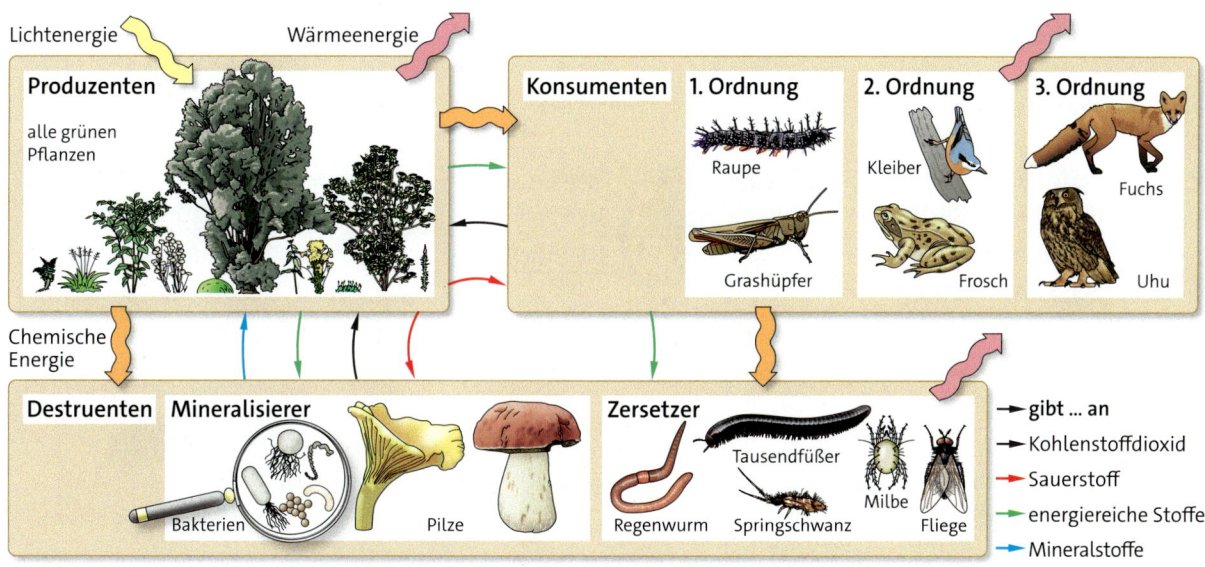

3 Stoffkreislauf und Energiefluss im Wald

Stoffkreisläufe • Die Abbaustoffe der Destruenten können von Produzenten wieder aufgenommen werden. So er-
55 gibt sich ein Kreislauf: Die ursprünglichen Ausgangsstoffe werden beim Abbau durch Konsumenten und Destruenten wieder freigesetzt und stehen den Produzenten wieder zur Verfügung.
60 Der Stoffkreislauf beginnt erneut.

Energiefluss • Die Sonne liefert große Mengen an Energie. Grüne Pflanzen sind in der Lage, einen Teil der Lichtenergie in chemische Energie umzu-
65 wandeln. Dies geschieht im Aufbau von energiereichen Stoffen wie Glukose. Die chemische Energie wird in der Nahrungskette von Stufe zu Stufe weitergegeben. Die Energie durchfließt so das
70 Ökosystem. Man spricht daher von einem Energiefluss. Die von den Pflanzen aufgenommene Energie verlässt an jeder Stelle das Ökosystem in Form von Wärmeenergie. Einen Teil der Energie
75 brauchen Pflanzen für ihre Lebensprozesse. Dabei wird auch Wärmeenergie abgegeben. Den Konsumenten steht daher immer weniger Energie zur Verfügung. → **3**
80 Bei ihren Lebensprozessen wird wieder Energie als Wärmeenergie an die Umgebung abgegeben.

> Pflanzen stellen als Produzenten Sauerstoff und energiereiche Stoffe her. Konsumenten und Destruenten bauen diese Stoffe um.

Aufgaben

1 🔵 Erkläre die Rolle der Destruenten für das Ökosystem Wald.

2 🔴 Beschreibe den Energiefluss des Ökosystems Wald mithilfe von Bild 3.

Stoffkreisläufe im Wald

Stoffkreisläufe im Wald

1 ○ Ordne folgende Begriffe den Ziffern 1–6 in Bild 1 zu: Konsumenten 2. Ordnung, Zersetzer, Konsumenten 3. Ordnung, Mineralisierer, Produzenten, Konsumenten 1. Ordnung.

2 ◐ Beschreibe den Stoffkreislauf im Wald mithilfe von Bild 1.

3 ● Erläutere mögliche Folgen, wenn ein Großteil der Destruenten durch Umweltverschmutzung absterben würde.

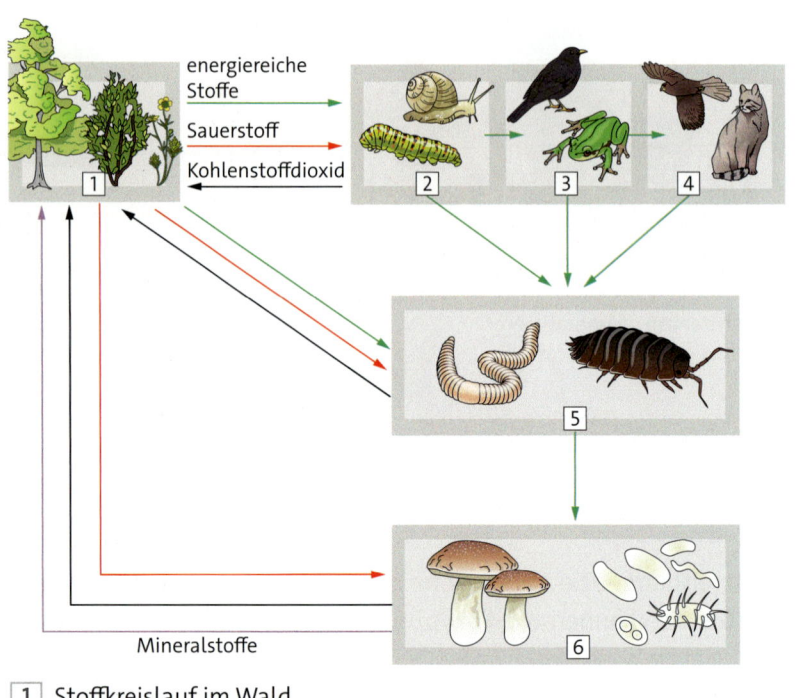

1 Stoffkreislauf im Wald

Destruenten im Boden

2 Eine Wiese

3 Ein Nadelwald

Destruenten kommen vor allem im Boden vor. Je mehr Destruenten im Boden leben, desto schneller kann abgestorbenes Material, der Humus, zu Mineralstoffen abgebaut werden. Ist der Boden sauer, können kaum Bodenlebewesen in ihm leben.

1 ○ Vergleiche die Humusauflage der Bilder 2 und 3.

2 ◐ Vermute, in welchem Lebensraum viele oder wenige Destruenten leben.

3 ● Begründe, warum es bei der Wiese keine Humusauflage gibt.

	Säuregrad	Humusauflage
Nadelwald	sauer	sehr hoch
Mischwald	etwas sauer	hoch
Wiese	kaum sauer	sehr niedrig

Pilze

| 4 | Steinpilze im Wald

| 5 | Mykorrhiza

Pilze wachsen im Boden • Pilze sind weder Pflanzen noch Tiere, sondern eine ganz eigene Gruppe von Lebewesen. Sie wachsen im Boden und bilden ein weitläufiges Geflecht fei-
5 ner Pilzfäden, das man als Myzel bezeichnet. Die einzelnen Zellfäden nennt man Hyphen. Bei vielen Pilzarten wächst aus dem Myzel zu bestimmten Zeiten ein Stiel mit Hut. → 6 Diese dienen der Fortpflanzung.

10 **Lebensweise** • Pilze erfüllen viele wichtige Aufgaben im Wald. Als Destruenten wandeln sie organisches Material in Mineralstoffe und Kohlenstoffdioxid um, die den Pflanzen des Waldes wieder zur Verfügung stehen. Pilze
15 spielen beispielsweise bei der Zersetzung von Totholz eine wichtige Rolle. Manche Pilzarten greifen auch lebende Pflanzen wie Bäume an und bringen diese zum Absterben.

Mykorrhiza • Viele Pilze gehen mit Pflanzen
20 eine Gemeinschaft zu beiderseitigen Nutzen ein, die man Mykorrhiza nennt. → 5 Dabei tritt das Myzel in engen Kontakt mit den Wurzeln der Pflanze und wächst sogar zwischen die Zellen der Wurzel. → 6 Der Pilz wird

25 dabei von der Pflanze mit organischen Stoffen versorgt, die die Pflanze während der Fotosynthese aufbaut. Die Pflanze erhält vom Pilz zusätzliches Wasser und Mineralstoffe: Durch diese Verbindung kann die Pflanze über das
30 weit reichende Myzel die Fläche, aus dem sie Wasser aufnehmen kann, stark vergrößern.

> Pilze sind ein Geflecht von Hyphen im Boden, das als Myzel bezeichnet wird. Stiel und Hut dienen der Fortpflanzung der Pilze.

Aufgabe

1 ◖ Erkläre mit Hilfe der Abbildung 6 die Symbiose zwischen Pilz und Baum.

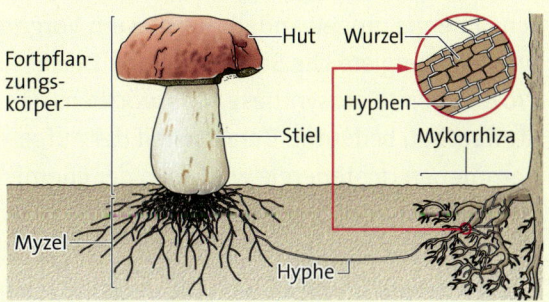

| 6 | Symbiose zwischen Pilz und Baum

Stoffkreisläufe im Wald

Konsumenten
3. Ordnung
(Fleischfresser)

Konsumenten
2. Ordnung
(Fleischfresser)

Konsumenten
1. Ordnung
(Pflanzenfresser)

Produzenten
(Pflanzen)

Wärme-energie

Abnahme der Biomasse

Abnahme der Energie

1 Nahrungspyramide

Nahrungsbeziehungen und Energiefluss

Energieaufnahme • Die Energie des Lichts von der Sonne wird von grünen Pflanzen in chemi-sche Energie umgewandelt. Bei diesem Vorgang werden energiereiche Stoffe gebildet. Dieser
5 Prozess heißt Fotosynthese, was wörtlich Licht-Stoffaufbau bedeutet. Der Großteil der aufge-nommenen Lichtenergie wird so in der chemi-schen Energie der Biomasse gebunden.

Energieumwandlung • Damit die verschiedenen
10 Stoffkreisläufe nicht zum Stillstand kommen,

wird Energie benötigt. Dabei wird die Energie nicht vollständig von Gruppe zu Gruppe weiter-gegeben. Bei jeder Gruppe wird etwas Energie durch Stoffwechselprozesse in Form von Wär-
15 me abgegeben. Die Stoffwechselprozesse sind Teil wichtiger Lebensprozesse wie zum Beispiel Wachstum.

Energieweitergabe • Pflanzen sind Grundlage für die Ernährung aller Konsumenten 1. Ord-
20 nung. Diesen steht jedoch nur etwa 10 % der in der pflanzlichen Biomasse gebundenen Ener-gie zu Verfügung. 90 % der aufgenommenen

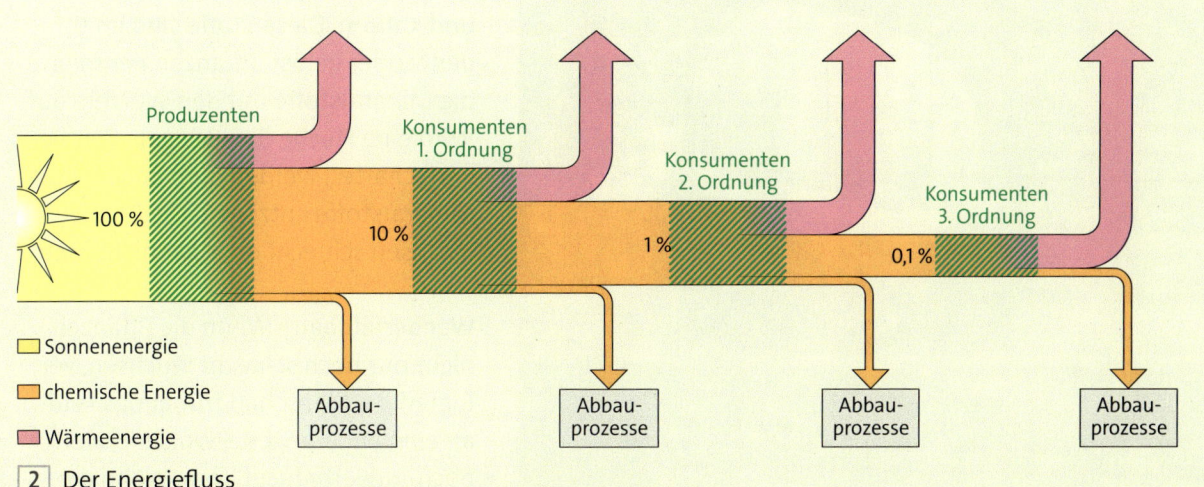

Produzenten

Konsumenten 1. Ordnung

Konsumenten 2. Ordnung

Konsumenten 3. Ordnung

100 %

10 %

1 %

0,1 %

☐ Sonnenenergie

☐ chemische Energie

☐ Wärmeenergie

Abbau-prozesse

Abbau-prozesse

Abbau-prozesse

Abbau-prozesse

2 Der Energiefluss

Energie werden nicht weitergegeben und gehen als nicht nutzbare Wärmeenergie und
25 durch Abgabe organischer Stoffe verloren.
Auch den Konsumenten 2. Ordnung steht nur
etwa 10 % der von Konsumenten 1. Ordnung
aufgenommenen Energie zur Verfügung. Das
sind nur noch etwa 1% der von den Pflanzen in
30 Biomasse gebundenen Energie. Schließlich zersetzen die Destruenten alle Reststoffe wie Falllaub und tote Lebewesen in Mineralstoffe und
Wasser. Diese stehen den Pflanzen für die Fotosynthese wieder zur Verfügung. Die noch in den
35 Reststoffen enthaltene Energie wird als Wärme
frei und verlässt die Stoffkreisläufe.

Nahrungspyramide • Man kann die Produzenten, die Konsumenten 1., 2. und 3. Ordnung
eines Ökosystems nach Art ihrer Ernährung
40 ordnen, dass sie jeweils in einer Gruppe stehen.
Diese Gruppen kann man vergleichen, so auch
ihre Biomassen. Dies ist die Gesamtmasse aller
lebenden und toten Lebewesen eines Ökosystems. Da die Biomasse von den Produzenten

45 bis zu den Konsumenten 3. Ordnung abnimmt,
ergibt sich eine Pyramide. Auch die Anzahl der
Lebewesen ist von Stufe zu Stufe geringer.

> Nur ein geringer Teil der mit der Nahrung
> aufgenommenen Energie wird für den
> Aufbau neuer Biomasse genutzt. Ein großer
> Teil der Energie wird durch Lebensprozesse
> umgewandelt.

Aufgaben

1 ◐ Erkläre, wieso auch die Konsumenten 3.
Ordnung von den Produzenten abhängig sind.

2 ◐ Erkläre, dass der Energiefluss kein Kreislauf ist.

3 Beim Energiefluss in einem Ökosystem kann
man eine Regel aufstellen: die Zehnprozent-
Regel.
● Begründe mithilfe von Bild 2, was man
darunter versteht.

Der Mensch greift in Ökosysteme ein

1 Bauer bringt Gülle auf Feld aus.

Vom Frühling bis zum Herbst kann man auf Feldern häufig Landwirte beobachten, die mit Traktoren Gülle auf ihren Wiesen und Felder ausfahren. Warum
5 **tun sie das?**

Landwirtschaft • Schon vor langer Zeit begann der Mensch, die Umwelt nach seinen Bedürfnissen zu gestalten. Er legte Sümpfe trocken, legte Gewässer
10 an und rodete Wald. Ein Hauptgrund dafür war die Herstellung von Nahrungsmitteln. Seit etwa 12 000 Jahren bauen Menschen gezielt Pflanzen an. Kurz darauf begann er, Tiere zu halten
15 und zu züchten. Das gezielte Herstellen von Nahrungsmitteln auf Flächen, die für diesen Zweck bewirtschaftet werden, nennt man Landwirtschaft.

Was der Boden leisten kann • Pflanzen
20 bauen während der Fotosynthese Stoffe wie Stärke auf. Für die Herstellung dieser Stoffe benötigen sie aber zusätzlich Mineralstoffe wie Stickstoff und Kalium. Diese Stoffe sind im Bo-
25 denwasser gelöst. Pflanzen nehmen die Mineralstoffe mit den Wurzeln auf. Wird eine Fläche über längere Zeit bewirtschaftet, werden dem Boden viele Mineralstoffe entzogen. Die Pflanzen
30 wachsen schlecht oder gar nicht mehr.

Wanderfeldbau • Wenn die Pflanzen nicht nur noch schlecht wuchsen, verlegten die Menschen früher das Feld an eine andere Stelle, wo der Boden
35 noch „unverbraucht" war. Wenn die Pflanzen auch dort nur noch schlecht wuchsen, verlegten sie ihr Feld erneut. Deshalb spricht man von Wanderfeldbau. Die genutzten Felder erholten
40 sich aber nur langsam. Durch die Zersetzung toter Pflanzen und Tiere reicherten sich wieder Mineralstoffe im Boden an. Erst nach Jahren konnte die ursprüngliche Fläche wieder bepflanzt
45 werden. Wanderfeldbau wird auch heute noch, zum Beispiel im tropischen Regenwald, betrieben.

Düngung • Seit etwa 5 000 Jahren fügt der Mensch dem Boden Mineralstoffe
50 zu, um die Ernte zu steigern. Das bezeichnet man als Düngung. Anfangs verteilte man tierischen Kot und Urin, sogenannte Gülle, auf den Feldern. Durch Bodenlebewesen werden aus
55 den darin enthaltenen Nährstoffen die Mineralstoffe freigesetzt. Später erkannte man, dass auch bestimmte kristallförmige Stoffe, sogenannte Mineralien, gute Düngemittel sind.

60 **Minimumgesetz** • Pflanzen benötigen ein bestimmtes Verhältnis von Mineralstoffen. Dieses ist je nach Pflanzenart unterschiedlich. Gibt es von einem Stoff zu wenig, beschränkt dieser Stoff 65 das Wachstum. Es spielt dann keine Rolle, wie viel von den anderen Stoffe verfügbar ist. Das gilt auch für Spurenelemente wie Magnesium und Umweltfaktoren wie Licht. Da das am ge- 70 ringsten Verfügbare das Wachstum beschränkt, nennt man dies Minimumgesetz. Das kann man sich vorstellen wie ein mit Wasser befülltes Fass mit unterschiedlich hohen Seiten- 75 brettern. Das niedrigste Seitenbrett bestimmt den Wasserstand im Fass, egal wie hoch die anderen sind. ➔ 2

Probleme • Weiß man, welche Mineralstoffe eine Pflanze in welchem 80 Verhältnis braucht, kann man Ernten gezielt steigern.
Düngt man aber ungezielt oder zu viel, hat das negative Folgen: Ein Überschuss eines Mineralstoffs kann die 85 Aufnahme eines anderen Mineralstoffs behindern. Ein Überschuss an Düngemitteln verändert das Ökosystem Boden. Gelangt der Überschuss ins Grundwasser und schließlich ins 90 Trinkwasser, so kann er auch uns Menschen schaden. Ist es zu nass, zu trocken oder zu kalt können Pflanzen und Boden das Düngemittel nicht aufnehmen. Es versickert ungenutzt. Deshalb 95 müssen auf die Pflanzen abgestimmte Dünger in passenden Mengen und zum richtigen Zeitpunkt verwendet werden.

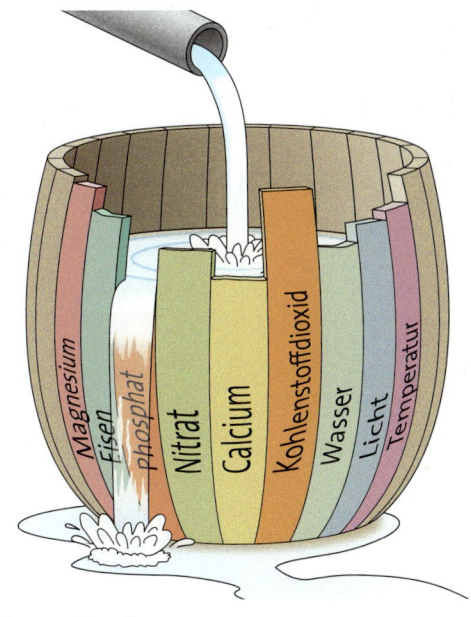

2 „Minimum-Fass"

In der Landwirtschaft werden Nahrungsmittel produziert. Pflanzen entziehen dem Boden Mineralstoffe. Die Anbaufläche muss regelmäßig gewechselt oder gedüngt werden. Dabei ist auf den Mineralstoffbedarf der angebauten Pflanzen und den Zeitpunkt zu achten.

Aufgaben

1 ○ Beschreibe die Rolle der Mineralstoffe für das Pflanzenwachstum.

2 ◑ Erkläre das Modell zum Minimumgesetz mithilfe von Bild 2.

3 ● Erkläre, warum es auch Dünger sparen kann, auf einem Feld abwechselnd verschiedene Pflanzen anzubauen.

Der Mensch greift in Ökosysteme ein

Material A

Der passende Dünger

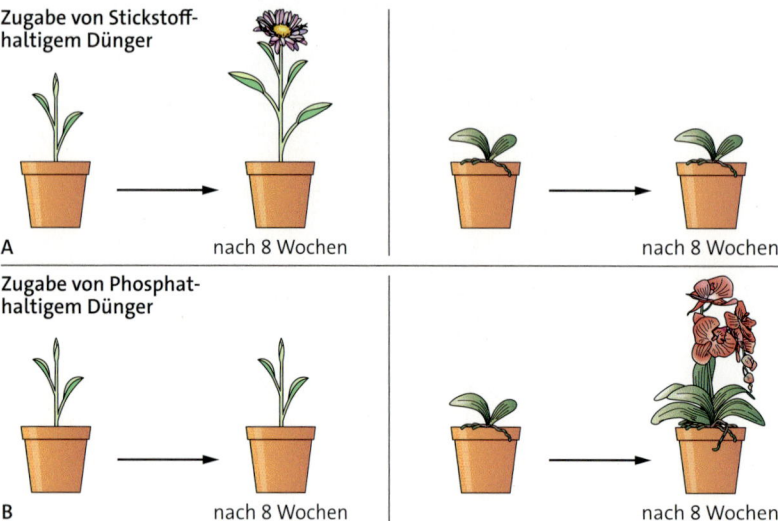

Zugabe von Stickstoff-haltigem Dünger

A — nach 8 Wochen | nach 8 Wochen

Zugabe von Phosphat-haltigem Dünger

B — nach 8 Wochen | nach 8 Wochen

1 Wachstum von Pflanzen mit unterschiedlichen Düngern

In einem Versuch wurde die Wirkung von verschiedenen Düngern auf unterschiedliche Pflanzen untersucht.

1 ○ Beschreibe die Versuchsergebnisse. → 1

2 ◖ Erkläre, was der Versuch für die jeweilige Pflanzenart aussagt. Nimm das Minimumgesetz zu Hilfe.

3 ● Nimm Stellung dazu, ob beim Düngen das Sprichwort „Je mehr, desto besser" zutrifft.

Material B

Kompost als Dünger

Tierische und pflanzliche Abfälle werden im Laufe der Zeit zersetzt. Dabei entsteht Humus, der viele für Pflanzen verfügbare Mineralstoffe enthält. Dies macht man sich bei einem Kompost zunutze. → 2

1 ○ Beschreibe die Bildung von Humus im Kompost. → 2

2 ◖ Erkläre, wer für die Humusentstehung verantwortlich ist. Denke an den Stoffkreislauf.

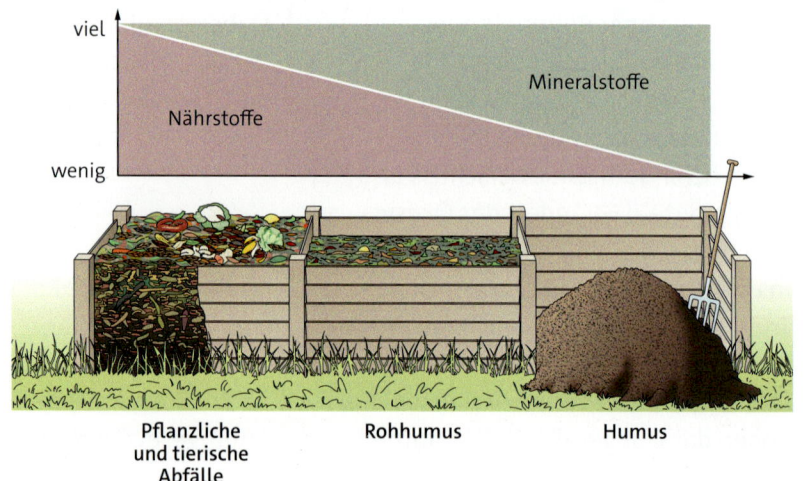

viel — wenig

Nährstoffe — Mineralstoffe

Pflanzliche und tierische Abfälle — Rohhumus — Humus

2 Entwicklung eines Komposthaufens

3 ◖ Begründe, warum es besser ist, Pflanzen mit Humus als mit Rohhumus zu düngen.

Stickstoffkreislauf

Pflanzen benötigen Stickstoff für die Bildung von Chlorophyll, also für den Bestandteil, in dem die Fotosynthese stattfindet. Außerdem ist Stickstoff wichtig für den Aufbau von körpereigenen Eiweißen. Die meisten Pflanzen können ihn nur gebunden als Nitrat aufnehmen. Nitrat wird aber bei Regen schnell aus dem Boden ausgeschwemmt.

1 Betrachte Bild 3.
a 🔵 Beschreibe die Umwandlung von stickstoffhaltigen Überresten zu Nitrat.
b 🔵 Begründe, weshalb diese Umwandlung für die Pflanzen wichtig ist.

2 Lies den Text zu Knöllchenbakterien.
🔵 Erkläre, warum einige Pflanzen den Stickstoff aus der Luft für sich nutzbar machen können.

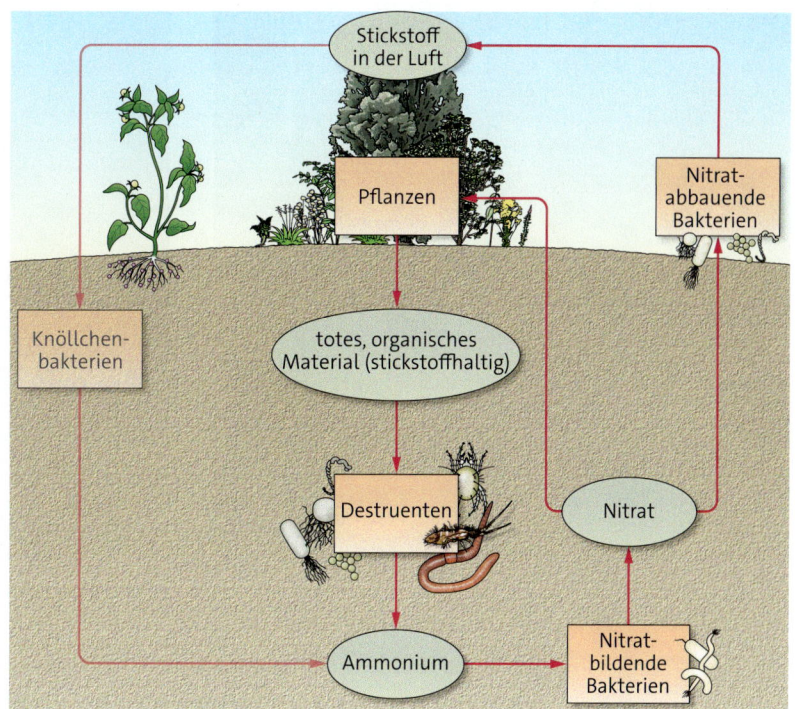

3 Stickstoffkreislauf

3 Bei der sogenannten Grün-Düngung werden Schmetterlingsblütler auf Feldern angebaut, die dann nicht geerntet werden. Die Pflanzen werden untergepflügt.

a 🔵 Erkläre mithilfe von Bild 3, wie die Grün-Düngung funktioniert.
b 🔵 Erläutere, warum die Grün-Düngung nachhaltiger als der Einsatz eines Nitrat-haltigen Düngers ist.

Knöllchenbakterien

Es gibt spezielle Bakterien, die mit Schmetterlingsblütlern wie Klee, Wicke und Lupine eine Symbiose eingehen. Die Bakterien leben geschützt in speziellen Verdickungen der Pflanze, weshalb sie als Knöllchenbakterien bezeichnet werden. Sie sind in der Lage, den Stickstoff aus der Luft in Ammonium umzuwandeln. Dieses wird dann von speziellen Bakterien zu Nitrat umgewandelt. Das Nitrat ist wiederum für Pflanze nutzbar. Auf diese Art und Weise wird dem Boden andauernd Nitrat zugesetzt, er wird natürlich gedüngt.

Bedeutung und Gefährdung des Waldes

1 Wandern im Wald

2 Waldschäden

Ein Wald ist nicht nur Lebensraum für Pflanzen und Tiere. Er bietet auch Erholung für Menschen und hat wirtschaftliche Bedeutung, wofür er ver-
⁵**ändert wird. Welche Folgen hat das?**

Erholung • Jogger, Wanderer, Mountainbiker, Pilz- und Beerensammler, Vogelbeobachter, Reiter oder Spaziergänger mit Hund – viele Menschen gehen im ₁₀ Wald ihren Hobbys nach. Andere wollen einfach nur die Ruhe, die saubere Luft oder die Natur genießen. Gemeinsam haben sie alle ein Ziel: vom Alltagsstress entspannen. Da-₁₅durch kommt dem Wald eine enorme Erholungsfunktion zu, vor allem in der Nähe größerer Städte.

Forstwirtschaft • Wälder sind auch von großer wirtschaftlicher Bedeutung.

₂₀Holz ist ein wichtiger Rohstoff, der unter anderem als Brennstoff, als Baustoff und für die Möbel- und die Papierherstellung genutzt wird. In der Forstwirtschaft und in den Holz ₂₅verarbeitenden Industrien arbeiten in Deutschland insgesamt mehr als eine Million Menschen. So schafft der Wald auch Arbeitsplätze.

Klima • Die Bäume im Wald produzie-₃₀ren wie alle anderen grünen Pflanzen Sauerstoff. Gleichzeitig binden sie dabei durch die Bildung von Holz große Mengen an Kohlenstoffdioxid. Dieses Gas entsteht in sehr großen Mengen ₃₅durch die Verbrennung fossiler Brennstoffe wie Kohle, Erdgas und Benzin. Durch die Bindung von Kohlenstoffdioxid spielen Bäume eine wichtige Rolle beim Weltklima.

40 Nach Regenfällen gelangt das Wasser zunächst nur langsam über Blätter, Äste und Stamm zum Waldboden. Der lockere und humusreiche Boden kann genau wie Moospolster große Wasser-
45 mengen speichern. Auch so stabilisiert der Wald das Klima. Versickerndes Wasser wird von Schmutzstoffen gereinigt, da der Waldboden wie ein Filter wirkt.

50 **Erosion** • Die Bäume halten mit ihren Wurzeln den Boden fest. Daher wird er auch bei sehr starkem Regen nicht weggespült. Wind wird von Wäldern ausgebremst. In Gebirgen ist der Wald
55 für viele Bergdörfer ein wichtiger Schutz gegen Lawinen. Wälder bieten zudem Schutz vor Lärm.

Lebensraum • Unsere Wälder sind Lebensraum für mehrere Tausend
60 Pflanzen- und Tierarten. Einige davon, wie der Schwarzstorch und der Waldbaumläufer, leben fast nur in Wäldern.

Wetterschäden • Neben Alterungsprozessen sind vor allem extreme
65 Wetterlagen für die Schädigung von Bäumen verantwortlich. Frost- und Hitzeperioden bewirken oft den Verlust von Nadeln, Blättern, Blüten oder Früchten. Durch längere Dürreperioden
70 oder Überflutungen können Bäume absterben. Waldbrande und Stürme schädigen oder vernichten oft große Waldflächen. Von Sturmschäden sind besonders ebene, einheitliche Forste
75 betroffen, da die angepflanzten Fichten nur flache Wurzeln haben.

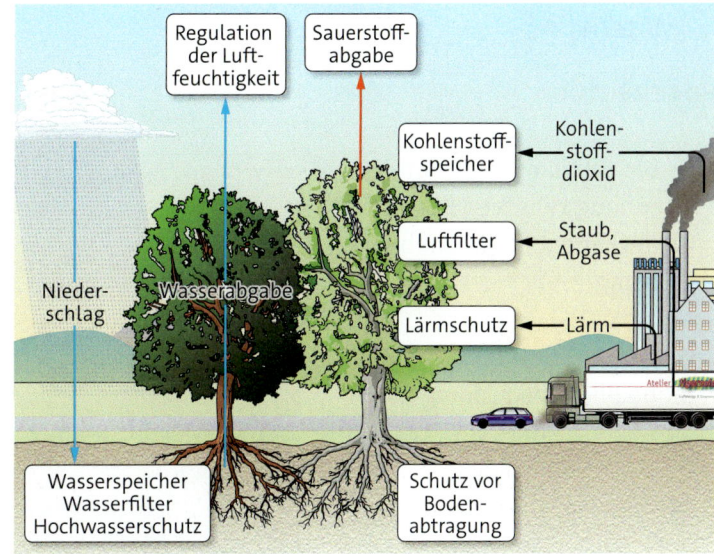

3 Funktionen des Waldes

Umweltschäden • Kranke oder verletzte Bäume können von Borkenkäfern befallen werden, wodurch sie absterben.
80 Viele Schmetterlingsraupen fressen junge Blätter der Laubbäume. Sie können bei Massenentwicklung große Gebiete kahl fressen. Auch Pilze und Viren können Bäume zum Absterben bringen.
85 gen. Diese natürlichen Waldschäden können sich in Forsten mit kranken und verletzten Bäumen schnell ausbreiten.

4 Borkenkäfer

Der Lebensraum Wald verbessert das Klima und verhindert Erosion. Menschen nutzen den Wald zur Holzgewinnung, Erholung und Freizeitgestaltung.

Aufgabe

1 ○ Beschreibe mithilfe von Bild 3 die Funktionen des Waldes.

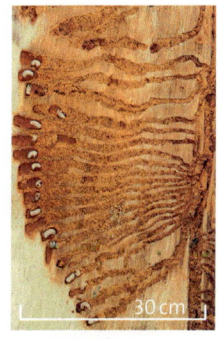

5 Borkenkäferbefall

283

Bedeutung und Gefährdung des Waldes

Bodenerosion

1 ○ Beschreibe den Zusammenhang zwischen Bodenbedeckung und Bodenabtragung.

2 ◐ Erkläre, weshalb eine hohe Bodenbedeckung mit Pflanzen Erosion verhindert.

3 ● Stelle Vermutungen an, welche Risiken das Abholzen von Wäldern zugunsten vom Bau von Skipisten in Gebirgen hat.

	Bodenbedeckung durch Bewuchs	Bodenabtragung durch Wasser
naturnaher Mischwald	> 70 %	< 1 %
Maisfeld	50 %	25 %
offene Fläche ohne Pflanzen	0 %	45 %

1 Bodenbedeckung und Bodenabtragung

2 Erosion auf einem Feld

Der Mensch hat Einfluss

Der Mensch hat durch sein Handeln Einfluss auf den Wald.

1 ◐ Stelle anhand von Bild 3 den Einfluss des Menschen auf das Ökosystem Wald heraus.

2 ● Überlege, welche Auswirkungen das menschliche Handeln auf den Stoffkreislauf im Wald hat.

4 Tropischer Regenwald mit Palmölplantage

5 Raubbau im tropischen Regenwald

Regenwald in Gefahr

Bedeutung • Die tropischen Regenwälder in Südamerika, Afrika und Südostasien gehören zu den artenreichsten Lebensräumen der Erde. Mehr als 50 % aller bekannten Tier- und
5 Pflanzenarten leben hier. Fast täglich entdecken Forscher neue Arten. Durch ihre Größe entnehmen Regenwälder gewaltige Mengen Kohlenstoffdioxid aus der Atmosphäre und geben sehr viel Sauerstoff ab.

10 **Bedrohung** • Trotz ihrer großen Bedeutung werden Regenwälder zerstört. Die Gründe dafür sind vielfältig. Um Ackerflächen und Viehweiden zu gewinnen, werden große Flächen Regenwald abgeholzt oder durch soge-
15 nannte Brandrodung vernichtet. Viele Tiere können vor diesen Flammen nicht rechtzeitig fliehen und verbrennen qualvoll. Auf den freien Flächen werden zumeist Plantagen beispielsweise für Kakao, Kaffee, Tabak, Bananen
20 und Palmöl angelegt. Die heimischen Tiere werden auf den Plantagen als Schädlinge angesehen und gejagt. Auch durch Bergbau ist der Regenwald bedroht. Im afrikanischen Kongo beispielsweise wird der Lebensraum
25 der seltenen Gorillas zerstört, um das Erz Col-

tan, was in jedem Smartphone enthalten ist, fördern zu können. Durch das feuchte Klima im Regenwald ist das Holz der Tropenbäume besonders beständig. Daher wird es gern für
30 teure Möbel und Bodenbeläge verwendet. Dafür werden die Bäume gefällt und teuer verkauft. Pro Minute geht eine Fläche in der Größe von 35 Fußballfeldern für immer verloren. Dies hat schlimme Folgen. Je weniger
35 Bäume, desto weniger Kohlenstoffdioxid kann aufgenommen werden. Sie haben somit einem erheblichen Einfluss auf das Klima der Erde. Die Zerstörung des Regenwaldes bedroht das Überleben Tausender Pflanzen-
40 und Tierarten.

> Tropische Regenwälder gehören zu den artenreichsten Lebensräumen der Erde. Durch Abholzung sind sie stark gefährdet.

Aufgaben

1 ○ Nenne Gründe, warum der Mensch den Regenwald zerstört.

2 ◗ Überlege für dich Möglichkeiten, wie du in deinem Umfeld helfen kannst, die Regenwälder zu schützen.

Nachhaltigkeit

1 Müll

In Deutschland hat die Mülltrennung einen hohen Stellenwert in der Bevölkerung. Das soll die Natur und Rohstoffe schonen. Was steckt dahinter?

5 **Nachhaltigkeit** • Alle Stoffe, die wirtschaftlich genutzt werden, bezeichnet man als Ressourcen. Ein gutes Beispiel dafür ist Holz. Während des Mittelalters wurden in Europa zahlreiche
10 Wälder abgeholzt. Zum einen wurden so Flächen für Viehweiden und Felder gewonnen, zum anderen diente das Holz als Bau- und Brennmaterial. Zu Beginn des 19. Jahrhunderts waren nur
15 noch Waldreste in Europa übrig und man musste erkennen: Soll auch in Zukunft Holz verfügbar sein, dann kann nur so viel abgeholzt werden, wie auch wieder nachwächst. Diese
20 achtsame wirtschaftliche Nutzung einer Ressource auf lange Sicht bezeichnet man als Nachhaltigkeit.

Wasser als Ressource • Das Wasser der Welt reicht aus, um den Bedarf der
25 Weltbevölkerung zu decken. Jedoch sind die Wasservorräte ungleich verteilt: In Wüstenregionen in Afrika oder Asien gibt es deutlich weniger Wasser als im fluss- und seenreichen Europa.
30 In Deutschland verbraucht ein Mensch pro Tag etwa 100 Liter Wasser zum Duschen, Trinken oder Putzen. Für die Produktion von Nahrung und Konsumgütern wie Kleidung wird ebenfalls
35 Wasser benötigt. Dies bezeichnet man als virtuelles Wasser. So ergibt sich ein täglicher Wasserverbrauch von 4 000 bis 5 000 Litern pro Person in Deutschland. Sauberes Wasser, das wir zum Trin-
40 ken und Waschen benutzen, bezeichnet man als Trinkwasser. Es stammt aus Quellen und tief liegenden Gesteinsschichten. Durch übermäßigen Einsatz von Düngern und Unkrautvernichtungs-
45 mitteln sowie durch Industrieabwässer wird das Trinkwasser belastet. Um die Wasserressourcen der Erde nachhaltig zu nutzen, muss man Belastungen und Übernutzung verhindern.

50 **Kunststoffmüll** • Kunststoffe werden aus Erdöl gewonnen. Viele alltägliche Produkte bestehen aus Kunststoff oder werden in Kunststoff verpackt, wobei viel Müll anfällt. Dieser wird in der
55 Natur nur sehr langsam von Pilzen und Bakterien abgebaut. Vor allem in den Weltmeeren sammelt sich Kunststoffmüll wie Einwegflaschen, Plastiktüten, Zahnbürsten und Eimer an.
60 Meeresströmungen verbreiten diesen Müll weltweit.

Viele Tiere verfangen sich im Kunststoffmüll oder fressen ihn, da sie ihn für
Nahrung halten. Das bedeutet meist
65 den Tod für die Tiere. → 2 Man kann
Kunststoffmüll vermeiden, indem man
Alternativen aus anderen Materialien
nutzt, Produkte länger verwendet und
diese dann sachgerecht entsorgt.

70 **Recycling** • Ressourcen wie die Bodenschätze Kupfer und Erdöl sind nur begrenzt auf der Erde vorhanden. Man
kann sparsamer mit den Ressourcen
umgehen, indem man den entste-
75 henden Abfall wiederverwertet. So
entsteht ein Kreislauf, was man als
Recycling bezeichnet. Ressourcen wie
Metalle, Papier oder Kunststoffe können so wiederverwertet werden. Müll-
80 trennung trägt zum Recycling bei, da
die Ressourcen nicht so aufwendig
industriell getrennt werden müssen.

Verschiedene Interessen • Viele unserer
Alltagsgegenstände können nicht zu
85 100 % nachhaltig produziert werden.
In einem Smartphone befinden sich
zum Beispiel viele seltene Metalle oder
Kunststoffe. Zu deren Gewinnung wird
in anderen Ländern Natur zerstört und
90 Menschen werden ausgebeutet. Wir
verzichten aber ungern auf solche Alltagsgegenstände und deren Herstellung sichert auch Arbeitsplätze. Es gibt
also verschiedene Interessen. Bei einer
95 nachhaltigen Entwicklung müssen daher die Umwelt, die Wirtschaft und die
Menschen berücksichtigt werden. Im
„Drei-Kreise-Modell" der Nachhaltigkeit
ist dies gut veranschaulicht. → 3

2 Verendeter Vogel im Kunststoffmüll

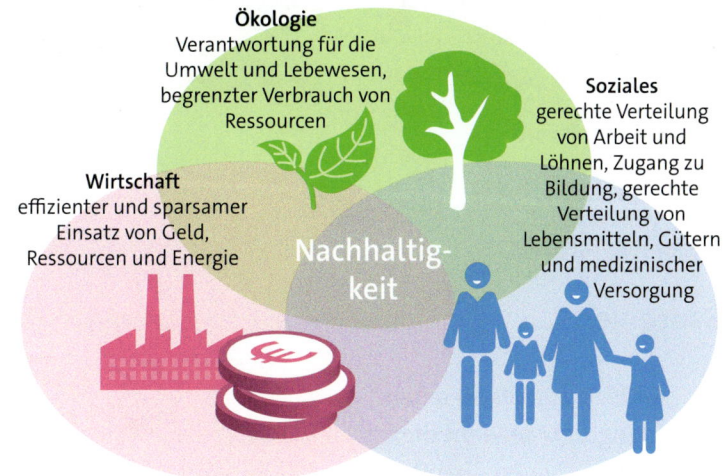

Ökologie
Verantwortung für die
Umwelt und Lebewesen,
begrenzter Verbrauch von
Ressourcen

Soziales
gerechte Verteilung
von Arbeit und
Löhnen, Zugang zu
Bildung, gerechte
Verteilung von
Lebensmitteln, Gütern
und medizinischer
Versorgung

Wirtschaft
effizienter und sparsamer
Einsatz von Geld,
Ressourcen und Energie

**Nachhaltig-
keit**

3 „Drei-Kreise-Modell" der Nachhaltigkeit

Eine nachhaltige Entwicklung
schont Ressourcen und sichert
langfristig deren Verfügbarkeit.
Dabei müssen Interessen der
Wirtschaft, der Umwelt und der
Menschen vereinbart werden.

Aufgabe

1 Erkläre am Beispiel des „Drei-
Kreise-Modells", was man unter
Nachhaltigkeit versteht.

Nachhaltigkeit

Holz als Energieträger

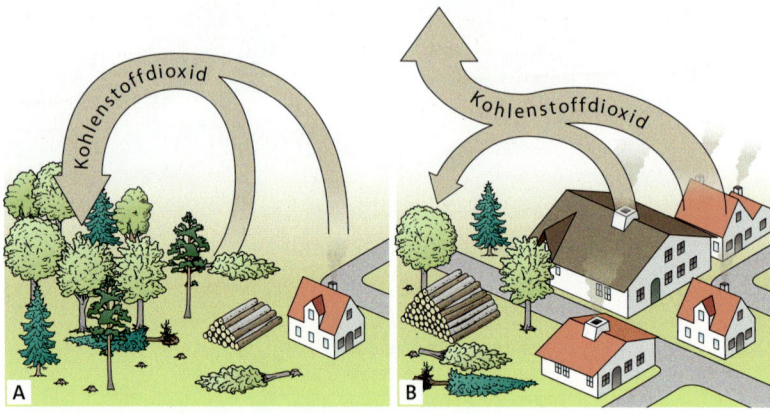

A

B

1 | Heizen mit Holz

Holz ist ein erneuerbarer Energieträger. Viele Menschen heizen mit Holz. Dabei entsteht Kohlenstoffdioxid, das in zu großen Mengen zur Erderwärmung beiträgt.

1 ◯ Vergleiche die Bilder A und B. ➔ 1

2 ◗ Begründe mithilfe der Bilder, wann das Heizen mit Holz nicht mehr nachhaltig ist.

Badeenten

Im Jahr 1992 kam es zu einem Schiffsunglück, bei dem drei Containerladungen über Bord gingen, die sich öffneten. Darin befanden sich Badeenten aus Kunststoff. Monate später fand man die „Enten" an den Küsten Nordamerikas, Südamerikas und auch Australiens. Über 10 Jahre später wurden die „Enten" auch an der englischen Küste gefunden. Wissenschaftler nutzen dieses Beispiel als Beweis, dass Kunstoffmüll sich in den Weltmeeren verteilt.

1 ◗ Beschreibe den Kartenausschnitt.

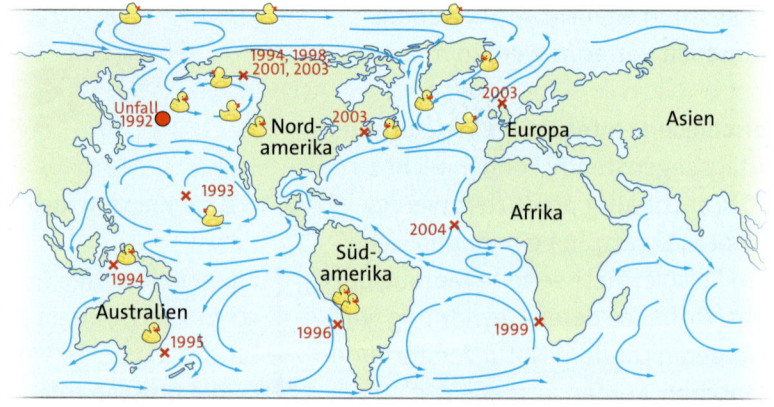

2 | Verbreitung der Badeenten in den Weltmeeren

2 ◗ Erkläre, was dieses Schiffsunglück bewiesen hat.

3 ◗ Erläutere mögliche Gefahren durch Kunststoffmüll in den Weltmeeren.

4 ◗ Überlege dir Möglichkeiten, wie Kunststoffmüll ins Meer gelangt.

5 ● Überlege dir Maßnahmen, wie du Kunststoffmüll vermeiden kannst.

Ökologischer Rucksack

Jedes Produkt verbraucht Energie und Ressourcen, die auf den ersten Blick nicht zu sehen sind. Dies gilt für den gesamten Lebensweg eines Produkts: von der Rohstoffgewinnung über Herstellung, Verpackung, Transport und Gebrauch bis hin zur Entsorgung. Alle diese Stationen zusammengefasst werden auch als „Lebenszyklus eines Produkts" bezeichnet. Man spricht vom „ökologischen Rucksack". Er hilft uns zu verstehen, wie viel „Natur" wir durch unser Einkaufsverhalten verbrauchen und wie wir schonender damit umgehen können.

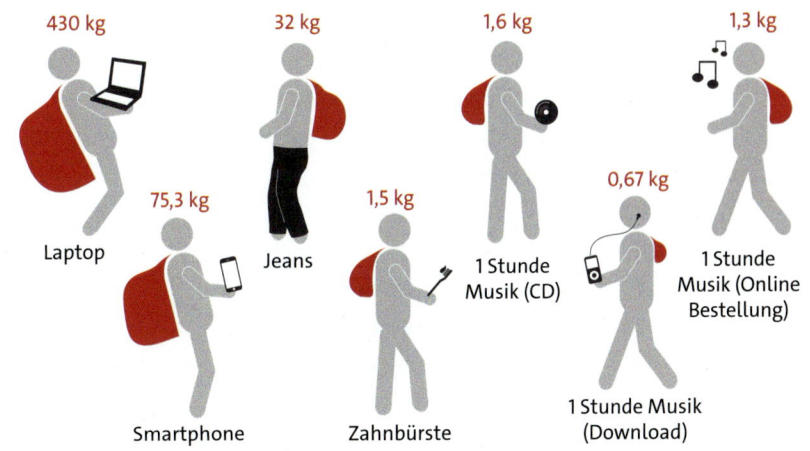

3 Ökologischer Rucksack von Produkten (Ressourcenverbrauch in kg)

1 Betrachte Bild 3.
a ○ Vergleiche die Werte für die einzelnen Produkte.
b ● Wähle aus Bild 3 zwei Produkte aus. Stelle Vermutungen für die unterschiedlich schweren Rucksäcke der beiden Produkte an.

2 ● Leite aus den Werten in Bild 3 Verhaltensweisen für dich ab, wie du deinen persönlichen Energie- und Ressourcenverbrauch verringern kannst.

Virtuelles Wasser

Als virtuelles Wasser bezeichnet man die Gesamtmenge des Wassers, die für die Produktion von Nahrungsmitteln, Gebrauchsgütern und Dienstleistungen benötigt wird. Im Bild sind verschiedene alltägliche Produkte dargestellt, die unterschiedliche Wassermengen für die Herstellung benötigen.

benötigte Menge Wasser für die Herstellung von....

...einem Computer
20.000 Liter

...einer Jeans
11.000 Liter

...1kg Weizen
1.300 Liter

...1kg Wassermelone
200 Liter

...1kg Rindfleisch
15.455 Liter

...1kg Schweinefleisch
4.800 Liter

4 Verbrauch von virtuellem Wasser

1 Betrachte Bild 4.
a ○ Vergleiche die Werte für die einzelnen Produkte.
b ◑ Stelle Vermutungen an, wie die Werte für die Produktion von Rindfleisch und Weizen zustande kommen.

2 ● Leite aus den Werten Verhaltensweisen für dich ab, wie du deinen Wasserverbrauch verringern kannst.

Nachhaltigkeit

Umweltkonflikte lösen

Umweltkonflikt In dem Zeitungsartikel → 1 ist ein Umweltkonflikt dargestellt. Die meisten Menschen haben sofort eine Meinung dazu, ohne sich die Argumente dafür und dagegen anzuhören. Viele Menschen weichen jedoch nicht von ihrer Ansicht ab. Sie lehnen es ab, Argumente dafür und dagegen zu prüfen. Der Konflikt erhärtet sich. Lösungsmöglichkeiten für einen Umweltkonflikt zeichnen sich dann ab, wenn die Befürworter und Gegner sich zuhören. So geht man vor, wenn man einen Umweltkonflikt lösen will:

1 Argumente sammeln Befürworter und Gegner sammeln zunächst Argumente für ihre jeweiligen Ansichten. Die Argumente sollten dem Konfliktgegner so präsentiert werden, dass sie sich auf Fakten beziehen. Beispiele:

- Befürworter: „Das Gewerbegebiet soll gebaut werden, da so neue Arbeitsplätze gefördert werden."
- Gegner: „Zum Schutz der Artenvielfalt sollen Waldgebiete erhalten werden. Das Waldgebiet soll daher nicht abgeholzt werden."

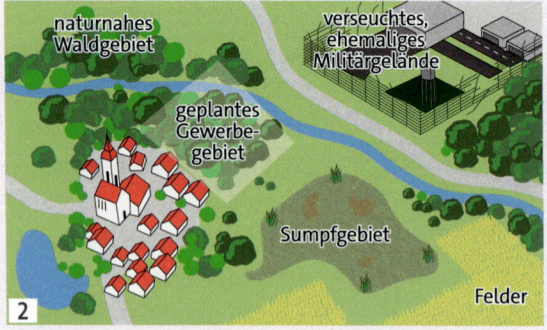

Verhärtete Fronten in Neustadt!

In der Stadt wird gestritten. Die Stadt möchte ein neues Gewerbegebiet errichten. Jedoch müsste dafür ein großes Waldgebiet abgeholzt werden. Die Stadt erwartet dadurch eine Vielzahl neuer Arbeitsplätze. Es könnten auch neue Einkaufsmöglichkeiten für die Bevölkerung, Freizeiteinrichtungen für Kinder, Straßen und Bushaltestellen für eine bessere Verkehrsanbindung entstehen. Vor allem Naturschützer sind gegen das Projekt. Durch die Abholzung könnten wichtige Nistplätze des im Wald seltenen Uhus zerstört werden. Andere Bürger fürchten, dass durch das neue Gebiet viel mehr Verkehr in die Stadt kommt. Sie fürchten auch um ihre Ruhe. Auch gehen viele ältere Menschen in dem Waldgebiet wandern. Die Reinigung eines alten Militärgeländes oder das Austrocknen eines Sumpfs als Alternativen sind teuer.

1

2 Argumente prüfen Die Argumente müssen auf ihre Sachlichkeit überprüft werden. Am besten kann man die Argumente in einer Tabelle gegenüberstellen.

3 Lösungsansätze aufzeigen Wenn die Argumente geprüft wurden, haben Befürworter und auch Gegner berechtigte Interessen. Ziel muss es sein, beide Interessen zu wahren und so einen Kompromiss zu finden. Ein Lösungsansatz sollte sich daher am „Drei-Kreise-Modell" der Nachhaltigkeit orientieren.

Aufgaben

1 ○ Arbeitet zu zweit. Sammelt Argumente für und gegen den Bau des Gewerbegebiets.

2 ◗ Findet eine Lösung des Konflikts. Nutzt dazu auch die Karte in Bild 2.

Biosphärengebiet Schwäbische Alb und Nationalpark Schwarzwald

3 Wanderer im Nationalpark Schwarzwald

Biosphärengebiet • In Deutschland gibt es verschiedene Formen von Schutzgebieten, um die Vielfalt der Tier- und Pflanzenarten zu schützen. Ziel eines Biosphärengebiets ist der
5 Schutz von Arten und typischen Landschaft, also die Erhaltung der biologischen Vielfalt. Gleichzeitig sollen vom Menschen geschaffene Lebensräume wie Streuobstwiesen bewahrt, aber nachhaltig genutzt und bewirt-
10 schaftet werden.

Biosphärengebiet Schwäbische Alb • Als im Jahr 2005 der Truppenübungsplatz Münsingen geschlossen wurde, kam schnell die Idee auf, aus dem Gelände ein Biosphärengebiet
15 zu machen. Die Schwäbische Alb besteht aus vielen Ökosystemen wie Buchenwäldern, Streuobst- und Orchideenwiesen.

Nationalpark • „Natur sich selbst überlassen!" ist das Motto eines Nationalparks. Sein Ziel
20 ist die ökologische Unberührtheit. Damit geht ein Nationalpark über die Schutzbestimmungen eines Biosphärengebiets hinaus. Ein Nationalpark darf in der Regel nicht vom Menschen wirtschaftlich genutzt werden.

25 **Nationalpark Schwarzwald** • Der 2014 gegründete Nationalpark Schwarzwald ist der erste Baden-Württembergs. Seine Errichtung war umstritten: Vertreter der Forstwirtschaft lehnten die Errichtung ab, da so das Gebiet trotz
30 steigender Nachfrage an Holz nicht mehr wirtschaftlich genutzt werden könnte. Dann würden auch Arbeitsplätze verloren gehen. Viele Anwohner befürchteten, dass ihnen der Wald als Nationalpark nicht mehr für Freizeit, Erho-
35 lung und sportliche Aktivitäten zur Verfügung steht. Bereits bestehende Schutzgebiete wären ausreichend. Der langjährige Schutz und die Nutzung der Natur hätten sich bewährt. Vor allem Naturschützer, einige Anwohner und
40 Vertreter der Tourismusindustrie waren für die Errichtung eines Nationalparks. So können bedrohte Arten und deren Ökosysteme besser geschützt werden. Durch Informationszentren, Führungen und Entdeckerpfade können Men-
45 schen besser über Naturschutz informiert werden. So wurden auch Arbeitsplätze geschaffen. Letztlich wurde der Nationalpark mit verschiedenen Zonen errichtet. Die Kernzonen werden komplett sich selbst überlassen, in Entwick-
50 lungszonen unterstützt der Mensch die Natur bei der Entwicklung. In allen übrigen Bereichen kann der Mensch eingreifen und die Natur pflegen.

Aufgabe

1 ● Nimm Stellung zur Errichtung des Nationalparks Schwarzwald. Verwende das Modell zur Nachhaltigkeit.

Ökologie – der Wald

Zusammenfassung

1 Naturnaher Mischwald

Ökosystem Wald • Ein Wald bietet einer Vielzahl von Lebewesen einen Lebensraum. Man bezeichnet ihn daher als Lebensraum oder Biotop. Jedes Biotop ist von den vorherrschenden Umweltfaktoren wie Wind, Feuchtigkeit oder Temperatur abhängig. Die Gesamtheit der in einem Biotop vorkommenden Lebewesen bezeichnet man als Lebensgemeinschaft oder Biozönose. Biotop und Biozönose bilden zusammen ein Ökosystem. Alle Lebewesen eines Ökosystems stehen zueinander in direkter oder indirekter Beziehung als Räuber, Beute, Symbiosepartner, Parasit oder Konkurrent.

Aufbau von Wäldern • Naturnahe Wälder sind in Stockwerke gegliedert. Von unten nach oben unterscheidet man: Wurzelschicht, Moosschicht, Krautschicht, Strauchschicht und Baumschicht. Hierbei bietet jede Schicht ganz bestimmte Bedingungen, an die die dort vorkommenden Pflanzen auf besondere Weise angepasst sind. Wälder aus wenigen angepflanzten Baumarten werden Forst genannt. Naturnahe Wälder sind Mischwälder. Der Auwald ist ein besonders artenreicher Wald von Flussauen. Die Wälder liefern den Rohstoff Holz. Sie übernehmen Schutzfunktionen für Mensch und Umwelt. Viele Pflanzen- und Tierarten haben hier ihren Lebensraum.

Nahrungsbeziehungen im Wald • Pflanzen bezeichnet man als Produzenten. Pflanzenfresser nennt man Konsumenten 1. Ordnung. Fleischfresser sind je nach Stellung innerhalb einer Nahrungskette entweder Konsumenten 2., 3. oder sogar 4. Ordnung. Ein Nahrungsnetz besteht aus vielfach miteinander verknüpften Nahrungsketten.

Stoffkreislauf im Wald • Pflanzen stellen als Produzenten neben Sauerstoff auch energiereiche Stoffe her. Konsumenten und Destruenten bauen diese Stoffe zu Wasser, Kohlenstoffdioxid und Mineralstoffen ab. Im Stoffkreislauf können diese Stoffe dann von den Pflanzen wieder genutzt werden.

Nachhaltigkeit • Viele Lebensräume werden vom Menschen wirtschaftlich oder in der Freizeit genutzt. Wälder zum Beispiel dienen sowohl der Holzgewinnung, als auch der Erholung. Eine wichtige Nutzung von der Umwelt ist die Landwirtschaft. Hierbei kommen oft Dünger zum Einsatz, da Pflanzen dem Boden Mineralstoffe entziehen, die sie zum Wachsen benötigen. Bei der Düngung sind Zusammensetzung, Menge und Zeitpunkt entscheidend. Eine nachhaltige Nutzung schont Ressourcen und sichert langfristig deren Verfügbarkeit.

Teste dich! (Lösungen im Anhang)

Ökosystem Wald

1 ○ Erkläre die Begriffe Biotop, Biozönose, Ökosystem und Biosphäre.

2 ○ Nenne vier Umweltfaktoren, die auf die Lebewesen eines Waldes einwirken.

3 ◐ Erläutere je an einem Beispiel, was man unter Symbiose und Parasitismus versteht.

4 ◐ Erläutere, wodurch Konkurrenz entsteht und wie diese verhindert werden kann.

Nahrungsbeziehungen

5 ○ Erstelle aus dem Nahrungsnetz zwei möglichst lange Nahrungsketten mit mindestens vier Gliedern. → 2

6 ● Erläutere mögliche Folgen auf das Nahrungsnetz, wenn sich die Zahl der Eichenwicklerraupen durch den Einsatz von Insektengiften stark verringern würde. → 2

Stoffkreisläufe und Nachhaltigkeit

7 ○ Begründe, weshalb Pflanzen als Produzenten bezeichnet werden.

8 ◐ Wähle aus den folgenden Aussagen die richtigen aus und korrigiere die falschen.
• In Bezug auf Dünger gilt das Prinzip: „Viel hilft viel!"
• Kot und Urin, sogenannte Gülle, kann man zur Düngung einsetzen.
• Jede Pflanze braucht eine andere Zusammensetzung von Mineralstoffen.
• Überschüssige Düngemittel sammeln sich im Boden an.

9 ● Erläutere, ob Wanderfeldbau nachhaltig ist.

10 ◐ Erläutere Gefahren für den Wald.

11 ◐ Erläutere, was man unter einer nachhaltigen Entwicklung versteht.

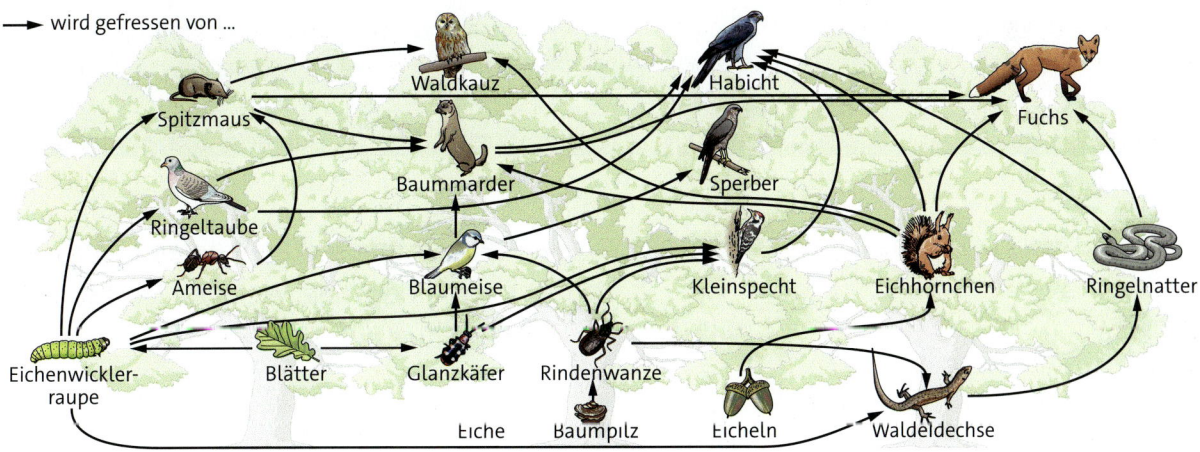

→ wird gefressen von ...

Waldkauz · Habicht · Fuchs · Spitzmaus · Baummarder · Sperber · Ringeltaube · Ameise · Blaumeise · Kleinspecht · Eichhörnchen · Ringelnatter · Eichenwicklerraupe · Blätter · Glanzkäfer · Rindenwanze · Eiche · Baumpilz · Eicheln · Waldeidechse

2 Nahrungsnetz im Wald

Ökologie – die Gewässer

Ein Fischadler fängt einen Fisch aus einem See. Welchen Einfluss hat dies auf das Ökosystem See?

In Fließgewässern herrschen spezielle Umweltbedingungen. Welche sind dies und welche Angepasstheiten haben Lebewesen an dieses Ökosystem?

Viele Gewässer werden vom Menschen genutzt und umgestaltet. Welche Auswirkungen hat das auf die Pflanzen- und Tierwelt?

Vielfalt von Gewässern

1 Tümpel im Wald

2 Begradigter Fluss

Bestimmt gibt es in der Nähe deiner Schule Wasser, vielleicht sogar an unterschiedlichen Stellen wie in einem Fluss oder einem See. Welche weiteren
5 **Gewässer gibt es und wie werden sie unterschieden?**

Fließgewässer • Wasser fließt in Bächen und Flüssen durch unsere Landschaft. Sie sind natürliche Fließgewässer und
10 tragen zu unserer Wasserversorgung bei. Fließgewässer dienen auch als Transportweg für Waren aller Art auf Schiffen. Zur Vernetzung der Gewässer und so erleichterten Transport werden
15 auch künstliche Wasserwege angelegt, die Kanäle.

Stehende Gewässer • Im Gegensatz zu Fließgewässern werden Seen als stehende Gewässer bezeichnet. Kleinere
20 Seen nennt man auch Weiher. Wenn diese sehr flach sind und manchmal komplett austrocknen, werden sie Tümpel genannt.
Seen erhalten ihr Wasser durch Regen-
25 wasser oder durch Flüsse. Manche Seen, wie beispielsweise der Bodensee,

sind wichtige Trinkwasserspeicher. Künstliche Seen, die Stauseen, werden oft zur Energieversorgung angelegt.
30 In Kiesgruben entstehen vom Regen gefüllte Baggerseen. Kleinere künstliche Seen, die meistens zur Fischzucht dienen, nennt man Teiche.

Lebensraum Gewässer • Natürliche Ge-
35 wässer sind ein wichtiger Lebensraum für viele Pflanzen und Tiere. Lebewesen sind auf ausreichende Mengen an sauberem Wasser angewiesen. Durch Verschmutzung oder zu starke
40 Nutzung sind jedoch viele Gewässer gefährdet. Daher sind Abwasserreinigung und Gewässerschutz wichtige Aufgaben des Menschen.

Es gibt viele Arten von Gewässern. Sie sind lebensnotwendig für Menschen, Pflanzen und Tiere.

Aufgabe

1 ○ Nenne fünf Nutzungen von Gewässern.

Erweitern und Vertiefen

Der Bodensee

3 Rastende Vögel

4 Surfer auf dem Bodensee

Der Bodensee • Mit einer Fläche von 536 Quadratkilometern ist der Bodensee der größte See Deutschlands. Er liegt am Fuße der Schweizer Alpen und entstand während der
5 letzten Eiszeit. Der in den Alpen entspringende Rhein durchfließt den Bodensee. Der See kann über den Sommer viel Wärme speichern, weswegen auch im Winter in der Bodenseegegend ein mildes Klima herrscht.

10 **Lebensraum** • Der Bodensee bietet für viele Tier- und Pflanzenarten einen Lebensraum. Am Ufer wächst neben Schilf und Rohrkolben das gefährdete Bodensee-Vergissmeinnicht. Dieses braucht natürliche, unbebaute Ufer.
15 Im See kommen Fische wie Fehlchen, Barsche und Hechte vor. Viele Fische wie auch der Hecht legen ihre Eier an Pflanzen ab. Durch seine besondere Lage und das milde Klima ist der See ein zentraler Punkt für zehntausende
20 Zugvögel. Auch als Überwinterungsplatz wird er von vielen Arten verwendet. So kommt hier eine einmalige Artenvielfalt vor.

Nutzen für den Menschen • Der Bodensee wird vom Menschen auf unterschiedlichste Weise
25 genutzt. Vor allem im Sommer ist der See ein Magnet für Touristen. Dann ist er ein beliebter Badeort mit vielen Badestellen. Neben Angeln kann man auch viele Wassersportarten wie Bootfahren, Segeln, Tauchen und sogar Surfen
30 betreiben. An mehreren Stellen wird dem See Trinkwasser entnommen und sogar bis ins fast 200 Kilometer entfernte Stuttgart gepumpt. Er stellt so die Trinkwasserversorgung von 4 Millionen Menschen sicher. Aufgrund des
35 milden Klimas ist die Bodenseeregion Deutschlands zweitgrößtes Anbaugebiet für Äpfel.

> Der Bodensee ist der größte See Deutschlands. Er ist ein besonderer Lebensraum für Pflanzen und Tiere. Für Menschen bietet er viele Möglichkeiten zur Freizeitgestaltung.

Aufgabe

1 ○ Nenne fünf Nutzungen des Bodensees.

Der See und sein Ufer

1 | Ufer eines Sees

Wenn man von einem natürlichen See-ufer über einen Steg läuft, merkt man, dass immer andere Pflanzen neben dem Steg zu sehen sind.
5 **Warum kann man die meisten Pflanzen nur an bestimmten Stellen im See finden?**

Vielfalt am See • Ein See und sein Ufer bieten viele verschiedene Le-
10 bensräume für Pflanzen und Tiere. Im Schilf des Uferbereichs gibt es beispielsweise gute Versteck- und Brutmöglichkeiten für Vögel. Viele Insekten haben auf der Wasserober-
15 fläche, aber auch im Wasser ihren Lebensraum. Auf den Schwimmblät-tern der Seerosen sitzen Frösche. Weiter draußen im freien Wasser schwimmen Fische. Dort gibt es
20 kaum noch Pflanzen.

Ökosystem See • Der Lebensraum See umfasst den Seeboden und das Frei-wasser. Untersucht man die Umwelt-faktoren in unterschiedlichen Wasser-
25 tiefen eines Sees, so kann man Verän-derungen feststellen. Je tiefer man in einen See eintaucht, desto weniger Sonnenlicht fällt ein. Das Wasser wird kälter und meist nimmt auch der Sauer-
30 stoffgehalt ab, weil für Pflanzen nicht mehr genügend Licht für die Fotosyn-these zur Verfügung steht.
Diese Unterschiede in den Umwelt-faktoren sind die Grundlage für unter-
35 schiedliche Lebensräume im und am See. In jedem dieser Lebensräume gibt es charakteristische Pflanzen und Tiere, die an die Umweltfaktoren angepasst sind. Am einfachsten lassen sich diese
40 Zonen anhand der in ihnen vorkom-menden Pflanzenarten benennen. → 3

Zonen des Sees • Die Bruchwaldzone bildet den Übergang zwischen Festland und See. Hier finden sich Bäume,
45 die auf feuchterem Untergrund wachsen können, wie Weiden und Erlen. Daran angrenzend befinden sich die Seggen- und die Röhricht-Zone mit kräftigen Pflanzen, deren Halme be-
50 reits teilweise unter Wasser wachsen. Sie sind besonders biegsam und werden so nicht durch Wind und Wellen beschädigt. In der Schwimmblattzone leben Pflanzen, deren Blätter auf der
55 Wasseroberfläche schwimmen. Mit zunehmender Wassertiefe folgt die Tauchblattzone mit Pflanzen, die komplett unter Wasser wachsen. Die Freiwasserzone schließlich ist zu tief
60 für Pflanzenwuchs, da in sie nur wenig Licht vordringt. → 3

Tierwelt in den Zonen eines Sees • Die Waldzone und die ufernahen Zonen beherbergen vor allem Vögel und
65 Insekten. Im Wasser der ufernäheren Bereiche ist eine große Vielzahl von Tieren zu finden, wie beispielsweise Insekten und ihre Larven, Schnecken, Würmer, Krebse, Frösche und Molche.
70 Auf der Wasseroberfläche leben dagegen nur wenige Arten. Neben Wasservögeln wie Enten leben hier vor allem Wasserläufer.

> Das Ökosystem See kann in verschiedene Lebensräume unterteilt werden. Wichtige Umweltfaktoren für das Leben im und am Wasser sind Sonnenlicht, Temperatur und Sauerstoffgehalt des Wassers.

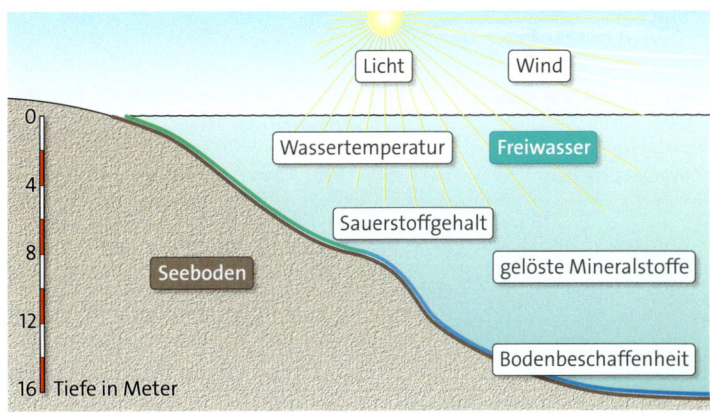

2 Umweltfaktoren im See

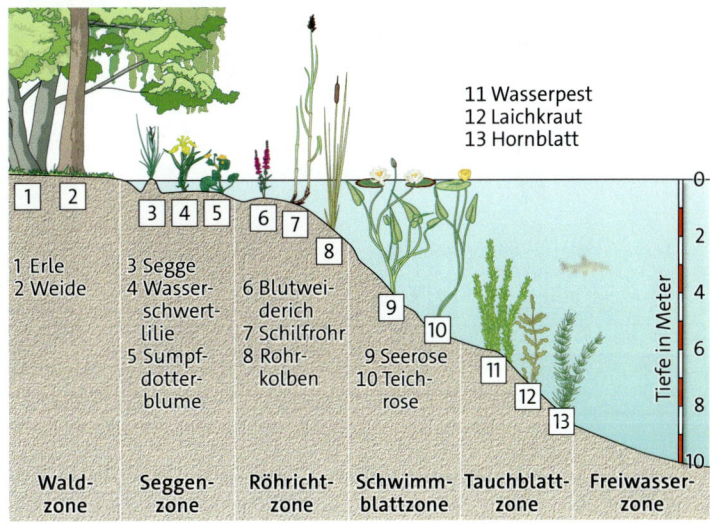

11 Wasserpest
12 Laichkraut
13 Hornblatt

1 Erle
2 Weide
3 Segge
4 Wasserschwertlilie
5 Sumpfdotterblume
6 Blutweiderich
7 Schilfrohr
8 Rohrkolben
9 Seerose
10 Teichrose

Waldzone | Seggenzone | Röhrichtzone | Schwimmblattzone | Tauchblattzone | Freiwasserzone

3 Pflanzenzonen im See

Aufgaben

1 ○ Nenne die Zonen eines Sees.

2 ◐ Vermute, wie sich Sauerstoffgehalt des Wassers und das Licht auf einen Fisch und auf eine Seerose auswirken.

Der See und sein Ufer

Material A

Zonen eines Sees

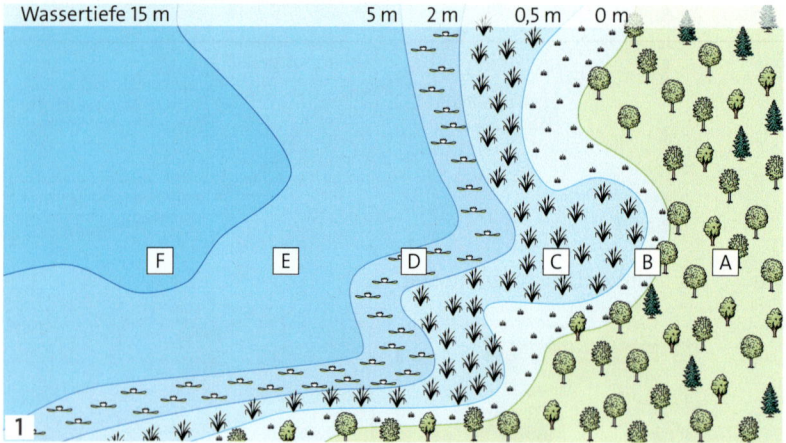

Wassertiefe 15 m 5 m 2 m 0,5 m 0 m

F E D C B A

1

1 ○ Nenne die mit den Buchstaben A bis F gekennzeichneten Bereiche.

2 ● Ordne die Bilder 2 und 3 einer der Zonen zu. Begründe deine Zuordnung.

3 ● Vergleiche die Umweltfaktoren Licht und Sauerstoffgehalt des Wassers in den Zonen B und E. Erläutere den Zusammenhang der beiden Umweltfaktoren.

2

3

Material B

Nester von Vögeln

Am und auf dem Wasser brüten viele Vögel. Ihre Eier müssen stets vor Nässe geschützt sein. Vor allem bei kleineren Gewässern kann aber der Wasserstand schwanken.

1 Betrachte die beiden Nester.
→ 4 5
a ○ Beschreibe die Nester.

b ◐ Erkläre, wie beide Nester vor Schwankungen des Wasserstands geschützt sind.
c ◐ Begründe in welcher Uferzone die Vögel jeweils brüten.

2 ● Stelle Vermutungen an, welche weiteren Vorteile die Lage des jeweiligen Nests bietet.

4 Nest eines Teichrohrsängers

5 Nest eines Haubentauchers

6 Blätter: **A** Schwimmblattpflanze (Seerose), **B** Unterwasserpflanze (Wasserpest), **C** Landpflanze (Buche)

Labels in figure:
- Kutikula
- Spaltöffnung
- Hohlraum
- Festigungselement
- Hohlraum
- Kutikula
- Spaltöffnung

Angepasstheiten von Pflanzen

1 ◯ Nenne die Zonen eines Sees, in der die Seerose und die Wasserpest vorkommen.

2 ◗ Vergleiche die Laubblätter der Buche, der Seerose und der Wasserpest in einer Tabelle.

3 ● Erläutere die Funktion der Hohlräume im Seerosenblatt.

4 ● Erkläre, weshalb die Spaltöffnungen beim Seerosenblatt ausschließlich auf der Blattoberseite zu finden sind, bei der Buche dagegen auf der Unterseite.

5 ● Begründe, weshalb die Blättchen der Wasserpest sehr dünn sein müssen und keine Kutikula haben.

Spaltöffnungen In Blättern von Land- und Schwimmblattpflanzen befinden sich kleine Löcher, die Spaltöffnungen. Über sie nimmt die Pflanze Kohlenstoffdioxid auf und wandelt es bei der Fotosynthese in Sauerstoff um. Eine Wachsschicht, die Kutikula, schützt die Pflanze vor Sonneneinstrahlung und Verdunstung. Die Wasserpest kann Gase durch ihre dünnen Blättchen direkt aus dem Wasser aufnehmen und an das Wasser abgeben.

Nahrungsbeziehungen im See

1 | Blässhuhn fängt einen Fisch.

Das Blässhuhn lebt an flachen stehenden Gewässern. Es ernährt sich von Pflanzen, Muscheln und Insekten. Außerdem jagt es kleinere Fische.
5 Welche Nahrungsbeziehungen gibt es zwischen den Lebewesen im See?

Das Blässhuhn ist ein Allesfresser • Das Blässhuhn brütet an Gewässern mit ausgeprägter Röhrichtzone. Es ernährt
10 sich von Pflanzen wie Schilf. Es pickt Pflanzenteile von der Wasserober-fläche auf, bricht Schilfsprosse mit dem Schnabel ab und springt aus dem Wasser, um Schilfblätter herunterzu-
15 ziehen. Das Blässhuhn pflügt auch mit seinem geöffneten Schnabel durch den Schlamm am Boden des Teichs nach Insektenlarven sowie anderer pflanz-licher und tierischer Nahrung wie
20 Kleinstlebewesen. → 2 Man bezeich-net dies als Gründeln. Bei geschlosse-nem Schnabel wird der Schmutz mit dem Wasser hinausgedrückt. Dabei bleibt die Nahrung wie in einem Sieb
25 hängen und wird verschluckt. Außer-dem geht das Blässhuhn auf die Jagd nach kleinen Fischen. Blässhühner sind Allesfresser. Zu seinen natürlichen Feinden zählen Raubvögel. Junge
30 Blässhühner fallen oft Raubfischen wie dem Hecht zum Opfer.

Plankton • In einem See leben viele Lebewesen, die man mit bloßem Auge kaum erkennen kann. Sie sind mikros-
35 kopisch klein und kleiner als ein Milli-meter. Diese Lebewesen werden von der Wasserströmung bewegt. Man be-zeichnet sie als Plankton. Dieser Begriff stammt aus dem Griechischen und be-
40 deutet das „Umherirrende". Man kann zwischen pflanzlichem und tierischem Plankton unterscheiden. → 2 Heute sind über 40 000 Planktonarten bekannt. Sie leben sogar in nassen
45 Moospolstern oder im feuchten Boden.

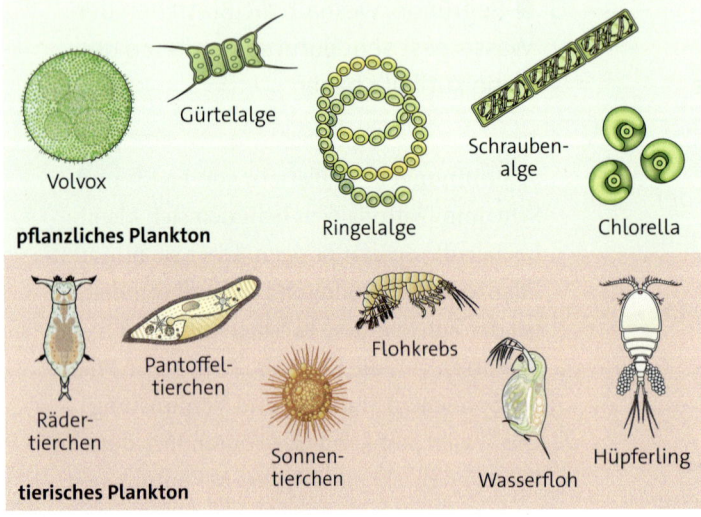

2 | Plankton in Gewässern

Nahrungskette • Wasserpflanzen und pflanzliches Plankton dienen als Nahrungsgrundlage für pflanzenfressende Insekten und anderes tierisches Plank-
50 ton wie dem Wasserfloh. → 3 Diese pflanzenfressenden Lebewesen werden von sich räuberisch ernährenden Tieren wie Blässhühnern gefressen. Diese bilden die Nahrungsgrundlage
55 von weiteren Räubern wie dem Hecht. Solche Nahrungsbeziehungen, bei denen ein Lebewesen jeweils die Nahrungsgrundlage für ein weiteres Lebewesen ist, bezeichnet man als
60 Nahrungskette. Diese bestehen immer aus mehreren Gliedern. Pflanzenfresser und Fleischfresser nennt man Verbraucher oder Konsumenten.

Nahrungsnetz • Viele Tiere ernähren
65 sich nicht nur von einer Nahrungsquelle. Das Rotauge frisst pflanzenfressende Hüpferlinge, aber auch räuberische Gelbrandkäfer. Daher sind einzelne Nahrungsketten an vielen
70 Stellen zu einem Nahrungsnetz verknüpft. → 3

Konkurrenz • Manche Lebewesen ernähren sich ähnlich. Da das Angebot an Nahrung jedoch begrenzt ist, stehen
75 Lebewesen in Konkurrenz zueinander. So fressen der Graureiher und auch der Hecht Fische wie Rotaugen. Graureiher jagen ihre Beute in Ufernähe, der Hecht eher in tieferem Wasser. Dadurch kön-
80 nen beide im gleichen Lebensraum Nahrung finden. Konkurrenzen können auch auftreten, wenn beispielsweise Vögel dieselben Nistplätze bevorzugen.

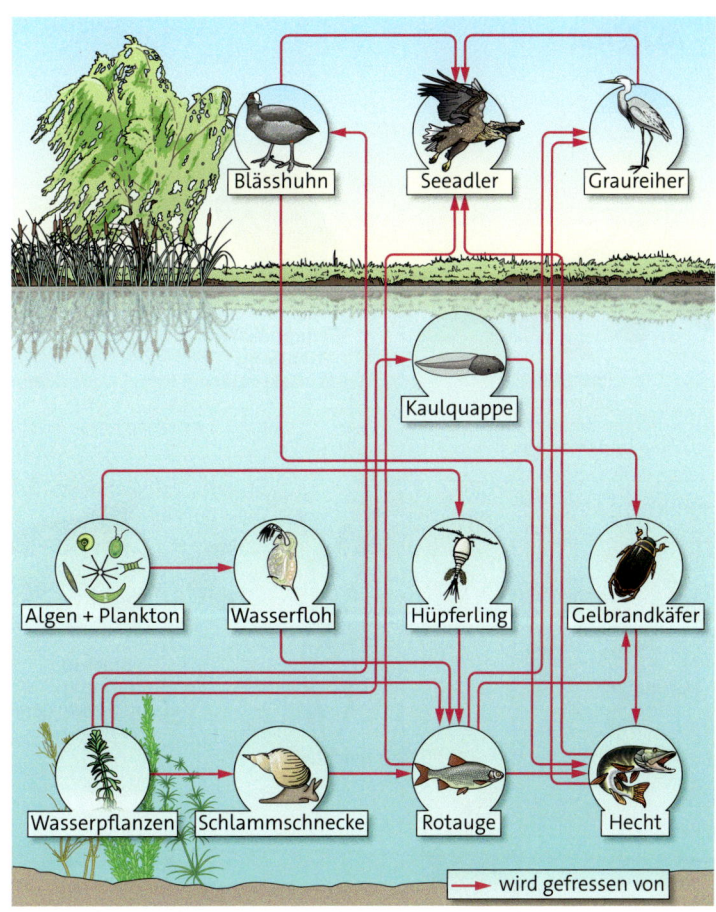

3 Nahrungsbeziehungen im See

Pflanzen, Pflanzenfresser und Fleischfresser im See bilden Nahrungsketten. Die Nahrungsketten sind miteinander verbunden, sodass ein Nahrungsnetz entsteht.

Aufgaben

1 ○ Erstelle mit Hilfe der Lebewesen aus Bild 3 drei Nahrungsketten.

2 ◐ Erkläre den Unterschied zwischen Nahrungskette und Nahrungsnetz.

Nahrungsbeziehungen im See

Gelbrandkäfer
Nahrung:
kleine Insektenlarven

Großlibellenlarve
Nahrung:
kleine Insektenlarven

Haubentaucher
Nahrung:
kleine Fische,
Schnecken

Rotfeder
Nahrung:
kleine Wassertiere
und Pflanzen

Grünalgen

Armleuchteralge

Brachse
Nahrung:
kleine Wassertiere
und Pflanzen

Flussbarsch
Nahrung:
kleine Fische

Wasserpest

Schlammschnecke
Nahrung:
Wasserpflanzen

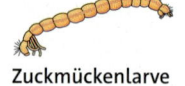

Zuckmückenlarve
Nahrung:
Grünalgen

Wasserläufer
Nahrung:
kleine Insekten

[1] Lebewesen im See

Nahrungsbeziehungen im See

In einem See leben viele verschiedene Lebewesen zusammen.

1 ○ Ordne die Tiere aus Bild 1 in einer Tabelle in Fleischfresser, Pflanzenfresser und Allesfresser.

2 ◐ Begründe, weshalb Pflanzen und auch pflanzliches Plankton wie Algen die Grundlagen von Nahrungsketten sind.

3 ◐ Erstelle aus den Lebewesen in Bild 1 zwei verschiedene Nahrungsketten mit mindestens drei Gliedern. Beschreibe deine jeweiligen Nahrungsketten.

4 ◐ Begründe, weshalb die Rotfeder nicht eindeutig in eine Nahrungskette eingeordnet werden kann.

5 ● Erstelle ein Nahrungsnetz, in dem alle Lebewesen aus Bild 1 vorkommen.

Konkurrenz

Die Reiherente und die Löffel-
ente können im gleichen See
vorkommen. Sie suchen im See
nach Nahrung und brüten ihre
Jungtiere am See aus. Beide
Enten konkurrieren also um
Brutplätze und Nahrung. Sie
bauen beide ihre Nester im
Schilf in der Nähe des Ufers.
Beide Enten leben also im
gleichen Lebensraum.
Dennoch stehen sie kaum
in Konkurrenz zueinander.
Wie geht das?

1 🖢 Vergleiche die Nahrungszusammensetzung, die Orte
der Nahrungssuche und die
Fortpflanzung der beiden
Entenarten. → 4 – 6

2 🖢 Begründe, weshalb beide
Entenarten im selben Le-
bensraum leben und vor-
kommen können.

3 ⬤ Stelle Vermutungen für
die beiden Enten an, was
passiert, wenn ein Groß-
teil der Muscheln und
Schnecken zum Beispiel
durch einen Krankheitser-
reger vernichtet wird.

2 Reiherente

3 Löffelente

	Reiherente	Löffelente
Pflanzen	10	50
Schnecken/Muscheln	60	50
andere Kleinsttiere	30	0

4 Nahrungszusammensetzung (in Prozent)

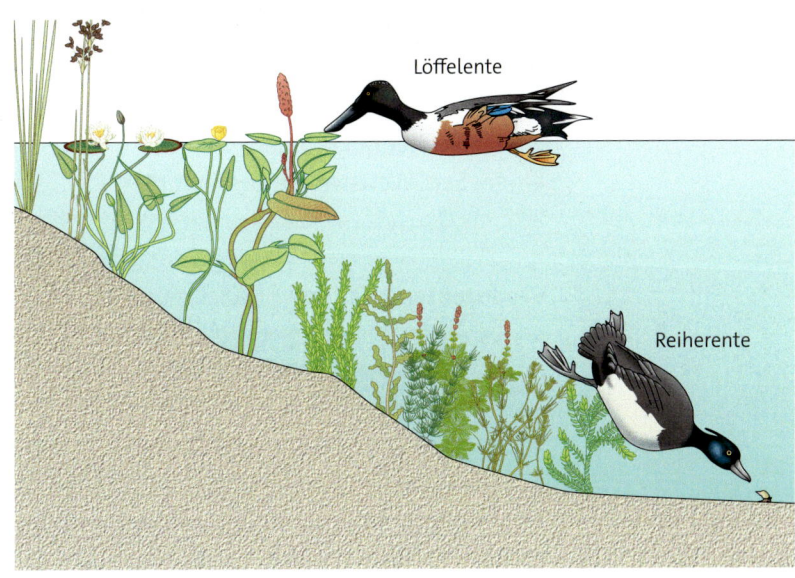

5 Orte der Nahrungssuche

Monate	April	Mai	Juni	Juli	August
Reiherente			Brut	Aufzucht der Jungen	
Löffelente		Brut	Aufzucht der Jungen		

6 Brut- und Aufzuchtzeiten

Kreisläufe im See

1 Fischadler fängt einen Fisch aus einem See.

Ein Fischadler fängt einen Fisch aus einem See. Welchen Einfluss hat dies auf das Ökosystem See?

Produzenten • Grünen Pflanzen und
5 grüne Algen können mit Hilfe des
Sonnenlichtes aus Kohlenstoffdioxid
und Wasser Glukose herstellen. Dieser
Vorgang heißt Fotosynthese. Dabei
wird die Energie des Sonnenlichts in
10 chemische Energie übertragen. Die so
gebildeten Nährstoffe verwenden die
Pflanzen für den Aufbau ihres Körpers
und ihre Lebensvorgänge. Bei den
dabei ablaufenden chemischen Reak-
15 tionen wird Wärmeenergie frei. Da
Pflanzen mit Hilfe der Fotosynthese
energiereiche Nährstoffe produzieren,
nennt man sie Produzenten.

Konsumenten • Pflanzen bilden die
20 Nahrungsgrundlage für alle pflanzenfressenden Tiere des Sees. Zu ihnen
gehören Wasserflöhe, Kaulquappen
und Enten. Diese beziehen ihre Energie
aus den von ihnen gefressenen Pflan-
25 zen, sie „konsumieren" Energie. Daher
nennt man diese Tiere Konsumenten.
Ein Teil der aufgenommenen Energie
wird zum Aufbau des Körpers genutzt.
Wie auch bei den Pflanzen wird der
30 Großteil der aufgenommenen Energie
für Stoffwechselvorgänge benötigt.
Zusätzlich wird denen Energie in Form
von Wärme abgegeben.
Die pflanzenfressenden Konsumenten
35 1. Ordnung werden von anderen Tieren
gefressen. Diese heißen Konsumenten
2. Ordnung. Auch sie können wiederum
nur einen Teil der über ihre Nahrung
aufgenommenen Energie zum Aufbau
40 von Körpersubstanz nutzen. Ein Beispiel ist der Karpfen, der Wasserflöhe
und Kleintiere frisst. Räuberisch lebende Tiere wie der Hecht, der sich auch
von Karpfen ernährt, nennt man Kon-
45 sumenten 3. Ordnung.

Destruenten • Vor allem am Grund
eines Sees gibt es Lebewesen wie
Bakterien und Einzeller, die sich von
abgestorbenen Lebewesen ernähren.
50 Bei ihren Lebensvorgängen entstehen
Mineralstoffe und Kohlenstoffdioxid,
welche den Produzenten zur Verfügung stehen.

Energiefluss und Stoffkreislauf • So-
55 wohl die Biomasse, als auch die Anzahl
der im Ökosystem vorkommenden

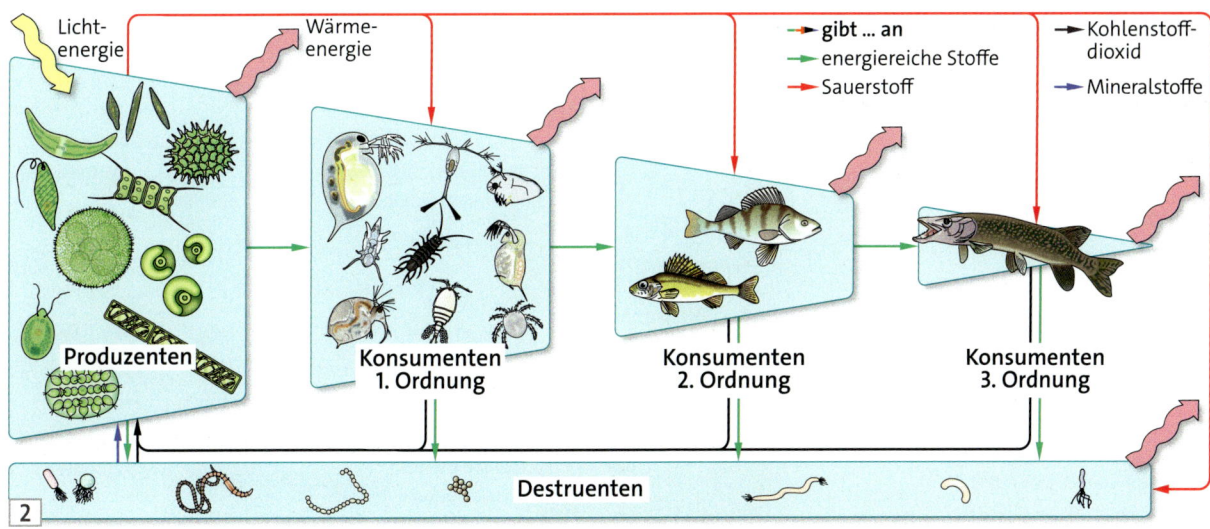

2

Lebewesen nimmt von den Produzenten zu den Konsumenten 3. Ordnung ab. Produzenten, Konsumenten und
60 Destruenten eines Ökosystems geben untereinander Energie weiter. Man spricht von einem Energiefluss. In jedem Schritt werden nur rund zehn Prozent der Energie weitergegeben.
65 Neunzig Prozent werden zum einen für den eigenen Stoffwechsel und Stoffaufbau benötigt. Große Mengen werden als Wärmeenergie frei. Mit der Nahrung werden neben Energie
70 auch Mineralstoffe und Nährstoffe weitergegeben. Durch die Destruenten können diese Stoffe dann wieder von den Produzenten genutzt werden. Man nennt dies einen Stoffkreislauf.

75 **Ökosysteme sind nicht isoliert** • Es gibt viele Tiere, die sich nur zeitweise im und am Wasser aufhalten und so auch Teil anderer Ökosysteme sind. Dazu zählen Biber, Enten, Fischadler, Frösche,
80 Mücken und Libellen. Sie wachsen

beispielsweise im Wasser heran oder nutzen das Ökosystem See als Nahrungsquelle. → 1

Produzenten wandeln die Energie des Sonnenlichts in chemische Energie um.
Konsumenten beziehen ihre Energie durch Fressen von Produzenten oder anderen Konsumenten.

Aufgaben

1 ◐ Beschreibe den Energiefluss im Ökosystem See mithilfe von Bild 2.

2 ● Stelle Vermutungen an, wie Tiere, die nicht ausschließlich das Ökosystem See bewohnen, den Energiefluss und den Stoffkreislauf im See beeinflussen.

Kreisläufe im See

Material A

Stoffverteilung im See

In einem See sind die verschiedenen Stoffe nicht gleich verteilt.

1 ○ Beschreibe die Verteilung von Sauerstoff und Kohlenstoffdioxid. → 1

2 ◖ Erkläre, warum sich pflanzliches Plankton nur in den oberen Wasserschichten befindet.

3 ● Erkläre die Verteilung des Sauerstoffs. Beachte die Rolle des pflanzlichen Planktons.

4 ● Erkläre die Verteilung des Kohlenstoffdioxids im See. Beachte die Rolle der Destruenten.

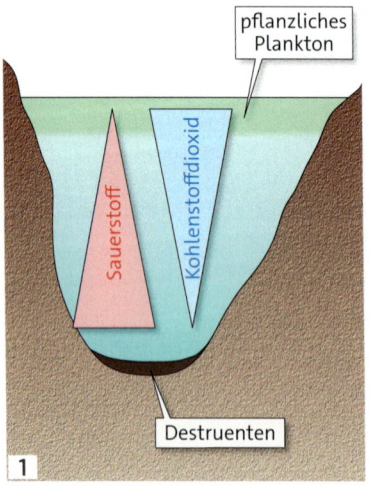

1

Material B

Kohlenstoffkreislauf

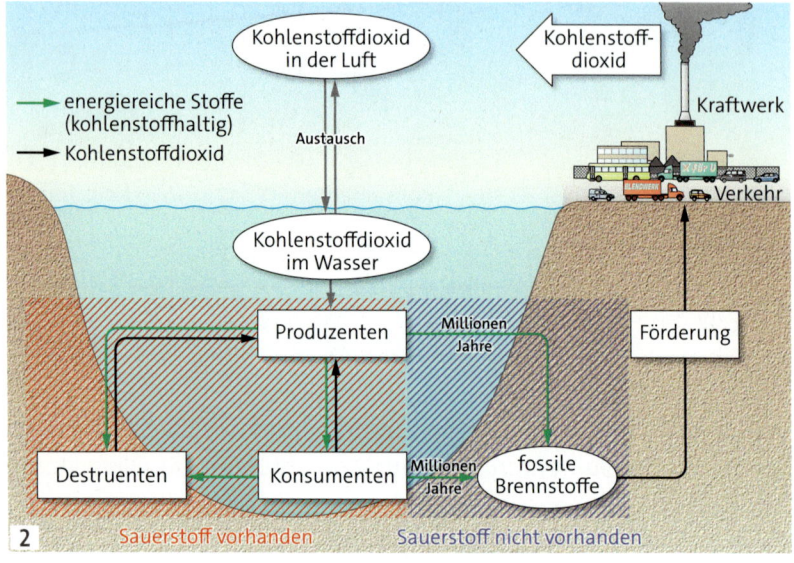

2

Kohlenstoff liegt gebunden in der Biomasse von Lebewesen oder in der Luft als Kohlenstoffdioxid vor.

Gibt es zu viele Produzenten in einem See, wird viel Biomasse produziert. Die Destruenten können die vermehrte Biomasse nicht mehr schnell genug zersetzen. Diese lagert sich am Boden ab und überdeckt die Destruenten im See. Sie bekommen keinen Sauerstoff mehr und sterben ab. Im Laufe von Millionen von Jahren lagert sich immer mehr Material ab. Durch den daraus entstehenden Druck wird die Biomasse zu fossilen Brennstoffen wie Kohle umgewandelt. Man nennt solche kohlenstoffreichen Vorkommen Kohlenstoffsenken.

1 ◖ Beschreibe den Weg des Kohlenstoffs von der Luft zu den Destruenten.

2 ◖ Erläutere, woher die Produzenten den Kohlenstoff zum Aufbau ihrer Biomasse bekommen.

3 Die Zunahme an Kohlenstoffdioxid verstärkt den Klimawandel.
● Erkläre mit Hilfe von Bild 2, warum der Schutz der Kohlenstoffsenken von globaler Bedeutung ist.

Neue Arten in Deutschland

3 Indisches Springkraut

4 Kamberkrebs

5 Dreikantmuschel

Neobiota • Wenn sich Tiere oder Pflanzen in Gebiete ausbreiten, in denen sie vorher nicht heimisch waren, dann bezeichnet man sie als Neobiota. Oft hat der Mensch diese Ausbrei-
5 tung erst ermöglicht oder verstärkt. Auch in Deutschland gibt es 2 000 solcher neuer Tier- und Pflanzenarten, die der Mensch beabsichtigt oder unbeabsichtigt aus der ganzen Welt nach Deutschland gebracht hat.
10 Meist haben sie hier keine natürlichen Feinde oder Konkurrenten wie in ihrer Heimat, weshalb sie sich schnell ausbreiten können. Manchmal kann eine einzige Art ein Öko-system nachhaltig schädigen.

15 **Pflanzen** • Das indische Springkraut wurde vor über 100 Jahren als Zierpflanze nach Europa gebracht. Es wird bis zu zwei Meter hoch. Durch Berührung der Samenkapseln können die Samen bis zu sieben Meter weit geschleu-
20 dert werden. Die Pflanze verbreitete sich daher schnell entlang von Gewässern und wächst dort so dicht, dass darunter keine heimischen Pflanzen mehr wachsen können.

Tiere • Als vor über 100 Jahren immer mehr
25 einheimische Flusskrebse an der Krebspest

starben, wollte man die Krebszucht wieder beleben. Dafür setzte man amerikanische Kamberkrebse aus. Diese übertragen jedoch die Krebspest, ohne selbst daran zu erkranken.
30 In der Folge gab es immer weniger einheimische Flusskrebse. Dieser ist in Deutschland bis heute selten und gefährdet.
Mit Schiffen wurde die Dreikantmuschel vom Südwesten Russlands in deutsche Flusssys-
35 teme gebracht. Vor 50 Jahren gelangte sie auch in den Bodensee. Dort vermehrt sich die Muschel sehr stark. Dies kann dazu führen, dass Rohre zur Entnahme von Trinkwasser verstopfen. Die Muschel ist aber auch eine
40 wichtige Nahrungsquelle. So hat sich die Anzahl der überwinternden Wasservögel am Bodensee in den letzten 20 Jahren verdoppelt.

Aufgaben

1 ◐ Begründe, weshalb der heimische Fluss-krebs gefährdet ist.

2 ◐ Recherchiere im Internet nach weiteren Neobiota. Erläutere ihre Auswirkungen und Möglichkeiten, diese Auswirkungen einzudämmen.

Von der Quelle zur Mündung

1 Ein Fluss schlängelt sich durch die Landschaft.

In den Bergen entspringt ein Bach. Nahe der Quelle strömt das Wasser schnell. Weiter flussabwärts fließt es immer langsamer, bis es schließlich ins Meer mündet. Welche Bereiche kann man in einem Fluss unterscheiden?

Zonierung eines Fließgewässers • Im Verlauf eines Flusses von der Quelle bis zu seiner Mündung ändern sich viele Faktoren, die für Lebewesen wichtig sind. Dazu gehören beispielsweise Sauerstoffgehalt und Temperatur, aber auch der Untergrund, das Bett eines Fließgewässers. Die Fließgeschwindigkeit bestimmt auch den Nährstoffgehalt. → 5

Oberlauf • In der Nähe der Quelle strömt der Bach wegen des Gefälles schnell. Die Wassertemperatur ist niedrig. Der Sauerstoffgehalt des Wassers ist hoch. Im Bachbett finden sich grobe Steine. Wegen der starken Strömung kommen nur wenig Lebewesen vor. Ein für diesen Bereich typischer Fisch ist die Bachforelle. Weiter stromabwärts wird der Bach breiter. Seine Fließgeschwindigkeit nimmt ab. Die Temperatur ist immer noch niedrig, der Sauerstoffgehalt hoch. Im Bachbett sind grobe und feinere Steine zu finden. Hier fühlt sich die Äsche wohl.

Mittellauf • Der Bach fließt allmählich langsamer, wird breiter und schließlich zum Fluss. Strömungsgeschwindigkeit und Sauerstoffgehalt nehmen ab. Die Wassertemperatur nimmt zu. Das Flussbett wird feiner und besteht aus Kies und Sand. Der Fluss windet sich durch die Landschaft. An manchen Stellen entstehen kleine Sandbänke und Inseln. Eine typische Fischart des Mittellaufs ist die Barbe.

Unterlauf • Der Fluss wird noch breiter und fließt immer langsamer. Das Wasser wird wärmer und der Sauerstoffgehalt nimmt ab. Im Flussbett ist grober und feiner Sand zu finden. Im Unterlauf von Flüssen kommt häufig der Brachsen vor.

Mündung • In der Nähe seiner Mündung fließt der Fluss sehr langsam. Der Sauerstoffgehalt ist niedrig, die Temperatur hoch. Der Grund besteht aus feinem Sand und Schlamm. Manchmal ist sogar der Einfluss des

2 Oberlauf

3 Mittellauf

4 Unterlauf

60 Meeres zu spüren. Das Wasser kann salzhaltig sein und der Wasserstand ändert sich mit Ebbe und Flut. Ein typischer Fisch ist die Flunder, die sowohl im Fluss als auch im Meer leben kann.

> Die Lebensbedingungen in einem Fließgewässer wie Sauerstoffgehalt, Temperatur und Fließgeschwindigkeit ändern sich von seiner Quelle bis zur Mündung. Dies wirkt sich auf alle Lebewesen im Fluss aus.

Aufgaben

1 ○ Nenne die fünf Bereiche, in die ein Fließgewässer unterteilt werden kann.

2 ◐ Vergleiche die Strömungsgeschwindigkeit und den Nährstoffgehalt im Oberlauf und an der Mündung eines Fließgewässers.

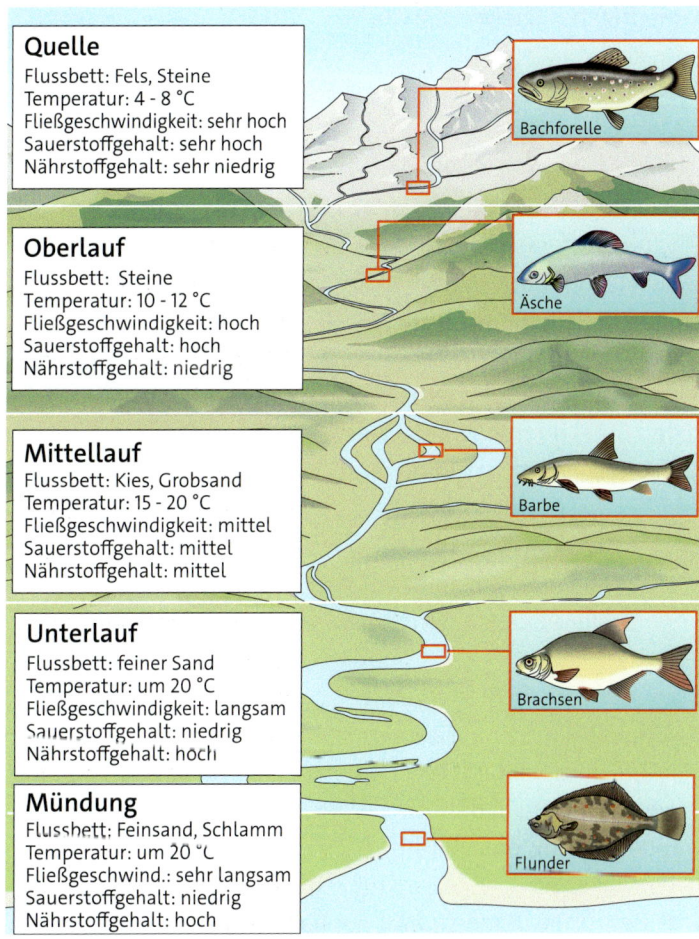

Quelle
Flussbett: Fels, Steine
Temperatur: 4 - 8 °C
Fließgeschwindigkeit: sehr hoch
Sauerstoffgehalt: sehr hoch
Nährstoffgehalt: sehr niedrig
Bachforelle

Oberlauf
Flussbett: Steine
Temperatur: 10 - 12 °C
Fließgeschwindigkeit: hoch
Sauerstoffgehalt: hoch
Nährstoffgehalt: niedrig
Äsche

Mittellauf
Flussbett: Kies, Grobsand
Temperatur: 15 - 20 °C
Fließgeschwindigkeit: mittel
Sauerstoffgehalt: mittel
Nährstoffgehalt: mittel
Barbe

Unterlauf
Flussbett: feiner Sand
Temperatur: um 20 °C
Fließgeschwindigkeit: langsam
Sauerstoffgehalt: niedrig
Nährstoffgehalt: hoch
Brachsen

Mündung
Flussbett: Feinsand, Schlamm
Temperatur: um 20 °C
Fließgeschwind.: sehr langsam
Sauerstoffgehalt: niedrig
Nährstoffgehalt: hoch
Flunder

5 Zonierung eines Fließgewässers

Von der Quelle zur Mündung

Umweltfaktoren im Fließgewässer

In Bild 1 ist die Fließgeschwindigkeit, die Temperatur und der Sauerstoffgehalt eines Fließgewässers von seiner Quelle bis zu seiner Mündung dargestellt.

1 ○ Nenne den Bereich des Flusses mit der höchsten und den Bereich mit der niedrigsten Fließgeschwindigkeit.

2 ◐ Beschreibe den Zusammenhang zwischen der Wassertemperatur und dem Sauerstoffgehalt sowie den Zusammenhang zwischen Fließgeschwindigkeit und Sauerstoffgehalt. → 1

In den Steckbriefen 2 und 3 sind zwei typische Fischarten eines Fließgewässers abgebildet.

3 ○ Vergleiche die Lebensweise der beiden Arten.

4 ◐ Ordne die beiden Fischarten anhand ihres Steckbriefs dem Bereich des Fließgewässers zu, in dem sie leben. Nimm dazu Bild 1.

5 ● Begründe deine Zuordnungen.

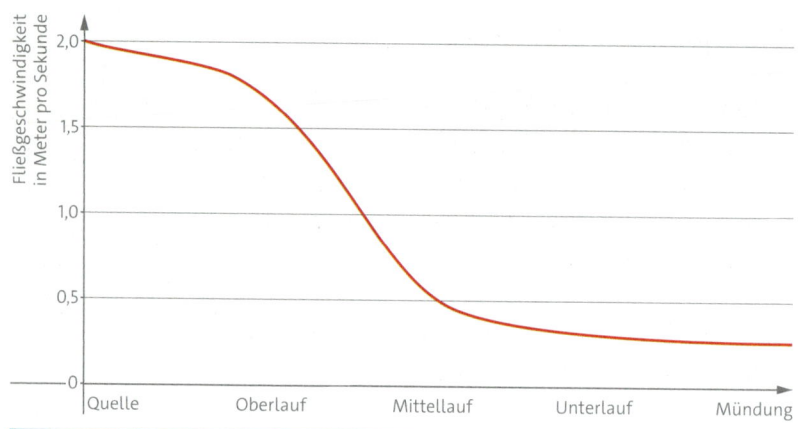

	Quelle	Ober-lauf	Mittel-lauf	Unter-lauf	Mün-dung
Temperatur in Grad Celsius	8	13	17	20	22
Sauerstoffgehalt in mg Sauerstoff pro L	12	19	8	6	5

1 Umweltfaktoren eines Fließgewässers

Kaulbarsch
Größe: bis 18 cm
Vorkommen: Fluss und Meer
Lebensweise: kann in Salzwasser und in Süßwasser leben, bevorzugt langsam fließende Gewässer, ernährt sich räuberisch von Kleinstlebewesen wie Flohkrebsen oder auch von Fischeiern.

Groppe
Größe: bis 15 cm
Vorkommen: Bäche
Lebensweise: benötigt Wasser mit hohem Sauerstoffgehalt, kalten und steinigen Untergrund, Beutefisch von Forellen, lebt räuberisch und frisst Kleinstlebewesen in Bodennähe, besitzt keine Schwimmblase.

Lebewesen in Fließgewässern

Leben in der Strömung • Neben Fischen wie der Forelle oder der Äsche kommen in Fließgewässern noch viele weitere Lebewesen vor. Alle diese Lebewesen müssen mit der Strömung zu-
5 rechtkommen. Direkt in der Strömung halten sich außer Fischen kaum Tiere auf. Die meisten Tiere leben daher in der Nähe des Grundes und halten sich unter oder hinter Steinen auf.

4 Köcherfliegenlarve

Angepasstheiten von Lebewesen • Manche Tie-
10 re wie die Köcherfliegenlarve, bauen sich eine Wohnröhre und beschweren sie mit Steinen.
→ 4 Andere, wie die Larve der Eintagsfliege, haben einen stark abgeflachten Körper und bieten so der Strömung nur wenig Widerstand.
15 → 5 Zusätzlich haben sie Krallen, mit denen sie sich festhalten. Die Larven von Lidmücken haben auf ihrer Unterseite Saugnäpfe, mit denen sie sich am Untergrund festsaugen.
→ 6 Flussnapfschnecken haben eine flache
20 Gestalt, die dem Wasser nur wenig Widerstand bietet. Zusätzlich haben sie einen kräftigen Saugfuß, mit dem sie sich auf Steinen festhalten. Auch Pflanzen können in starker Strömung nicht wachsen. Hier gibt es oft nur Algenbe-
25 wuchs auf Steinen. Weiter flussabwärts sind hingegen viele Wasserpflanzen zu finden.

5 Eintagsfliegenlarve

| Der wichtigste Faktor für die Lebewesen der Fließgewässer ist die Fließgeschwindigkeit.

6 Lidmückenlarve

Aufgabe

1 ◐ Erläutere Angepasstheiten von Tieren an die Strömung anhand von zwei Beispielen.

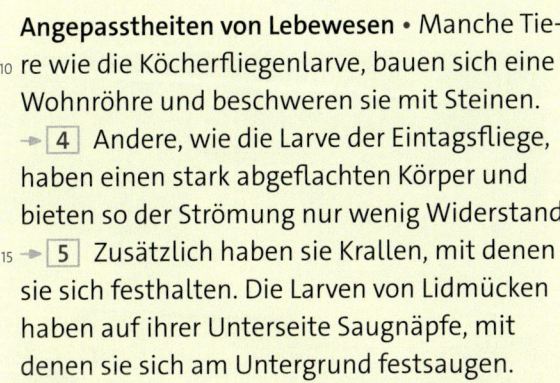

7 Flussnapfschnecke

Von der Quelle zur Mündung

Erweitern und Vertiefen

Gefährdung von Fließgewässern

Abwassereinleitung • Fließgewässer werden schon lange vom Menschen genutzt. Flüsse dienen als Transportweg oder zur Trinkwassergewinnung. Oft werden aber auch Abfälle und
5 Ausscheidungen eingeleitet: das Abwasser. Es stammt nicht nur aus Siedlungen, sondern auch aus der Landwirtschaft und der Industrie. Durch die im Abwasser enthaltenen Stoffe können Lebewesen geschädigt werden oder sterben.

10 **Veränderung** • Um Flächen für Siedlung und Landwirtschaft zu gewinnen, werden Flüsse seit rund 150 Jahren in ihrem Lauf durch den Menschen verändert. Dämme werden gebaut, gewundene Flussläufe werden begradigt. → 1
15 Begradigungen dienen auch dazu, den Schiffsverkehr auf dem Fluss zu erleichtern. Durch Begradigungen werden häufig die natürlichen Überschwemmungsflächen an den Flüssen zerstört. Dies führt zu einer erhöhten Gefahr
20 von Überflutungen. Die für die Gewinnung von Elektrizität genutzten Stauwehre tragen ebenfalls zur Veränderung der Fließgewässer bei. In vielen Fällen verhindern sie die Wanderungen von Fischen wie dem Lachs.

25 **Renaturierung und Hilfsmaßnahmen** • An manchen Stellen wird versucht, gerade Flussläufe wieder in einen natürlicheren Zustand mit Biegungen zu versetzen. → 2 Dabei entstehen neue Lebensräume und Überschwemmungsflä-
30 chen. Die Hochwassergefahr kann so verringert werden. An viele Wehre werden heute sogenannte Fischtreppen gebaut, um Wanderungen von Fischen wieder zu ermöglichen. → 3

1 Veränderter, begradigter Fluss

2 Bachlauf direkt nach Renaturierungsmaßnahme

3 Fischtreppe

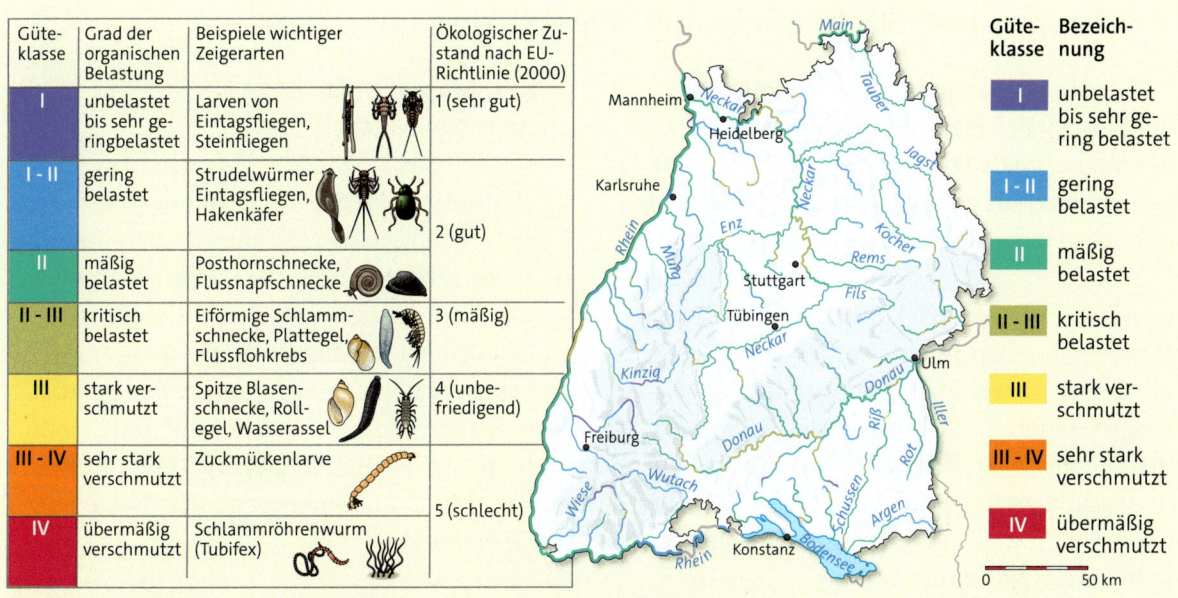

Güte-klasse	Grad der organischen Belastung	Beispiele wichtiger Zeigerarten		Ökologischer Zustand nach EU-Richtlinie (2000)
I	unbelastet bis sehr geringbelastet	Larven von Eintagsfliegen, Steinfliegen		1 (sehr gut)
I – II	gering belastet	Strudelwürmer Eintagsfliegen, Hakenkäfer		2 (gut)
II	mäßig belastet	Posthornschnecke, Flussnapfschnecke		
II – III	kritisch belastet	Eiförmige Schlammschnecke, Plattegel, Flussflohkrebs		3 (mäßig)
III	stark verschmutzt	Spitze Blasenschnecke, Rollegel, Wasserassel		4 (unbefriedigend)
III – IV	sehr stark verschmutzt	Zuckmückenlarve		5 (schlecht)
IV	übermäßig verschmutzt	Schlammröhrenwurm (Tubifex)		

Güte-klasse	Bezeichnung
I	unbelastet bis sehr gering belastet
I – II	gering belastet
II	mäßig belastet
II – III	kritisch belastet
III	stark verschmutzt
III – IV	sehr stark verschmutzt
IV	übermäßig verschmutzt

4 Gewässergüteklassen und Gewässergüte in Baden-Württemberg

Zeigerarten • Die in Fließgewässern vorkommenden Lebewesen kommen unterschiedlich gut mit Gewässerbelastungen zurecht. Steinfliegenlarven und Strudelwürmer sind beispielsweise auf hohen Sauerstoffgehalt und gute Wasserqualität angewiesen. Andere Tiere wie die Larven der Zuckmücke können auch in stark verschmutztem und sauerstoffarmem Wasser leben. Je nachdem, welche Tierarten man in einem Fließgewässer findet, kann man auf die Qualität des Wassers schließen. Die Lebewesen, die man dafür heranzieht, heißen Zeigerarten.

Gewässergüte • Mithilfe der Zeigerarten lässt sich die Qualität eines Fließgewässers besonders leicht bestimmen. Die aktuelle Wasserqualität kann aber auch mithilfe von Labormethoden ermittelt werden. Diese Wasserqualität nennt man Gewässergüte. Für jede der Güteklassen gibt es spezifische Zeigerarten. Es werden mehrere Güteklassen unterschieden, die von „unbelastet" bis „übermäßig verschmutzt" reichen. Aus den Daten zur Güteklasse können Gewässergütekarten erstellt werden. → 4

Renaturierungen können zum Schutz gefährdeter Fließgewässer beitragen. Die Qualität von Gewässern und anderen Lebensräumen kann mithilfe von Lebewesen, den Zeigerarten, bewertet werden.

Aufgaben

1 ◖ Erläutere Möglichkeiten, wie man Fließgewässer renaturieren kann.

2 ◖ Erkläre, was man unter Gewässergüte versteht.

Von der Quelle zur Mündung

Untersuchung eines Fließgewässers mit Hilfe von Zeigerarten

Naturnahe Gewässer besitzen unbelastetes Wasser. Durch das Einleiten von Abwässern hat der Mensch viele Fließgewässer verschmutzt. In den stark veränderten Fließgewässern kommen nur noch wenige Pflanzen- und Tierarten vor.

Gewässergüte Um die Entwicklungen der Gewässer zu überprüfen, werden in Europa die Gewässer regelmäßig kontrolliert. Man beschreibt dabei den Zustand des Gewässers in mehrere Kategorien von unbelastet bis übermäßig verschmutzt.
Diese Einteilung eines Gewässers bezeichnet man als Gewässergüte.

Belastungen Die Belastung von Fließgewässern geschieht vor allem durch zu viele Nährstoffe. Werden diese abgebaut, wird dem Wasser Sauerstoff entzogen. Dann können viele Tiere wie Fische nicht mehr atmen.

Zeigerarten Neben chemischen und physikalischen Untersuchungen geben auch die Lebewesen Aufschluss über den Gewässerzustand. Vor allem wirbellose Tiere können leicht untersucht werden. Bestimmte Arten sind an spezielle Umweltbedingungen wie Nahrungsangebot oder Sauerstoffgehalt des Wassers angepasst. Findet eine Art geeignete Lebensbedingungen vor, kommt sie im Fließgewässer gehäuft vor. Das Vorkommen einer Art zeigt somit bestimmte Umweltbedingungen an. Man bezeichnet solche Arten deshalb als Bioindikatoren. → 1
Jeder Art wird ein bestimmter Indikatorwert zugeordnet.

So gehst du vor, wenn du ein Fließgewässer untersuchen willst:

1 Sammle Wassertiere unter mindestens 5 faustgroßen Steinen. Du kannst auch Tiere von der Unterseite der größeren Steine absammeln. Wenn es die Stelle, an der du Tiere sammelst, zulässt, kannst du auch einen Kescher langsam und vorsichtig durch die Pflanzen, den Sand oder den Schlamm am Boden ziehen. Wenn du mehrere Stellen eines Fließgewässers untersuchst, musst du immer die gleiche Vorgehensweise einhalten.

2 Setze die Tiere vorsichtig in eine mit Fluss- oder Bachwasser gefüllte Schale.

3 Bestimme die Tiere mithilfe von Bild 1. Zähle, wie viele Tiere von jeder Art vorkommen.

4 Addiere die Anzahl aller gefangenen Tiere. Multipliziere die Anzahl der Tiere für jede Art mit ihrem Indikatorwert. → 2 Addiere alle Indikatorwerte. → 3 Teile die Summe der Indikatorwerte durch die Summe aller gefangenen Tiere. So erhältst du deine Gewässergüte.

5 Setze am Schluss deiner Untersuchung die Tiere wieder vorsichtig zurück ins Gewässer.

Aufgabe

1 ○ Suche leicht begehbare Stellen an einem Fluss oder Bach. Untersuche an jeder Stelle das Gewässer und ermittle die Gewässergüte.

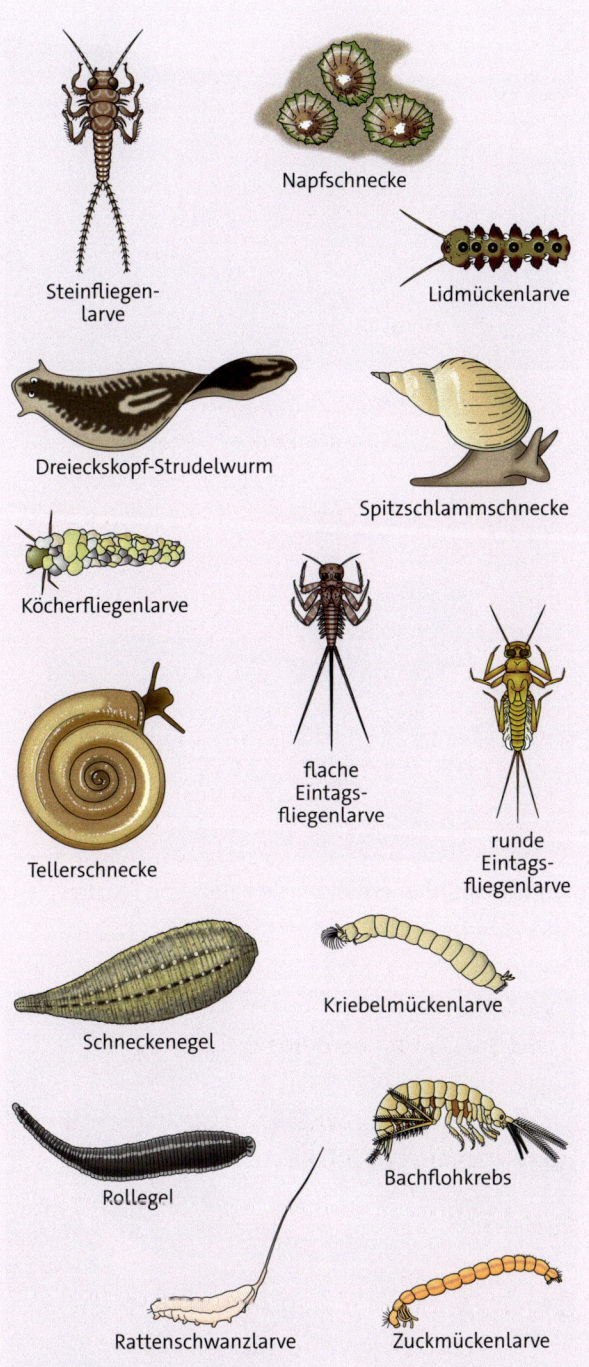

Zeigerart	Indikatorwert
Steinfliegenlarve	1
Eintagsfliegenlarve, flach	1
Lidmückenlarve	1
Köcherfliegenlarve	1,5
Dreieckskopf-Strudelwurm	1,5
Tellerschnecke	2
Spitzschlammschnecke	2
Eintagsfliegenlarve, rund	2
Napfschnecke	2
Bachflohkrebs	2
Schneckenegel	2,5
Kriebelmückenlarve	2,5
Rollegel	3
Rote Zuckmückenlarve	3,5
Rattenschwanzlarve	4

2 | Indikatorwerte von Zeigerarten

Name des Gewässers: _Enz_

Ort: _Pforzheim_   Datum: _17. 05. 2017._

Tierart	Anzahl	Indikator-wert	Produkt
Steinfliegenlarve	12	x1	12
Lidmückenlarve	3	x1	3
Köcherfliegenlarve	18	x1,5	27
Tellerschnecke	4	x2	8
Bachflohkrebs	1	x2	2

Summe: 38   Summe: 52

Berechnung:

Summe Produkt	:	Summe Anzahl		Gewässergüte
52	:	38	=	1,2

3 | Untersuchungsbogen

1 | Zeigerarten in Fließgewässer

Zusammenfassung

Lebensraum Gewässer • Zu den Fließgewässern zählen Bäche, Flüsse und die künstlich angelegten Kanäle. Seen, Weiher, Tümpel und die künstlichen Teiche und Baggerseen werden den stehenden Gewässern zugeordnet. Natürliche und saubere Gewässer sind für Pflanzen, Tiere und Menschen lebensnotwendig. Das Ökosystem See bietet mit seinen verschiedenen Uferzonen vielen Lebewesen einen Lebensraum. Entscheidende Umweltfaktoren sind Sonnenlicht, Temperatur und Sauerstoffgehalt.

1 Ufer eines Sees

Nahrungsbeziehungen • Produzenten wandeln die Energie des Sonnenlichts in chemische Energie um. Konsumenten beziehen ihre Energie durch Fressen von Produzenten oder andere Konsumenten. Destruenten wandeln abgestorbene Lebewesen zu Mineralstoffen um. Produzenten, Konsumenten und Destruenten bilden einen Stoffkreislauf. Pflanzen, Pflanzenfresser und Fleischfresser bilden Nahrungsketten. Die Nahrungsketten sind miteinander verbunden, sodass ein Nahrungsnetz entsteht.

2 Blässhühner ernähren sich auch von Fischen

Von der Quelle zur Mündung • Ein Fließgewässer kann nach der Fließgeschwindigkeit, dem Sauerstoffgehalt, der Temperatur und der Beschaffenheit des Flussbetts in vier Zonen eigeteilt werden: Der Oberlauf, der Mittellauf, der Unterlauf und die Mündung. Die unterschiedlichen Lebensbedingungen in den Zonen wirken sich auch auf die Lebewesen im Fluss aus. Abwassereinleitungen oder veränderte Flussläufe gefährden die Artenvielfalt in den Flüssen. Mit Hilfe der sogenannten Zeigerarten sind Rückschlüsse auf die Qualität eines Fließgewässers möglich.

3 Der Mittellauf eines Flusses

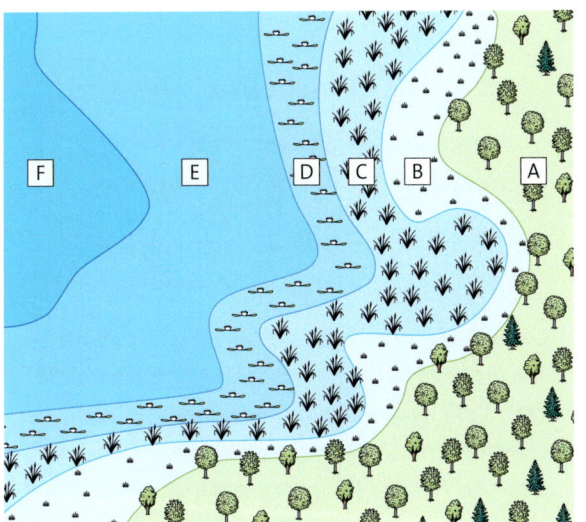

4 Zonen eines Sees

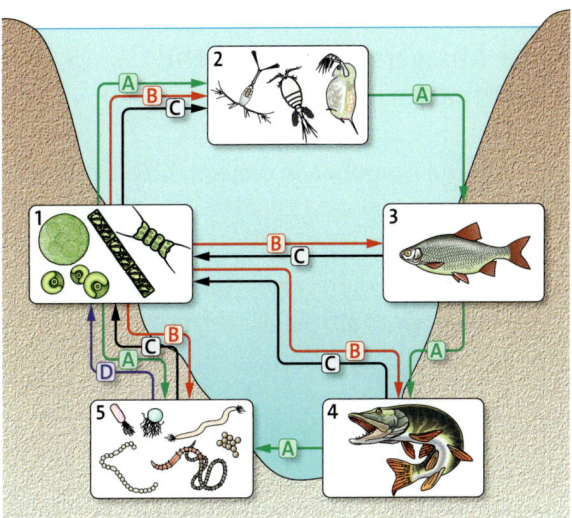

5 Nahrungsbeziehung in einem See

Vielfalt von Gewässern

1 ○ Ordne folgende Gewässer in die Tabelle ein: Kanal, See, Weiher, Tümpel, Fluss, Teich, Baggersee, Bach.

	natürlich	künstlich
stehendes Gewässer	...	...
Fließgewässer	...	...

Ökosystem See

2 Betrachte Bild 4.
a ○ Nenne die in Bild 4 mit Buchstaben gekennzeichneten Zonen eines Sees.
b ○ Ordne jeder Zone eine typische Pflanzenart zu.

3 ◐ Erkläre, weshalb der Sauerstoffgehalt in der Nähe der Wasseroberfläche höher ist als am Seegrund.

4 Betrachte Bild 5.
a ○ Ordne den Nummern 1 bis 5 folgende Begriffe zu: Konsumenten 1. Ordnung, Produzenten, Konsumenten 2. Ordnung, Konsumenten 3. Ordnung, Destruenten.
b ◐ Ordne den mit Buchstaben markierten Pfeilen folgende Stoffe zu: Mineralstoffe, Sauerstoff, Kohlenstoffdioxid, energiereiche Stoffe
c ◐ Erläutere die Bedeutung des pflanzlichen Planktons für das Leben im Wasser.

Fließgewässer

5 ◐ Beschreibe die Zonen eines Fließgewässers.

6 ○ Erläutere an einem Beispiel, wie Lebewesen an die Strömung eines Fließgewässers angepasst sind.

7 ◐ Beschreibe Gefährdungen von Fließgewässern und Möglichkeiten der Renaturierung.

Anhang

Operatoren

Keine Missverständnisse mehr bei Aufgaben

Die meisten Aufgaben in diesem Buch beginnen mit einem Verb:
- **Nenne** die fünf ...
- **Beschreibe** die die Vermehrung eines ...
- **Begründe**, weshalb die ...
- **Erläutere** an einem Beispiel ...
- ...

Diese Verben geben an, was du tun sollst.

Ordne

Teile in Gruppen ein. Lege z. B. Listen an.

Aufgabe: Ordne die Enzyme Proteasen, Lipasen, Maltase und Amylasen verschiedenen Bildungsorten im Körper zu.

Lösung:
Proteasen: Magen, Bauchspeicheldrüse und Dünndarm
Lipasen: Bauchspeicheldrüse und Dünndarm
Maltase: Dünndarm
Amylasen: Mundhöhle und Bauchspeicheldrüse

Beschreibe

Formuliere so genau (mit Fachwörtern), dass man sich alles vorstellen kann.

Aufgabe: Beschreibe die Vermehrung eines Virus.

Lösung: Ein Virus kann sich nicht selbst vermehren. Es benötigt zur Vermehrung eine Wirtszelle. Trifft ein Virus auf eine Zelle, bleibt es mit seinen Proteinfortsätzen an der Oberfläche der Zelle haften. Die Erbinformation des Virus stellt den Stoffwechsel der Wirtszelle so um, dass Virusbausteine hergestellt werden. Die Bausteine fügen sich zu neuen Viren zusammen. Die Wirtszelle platzt und setzt eine große Anzahl von Viren frei, die weitere Zellen befallen können.

Erläutere

Erkläre ausführlich und liefere Beispiele.

Aufgabe: Erläutere an einem Beispiel das Schlüssel-Schloss-Prinzip bei Enzymen.

Lösung: Ein Enzym kann seine Aufgabe, zum Beispiel die Spaltung eines Stoffes, nur erfüllen, wenn die Struktur des Enzyms zu der des Stoffes passt, der gespalten werden soll. So kann das Enzym Amylase die Stärke spalten. Amylase und Stärke passen zusammen wie ein Schlüssel, der in ein bestimmtes Schloss passt. Nur so können sich Enzym und Stoff für eine kurze Zeit miteinander verbinden, sodass die Spaltung in Gang gesetzt wird.

Nenne

Notiere Namen oder Begriffe.

Aufgabe: Nenne Verdauungsorgane, die am Abbau von Fetten beteiligt sind.

Lösung: *Bauchspeicheldrüse, Leber, Gallenblase und Dünndarm*

Erkläre - Begründe

Notiere eine oder mehrere Ursachen.

Aufgabe: Erkläre, warum Blut rot ist.

Lösung: *Blut enthält viele rote Blutkörperchen, die den roten Blutfarbstoff Hämoglobin enthalten. Daher ist Blut rot.*

Vergleiche

Stelle Gemeinsamkeiten und Unterschiede dar.

Aufgabe: Vergleiche die Bestandteile von Pflanzenzelle und Tierzelle.

Lösung:

	Pflanzenzelle	Tierzelle
Zellwand	vorhanden	nicht vorhanden
Zellmembran	vorhanden	vorhanden
Zellplasma	vorhanden	vorhanden
Zellkern	vorhanden	vorhanden
Vakuole	vorhanden	nicht vorhanden
Mitochondrien	vorhanden	vorhanden
Chloroplasten	vorhanden	nicht vorhanden

Stelle Vermutungen an

Überlege mögliche Gründe oder Auswirkungen. Begründe deine Antwort.

Aufgabe: Stelle Vermutungen an, warum in Deutschland ein Vitamin-C-Mangel so gut wie nicht vorkommt.

Lösung: *Vitamin C ist in vielen Obst- und Gemüsesorten enthalten. Manchen Lebensmitteln wird es sogar noch extra zugesetzt. In Deutschland gibt es keinen Mangel an Nahrungsmitteln, deshalb ist es fast unmöglich, zu wenig Vitamin C aufzunehmen. Ein Vitamin-C-Mangel ist daher sehr selten.*

Zeichne

Gib dir Mühe, ein genaues und vollständiges Bild anzufertigen.

Aufgabe: Zeichne vier bis fünf Zellen der Zwiebelschuppenhaut und beschrifte sie.

Lösung:

Objekt: Rote Zwiebel
Präparat: Zellen der Zwiebelhaut
Vergrößerung 400x

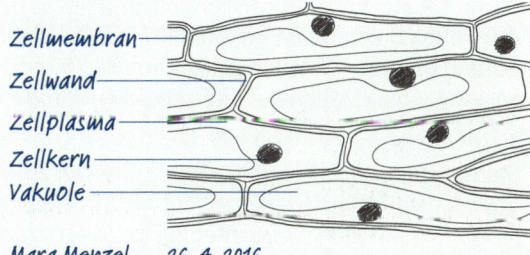

Zellmembran
Zellwand
Zellplasma
Zellkern
Vakuole

Mara Menzel   26. 4. 2016

Zelle und Stoffwechsel – S. 33

1 1 – Zellmembran, 2 – Zellkern, 3 – Zellplasma,
4 – Mitochondrium, 5 – Chloroplast, 6 – Vakuole,
7 – Zellwand, 8 – Tüpfel

2

Bestandteile	Aufgaben
Zellwand	Stabilität
Tüpfel	Stoffaustausch zwischen Zellen
Zellmembran	ermöglicht Stoffaustausch
Zellplasma	Ort von Stoffwechselvorgängen
Zellkern	enthält Erbinformation, steuert Lebensvorgänge
Mitochondrien	Energieversorgung
Vakuole	Wasser- und Stoffspeicher
Chloroplasten	Aufbau von energiereichen Stoffen (Fotosynthese)

3 1 – Zellmembran, 2 – Zellkern, 3 – Zellplasma,
4 – Mitochondrium

4

Tierzelle	Pflanzenzelle
Zellmembran	Zellmembran
Zellkern	Zellkern
Mitochondrium	Mitochondrium
Zellplasma	Zellplasma
…	Chloroplasten
…	Vakuole
…	Tüpfel
…	Zellwand

5 Um ein Bild im Mikroskop scharf zu stellen, muss der Objekttisch zuerst möglichst nah an das Objektiv herangefahren werden. Dann wird der Objektivtisch langsam nach unten gefahren, bis das zu untersuchende Objekt deutlich erkennbar ist.

6 Damit Lebewesen wachsen können, müssen sich ihre Zellen durch Teilung vervielfältigen. Nach der Teilung müssen die Zellen Zellplasma neu bilden. So wachsen die Zellen auf ihre endgültige Größe an.

7 Stammzellen sind besondere Zellen, die sich zu unterschiedlichen Zellentypen entwickeln können. So können aus einer befruchteten Eizelle verschiedene Zelltypen mit unterschiedlichen Aufgaben entstehen.

8 Aus den Stammzellen können sich zum Beispiel Muskelzellen entwickeln. Die Stammzellen, die sich zu Muskelzellen entwickeln, werden lang und fadenartig. Dieser Prozess wird Zelldifferenzierung genannt.

9 Deckgewebe, Bindegewebe, Muskelgewebe, Nervengewebe

10 Ein **Organsystem** besteht aus mehreren zusammenarbeitenden Organen. **Organe** sind abgrenzbare Teile eines Lebewesens mit bestimmten Aufgaben. Sie bestehen aus unterschiedlichen Geweben. **Gewebe** sind Ansammlungen von gleichartigen Zellen.

11 Kohlenstoffdioxid + Wasser
→ Glucose + Sauerstoff

12 Chloroplasten

13 Sauerstoff + Glukose
→ Kohlenstoffdioxid + Wasser

14 Die Fotosyntheseleistung einer Pflanze ist von der Lichtintensität, der Kohlenstoffdioxidkonzentration und der Umgebungstemperatur abhängig.

15 Während der Fotosynthese nehmen Pflanzen Kohlenstoffdioxid auf und geben Sauerstoff wieder ab. Die Pflanzen produzieren den Sauerstoff, den Tiere und Menschen zum Leben benötigen. Sie sind daher wesentlich für das Überleben auf der Erde.

Körperbau und Bewegung – S. 61

1 Stützen des Körpers, Schutz der inneren Organe

2 Die Knochen von Kleinkindern bestehen zum großen Teil noch aus biegsamem und elastischem Knorpel. Erst im Laufe des Wachstums werden dann Mineralstoffe eingelagert, die den Knochen härter und belastbarer machen.

3 Die Wirbelsäule ist aus elastischen Bandscheiben und Wirbeln aus Knochen aufgebaut. Sie hat eine Doppel-S-Form.
1 – Wirbel, 2 – Bandscheibe, 3 – Rückenmark.

4 Das Tragen eines Rucksacks schont den Rücken, wenn man den Rucksack auf dem Rücken und nicht an der Seite trägt. Die Schulterriemen sollten straffgezogen sein.

5 Durch die gekrümmte Haltung beim Sitzen, wird die Wirbelsäule falsch belastet. Das kann zu Rückenschmerzen führen. Deshalb sollte man am Schreibtisch immer gerade sitzen.

6

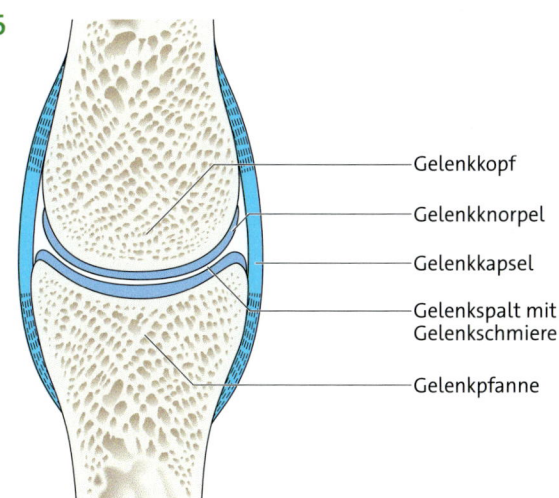

	Gelenkkopf
	Gelenkknorpel
	Gelenkkapsel
	Gelenkspalt mit Gelenkschmiere
	Gelenkpfanne

– Gelenkspalt mit Gelenkschmiere: vermindert die Reibung
– Gelenkband: sichert die Stabilität
– Gelenkkapseln: sichern die Stabilität
– Gelenkknorpel: vermindert die Reibung
– Gelenkpfanne und Gelenkkopf: bilden das Grundgerüst und bestimmen die Beweglichkeit

7 Muskeln können sich nur zusammenziehen. Daher arbeiten zwei Muskeln immer nach dem Gegenspielerprinzip zusammen. Zieht sich der Beuger des Arms zusammen, wird der Unterarm angewinkelt. Durch das Zusammenziehen des Streckers wird der Arm wieder gestreckt.

8 Aufwärmübungen vor einer sportlichen Betätigung sind wichtig, um Verletzungen zu vermeiden. Beim Aufwärmen verbessert sich das Zusammenspiel zwischen Muskeln und Gelenken.

9 a 7 – Erkältung, 8 – Nackenschmerzen, 9 – Übergewicht, 10 – Müdigkeit und schlechte Laune
b Durch Bewegungsmangel ist das Abwehrsystem des Körpers schwächer, Krankheitserreger können den Körper so leichter angreifen. Muskeln die durch Bewegungsmangel wenig beansprucht werden, können den Körper nicht so gut stützen. Dadurch kann es zu Haltungsschäden und Schmerzen kommen. Durch Bewegung wird der Stoffwechsel aktiviert. So nimmt man weniger schnell zu. Bei Bewegung werden Glücksstoffe im Gehirn ausgeschüttet.

c Bewegungsmangel kann auch zu Herz-Kreislauf-Erkrankungen führen. Auch Gelenkschmerzen oder Gelenksverletzungen können durch geschwächte und wenig beanspruchte Muskeln entstehen.
d Körperliche Bewegung hält gesund und macht Spaß. Man hat häufiger gute Laune und ist „besser drauf". Das liegt daran, dass der Körper während und nach dem Sport Glücksstoffe bildet. Außerdem werden die Muskeln kräftiger, die Lunge kann mehr Sauerstoff aufnehmen und das Abwehrsystem des Körpers wird gestärkt.

10 Auf Sport zu verzichten, um verletzte oder schmerzende Gelenke zu schonen, verschlimmert auf lange Sicht die Probleme. Werden die Muskeln, die das Gelenk stützen und bewegen nicht trainiert, wird das Gelenk noch stärker oder falsch belastet. Daher ist es wichtig, weiter Sport zu treiben. Dafür bieten sich gelenkschonende Sportarten, wie Schwimmen, Nordic Walking, Radfahren oder auch der Crosstrainer im Fitnessstudio an.

Ernährung und Verdauung – S. 108

1 A – Kohlenhydrat, B – Zweifachzucker, C – Einfachzucker, D – Fett, E – Glycerin, F – Fettsäuren, G – Eiweiß, H-Aminosäuren

2

Nährstoff	Aufgabe	für Körper nutzbare Energie pro Gramm Nährstoff
Kohlenhydrate	Betriebsstoffe	17,2 KJ
Fette	Speicher- und Reservestoffe	38,9 KJ
Eiweißstoffe	Baustoffe	17,0 KJ

3 a richtig
b falsch; Iod-Kalium-Iodid-Lösung verfärbt beim Vorhandensein von Stärke.
c falsch; Mit der Fehling-Probe weist man das Vorhandensein von Glukose nach.
d richtig

4 Vitamine, Mineralstoffe und Ballaststoffe

5 Der Mangel an Vitamin D kann zu Knochenerweichungen führen.

6 Ballaststoffe quellen bei der Verdauung im Magen auf und fördern somit das Sättigungsgefühl. Des Weiteren regeln sie die Verdauungsvorgänge im Darm und wirken vorbeugend gegen Übergewicht und Verstopfungen.

7 Damit der Körper den gesamten Tag über leistungsfähig ist, muss der Zuckerspiegel im Blut gleichbleibend sein. Deshalb sollte man gleichmäßig über den Tag verteilte Mahlzeiten zu sich nehmen. Der Körper benötigt diese regelmäßige Energiezufuhr auch, um alle lebenswichtigen Funktionen aufrecht zu erhalten.

8 Zu einer ausgewogenen Ernährung gehören Kohlenhydrate, Fette, Eiweiße, Mineralstoffe, Vitamine, Ballaststoffe und Wasser. Wie man an der Ernährungspyramide gut erkennen kann, bilden Kohlenhydrate die Basis einer gesunden Ernährung. Nimmt man weniger davon zu sich, wird der tägliche Bedarf des Körpers nicht gedeckt. Es kann zu Mangelerscheinungen, Funktionsstörungen und Erkrankungen kommen.

9 **Grundumsatz** ist die Menge an Energie, die der Körper benötigt, um die Funktion seiner Organe aufrecht zu erhalten.
Leistungsumsatz bezeichnet diejenigen körperlichen und geistigen Aktivitäten, die über die reine Aufrechterhaltung des Körpers hinausgehen. Beispiele sind Radfahren, Jonglieren, für eine Klassenarbeit lernen oder ein Buch lesen.
Der **Gesamtumsatz** ist die Summe aus Grund- und Leistungsumsatz.

10 Ein Büroangestellter muss weniger Energie aufnahmen als ein Bauarbeiter, weil er kaum körperlich anstrengende Arbeit verrichtet. Der Bauarbeiter hat einen höheren Leistungsumsatz als der Büroangestellte. Um diesen zu decken, hat er einen erhöhten Energiebedarf.

11 Nimmt man mehr Energie zu sich als man verbraucht, so speichert der Körper diese überschüssige Energie in Form von Fett ab. Das sind Energiereserven für schlechte Zeiten. Kommt man jedoch nie in einen Mangelzustand, werden diese Reserven auch nicht wieder abgebaut. Man nimmt an Gewicht zu.

12 Der Körper „nimmt ab", wenn er mehr Energie durch körperliche Bewegung und Aktivitäten verbraucht, als ihm über die Nahrung zugeführt wird.

13 In der Nährwerttabelle steht der Energiegehalt eines Lebensmittels in kJ pro 100 g. Außerdem gibt sie Aufschluss über die Menge der enthaltenen Nährstoffe und Ergänzungsstoffe. Meist ist auch angegeben, welchen Anteil die einzelnen Mengen an der empfohlenen Tageszufuhr haben.

14 Unter Verdauung versteht man die Verwertung und Aufspaltung der in der Nahrung enthaltenen Nährstoffe in kleine, für den Körper verwertbare Bestandteile.

15 a 1 – Speicheldrüsen, 2 – Speiseröhre, 3 – Leber, 4 – Magen, 5 – Gallenbalse, 6 – Bauchspeicheldrüse, 7 – Dickdarm, 8 – Dünndarm
b Amylase: Speicheldrüse, Maltase: Dünndarm, Pepsin: Magen, Lipasen: Bauchspeicheldrüse
c Die Maltase kann nur Maltose spalten. Sie ist nicht in der Lage, Amylase oder andere Nährstoffe wie Fette oder Eiweißstoffe zu spalten. Die Verbindung eines Enzyms mit einem Stoff ist vergleichbar mit einem Schlüssel, der zu einem bestimmten Schloss passt. Die Maltase ist sozusagen der „Schlüssel", der genau zum „Schloss", der Maltose, passt. Dies nennt man Schlüssel-Schloss-Prinzip.

16 a Die Dünndarmwand ist auf der Innenseite zahlreich gefaltet. Diese „Falten" tragen winzig kleine Ausstülpungen, die Darmzotten. Die Zellen dieser Darmzotten tragen wiederum zahlreiche dünne Fortsätze. Diese heißen Mikrovilli.
b Der komplexe Aufbau der Dünndarmwand führt zu einer enormen Oberflächenvergrößerung. Das heißt, Darmfalte, Darmzotte und Mikrovilli zusammen haben eine sehr viel größere Oberfläche, als wenn die Dünndarmwand glatt wäre. Durch die vergrößerte Oberfläche können viel mehr Nähstoffe zur gleichen Zeit ins Blut übertreten.

17 Im Dünndarm werden die zuvor in ihre einzelnen Bausteine zerlegten Nährstoffe ins Blut überführt. Diese gelangen durch die Dünndarmwand in die zahlreichen Blutkapillaren und somit ins Blut.

18 Laktose oder Milchzucker wird von einem ganz bestimmten Enzym gespalten, der Laktase. Menschen, deren Körper dieses Enzym nicht bildet, können den Milchzucker folglich nicht verdauen. Dies bezeichnet man als Laktoseunverträglichkeit.

Atmung, Blut und Kreislaufsystem – S. 137

1 Körperkreislauf und Lungenkreislauf

2

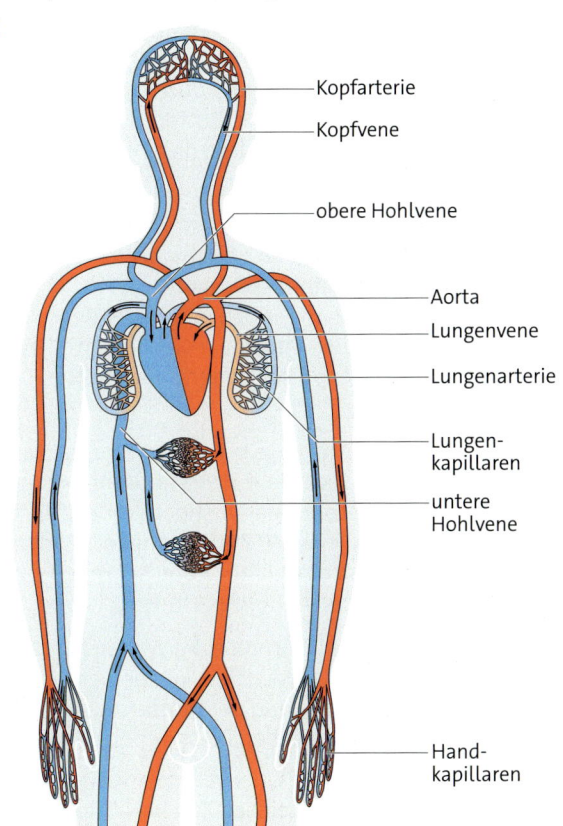

Kopfarterie
Kopfvene
obere Hohlvene
Aorta
Lungenvene
Lungenarterie
Lungen-kapillaren
untere Hohlvene
Hand-kapillaren

3

	Aufbau	Funktion
Arterien	• Innenhülle • Außenhülle • mittlere, dicke Muskelschicht	transportiert Blut vom Herzen zu den Organen
Venen	• Innenhülle • Außenhülle • mittlere, dünne Muskelschicht • Venenklappen	transportiert Blut von den Organen zum Herzen, Venenklappen verhindern Rückfluss des Bluts
Kapillaren	• dünne Wand	Stoff- und Gasaustausch des Bluts mit den Organen

4 1 – Lungenarterie, 2 – Aorta, 3 – Hohlvene,
4 – Taschenklappe, 5 – Segelklappe,
6 – rechte Herzkammer, 7 – Herzscheidewand,
8 – linke Herzkammer, 9 – Lungenvene

5 Das Herz pumpt das Blut durch den Blutkreislauf zu den Organen, sodass jede Zelle des gesamten Körpers mit Nährstoffen und Sauerstoff versorgt wird.

6 Während die rechte Herzhälfte das Blut nur durch die Lungenarterie in die Lunge pumpt, muss die linke Herzhälfte das Blut durch den gesamten Körper pumpen. Der Herzmuskel ist deshalb auf der linken Seite kräftiger und größer.

7 Die Herzklappen ermöglichen die Regelung des Blutflusses. Sie verhindern das Zurückfließen des Bluts in die Herzkammern beziehungsweise in die Venen.

8 Das Blut setzt sich aus zwei wesentlichen Bestandteilen zusammen: dem Blutplasma und den Blutzellen. Das **Blutplasma** befördert Nährstoffe, Vitamine, Hormone, Gerinnungsstoffe und Abfallstoffe durch den gesamten Körper. Die drei zu unterscheidenden Blutzellen haben verschiedene Aufgaben. Die **Erythrozyten** transportieren Sauerstoff von den Lungenbläschen zu den Zellen und Kohlenstoffdioxid von den Zellen zur Lunge. Die **Leukozyten** bekämpfen Krankheitserreger. Die **Thrombozyten** sind für den Wundverschluss nach Verletzungen verantwortlich.

9 1 – Rachen, 2 – Bronchie, 3 – Bronchiole,
4 – Alveolen, 5 – Mundhöhle, 6 – Kehlkopf,
7 – Luftröhre, 8 – Lungenflügel, 9 – Zwerchfell

10 Nasenhöhle/Mundhöhle → Rachen → Kehlkopf
→ Luftröhre → Bronchien → Bronchiolen
→ Alveolen → Lungenflügel

11 Die Alveolen sind von einem Netz aus Kapillaren umgeben. Kohlenstoffdioxid löst sich von den Erythrozyten, gelangt aus dem Blut in die Alveolen und wird ausgeatmet. Sauerstoff dagegen gelangt über die Alveolen ins Blut und wird von den Erythrozyten zu den Organen transportiert.

12 Die drei zentralen Schadstoffe im Zigarettenrauch sind Kohlenstoffmonoxid, Teer und Nikotin. Teer verklebt die Flimmerhärchen der Luftröhre, wodurch Schadstoffe in die Alveolen gelangen, die den Gasaustausch stören oder verhindern können.

13 Nikotin hat einen ähnlichen Aufbau wie die Botenstoffe, welche angenehme Gefühle in unserem Gehirn auslösen. Jedoch wirkt Nikotin schneller und wird in großen Mengen durchs Rauchen aufgenommen. Dieses Glücksgefühl will der Körper immer wieder haben.

Fortpflanzung und Entwicklung – S. 169

1 Haben Menschen unterschiedlichen Geschlechts eine emotionale oder sexuelle Beziehung zueinander, sind sie **heterosexuell.** Fühlen sich Frauen zu Frauen oder Männer zu Männern hingezogen, sind sie lesbisch oder schwul und sind **homosexuell.** Wenn man sowohl homosexuelle, als auch heterosexuelle Beziehungen eingeht, wird das als **bisexuell** bezeichnet. **Transsexuelle** Menschen fühlen sich ihrem angeborenen Geschlecht nicht zugehörig. Sie wollen als Angehörige/r des anderen Geschlechts leben und möchten sich häufig auch körperlich dem anderen Geschlecht angleichen. Durch operative und medikamentöse Eingriffe ist dies möglich.

2 Frau: Östrogen und Progesteron
Mann: Testosteron

3 Das Geschlechtshormon Testosteron bewirkt die Reifung der Spermienzellen im Hoden des Jungen. Die Hormone Östrogen und Progesteron führen im Eierstock des Mädchens zur Reifung einer Eizelle.

4

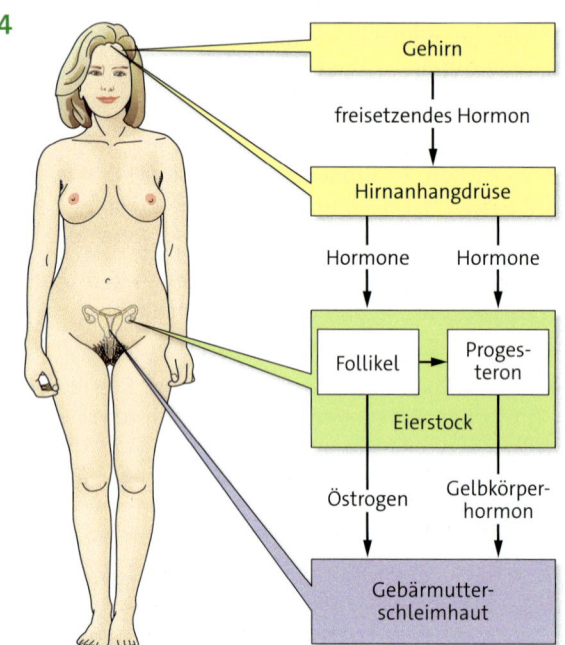

5 Das Herausziehen des Penis aus der Scheide kurz vor dem Orgasmus wird als „Coitus interruptus" bezeichnet und ist keine Verhütungsmethode. Bereits vor dem Orgasmus treten Spermienzellen aus und können die Eizelle befruchten.

6 Die Pille enthält Hormone und ein sicheres Verhütungsmittel. Wird sie von einer Frau eingenommen, erkennt die Hirnanhangsdrüse, dass genügend Hormone im Blut vorhanden sind. Dadurch werden in den Eierstöcken keine Geschlechtshormone mehr gebildet. Der Eisprung und die Eireifung in den Eierstöcken wird verhindert (A). Auch der Aufbau der Gebärmutterschleimhaut wird durch die Pille vermindert (B). Der Schleim am Muttermund wird so verändert, dass Spermienzellen nicht eindringen können.

7 Die Befruchtung findet im Eileiter statt. Die reife Eizelle verschmilzt mit der Spermienzelle. Bei dieser Verschmelzung entsteht die Zygote.
Die Zygote teilt sich mehrfach und bildet den Bläschenkeim. Dabei wird er zur Gebärmutter transportiert. Dort nistet er sich in der Gebärmutterschleimhaut ein.

8 Das Kind wird im Mutterleib aus dem Blut der Mutter über die Plazenta und die Nabelschnur mit Nährstoffen versorgt. Giftstoffe wie Alkohol oder Nikotin, die in den Blutkreislauf der Mutter gelangen, können aber auch die Plazentaschranke überschreiten. Sie können so der Entwicklung des Kindes schaden.

9 Vor der Geburt lösen Hormone die Wehen aus. Die Geburtsmuskulatur zieht sich in kürzer werdenden Abständen zusammen und der Muttermund öffnet sich. Anschließend schieben Presswehen das Baby durch den Geburtskanal.

Informationssysteme – S. 215

1 sensorischen Nervenfasern: leiten elektrisches Signal von den Sinneszellen zum zentralen Nervensystem
motorischen Nervenfasern: leiten elektrisches Signal vom zentralen Nervensystem weg

2 Sinneszellen sind auf bestimmte Reize spezialisiert. Dieser Reiz wird als adäquater Reiz bezeichnet.

3 Eine Eingabe, in Form von Licht, trifft auf unsere Augen. Die Rezeptoren wandeln den Reiz in ein elektrisches Signal um. Über die sensorischen Nervenfasern wird das Signal zum Gehirn weitergeleitet und dort verarbeitet. Anschließend sendet das Gehirn Befehle über die motorischen Nervenfasern zum Erfolgsorgan. Dort wird dann der Befehl des Gehirns ausgegeben. Diese Abfolge (Eingabe – Verarbeitung – Ausgabe) bezeichnet man als EVA-Prinzip.

4 1 – Muskel: Bewegung des Auges
2 – Aderhaut: Versorgung mit Nährstoffen
3 – Lederhaut: Stabilität

4 – Ringmuskel: verformen der Linse

5 – Linsenband: Verbindung zwischen Ringmuskel und Linse

6 – Pupille: Öffnung des Auges

7 – Hornhaut: Lichtbrechung

8 – Augenkammer: Versorgung der Hornhaut und der Linse mit lebenswichtigen Stoffen

9 – Iris: reguliert die Größe der Pupille und damit den Lichteinfall ins Auge

10 – Linse Lichtbrechung

11 – Glaskörper: Stabilität

12 – Pigmentschicht: bewirkt bessere Aufnahme des Lichts

13 – Netzhaut: Umwandlung der Lichtreiz in ein elektrisches Signal

14 – Sehnerv: Weiterleitung des Signals

15 – blinder Fleck: Ort, wo Sehnerv das Auge verlässt

16 – gelber Fleck: Ort des schärfsten Sehens

5 Die Linse des Auges muss ihre Brechkraft verändern, um Gegenstände unterschiedlicher Entfernungen scharf zu stellen. Wird ein weit entfernter Gegenstand fokussiert, sind die Ringmuskeln angespannt und die Linsenbänder entspannt. Das Führt dazu, dass die Linse dicker wird und sich so ihre Brechkraft verstärkt. Bei weniger weit entfernten Gegenständen ist es umgekehrt.

6 Gefahren: mechanische und chemische Einflüsse, UV-Strahlung
natürliche Schutzvorrichtungen: Druckempfinden, Schwitzen, Bildung von Pigmenten
künstliche Schutzvorrichtungen: Handschuhe, Kleidung, Sonnenschutzmittel

7 Die UV-Strahlen des Sonnenlichts können die Netzhaut verletzen. Längerfristig kann es so zur Beeinflussung des Sehvermögens kommen. Die UV-Strahlung dringt auch in die Haut und verursacht dort eine Entzündung der Unterhaut, einen Sonnenbrand. Bei noch längerem ungeschützten Sonnenbanden kann so auch Hautkrebs entstehen.

8 1 – synaptischer Spalt, 2 – Endknöpfchen, 3 – Dendrit, 4 – Zellkern, 5 – Zellkörper, 6 – Hüllzelle, 7 – Schnürring, 8 – Axon, 9 – Muskel, 10 – Signalweiterleitung

9 Gelangt ein elektrisches Signal zu einer Synapse, verschmelzen mit Transmittern gefüllte Bläschen mit der Zellmembran. Die Transmitter gelangen so in den synaptischen Spalt und lagern sich den Rezeptoren der Zielzelle an. Die Bindung an die Rezeptoren löst erneut ein elektrisches Signal in der Zielzelle aus.

10 Hormone sind Botenstoffe. Sie werden von Hormondrüsen in den Blutkreislauf abgegeben und so zu ihren Wirkorten transportiert. Die Hormone können sich aber nur an bestimmte Zellen anlagern, sogenannte Zielzellen. Diese tragen einen passenden Rezeptor für das Hormon. Hormon und Rezeptor passen ineinander wie ein Schlüssel in ein Schloss.

11 Als Stress werden alle Veränderungen des Körpers bezeichnet, die sich aufgrund einer belastenden Situation ergeben.

Immunbiologie – S. 249

1 Infektion, Inkubationszeit, Erkrankung, Gesundung

2 Bei einem grippalen Infekt erhöht sich die Körpertemperatur auf über 38 °C. Bei dieser Temperatur kann das Immunsystem die Krankheitserreger schneller bekämpfen.

3 Beim Niesen oder Husten werden feinste Tröpfchen in der Luft verteilt. Diese Tröpfchen enthalten Erreger. Durch die Atemluft können andere Menschen die Erreger aufnehmen.

4 a Salmonellen sind Stäbchenbakterien.
b Antibiotika könne die Zellmembran oder die Zellwand zerstören, die Fortbewegung eines Bakteriums einschränken oder auch die Erbinformation schädigen.

5 Viren können sich nicht selbstständig vermehren. Sie nutzen zur Vermehrung den Stoffwechsel von Wirtszellen, den sich umprogrammieren.

6 Zecken, Mücken, Kopfläuse, Bandwürmer, Flöhe, bestimmte Einzeller

7 Die Anwendungen von Zeckenspray, Mückenspray, Moskitonetzen und Flohhalsbändern für Haustiere sind einfache Möglichkeiten, um sich vor den Parasiten zu schützen.

8 In der Magensäure, werden Krankheitserreger abgetötet. Der Säureschutzmantel der Haut verhindert das Eindringen von Erregern in den Körper und deren Vermehrung. In der von den Schleimhäuten in Mund, Nase und den Geschlechtsorganen produzierten feuchten Schutzschicht befinden sich Abwehrstoffe gegen Erreger.

9 Bei der unspezifischen Immunabwehr übernehmen die Leukozyten verschiedene Aufgaben. Fresszellen machen die Krankheitserreger unschädlich, indem sie sie ins Zellinnere aufnehmen. Dabei werden jegliche Arten von Krankheitserregern bekämpft.

10 **T-Helferzellen** aktivieren die Plasmazellen und die T-Killerzellen.
Riesenfresszellen nehmen den Antigen-Antikörper-Komplex auf und machen ihn unschädlich.
Gedächtniszellen werden gebildet, damit bei einer erneuten Infektion das Immunsystem die Erreger schneller abwehren kann.
T-Killerzellen erkennen und zerstören vom Erreger befallene Körperzellen.

11 Die aktivierten T-Helferzellen und Plasmazellen entwickeln sich zu Gedächtniszellen.

12 Antigen und Antikörper bilden einen Komplex nach dem Schlüssel-Schloss-Prinzip. Der Antikörper ist der „Schlüssel", der genau zum „Schloss", dem Antigen, passt. Es gibt folglich für jeden Erreger genau einen spezifischen Antikörper.

13 Die passive Immunisierung ist eine vorsorgliche Impfung. Es werden vom Körper Gedächtniszellen gebildet, die bei einer Infektion eine schnelle Immunabwehr hervorrufen. Bei der passiven Immunisierung werden entsprechende Antikörper direkt injiziert, sodass eine bestehende Infektion bekämpft wird.

14 a **akute Phase:** In dieser Phase leidet der Betroffene unter grippeähnlichen Beschwerden.
verborgene Phase: Der betroffene hat keine Beschwerden und das Immunsystem schafft es, die Vermehrung der Viren unter Kontrolle zu halten. Die Anzahl der THelferzellen sinkt nur langsam, aber stetig.
Aids-Phase: Das Immunsystem ist stark geschädigt und es treten viele Krankheiten auf. Es kommt letztlich zum Tod des Patienten.
b Erst ab der Aids-Phase spricht man vom Krankheitsbild Aids. Ab dieser Phase treten erst die für diese Erkrankung typischen Beschwerden auf.

Ökologie – der Wald – S. 293

1 Alle abiotischen Umweltfaktoren formen einen Lebensraum, ein **Biotop.**
Alle biotischen Umweltfaktoren an einem bestimmten Standort bilden eine Lebensgemeinschaft, eine **Biozönose.**
Biotop und Biozönose bilden zusammen ein **Ökosystem.**
Alle Ökosysteme zu sammen bilden die **Biosphäre.**

2 Sonnenlicht, Temperatur, Feuchtigkeit, Neigung eines Hanges

3 Profitieren zwei Arten voneinander wird bezeichnet man dies als Symbiose. Beispielsweise ernähren sich Ameisen von den Ausscheidungen der Blattläuse. Die Blattläuse profitieren ebenfalls durch den Schutz der Ameisen vor Fressfeinden. Parasitismus liegt vor, wenn eine Art auf Kosten einer anderen lebt. So ernährt sich die Zecke vom Blut anderer Tiere. Dabei profitiert nur die Zecke, das Wirtstier wird geschädigt.

4 Konkurrenz entsteht, wenn unterschiedliche Arten sich begrenzte Ressourcen, wie Beutetiere oder Nistplätze, teilen müssen. Konkurrenz kann zum Beispiel durch unterschiedliche Jagdgebiete oder durch unterschiedliche Brutzeiten vermieden werden.

5 Blätter → Eichenwicklerraupe → Blaumeise → Baummarder → Waldkauz
Eichel → Eichhörnchen → Baummarder → Habicht

6 Die Eichenwicklerraupe stellt für viele räuberische Lebewesen wie die Ringeltaube die Nahrungsgrundlage dar. Diese würden einen Großteil ihrer Nahrungsquelle verlieren, wenn die Zahl der Eichenwicklerraupen drastisch zurückginge. Da sich aber weitere Tiere von den die Eichenwicklerraupe fressenden ernähren, hat das Einfluss auf das gesamte Nahrungsnetz.

7 Pflanzen werden als Produzenten bezeichnet, weil sie als einzige Lebewesen energiereiche Stoffe, wie Glukose, Stärke und Fette nur aus Lichtenergie, Wasser und Kohlenstoffdioxid erzeugen können. Sie sind die Grundlage aller Nahrungsketten.

8 – Falsch: In Bezug auf Dünger gilt das Minimumgesetz. Außerdem kann zu viel Dünger negative Folgen haben: Ein Überschuss eines Mineralstoffs kann die Aufnahme eines anderen behindern.
– Richtig.
– Richtig.
– Falsch: Überschüssige Düngemittel werden aus dem Boden ausgeschwemmt.

9 Wanderfeldbau ist kein nachhaltiges, landwirtschaftliches Verfahren. Dem Boden werden alle Mineralstoffe entzogen. Anschließend ist er über viele Jahre nicht mehr für den Anbau von Pflanzen zu gebrauchen. Es müssen ständig neue Anbauflächen geschaffen werden. Dafür muss die natürliche Vegetation immer mehr Acker- und Forstflächen weichen.

10 Extreme Wetterlagen, wie Frost und Hitzeperioden führen oft zu einem Verlust von Nadeln, Blättern, Blüten und Früchten. Die so bereits geschädigten Wälder oder Forste bieten nun Schädlingen, wie dem Borkenkäfer, gute Bedingungen. Der Wald wird noch weiter geschädigt. Eine der bedeutendsten Gefahren des Waldes ist jedoch der Mensch, der seit Jahrhunderten Wälder abholzt und somit zerstört.

11 Eine nachhaltige Entwicklung schont Ressourcen und sichert langfristig deren Verfügbarkeit. Zum Beispiel sollte für eine nachhaltige Forstwirtschaft nur so viel Wald abgeholzt werden, wie auch wieder nachwachsen kann. Somit steht auch in Zukunft noch genügend Holz zur Verfügung. Es müssen aber auch die Interessen von Wirtschaft und für die Menschen beachtet werden. So schafft die Holzindustrie Arbeitsplätze, der Wald dient den Menschen aber auch der Erholung und Freizeitgestaltung.

Ökologie – die Gewässer – S. 319

1

	natürlich	künstlich
stehendes Gewässer	See, Weiher, Tümpel	Teich, Baggersee
Fließgewässer	Fluss, Bach	Kanal

2 a A – Bruchwaldzone, B – Seggenzone, C – Röhrichtzone, D – Schwimmblattzone, E – Tauchblattzone, F – Freiwasserzone
b Bruchwaldzone: Weide
Seggenzone: Wasserschwertlilie
Röhrichtzone: Schilfrohr
Schwimmblattzone: Seerose
Tauchblattzone: Wasserpest
Freiwasserzone: keine Pflanzen

3 Der Sauerstoffgehalt ist in der Nähe der Wasseroberfläche höher, weil nur hier Pflanzen leben können. Im tieferen Wasser ist für die Pflanzen nicht mehr genug Licht vorhanden, um Fotosynthese zu betreiben.

4 a 1 – Produzenten, 2 – Konsumenten 1. Ordnung, 3 – Konsumenten 2. Ordnung, 4 – Konsumenten 3. Ordnung, 5 – Destruenten
b A – energiereiche Stoffe, B – Sauerstoff, C – Kohlenstoffdioxid, D – Mineralstoffe
c Pflanzliches Plankton zählt, wie die Pflanzen, zu den Produzenten. Es bildet die Nahrungsgrundlage für viele pflanzenfressende Lebewesen, wie Insekten und tierisches Plankton. Es produziert auch einen Großteil des Sauerstoffs im See und ist damit Lebensgrundlage für viele Tiere.

5 An der **Quelle** hat ein Fluss eine sehr hohe Fließgeschwindigkeit, einen geringen Nährstoffgehalt, einen hohen Sauerstoffgehalt und eine niedrige Temperatur zwischen 4–8 °C. Das Flussbett besteht aus Felsen und Steinen. Der Oberlauf eines Flusses ist weniger felsig, hat eine Temperatur zwischen 10–12 °C, eine hohe Fließgeschwindigkeit, einen immer noch hohen Sauerstoff- und niedrigen Näherstoffgehalt.
Im **Mittellauf** eines Flusses gleichen sich der Sauerstoff- und der Nährstoffgehalt an, die Fließgeschwindigkeit wird geringer, die Temperatur liegt zwischen 15–20 °C. Das Flussbett besteht aus Kies und Grobsand.
Im **Unterlauf** findet sich im Flussbett feiner Sand. Der Sauerstoffgehalt erniedrigt sich weiter, wird aber bis zur Mündung nicht mehr wesentlich niedriger. Der Nährstoffgehalt steigt zum Unterlauf weiter an.
Vom **Unterlauf** zur Mündung steigt der Nährstoffgehalt jedoch nicht weiter. Die Temperatur bleibt nun vom Unterlauf bis zur Mündung bei ca. 20 °C.

6 Die Larve der Eintagsfliege besitzt einen abgeflachten Körper. Dadurch bietet sie dem schnell fließenden Wasser nur wenig Widerstand und wird von der Strömung nicht mitgerissen.

7 Das Einleiten von Abwässern und Abfällen in die Gewässer führt zur Schädigung oder dem Aussterben von Lebewesen. Aber auch die Veränderung der natürlichen Flussläufe kann Lebensräume zerstören. Flussläufe können durch bauliche Maßnahmen wieder in einen natürlichen Zustand versetzt werden. Dies nennt man Renaturierung.

Einige Versuche in diesem Buch haben Symbole, die auf mögliche Gefahren, Sicherheitsvorkehrungen und Entsorgungswege hinweisen.

Einstufung von Gefahrstoffen nach der GHS-Verordnung

Gefahrenpiktogramm und Piktogrammcode	Mit dem Gefahrenpiktogramm gekennzeichnete Stoffe und Gemische	Signalwort	Kennzeichnung nach bisheriger Gefahrstoffverordnung	
			Gefahrensymbol	Gefahrenhinweise
2 GHS02	entzündbare, selbsterhitzungsfähige und gefährliche selbstzersetzliche Stoffe und Gemische, pyrophore Stoffe sowie Stoffe und Gemische, die bei Berührung mit Wasser entzündbare Gase entwickeln	Gefahr oder Achtung	F+ oder F oder –	R12, R11 oder R10; R17; R15
5 GHS05	Stoffe und Gemische, die schwere Verätzungen der Haut und/oder schwere Augenschäden verursachen	Gefahr	C oder Xi	R34, R35; R41
7 GHS07	Stoffe und Gemische, die Haut- und/oder Augenreizungen verursachen und/oder allergische Hautreaktionen, Reizungen der Atemwege und/oder Schläfrigkeit und Benommenheit verursachen können	Achtung	Xi	R36, R37, R38; R43; R67
8 GHS08	Stoffe und Gemische, die bei Verschlucken und Eindringen in die Atemwege tödlich sein können und/oder eine Gefahr für die Gesundheit darstellen. Diese Stoffe und Gemische schädigen bestimmte Organe und/oder können Krebs erzeugen, die Fruchtbarkeit beeinträchtigen, das Kind im Mutterleib schädigen und/oder genetische Defekte und/oder beim Einatmen Allergien, asthmaartige Symptome oder Atembeschwerden verursachen.	Gefahr oder Achtung	T+ T oder Xn	R45, R49, R40; R60, R62, R61, R63; R46; R39/...; R68/...; R48/...; R42; R33; R65
9 GHS09	Stoffe und Gemische, die sehr giftig oder giftig für Wasserorganismen sind	Achtung oder –	N	R50, R50/53 R51/53

Hinweise auf Sicherheitsvorkehrungen beim Durchführen von Versuchen:

 Schutzbrille tragen   Labormantel tragen   Atemmaske tragen   Schutzhandschuhe tragen

Warnungen vor erhöhtem Risiko bei unsachgemäßer Durchführung von Versuchen:

 Warnung vor hohen Temperaturen   Warnung vor Schnittverletzungen

 Warnung vor Zecken- und Insektenstichen und -bissen

Hinweise auf die korrekte Entsorgung:

 Behälter 1 Säuren und Laugen   Behälter 2 giftige anorganische Stoffe   Behälter 3 halogenfreie organische Stoffe

Cover: Masterfile | Vorsatz: Shutterstock/Brent Hofacker | 123RF/Renjith Krishnan: S. 171/re. | Abele, Georg: S. 14/4 | action press: S. 134/1, action press/Münchaction press: S. 147/3,/PMDTHIS: S. 132/1,/BECKER + BREDEL GbR: S. 194/3,/ISOPIX SPRL: S. 133/5,/MAGICS: S. 195/10,/MÜLLER, CATHRIN: S. 175/6,/eye of science/Gelderblom: S. 223/2,/eye of science/Meckes/Ottawa: S. 118/1,/ISM/Jean-Claude Révy: S. 27/5,/SPL: S. 223/3.1,/SPL/AMI IMAGES: S. 223/3.3,/SPL/DR. G. MOSCOSO: S. 165/3, S. 168/2, SPL/DR. KEITH WHEELER: S. 14/2,/SPL/MARTYN F. CHILLMAID: S. 104/2 | akg-images/ Science Photo Library/DR GOPAL MURTI: S. 16/1 | Arco Images/NPL: S. 295/li. | blickwinkel/A. Hartl: S. 309/3, S. 313/5,/Frank Hecker Naturfotografie: S. 257/7, S. 300/4,/Gerd Günther: S. 21/5 D,/Hecker/Sauer: S. 21/5 E, S. 313/7,/M. Woike: S. 300/5,/McPHOTO/BilderBox: S. 194/6 | Bossek, H., Hopp-egarten: S. 254/2 | Bundesministerium für Ernährung, Landwirtschaft und Verbraucherschutz: S. 82/2 | Bundeszentrale für gesundheitliche Auf-klärung (BZgA): S. 163/3, BZgA (2011): S. 244/1 | Caro Fotoagentur/Michael Ruff: S. 311/4 | ClipDealer/chroma: S. 296/1,/Prill Mediendesign & Foto-grafie: S. 184/1 | Colourbox: S. 139 li., S. 154/2 | Corbis/Science Photo Library: S. 40/2| Dierschke, A.K.: S. 50/Mat.B 1-3 | doc-stock: S. 25 un., S. 217 re., S. 234/1,/VisualsUnlimited/F1online: S. 112/3, S. 116/1 | EHEIM GmbH & Co. KG: S. 254/1 | epd-bild/Hanno Gutmann: S. 133/6 | F1online: S. 40/1, S. 150/2, S. 158/1, S. 160/1, S. 212/1, F1online/Kage-Mikrofotografie: S. 42/3,/VisualsUnlimited: S. 189/3,/Volk, F.: S. 134/2 | Fotolia/A.Tugolukov: S. 111 re.,/adisa: S. 76/1,/Africa Studio: S. 161/3, S. 220/F,/Alexander Raths: S. 4 un., S. 110, S. 220/B,/Alexander Rochau: S. 59/5, S. 96/1,/Ana Blazic Pavlovic: S. 56/3.4, S. 61/10,/Andris T 81368653: S. 275/4,/Astrid Gast: S. 194/2,/Axel Gutjahr: S. 309/1,/Blazej Lyjak: S. 59/4,/bpstocks: S. 161/4,/Brian Jackson: S. 142/1,/Carola Vahldiek: S. 300/3,/Christian Schwier: S. 212/2,/clown business: S. 212/3,/Dan Race: S. 159/6,/DWP 122952010: S. 194/7,/Erwin Wo-dicka: S. 221/8,/euthymia: S. 240/1 re.,/eyetronic/Jan Becke: S. 178/2,/farbkombinat: S. 233/G,/Firma V: S. 35/2,/Focus Pocus LTD: S. 145/2,/FrankU: S. 111 li.,/Gelpi 0: S. 11/2,/gkrphoto: S. 102/2,/Gouraud Studio: S. 142/3,/grafikplusfoto: S. 150/1,/hxdyl: S. 5 un., S. 170,/ipapina: S. 282/1,/javy 107089655: S. 194/5,/Jörg Lantelme: S. 176/1,/JPC-PROD, Jean-Paul CHASSENET: S. 233/H,/Jürgen Fälchle: S. 220/4,/Jürgen Wackenhut: S. 291/1,/kab-vision: S. 79/2, S. 79/3,/Kara: S. 52/2,/Kokhanchikov: S. 56/3.3, S. 61/9,/lagom: S. 206/1,/ld1976 60737028: S. 84/4,/lenetsnikolai : S. 220/H,/lucag_g: S. 284/2,/ Luminis: S. 55/3,/lunamarina: S. 59/6,/M. Schuppich: S. 286/1,/mangostock: S. 145/3,/Maria Vazquez: S. 146/2,/Maridav: S. 112/1,/markmedcalf: S. 7 ob., S. 294, S. 306/1,/Markus Bormann: S. 130/1 re.,/michaeljung: S. 188/1,/Monika Wisniewska Amaviael: S. 191/5,/Monkey Business: S. 4 ob., S. 54/1, S. 62, S. 90/1,/motorradcbr: S. 194/1,/nidafoto 123847948: S. 252/1,/noirchocolate 118764558: S. 84/2,/Ocskay Bence: S. 157/3,/Oleksii Sergieiev: S. 187/6,/perfectmatch: S. 220/E,/Photographee.eu: S. 220/D,/photolars: S. 295/re.,/ S. 296/2,/Piotr Marcinski: S. 56/3.1, S. 61/7,/pressmaster: S. 35/1, S. 78/1,/Rick: S. 42/2,/RioPatuca Images: S. 218/3, S. 220/1, S. 248/1,/sanneberg: S. 190/3,/Sebastian Kaulitzki: S. 124/1,/springtime78 107592961: S. 194/4,/Stasique_Photography: S. 56/3.2, S. 61/8,/Stefan Arendt: S. 297/4,/Steffen Eichner: S. 59/3,/Steve McSweeny: S. 3/un., S. 34,/Syda Produc-tion: S. 144/1,/T. Michel: S. 50 Mi.re., S. 100, S. 181 ob., S. 186 Mi.re.,/W. 255 ob.re., S. 335 Mi.1-3,/Thomas Francois: S. 84/3,/W. Heiber Fotostudio: S. 141/3 | Gaa, Markus, Heidelberg: S. 44/1, S. 186/1 | Glow Images: S. 5/ob., S. 138, S. 168/1, Glow Images/Sven Hagolani: S. 159/5 | Image Source/Isadora Getty Buyout: S. 139/re.,/Simon Stone: S. 151/3 | imago: S. 6/un., S. 21/5 A, S. 51/5, S. 120/1, 152/1, S. 218/2, S. 220/G, S. 233/C, S. 250, S. 309/2, imago/ blickwinkel: S. 312/3,/Christian Mang: S. 145/4,/imagebroker: S. 174/2, S. 270/1,/Peter Widmann: 258/1, 292/1,/wolterfoto: S. 254/3 | InfraTec GmbH: S. 133/3 A-B | Interfoto/Neon 2: S. 87/3 | Juniors Bildarchiv: S. 305/3, Juniors/J.Mallwitz/WILDLIFE: S. 275/5 | Küster, Hansjörg : S. 262/1 | laif/Gerhard Heidorn: S. 48/1,/Patrick LORNE/JA: S. 232/2 A | mauritius images: S. 55, S. 167/3 A, mauritius images/age: S. 220/2,/Alamy: S. 195/11, S. 233/4, S. 313/6, S. 314/1, Alamy/Alice Musbach: S. 82/1 li.,/Alamy/Janice Carr: S. 223/3.2,/Alamy/Nigel Cattlin: S. 281 un.,/bilderlounge: S. 140/2,/Carolina Biological Supply Company/Phototake: S. 17/6,/David & Micha Sheldon: S. 264/2,/Fritz Rauschenbach: S. 271/4,/imagebroker: S. 237/3, S. 287/2, S. 297/3, S. 301/A, S. 310/1,/imagebroker/Franz Waldhäusl: S. 159/4,/imagebroker/Movementway: S. 298/1, S. 318/1,/Kerstin Layer: S. 263/3,/Johnér: S. 251 re.,/ Minden Pictures: S. 217 li., S. 283/5,/Minden Pictures/Chris van Rijswijk: S. 251 li.,/Nikky: S. 160/2,/Norbert Michalke: S. 272/1,/Phototake: S. 224/2,/ Phototake/Carolina Biological Supply Company: S. 27/3,/Phototake/Carolina Biological Supply Company: S. 27/4,/Robert Knöll: S. 274/2,/Science Picture Co.: S. 257/6,/Science Photos Library: S. 118/3, S. 208/1,/Science Source: S. 15/4 B, S. 17/5, S. 23/8 A-C , S. 97/5, S. 151/4, S. 205/3-4, S. 221/5, S. 228/1 B,/Stella/Nikky: S. 192/2,/SuperStock: S. 221/7,/Westend61: S. 159/3, S. 164/1, S. 167/3 C, S. 218/1 | Meisert, A., Hannover: S. 15/5 | Mikroskope Beyersdörfer: S. 18/1 | Minkus, Volker, Isernhagen: S. 19/4, S. 36/1, S. 42/1-2, S. 47/2 A+B, S. 63 li., S. 65/C, S. 65/2 A+B S. 179/5 li., S. 180/2, S. 181/4, S. 210/1 | OKAPIA: S. 32/1, S. 314/2, OKAPIA/BIOS/Christophe Sidamon-Pesson: S. 264/3,/BIOS/Michel Gunther: S. 233/A,/Holt Studios/Nigel Cattlin: S. 32/3,/Institut Pasteur/CNRI: S. 249/2,/ISM/[†] J.C. RÉvy: S. 12/2,/Jef Meul: S. 271/5,/Kage Mikrofotografie: S. 117/3 A/KINA/Bertus Webbink: S. 312/2,/KINA/Tim Faasen: S. 283/4,/NAS/Biophoto Associates: S. 15/4 A, S. 118/4,/NAS/M. Abbey: S. 23/3-5, S. 32/2,/NAS/M.I. Walker: S. 3 ob., S. 10,/ NAS/Neil Bromhall: S. 165/4,/NAS/Ralph Eagle: S. 177/3 B, S. 196,/NAS/Stem Jems: S. 118/2,/Neufried: S. 221/6,/OSF/G.I. Bernard: S. 233/6,/P. Arnold, Inc./Darlyne A. Murawski: S. 233/3,/SIU/NAS: S. 238/1,/Stefan Arendt/Imagebroker: S. 282/2 | PantherMedia/Nils Weymann: S. 135/3 | PHIL/Public Health Image Library/Frederick Murphy: S. 231/7 | Photoshot: S. 11/1 | picture-alliance/ASA/Philippe Crochet: S. 198/1,/blickwinkel/A: S. 314/3,/ blickwinkel/F: S. 12/1,/blickwinkel: S. 271/6,/dpa: S. 83/3,/Ed Reschke/Peter Arnold: S. 203/3 B,/Minden Pictures: S. 285/4,/Okapia/Roland Birke: S. 21/5 C,/SGS/Science Photo Library: S. 202/1,/United Archives/WHA: S. 224/1,/WILDLIFE: S. 301/B | Science Photo Library/Biozentrum University of Basel: 228/1 A, Science Photo Library/Power And Syred: 14/3 A+B | Shutterstock/Africa Studio: S. 227/4,/Africa Rising: S. 52/1,/alexandre zveiger: S. 195/9.1,/Alliance: S. 130/1 li.,/Anatoly Menzhiliy: S. 193/3,/Andrey_Popov: S. 142/2,/Blackzheep: S. 220/3, S. 222/1.3,/Brent Hofacker: S. 68/1,/Canon Boy: S. 171 li.,/D. Kucharski K. Kucharska: S. 232/1 li.,/David Pereiras: S. 222/1.2,/Denis Vrublevski: S. 64/1,/devil79sd: S. 232/2 B,/didesign021: S. 6 ob., S. 216,/Dima Sidelnikov: S. 74/2,/Dmitry Lobanov: S. 208/2, S. 240/1 li.,/Dream79: S. 222/1.4,/Elsa Hoffmann: S. 191/4,/Evgeni Stefanov: S. 270/2,/ Georgios Kollidas: S. 242/2,/Giuseppe_R: S. 195/9.4,/Iryna Dobrovynska: S. 233/B,/Jennifer White Maxwell: S. 85/6,/Kalcutta: S. 233/E,/Kletr: S. 233/5,/Leya Selenia: S. 305/2,/Lisa_: S. 278/1,/Maridav: S. 233/D,/Martin Allinger: S. 195/9.6,/Martin Hejzlar: S. 302/1, S. 318/2,/Maxim Safronov: S. 192/1,/Michelle D. Milliman: S. 175/7,/Monkey Business Images: S. 140/1, S. 174/1,/Nitr: S. 75/6,/Nixx Photography: S. 116/2 A,/ohanna Goodyear: S. 178/1 B,/Oleg Pogozhikh: S. 274/3,/Olena Simko: S. 301/C,/omphoto: S. 75/5,/panyajampatong: S. 174/4,/Petr Jilek: S. 232/1 re.,/Photobank galle-ry: S. 220/C,/pikselstock: S. 195/9.3,/Piotr Krzeslak: S. 178/1 A, S. 214/1,/Piotr Marcinski: S. 195/9.2,/Piyapong Wongkam: S. 53/3,/Rich Carey: S. 285/5,/ Samuel Borges Photography: S. 195/9.5,/Smileus: S. 311/3, S. 318/3,/somersault1824: S. 117/3 B,/Stefan Schurr: S. 311/2,/stephane106: S. 220/A, S. 233/F,/stockelements: S. 172/1,/Stokkete: S. 154/1,/tacar: S. 86/1,/Tidarat Tiemjai: S. 63 re., S. 82/1 re.,/Tomophafan: S. 87/4,/valzan: S. 75/7,/YK: S. 257/5 | Smith, Bradley, Ann Arbor, MI, USA: S. 22/1 | Theuerkauf, Horst, Gotha: S. 15/4 C, S. 20/1 | TopicMedia: S. 300/2, TopicMedia/Frank Somma-riva: S. 266/1 | TransFair e. V., Köln: S. 83/4 | VISUM/Ralf Niemzig: S. 72/1 | Walter, Johannes: S. 128/1, S. 129/3, S. 129/4 | WILDLIFE/W. Fiedler: S. 313/4 | Wirtz, Peter: S. 131/2 | Wissenschaftliche Bildagentur Karly: S. 15/6 | Your Photo Today/A1PIX: S. 21/5 B | Zahntechnikerinnung Baden: S. 222/1.1